教育組織行為
Organizational Behavior in Education

Robert G. Owens◎著

林明地 楊振昇 江芳盛◎譯

原序

在今日，教育組織行爲的教與學特別令人迷惑。因爲，一方面，後現代主義（postmodernists）者通常相當尖銳地拒絕傳統的組織理論；而另一方面，理論性的組織觀念在瞭解這一主題的複雜性時卻又不可或缺。在這第六版中，我嘗試結合此二種看似不相同的觀點，提供一個均衡的討論，以讓同學能同時對於兩種觀點均能有所瞭解，這兩種觀點也是他們在其專業實際的眞實世界中，會同時發現存在的現象。

有關本版所作的一些主要改變的描述將於之後的導讀加以呈現。「導讀」（prospective）是智慧遺產的簡要陳述，這些智慧的遺產是本書接續幾章對教育組織行爲之描述的根本脈絡。爲回應許多人的要求，在本書第一章中，我以顯著的份量在本書的一開始介紹組織思想之主流的簡要歷史。第二章再次介紹曾於第五版取消的一些組織理論的觀念。這亦是回應許多教學者的要求。第三章加入了有關塑造人力資本之觀念的全新討論，這是管理教育組織行爲的最終決勝點。

感謝那些使用前幾版進行教學的人，以及其所提供許多很有助益的評論意見。

Robert G. Owens

譯序

　　學校是一獨特的社會組織，除具一般組織的共同特性外，更展現其特有的獨特性。學校成員個別與集體的行為，深受成員人格特質與其所處物質與社會環境交互作用的影響。本書《教育組織行為》係探究「在學校組織中人們的行為」，可以協助關心學校教育者，更深入瞭解學校組織及其成員的所作所為。

　　歐文思（Robert G. Owens）之《教育組織行為》（*Organizational Behavior in Education*）乙書第六版，試圖均衡論述傳統的與新興的組織理論觀點，以更確切地反映出學校組織專業實際的真實生活。全書除導讀外，共分為十章，依序包括：組織思想的主流、當代組織理論、建立人力資本、動機、教育組織中促進成長的環境、領導、組織衝突、作決定、組織變革、以及全面記述的必要性與質的研究等章。其中導讀以及前三章在第六版中曾作較大幅度的變動：有新增者；亦有應讀者反映意見而加以回覆者（曾與前面版次刪除者）、內容統整者。是學校行政人員（特別是校長）、教育行政人員、教師、教育研究人員、以及關心教育工作者（包括家長）值得閱讀的一本書。

　　本書的翻譯工作歷時二年餘，比預定的時程超出甚多，中途更加入新的夥伴江芳盛，如今總算完成。其中林明地負責一、三、五、七、以及第十章，楊振昇負責第二、八、以及第九章，而江芳盛負責第四與第六章的翻譯工作。為求全書前後翻譯理念

一致，譯者們除先針對大致內容彼此交換意見外，並先將各章大綱、主題索引、以及人名索引譯妥定稿，以作為各章翻譯的依據。全書譯稿由主譯者分別完成各章一校後，並由林明地負責各章一致性的修飾工作。雖然如此，仍無法完全去除每個人用字遣詞在型式上的差異（事實上亦不嘗試如此做），好在本書各章除具彼此關聯之特性外，就某種程度而言，每一章似乎亦具獨立性，可以單獨閱讀，因此在最後修飾時，只要思想觀念在大方向一致者，並不強求細節上用字的統一。

讀者在閱讀本書時，建議可以先從導讀以及第十章開始，以建立教育組織行為歷史傳統、新興觀念、以及研究方法的基礎。之後可根據讀者的興趣，選取相關章節進一步閱讀。

本書得以完成，感謝揚智文化事業葉忠賢先生以及賴筱彌小姐等人負責版權與編輯之有關事宜。亦感謝暨南國際大學教育政策與行政研究所、比較教育研究所、以及中正大學教育學研究所相關研究生的協助。暨大教政所、比較所、以及中正教育學院同仁彼此激勵，相互關懷的氣氛對譯者們的影響頗大，應特別予以致謝。期盼本譯書能為學校教育改善（kaizen）工程（請參見本書第九章有關的敘述）略進棉薄之力。

林明地、楊振昇、江芳盛

誌於南投埔里與嘉義民雄

目錄

學校是人們生活與工作的一個世界。與世界上其他社會組織一樣，學校的世界有所謂的權力、結構、邏輯以及價值，相互結合以行使強烈的影響力，影響個體知覺、詮釋與回應其世界的方式。簡言之，在教育組織中，工作成員的行為，個別地與集體地，不僅是其獨特人格的反應而已，同時亦受到瀰漫於組織之社會規範與文化期望的影響（雖不至於說是全然受它們所決定）。個體與其工作世界之社會環境之間的這種相互作用（interplay），對組織行為（organizational behavior）的興起極具影響力，此處的組織行為指的是「在學校組織中的人們的行為」。對那些能明確掌握組織行為精義的未來教育領導者而言，他們將會發現這樣的知識對於他們在行使領導實際作決定時，助益頗大。上述這一簡單的陳述，就是本書所賴以建基的主要假定。

因為對於組織行為的瞭解無法以簡要的規則、數學公式，以及秘方套餐（package），端到你的面前而達成，因此你必須扮演積極的角色閱讀本書，如此才能對組織行為有所瞭解。事實上，僅僅閱讀與記住書籍的重點，就像許多學生之前閱讀其他的教科書一樣，你就可以學到很多，對目前的工作會有所助益，而且當你成為一位領導者，逐漸增加你的影響力時，其效用將更大。但是，假如你能更進一步思索你所讀的內容，質疑它、挑戰它、問問自己──並與他人討論──想想你所讀的內容如何與你從事的實際工作、你的經驗，以及你個人的世界觀相符應，那麼本書對於你目前及未來的工作，其幫助將更大。

之所以要這樣做的一個理由是，因為你將會在你的專業實際（professional practice）中碰到許多人，而他們對於組織行為的瞭解，可能會與你的瞭解處於不同的發展階段，許多人將對本書所建議的部分觀點產生懷疑。因此在組織行為這種快速成長與發展的領域中，相當重要的是，你不僅能深入瞭解某些原則以及組織

行為實際，並內化你的承諾之外，亦能瞭解到為什麼有些人會不同意它們，並懷疑它們在學校無情的實體中，所能發揮的實用價值。

而且，如我所建議的，我們對於組織行為以及學校所具有的文化之知識將不斷地演化發展。在面對這樣的挑戰時，相當重要的是，你必須對你所認為的組織行為的根本原則相當清楚，而且瞭解它們如何與你在一生志業中所欲扮演角色之個人價值、信念、與願景協調一致。

假定、信念、與行為

在每一個文化中，每一個人多多少少都接受了某些隱含的基本假定（implicit basic assumptions）。這些假定涉及人、人性、人際關係的特性、人類活動的性質，以及人們與其環境之關係的性質等。這些假定之所以被稱為是「基本假定」是因為它們能激起我們的信念與價值，且最後影響我們與他人的應對進退。[1]基本假定在孩提時即開始學習，當我們漸漸成熟，受教育成長發展之後，它們變成完全地內在化，被視為理所當然，與周遭他人分享，且受到周遭人士的支持，因此這些基本假定乃成為生命經緯的無形部分，它們很少被慎重地想到說要加以思索或討論。

這些基本假定——無形且被視為理所當然，以至於很少被想到，更少被拿來交談——會產生價值與信念，這是我們比較容易察覺的，因為我們偶爾會將它們拿來討論，因此價值與信念比起引發這些價值與信念的基本假定而言，是比較公開的。舉例而言，獨立宣言（the Declaration of Independence）令人驚奇的其中一個地方是，它公開地陳述了開國祖先們（the Founding Fathers）

對人類所持的基本特性之假定，及其他起自於這些基本假定之政治信念的清楚聯結。

除此之外，行動（亦即行為）乃隨著人們所擁有的價值與信念而起。在上述開國祖先們的例子中，由於祖先們對人性所持假定之強有力邏輯，認為所有的人生而平等，乃導致他們從事（所謂的）叛國的行動，宣佈獨立，最後甚至以武力抵抗當時被視為最偉大的王朝。我們之中很少有人擁有像開國祖先們的智慧與道德統整性，而且，我們偶爾會在公開標榜的信念與價值，以及我們所從事的組織行為之間出現不協調的現象。

就像在我們的文化中人們的行為一樣，在教育領域中，類似這樣的偽行（hypocrisy）的例子很多。例如，及早讓小孩受教育的必需性被談論很多，認為應利用豐富而多樣的方案，以奠定小孩未來成功的穩固根基，但是我們仍持續地投注很少經費在學前教育以及幼兒早期的教育，而將愈來愈多的錢花在初中與中等學校教育層次，儘管很早以前在其早期就已顯示出一些難以處理的學業困難的訊號。[2]然而，卻很少有人清楚地察覺到，他們的基本假定是，早期的幼兒教育是相對比較不重要的，而學校教育「真正的學習」（real work）是在小學教育之後才開始。在我們的文化中，婦女權利實踐者、有色人種、漸增的貧窮下層階級，以及被壓制與弱勢的民族覺得受到挫折，因為學校教育一方面所標榜的信念與價值，與另一方面真正的學校教育實際之間具有類似的差距。假如我們想要在被稱為學校的組織中有所作為的話，我們首先最需要做的就是，小心地、明白地顯示我們的基本假定，而且慎重地思考我們這些假定、公開標榜的價值與信念，以及我們的專業實際所投入的組織行為彼此之間的邏輯關聯如何。

如你所將瞭解的，這是一項雖然必須要做，但卻很困難的工作。它之所以困難的一個理由是屬於認識論的：我們所瞭解的教

育組織行爲是什麼，以及我們如何知道的？就像社會科學與人文學科目前正處於較大的哲學與認識論的混亂一樣，組織行爲的領域亦是如此。因此，許多你必須知道的有關我們如何知道，以及我們知道了什麼的這些知識，並沒有快速的、簡要的答案：至少你必須多少瞭解到這種學術混亂的現況，以及本書所站的立場。

現代主義與結構主義的思想

　　可以確定的是，至少直到二十世紀中葉，西方文化的普遍假定仍認爲我們所居住的世界，必須以某些根本的邏輯、系統、與秩序的型式爲特徵。從這樣的假定乃激起這樣的信念，認爲這些型式僅能利用系統的研究方法（通常稱爲科學的方法，能夠以嚴謹的程序與證據法則加以控制與限制）才有可能發現。人們相信，當有秩序的、假定會一再出現的型式明白地顯示出來並加以描述時，這些型式就可以揭露控制事件發展的重要關鍵，以改善人們的生活條件。在許多研究領域中（包括：組織行爲），這樣的想法代表著可信賴的認知方法（credible ways of knowing）必須將其知識建立在可以直接觀察、測量、數量化，且最好是在小心控制的條件之下。而基於其他程序與證據法則的認知方法則可以被遺棄，因爲它們是直覺的、軼事的，（或者不然就是）非科學的，所以不能夠很嚴肅地加以被對待。在今天，這種相對比較武斷的認知方式之觀點，通常被指爲是現代主義（modernism）。

　　另一個相關的假定是認爲，這個有秩序與邏輯的世界，可以將其分成幾個相關的類別而加以描述（通常都利用某些種類的層級分類架構）。例如，誰有辦法忘記我們在上生物學的課程時所學的不同種類植物與動物之分類系統，以及按此分類架構而顯示

其邏輯關係的記憶呢？

　　這樣的分類系統被指稱為是分類學（taxonomies）。許多讀者可能可以回憶起一般所稱的布魯姆教育目標的分類（Taxonomy of Educational Objectives），[3]這個分類對於課程發展與教學方法的思想與實際影響深遠。為了創造此一分類學，並據此所有的教育目標可以加以分類，布魯姆及其同僚乃創造出一種自己認為是武斷（儘管相當合乎邏輯）的6個主要目標分類的階層，開始於認知（knowledge），往上升至理解（comprehension）、應用（application）、分析（analysis）、綜合（synthesis），以及評鑑（evaluation）。因此，此分類的架構乃嘗試建立一個有關教育目標的觀念結構，從簡單到複雜，從具體而抽象。[4]教師、課程發展者，以及教科書的作者均接受此一有力的觀念，認為它是一個新興的較佳方法，可用以組織教學成為一個較合乎邏輯的、有秩序的，以及系統的型式。最重要的，這一個分類學一般被接受為是「科學的」：因為它是客觀的、中性的、價值中立的、且不涉情感的、沒有偏見的。布魯姆的分類學在此被拿來作為在許多獨特例子中的一個簡單的例子，說明以結構主義的取向（the structuralist approach），瞭解人類行為與學校系統的中界面（interface），這個分類學對於教師組織與管理其班級教學的方法，具有極強大的影響力。它對於教育組織行為的思想與行政實際同樣具有極大的影響力，以至於到目前為止，組織理論家仍能夠接受知識的結構主義觀點。基本上，上述這些內容就是以往的組織理論——例如，科層體制及社會系統理論，二個最讓大家所熟知的理論——所主張的內容。柴麗虹斯（Cherryholmes）對於結構主義（structuralism）的主張值得說明如下：

　　結構主義成為一個普遍且通常不容易被察覺的思考方式，

在許多重要方面已影響了20世紀的思考方式。它可以預示
秩序性、有組織性,以及確定性。結構主義(的理念)與
教學目標、標準化的教育評量、量化的實證研究、系統化
的教學、合理化的科層體制,以及科學管理等觀念一致。
只要結構(主義)的假定停留在不被察覺認知的狀態,它
們就能免於被批判。[5]

後現代主義與後結構主義

在後現代主義(postmodernism)與後結構主義
(poststructuralism)的時期中,愈來愈多的學術破除迷信者
(academic iconoclasts)乃將以前未被檢視的假定(亦即於我們的
文化與專業信念及價值所發源的地方)搬上抬面,涉入這樣的過
程,使它們明顯化,質疑它們,且設法在新的假定之間建立共
識,重建我們對於組織行為的事實、知識,以及認識論的新思
想。你會發現我們現在正在步入一個類似複雜性哲學對話的境界
中,但卻不能在此深入探討。然而,對於在今日組織行為的研究
中,這又是一個如此重要的新興議題,我們至少必須有些許認
識,故乃簡要加以描述如下。

後現代主義受到學校公開標榜的價值與學校的實際作為之間
經常明顯脫節之事實的察覺而激發開來。例如,我們說我們相信
公正(equity)與公平(equality),但是許多婦女,有色人種,以
及貧窮的人們卻發現不公平與不公正是其學校生活的主要特徵。
面對這樣的情境,弱勢團體的成員卻仍然很難針對此議題提出問
題,因為那些學校的控制者通常會有能力加以壓制、轉移注意

力、重新定義、或控制這些對話。法國智識者傅科（Michel Foucault）指出，這個議題是文化中一個看不見的權力網路，控制了我們的抱負、我們對自我的認定，以及在我們的生活中，如何處理類似的議題。[6]透過這一個看不見的權力網路，那些控制文化的人可以決定何者可以討論，誰是可信賴的，以及誰可以被允許發表意見等。

舉例而言，想要在未來成爲教師的大學生們，通常都會修習那些規定的課程，因爲他們要成爲教師，因而會想要被視爲是「成功的」學生，所以他們會顯示能促進其達成目的的信念與價值，並表現出大學教師所標榜、獎勵，以及控制的信念與價值。如此，大學乃編織了一個看得見與看不見的權力網路，影響學生以「合宜的」方式標榜出這些「適宜的」價值、信念、與行爲，如此才可以讓他們被視爲是「好的」、具有潛力的教師，但此時也有可能就遮蔽了、甚至摒棄了他們部分的內在假定。之後成爲學校的專業人員時，他們會「調適其每日專業生活的實際，適應合約規定的組織要求、專業對話的要求、專業同僚的期望，以及非正式與正式的角色期望。權力可能亦會塑造其主觀的情感與信念——當權力可以隨心所欲地加以運作時，它最有效能與效率，因爲願望通常可以使權力的影響力化作無形。」[7]

權力，特別是在文化中權力的不對稱分配（the asymmetrical distribution of power），使得後結構主義的世界觀之部分觀念成爲政治性議題。因此乃進入一個以往珍視其爲公平、「客觀」（後現代政治主義者懷疑其存在的可能性）、與無偏見（而現在卻認爲不是如此）的學術對話中。所以，在今日的組織行爲與教育領導的學術對話中，我們通常可以聽到類似流行的政治術語，例如，被壓迫、無力感、政治鬥爭，以及壓制等常常被使用到，使得激進的破除學術迷信者嘗試發展一些詞彙，以將長久以來所持

有的、隱藏的基本假定，帶入公開再思索的階段，挑戰傳統的思想。如此，後現代主義乃包含了一個相互對抗的成分，是一種弱勢團體激進份子與較保守之權力傳承者之間彼此對抗；前者嘗試證明先前的偏見，（所）造成特有的認同感之間的差異（例如，種族、民族、性取向、階段，以及性別等的差異），而後者乃企圖強調一致性與融合現象（amalgamation），想辦法要讓我們的個人認同，融入傳統標榜的團體價值之中。[8]

這不是一些秘密的哲學對話：它是（舉例而言）美國未來學校的課程與教學發展方向的試煉廠。傳統價值與文化規範的護衛者，例如，班內特（William J. Bennett）及布魯姆（Allan Bloom）強烈地提倡應重視西方文明古典傳統中的西方文學、音樂、藝術、語言、歷史，以及文化等，他們認為這些是好的學校課程所應具備的普遍元素。後現代主義者——包括：婦女權利行動者、種族與民族弱勢者、來自於非歐洲國家之「新」移民，以及貧窮者——爭論應有一個更多樣的課程，一個更包容大部分人類的文學與歷史的課程，因此他們爭論應該設有「婦女研究、非裔美國人、亞洲人、非洲人、拉丁美洲人、西班牙人，以及亞裔美國人之研究」[9]等課程。

後結構主義者在考慮到認知（亦即研究）的方式時，亦同樣較少以淡漠分離的科學性語詞來形容，而較常以人們的經驗、情感、直覺及常識的用語從事研究。後結構主義者通常認為教育組織的研究是實踐者與學術人員相互涉入的合作研究，以追求瞭解，而不是遙不可及的科學家透過非人性的方式（此觀點通常與教育組織的「科學」研究有關）研究其無名的「受試者」（或是更慘的是「S's」）。我們可以從多種不同的質的研究方法之快速增加使用，而找到這種發展的證據，其中以人種誌（ethnography）的研究法是最明顯的例子，因為它試著主要透過參與者的經驗、

假定、信念、價值、與情感等，來檢視成員在學校的生活。

　　然而，誠如在之後的幾章中會敘述的，事實上，沒有任何高超、包羅萬象的理論或組織理論的後設描述，可以是普遍受到「每個人」所同意的。除了之前所描述的一般性概念層次之外，事實上，沒有一個連貫一致的思想可以被稱爲是（大家所同意的、唯一的）「組織行爲理論」。但是至少自從1920年代組織行爲被「發現」之後，已有相當可觀的文獻已被建立起來，這些文獻包括了一代一代學者們與實務工作者努力瞭解工作場合的組織行爲之思想、經驗、與研究成果，以及它們對於有效能管理與領導的啓示。如你所期望的，雖然這些大量的文獻會出現蠻大的差異性，但是針對「我們知道了什麼」已顯示出愈來愈多的共識。

　　這就是爲什麼如我在之後的幾節會詳細討論的，在今日，大部分的人會相信，在一所學校中，到底瀰漫著哪一種氣氛或文化是相當重要的。如許多教師所知道的，許多學校傾向於會激起傳統的、順從的、柔順的，以及被控制的行爲——甚至有許多老師將學校形容爲是壓制的（學生則會說學校像「監獄」）——因爲它們強調能夠支持及獎勵類似行爲的強力社會規範與期望；相反地，這些學校的規範不鼓勵質疑既存秩序的行爲，亦不鼓勵提出會挑戰到以往傳統方式的改變等行爲。在美國的今日，許多人——不止包括那些傳統被壓制或忽略的團體，像婦女、有色人種、弱勢種族與團體，以及新起的下層階級——發現這樣的教育機構與他們自己所持有的價值，例如，授權予能（empowerment）、自我成長、個人自我實現，以及自我價值感等不一致。本書將協助你探究學校組織與其成員之間強有力關係的瞭解方式，並指出這些理解對於教育領導實際的啓示。

　　組織行爲的知識不僅相當有影響力，而且亦可以說是今日最迫切的教育領導議題的核心。在教，育領域中這是一個極度智識

混亂的時代，一個極度知識論懷疑主義（epistemological skepticism）的時代，任何建基於過去的知識都會被懷疑。事實上，有些人嘗試要拒絕所有的理論，堅持以一個實用取向來瞭解學校的組織生活，但卻無意圖想要真正瞭解實用主義（pragmatism）真正的含意，事實上實用主義本身既是一個理論，亦是一個知識論的哲學，儘管本書採用一個實用取向來瞭解教育組織的行為，但是本書瞭解並接受這樣的事實，那就是，實用主義既是一個知識論的理論，亦是一個哲學。由於現正猖獗的知識論懷疑主義，以及橫跨所有行為研究之反理論偏見（the antitheory bias）。因此，讓我至少揭露本書所賴以建立的愈來愈豐富的知識遺產之精髓如下。

我們對於組織行為的瞭解為何？以及我們如何知道的？

在1933年，有一位年輕的心理學家悄悄離開了他在世界知名的柏林大學（University of Berlin）享有聲望的心理學教授的職位，偷偷地到了挪威，然後很有智慧地輾轉到紐約，那就是勒溫（Kurt Lewin），他當時是柏林最偉大學術殿堂裡的一顆漸漸閃亮的明星，但他亦發現漸高漲的納粹恐怖政治正在入侵學術的殿堂，毒害當時的師生之學習討論，而且蓄意地將有些人，如像他自己的猶太人（Jews），置於恐懼的生活當中。儘管已是一個在國際間受人尊重的學者，但是勒溫卻能瞭解到，不僅是大學受到了威脅，而且歐洲社會的未來，亦在往下坡走動。他的母親無法相信自己的國家竟會如此，很快的就死在一個集中營中。

一旦到了美國，我們可能會認為，即使當時美國處於大經濟

蕭條（the Great Depression）的谷底，勒溫應該不難在那些想要成爲世界知名的主要大學中，找到一個教職的工作。他的學術背景不但無懈可擊，而且令人印象深刻，在未來亦有極大的可能在那當時仍未開發的心理學領域大放光彩，而且，他的一位實驗室助理霍柏（Ferdinand Hoppe），已在1930年到1931年間完成了一項關鍵性的研究，探討自信、期望與抱負在人類動機中所扮演的角色，其研究（成果）仍爲今日思考組織行爲的根本。

除此之外，勒溫透過在著名的柏林大學就讀過的美國學生，對其教學感到令人印象深刻而與美國人有些關聯。在這樣的情形下，難道任何一所著名大學的心理系不會急著想要搶著吸收他嗎？其答案是否定的，它們不會這樣做，實際上亦未如此作。沒有來自任何心理系教授行列的邀請，不管這些大學在美國是有名的或沒沒無名的，沒有來自史丹佛、芝加哥、哈佛或其他任何有聲望的大學邀請加入的訊息，雖然這些大學在當時都處於追求成爲世界一流大學之階段。最後勒溫的確在愛荷華大學兒童福利研究中心（the Child Welfare Research Station at the University of Iowa）找到工作，這所由美國政府撥地設立的獨特的大學，在當時以有關農業的研究與教學最有名。如此，勒溫乃開始在遠非心理學的學術重鎮中，重建其志業，他因爲已經開始質疑當時（大家）所瞭解的心理學基本觀念是主要的學術影響力量之觀念，而受到排擠。在1945年，勒溫在麻賽諸塞州技術中心（the Massachusetts Institute of Technology）得到一份工作，這個學校當時極力想要將其心理系現代化。然而，這亦僅在勒溫去逝前的短短2年的時光。勒溫是當時的破除學術迷信者，而學術界並不是一個總是歡迎破除學術迷信者的地方。

假如你想要瞭解我們對於組織行爲的認識是什麼，以及我們如何知道這些議題的話，在其中有一個你必須深入瞭解的故事。茲說明如下。

心理學的第一勢力：心理分析

在1933年，當勒溫正在美國找工作時，已經有兩個主要的觀念，在當時正在發展的心理學領域中，創造其理論基礎。第一個乃建基於佛洛依德（Sigmund Freud）先驅的研究，以及其接續者容格（Carl Jung）的努力。心理分析（psychoanalysis）乃是探索潛意識驅力與內在本能可選擇的主要方法，而潛意識驅力與內在本能被認爲是激勵人、且影響人的行爲之原因。事實上，是由佛洛依德首先介紹精神能力（psychic energy）：一個之前所忽視的能力來源，有別於生理能力，可以激起人的思想、感覺，以及行動。[10]佛洛依德學派與容格學派的心理分析取向二者，在當時均傾向於要加強診斷與處理被認爲是偏差（或至少是問題）行爲的需求，而且集中心力處理類似社會不良適應與行爲異常等議題。讀者將不難回憶起類似的觀念，例如，本我（id）、自我（ego）及超我（superego），是心理分析家所認爲的教導與研究人類行爲的重要基礎。針對所知覺的行爲異常之處理，其較受人喜愛的方法是（至今仍是）所謂的心理治療（psychotherapy）。

在1933年，不同類型與種類的心理分析家與心理治療者，在美國大學的心理學系中扮演著重要的角色，但他們絕不是心理學領域的主宰者，因爲他們的研究方法很少涉及像實驗室實驗的設計與實施、客觀的測量，以及數學分析——而所有的這些已成爲科學方法的關鍵，也是當時追求向上流動美國學術之學術界的責任。儘管如此，心理分析／心理治療的觀念被認爲是（至今仍是）心理學發展一個廣被認知極具影響的力量。

今日，許多美國的老師已透過實用心理分析家像貝特漢姆（Bruno Bettelheim）的研究，[11]學習了心理治療的觀念在學校教

育上的應用，貝特漢姆的作品同樣亦受一般大眾的歡迎，特別是那些想要處理情緒障礙兒童之父母及其他有興趣的人，更感興趣。

心理學的第二勢力：行為主義

　　當勒溫於1933年開始他的工作找尋之際，心理學發展的第二勢力，也是在美國大學研究具主宰地位的是行為主義（behaviorism）。行為主義心理學拒絕心理分析的大部分假定與方法，包括：對於將人們內在趨力作為其行為發生之原因的強調；以及發現這些內在趨力所使用的心理分析的方法，因為這些方法主要依據病人的軼事而研究。

　　行為主義學者企圖要發展一種古典的現代主義意味的人類行為的科學。其研究方法的梗概是那種控制的實驗室實驗，其證據法則，亦即主要的科學方法，是要求心理學家在蒐集資料時，應限制在那些已控制的條件下，可以以「客觀的」、「科學的」方式直接觀察的行為。因此可以（而且應該）將觀察減化至可以數量化的名詞：所觀察行為出現多少次？在怎樣的時間架構之下？其次序如何？因為在心理分析的思想與實際中，地位相當重要的內在動機無法（直接）觀察，更不用說數量化或控制了，而是依賴於軼事般的證據，因此行為主義學者將它們全然忽視。也因為他們無法觀察與測量內在動機（internal motivation），行為主義學者乃著重在外在的動機（extrinsic motivation）：例如，企圖增強可欲的行為，並消除不可欲行為的獎勵與懲罰。食物及免於疼痛乃是在小心控制實驗室實驗常用的、可以數量化且操縱的外在獎勵，已形成行為主義學者常選擇的方法，並成為其註冊商標。

因此，人類不僅被降至僅為行為主義者研究的受試者，而且實際上亦在實驗室中被老鼠、鴿子，以及其他動物所取代，因為這些動物一方面比較便宜，另一方面亦比較容易控制。「從一個繁殖場而來的動物，而且大多從美國鐵路快遞的平台上取回的動物，餓到其體重的3／4或2／3，以確保其適度的『動機』。這些老鼠僅有2－3個月大，等同於人類『青少年時期』，就開始其實驗（再大一點的話，其實驗室成本會增加）」，因此無疑的，這個新興的心理學可以被形容為是絕望老鼠的心理學（the psychology of desperate rats）。[12]

　　儘管如此，行為主義於1933年已明顯地成為美國各大學心理學系瞭解人類行為的確切取向。斯金納（B. F. Skinner）無疑的是美國教師與教育工作者最熟知的實務工作者，因為他提出應廣泛地應用行為主義的觀念於學校教育之中，特別是有關教育適應不良行為兒童的教學方法方面。

　　到了1970年代，行為主義（特別是它的斯金納學派形式）已快速發展成為美國學校教育的一個大規模運動，而且一直持續發展到1980年代。行為主義學者至今在課程與教學領域仍持續具影響力。它的觀念亦被許多學校教育改革提倡者所擁抱（有些自己知道，有些則不自知）。類似編序教學（programmed instruction）、診斷處方教學法（diagnostic prescriptive teaching），以及行為改變等教學觀念，是許多美國教師所熟知的行為主義的觀念。在教室內增加使用電腦的措施亦是基於行為主義的教學觀念。「斯金納所提倡的行為主義的技術對學校而言，是要學校決定目標、找到產生反應的增強物、實施可以產生可欲行為的增強物方案，以及最後非常小心地測量增強物的效果，並據此加以修正改變。」[13]因此，行為主義（特別是斯金納的行為主義）和一些理想型式（但對學校真實世界幫助不大的學術理論）

相去甚遠；事實上，它對於美國的老師、行政人員、改革者，以及其他人思考學生、教學實際、學校之組織與領導的影響力頗大。舉例而言，席馬克與席馬克（Schmuck and Schmuck）曾檢視斯金納學派的行為主義對美國學校教育的影響，並發出警語。在1974年他們發現，以行為主義的觀念而言，「學習的證據包括對方案、標準化測驗、或教師所提問題所呈現的刺激作出事先規定的反應。在一個好的『行為主義的』方案中，其目標應該是可以行為化地加以定義，而其資訊是以一個邏輯與依序的型式加以呈現，」[14]以及亦包括系統性的評量行為方法，可加以使用，以作為達成方案目標的證據之用。評鑑教學結果的系統性方法，以行為主義的觀念而言，應該要「客觀」而且必須強調標準化的測驗。而且斯金納很清楚地指出，因為學習的過程本身並非直接的可以看見或可以數量化，因此行為主義的教學技巧「不能設計為要『發展心志』，或發展某些模糊的『理解』——它們應設計為是要建立特別的行為，是可以以學習證據（evidence of learning）加以呈現的行為。」[15]

心理學興起的第三勢力：人文主義與社會心理學

勒溫是許多人當中首位針對行為主義提出嚴肅的、多刺的問題的人。他極想知道，為什麼人類的行為僅能在實驗室有控制的情境下才能研究？在實驗室迷宮追逐的老鼠真的對與顯著的社會問題相關的人類條件能夠產生真知洞見嗎？只有唯一一種可被接受的方式，以追求事實與理解，或者還有其他可被接受的替代方

式呢？難道我們不能走入眞實世界中，走入人們居住與工作之地，以正當合法的方式來研究行爲嗎？更且，人們的態度、情感、價值、與信念對行爲的形成而言眞的不重要嗎？它們對於人類行爲的方式眞的沒有任何顯著的影響嗎？勒溫來自於歐洲，一個他到處看過的地方，他指出，成爲一個團體的一員，似乎對於人們如何作爲具有影響。個別地，他曾看見、也感覺到其同胞直接指向猶太人（他所屬的一群人的團隊）的狂野暴行。他亦看到（或聽過）在歐洲其他地方（亦在東歐、巴爾幹半島各國等）存在有類似的屠殺團體仇恨，通常可以擴展回溯至傳統已被遺忘的歷史時間中。難道心理學家不應該研究這些重要的社會問題，更加瞭解其原因，以使我們能找到教育年青一代更佳的方法，或者找到改善人類文明這些古老災害的影響力嗎？一些簡單的問題，誠摯地討論著，而勒溫突然間成爲一個破除學術迷信者，激怒大眾，成爲一位可憐的自傲者，被拒絕於學術組織的負責人之外，因爲這些負責人控制了美國各大學的心理系部門。從此角度而言，傅科是對的：其中存在有一個無形的權力網絡，所以其對話乃被控制著。

由此，在這典型的學術政治學角力中，勒溫無法找到工作，至少無法在任何心理系中找到工作，而且也許有可能被埋沒了。在十四年中，他若能不被埋沒：夠多的時間可以讓他成爲一位領導者，建立與發展社會心理學，可以在眞實世界中，嘗試新的研究方法與證據法則，在心理學、社會學與人類學之間融合新的聯結，而且可以激發一群年青學者探討極重要的社會─心理實務問題。如我將描述的，許多自己有新觀念的其他人，受到勒溫、其同僚，以及其學生之研究的激勵，將可以發展一個截然不同的、新的心理學取向。

勒溫廣泛地被認爲是社會心理學的創立者之一（假如不是唯

一的創立者），而且往前超越，成為心理學第三勢力（人文主義心理學）之先驅。人文主義心理學同意：第一，行為源於個體（其氣質與人格是獨特、且具差異的）與其環境的互動，——亦即，$B = f(p \cdot e)$；以及第二，組織生活的一個主要價值是，支持與助長組織成員的持續成長、發展、與潛能擴展。

當服務於學校時（如在其他任何組織一樣），環境中塑造與形塑成員行為的一個極度有力的層面是，組織所孕育的文化與氣氛。儘管教育領導者對其所領導之個體的氣質與人格不大有影響力，但是他們卻都有極大的可能可以影響組織文化與氣氛的特質。因為組織不具有獨特的物理實體（independent physical reality），而卻以一個社會建構的實體（a socially constructed reality）而存在，而且，因為我們對於實體的建構，主要是依賴於我們對實體的知覺，因此相當清楚的是，組織乃因應成為一個激發成員行為的主要因素。此一人與組織之間的互動網絡，以及其對領導的啟示，並不簡單，但它在影響與塑造教育組織成員方面，卻有極大的力量。此乃本書其餘章節所要討論的內容。

社會學與心理學的觀點

心理學的研究在美國開始於第一次世界大戰之前幾年。此領域的先驅，例如，霍爾（G. Stanley Hall）（於1978年在美國首位獲頒心理學博士）以及詹姆斯（William James），對教學與學校教育有極大的興趣，而且對教育思想的影響頗大。到了1920年代早期，師範學校（normal schools），以及之後的大學教育學院就已發展出很強的教育心理學系（departments of educational psychology），反應他們的觀點；而這些科系很快地將自己建立成

為塑造師資課程的主宰地位，之後亦主宰美國教育工作者的思想。

在今日，心理學仍為師資教育核心的重要部分，在教育學院之中的教育心理學系通常會行使強有力的影響力，不止針對教學方法與課程的內容，亦影響資料蒐集與研究的內容與方法。這就是為什麼類似像測驗與測量，以及統計學等科目在師資教育之大學與研究所成長如此快速：因為它們呈現行為心理學實驗室研究者所應具有之極端重要的技巧，而且亦假定它們對於教學實務多少有所助益。我們可以從廣泛的教師信念得知，教師通常指出，類似這樣的課程很少能應用於教學實際。教育心理學在教育學院之教育思想的長期主宰現象，亦有助於解釋為何現今為教師所設計的在職訓練的教育方案，常會狹隘地強調教學的技術層面，而且通常強調在教室內的教學技巧。相當平常的現象是，教師們會對類似的方案能夠增進其教學實際的價值感到懷疑。

另一方面，在社會學發展的早期階段，除了學校組織反應類似，例如，社會階級、反種族隔離（desegregation）的影響，以及學校在社會的角色等議題外，很少涉及學校教育有關議題的研究。然而到了1970年代，有一些社會學家漸漸對組織社會學（the sociology of organizations）（包括：教育組織）感到興趣，他們開始以一些社會學家曾於其他工業組織〔例如，著名的西方電器公司（the Western Electric Company）〕所探討過的研究發現，擴展其研究領域至教育組織。當1980年代改革運動展開時，教育工作者開始不再迷戀於許多出自於心理學家的建議——例如，增加測驗、較多關注於基本技能，以及教學技術的精鍊等提議——因此乃漸漸更慎重地傾聽社會學家們的思想與觀念。

當考慮到學校教育時，心理學家與社會學家一般都同意學校教育的目標包括：

◇學業成就

◇有效能的工作習慣

◇公民價值

◇社會行為

◇自尊

◇自恃（self-reliance）[16]

但是他們對於為了有效達成這些成果應強調什麼的看法並不一致。心理學家著重於個別學生如何學習，包括：特定的學習型態、動機，以及其與教師及其他同學之間的關係。另一方面，「社會學家著重其整體學校，以及學校組織如何影響其個別學生。」[17]因此，為了達成學校教育的目標，教育心理學家傾向於會著重於下列事項：

◇教師對學生成就的期望

◇學生與老師之間的關係

◇學生的動機

◇花在教與學的時間

◇個別學生與其同儕之間的關係

為達成相同的目標，組織與教育社會學家傾向於會強調下列事項：

◇學校如何被領導與管理

◇學生如何被分組（分班）

◇父母與社區的參與

◇學生與教師被分派在一起工作的方式

◇學校整體作成重要決定的方式

當然我們對於這二種不同的觀點如此明顯二分法的強調應相當小心。在心理學中，行為深受組織環境（組織社會學家所重視的）的影響並不是一個新概念，勒溫與墨瑞（Henry A. Murray）[18]此二位現代心理學的重要創始人，個別分開地已在1930年代同意行為是個人與環境互動的函數這樣的概念。這樣的概念在今天持續仍為瞭解組織行為的一個基本概念。

在本書中，此觀念是以$B = f (p \cdot e)$[19]來表示。這是一個相當有力的理解，對於學校組織文化與組織氣氛的研究具有告知與啟示的作用。事實上，組織行為的研究即是在探討個體內在需求與人格特質及其與由教育組織所創造出來的環境之間的動態關係。

近來的趨勢強調學校的重建（restructuring of schools）以達成學校革新的目的，主要（但絕非完全）亦是源自於當代組織社會學家的思想，而這樣的思想以往在學校教育的課程中，一般而言其代表性並不夠。在學校革新中，目前許多流行的術語反應了類似的更新理解，亦即人與組織的中界面（interface），是學校革新努力的聯結（關鍵）所在。因此，在1990年代學校革新的術語中，充滿了要求授權予能和權力分享、「重創」（reinventing）學校、學校本位管理、重建學校、參與式作決定，以及將學校人性化。所有的這些主要均建議學校組織的改變，以改善學校具備助長成長特質的環境。

教育組織行為這個領域60年來的發展主要可以以兩大方向（strands）為特徵，這兩個方向無休止地交纏在一起，有時相互衝突，但通常彼此甚至並未接觸。其中一個方向是由那些將教育組織看成是「永久的層級節制之科層系統」（enduring hierarchical bureaucratic systems）的人所主張的，強調權力與權威是（且應該）由上而下行使，且要求人們必須符應組織命令的一種結構。另一方向則是由那些將教育組織看成是「人的社會系統」（human social systems）的人所主張的，強調組織成員是創造一種能夠持續支持組織成員成長與發展的工作環境，以鼓勵最有效能與最適宜之組織行為（這項艱鉅任務中），最有價值的資源。

儘管美國的學校在整個歷史發展過程中比較傾向於模仿來自工業界、商業界，以及軍事領域的價值與觀點，但愈來愈清楚的是，學校事實上是不同種類的組織，在許多重要的方面與工業、商業、政府、或軍事組織並不相同。因為學校在所有的組織中是相當獨特的組織，因此它們必須要有特別能適合它們的思考方式、領導型式，以及從事行政實際的取向。

教育組織的獨特性在於它們（獨特的）教育任務，因此要求學校要能成為助長成長的組織：能提昇成員的個人成長發展與學習、鼓勵永無休止的成熟過程、提昇自信與自尊、滿意度、承擔主動進取的動力，以及為自己的行動尋求責任。教育組織企圖提昇組織成員個人與人際之間（互動）的能力、持續地發展團體在合作方面的技巧、使潛藏的假定明顯化，並檢視它們，看看它們對個體與團體行為的意涵為何、產生合作式的團體行為、關懷與支持他人、有效管理衝突且無畏懼感、並充分地分享資訊與觀念且不必有所畏懼。因此，學校的任務是發展一種文化，一種可以高度重視、支持與提昇開放性（openness）、信任、關懷、與分享的文化，永遠追求共識，但又支持並珍視那些從不同角度思考問題的人，並將人的成長與發展擺在最優先的地位。因此，教育領導者亦在追求一個學校願景，一個企圖涉入永無止盡的變遷與發展的過程，一個「永無終點的比賽」（a race without a finish line）或者「改善」（kaizen）（註：日本字譯音）的過程，就像日本人所說的，透過些小漸進的步伐，達成穩定的成長（而非一種企圖採取極激烈的突破），最後，那迷思般的「銀色子彈」（silver bullet）將會達成使諸事皆好的目的。

「蛻變」的過程（the processes of becoming）[20]——人們成長與發展成為個體，亦成為團體，以及成為組織而能運作良好——結合起來以創造組織生活中最持久生命力的精華，而學術成果就是工作努力過程中，暫時的、與瞬息的證據。權力的難題是教育組織環境的主要特徵：因為層級節制普遍存在；我們真的沒有辦法在組織生活中發現任何替代物，但是事實上我們大可以合乎倫理地與真誠地分享權力，更公平地分配權力，以降低它（權力）對組織成員行為之負面影響。透過這樣的過程，我們就可以使學校成為一個更有助於成長的環境。

建議讀物

Aronowitz, Stanley, and Henry A. Giroux, *Postmodern Education: Politics, Culture, and Social Criticism.* Minneapolis: University of Minnesota Press, 1991.
本書討論目前後現代時期美國學校有關層級、種族、性別政治學之爭議性議題。其寫作緊湊且通常是晦澀難懂的，但卻是有見識的、易動感情的，而且有許多重要的資訊，對那些不甚熟悉此領域的人，本書相當有幫助。

Cherryholmes, Cleo H., *Power and Criticism: Poststructural Investigations in Education.* New York: Teachers College Press, 1988.
本書是一本談論教育的後結構主義思想相當棒的書，提供了一個具挑戰性，且通常令人振奮的討論，涉及思考學校的新方式以及他們如何被研究等討論。

Foster, William, *Paradigms and Promises: New Approaches to Educational Administration.* Buffalo, NY: Prometheus Book, 1986. 一本行政理論的書籍，解釋批判理論（critical theory）並強烈地提倡它，以作為教育行政研究的基礎。「教育組織中的行政人員是批判的人文主義者。他們是人文主義者，因為他們珍視生活中尋常與非尋常的事件，且投入於發展、挑戰，以及解放人的靈魂。他們是批判的，因為他們是教育工作者，因此並不滿足於現狀；他們反過來是希望協助個體作較佳改變，並改革學校條件。因此，行政的一種科學模式，依賴於一種科學的實證主義模式，在此受到攻擊，因為我們認為它不適合用來思考社會中許多有關社會、文化與教育的議題。」（pp. 17-18）

註釋

---

1. 感謝Edgar Schein對基本假定、價值與信念、與行為之間關係的分析，他的觀點在本書中將會更充分地討論。見於：Edgar H. Schein, *Organizational Culture and Leadership* (San Francisco: Jossey-Bass, 1985).

2. 針對此議題，我們目前已掌握相當廣泛的資料與文獻。例如，見於Theodore R. Sizer, *Horace's School: Redesigning the American High School* (New York: Houghton Mifflin, 1992).

3. Benjamin S. Bloom, Edward J. Furst, Walker H. Hill, and David R. Krathwohl, *Taxonomy of Educational Objectives: Cognitive Domain* (New York: David McKay, 1956).

4. Cleo H. Cherryholmes, *Power and Criticism: Poststructural*

Investigations In Education (New York: Teachers College Press, 1988). p. 29.

5.同上註,頁30。

6.例如,見於Michel Foucault, Power/Knowledge (New York: Pantheon Books, 1980).,有關Foucault更廣泛的觀點見Hubert Dreyfus and Paul Rabinow, eds., *Michel Foucault: Beyond Structuralism and Hermeneutics*, 2nd ed. (Chicago: University of Chicago Press. 1983).

7.Cherryholmes, *Power And Criticism*, p. 35.

8.Sharon Welch, "An Ethic of Solidarity And Difference," *in Postmodernism, Feminism, And Cultural Politics: Redrawing Educational Boundaries*, ed. Henry A. Giroux (Albany, NY: State University of New York Press, 1991), pp. 83-84.

9.同上註,頁84。

10.Martin V. Covington, *Marking the Grade: A Self-Worth Perspective on Motivation and School Reform* (Cambridge: The Cambridge University Press, 1992). p. 25.

11.可能他的傑作是*Love Is Not Enough* (New York: The Free Press, 1949).

12.Richard Klee, "Humanist Perpective," in *Humanistic Psychology: A Source Book*, eds. I. David Welch, George A. Tate, and Fred Richards (Buffalo, NY: Prometheus Books, 1978), p. 4.

13.Richard A. Schmuck and Patricia A. Schmuck, *A Humanistic Psychology of Education: Making the School Everybody's House* (Palo Alto, CA: National Press Books, 1974), p. 45.

14.同上註,頁49。

15.B. F. Skinner, *The Technology of Teaching* (New York: Appleton-Century-Crofts, 1968), p. 26.

16.以下有關心理學與社會學家所用取向的差異，以使學校能更好的討論是參照Amy Stuart Wells, "Backers of School Change Turn to Sociologists," *The New York Times*, Education Supplement, Wednesday, January 4, 1989, p. 17.

17.Wells, *"Backers of School Change."* p. 17.

18.Henry A, Murray And Others, *Explorations in Personality* (New York: Oxford University Press, 1938).

19.勒溫（Lewin）最初的說法是B＝f(P, E)，見Kurt Lewin, *A Dynamic Theory of Personality* (New York: McGraw-Hill, 1935).

20.Carl R. Rogers, *On Becoming a Person* (Boston: Houghton Mifflin, 1961).

第1章

組織思想的主流

本章簡介
 ◇為什麼學習組織行為？
 ◇為什麼學習組織行為的歷史？
 ◇為什麼學習理論？
以公共行政為開端
工業革命的衝擊
古典組織理論的興起
 ◇古典理論的組織概念
 ◇福麗特的概念
 ◇古典與新古典的行政概念
人群關係運動
組織理論運動
 ◇人群關係與組織行為
結論
建議讀物
註釋

本章簡介

在上一個世紀中，我們發現，基本上存在有二種有關思考教育組織的方式。一個是傳統的方式：把組織看做是階層系統，在此階層系統中，權力與知識是集中在階層頂端，因此所有的動力與好的意見都出自組織頂端，而且透過計畫方案與程序成為命令與控制傳遞給較低階層的人付諸實施。另一個比較新的方式——發現於本世紀（二十世紀）初期——則視組織是合作的、同僚的，甚至是同心協力的系統，在這樣的系統中，好的意見在組織內隨處可見，而這些意見只有當位居命令與控制階層的人，能夠以釋放部屬的能力與動機之方式行動，才有可能顯示出來，並付諸行動。當然箇中細節仍很多，本書第一章將敘述一些有關這些觀念發展的背景。若缺乏這些背景，我們將無法很有智慧地涉入現行有關學校改革的爭論，因為這些爭論——儘管常常很明顯的是屬於政治的爭論，而非教育的爭論——幾乎都是起於有關如何使組織更有效能，以及何謂領導等議題之不同觀念上。

您可能與本書大部分的讀者一樣，是一位經驗豐富且技巧高度熟練的專業教師，正在準備使自己能具備目前所從事工作之領導地位的資格：可能是一位（委員會）主席，一位助理校長，或校長。假如是這樣的話，無疑的，您不僅是一位忙碌的人，而且傾向於是心志嚴謹、講求實用取向的，不會特別有興趣於與自己需求無直接關聯的學術談論。因此，您可能會自問，為什麼我要學習教育組織行為呢？對我而言，在這一章中哪一些內容是重要的？讓我以三個問題來回答這些疑問吧。

為什麼學習組織行為？

比較簡短的答案是因為假如一個人想要在教育領導成功的話，「組織行為」提供了絕對重要的必備知識基礎，畢竟，領導與管理代表著要與他人合作且激勵他人來達成組織目標。儘管那些被任命為學校校長的人通常都選自被認為是特別有效能的老師之列，但在任命之後，他們卻很少花時間在他們獲致聲望的教學技術層面上。事實上。從教師教學到學校領導的地位轉變，例如，擔任校長領導學校，真的是職業生涯的一大改變——它們完成工作所需的技能是如此的不同，判斷一個人成功的結果是這樣的不一樣，代表一個人完全離開教學，而進入一個新的且完全不同的職位。通常，新任命的學校領導者會發現，像教育行政課程傳統的主題之知識——例如，學校法令、課程理論、或教育財政等——對於確保領導成功的幫助並不大。

在被任命為校長後，其工作主要包括與他人合作及激勵他人：是一種與他人協議的工作，包括個別的或小組的；一種策劃與主持會議的工作，有時小型的，也有時大型的；一種與他人無以數計之接觸的工作，有時是事前計畫的，但許多則是突發毫無準備的，而且必須是匆匆忙忙（地加以解決）的。我們通常假定像學校教師這類聰明的人，可以有效地與他人合作以及激勵他人，然而假如你是一位學校老師，你可能已經目睹到一些現任的校長根本就沒有應有的能力以激勵教師與家長、領導他們，亦無法在學校與社區之中發展動態的小組以從事工作，然而不幸的是，這些卻是在這個學校改革年代所最要求的。造成這樣失敗的一個主要原因通常是，校長根本沒有一個可以用來處理學校事業中相當關鍵的人的層面之策略性計畫，有時稱之為願景（vision）。

許多新任命的校長擁有良好的意圖，想要藉由改善士氣、提昇學校生活品質，以及建立小組工作等方式改善學校的表現。許多校長亦想要引入一些新的技術上的改變：可能是添加新的課程、或重組學校結構。但經常發生的是，這些校長藉由傳統的課程內容，無法完整思考且規劃其學校領導的取向，而且很少思考其工作日常瑣碎的行為，如何與其期盼成為領導者的結果建立關係。學習教育組織行為，首先可以協助校長們集中其注意力在這些議題上；其次可以鼓勵您作一些有關個人的決定，像如何規劃進行工作領導者的領導實際。除了教學與學校教育的基本知識以外，一位教師之所以可以成為教育領導者，其所最有用的專業技術或許是計畫長期與短期活動的技巧。成功教師的一個卓著的特徵是他們計畫工作的能力，包括正式的文字計畫，以及有關做什麼、如何做的縝密心智圖（mental maps）。但令人震驚的是，這項特徵好像是許多人在被任命為校長之後首先放棄的技巧，反而每天到學校去多多少少想要看看會發生什麼樣的危機。很快地，每位校長會發現到有許許多多危機與突發事件隨時將發生，充斥於一天的時間，急迫地爭著要引起校長的注意，且使一個人從早到晚都在「滅火」（putting out fires）。像這樣一個要求極多的工作，加上它永無休止的時間壓力，使得一位校長不但要瞭解組織行為及其對學校領導的重要性之外，同時必須要有內在化的個人承諾，經常保持領導以及人的考量為最高的優先順序。

為什麼學習組織行為的歷史？

本章陳述從1887年開始至今的現代組織思想發展的簡短歷史。在這之前，人們除了關心起自於古代、且流傳於君主時代及其所建立的軍事和教會組織之中的階層命令思想之外，很少有人真正地關心到組織思想。這種階層命令的思想是現代許多商業、

政府和軍事組織優秀後代的家傳。然而，如我們所將看到的，自從1887年開始，大量的思想與研究投入於尋求一些組織與領導的替代性觀念，使能更適用於現代組織。其主要發現是（發展於整個二十世紀），人們愈來愈察覺並瞭解到人類的行為，及其對於決定組織效能的重要性。但是新知識並未取代舊的傳統，傳統的組織觀念持續與較新的知識競爭，而且，事實上，舊的組織觀念仍主宰著組織觀念的市場。但是，我們發現，至少在西方文化中，有一個漸增的趨勢，那就是組織中人的層面的重要性已漸被瞭解而且獲得肯定了。

當二十世紀即將結束之際，我們知道，我們可以在下列二個領導與組織相互競爭的替代性策略中，慎重地選擇其一：亦即傳統的由上而下的階層體制，或另一個較同僚的參與取向。今日二個策略都被用於教育、商業、政府，以及軍事組織之中，而且每一策略在某一段時間均有其強烈的擁護者。作為一位教育領導者，有一件事很可能是可以確定的，至少：你將持續地被傳統權威主義領導支持者所拖拉，且同時被那些認為學校中人的層面相當重要的人給拉住。作為教育領導者，你可能可以確信的是，你將不斷地被要求決定到底應該遵循那一途徑才對。在這樣的情形下，只有瞭解前人所做的貢獻，瞭解那些嘗試建立知識以思考組織與領導的先鋒，你們才能夠使自己做出策略性與技術性的決定，使你們的領導更穩固，而且擁有堅定不移的目的、一致性、與效能。

為什麼學習理論？

本章描述一些大部分發展於二十世紀後半期的組織理論。但對那些實用取向的讀者而言，他們可能會問，為什麼要學習理論

呢？何不僅僅告訴我那些最有效的，而將那些理論化的東西留給其他人呢？此問題的答案在於事實上什麼是理論常常會令人混淆，這些在本書第二章會有更詳盡的討論，您將可以找到有關理論的定義與相關的討論。但在這裏，我們必須瞭解的是，一個人不可能不利用理論，而有辦法思考有關以集體的努力，以組織人類的不同方式，就連最簡單的問到像領導或由上而下的階層權威如此平常的組織概念，亦已涉入理論的討論。嘗試討論教育組織而不涉及一些理論，就很像是試著討論疾病的預防而不涉及基本的衛生習慣，例如，洗手、洗澡，以及建造密封的小井以取得飲用水這些屬於細菌疾病理論的觀念。僅僅知道一個人必須經常洗手、常常洗澡，以及必須有一個安全的飲用水源對我們而言並不足夠，只有當我們知道為什麼這些是好的、健康的習慣，我們才會個別地、深深地對它們承諾，認為它們對達成人生重要目標而言相當重要。因此，不管我們如何的忙碌，我們都不會不將這些習慣置於日常生活中較高的優先順序；當它們在理論上對我們很重要時，它們從實踐的角度而言對我們亦同等重要。

理論提供一個人所作所為的根基。「實際」是無法與「理論」隔離的，正如莫特（Paul Mort）所說的：「好的理論一點也不會不實用——與理論仳離的行動就像是一隻老鼠在一間嶄新的迷宮中漫無目標的奔走。好的理論是以最少的迷失行動與電擊，找到目標方向的原動力。」[1]

以公共行政為開端

從某一方面而言，行政是所有人類努力最古老的項目之一。例如，無疑的，至少在基督耶穌誕生前二千年，埃及人即組織與

管理需要繁瑣計畫、複雜組織、有技巧領導，以及慎密協調的極大複雜的企業。說得更清楚讓你更加瞭解，有人估計建造金字塔的任務——花費十萬人的二十年時間才完成——就像管理一個像殼牌石油公司（Shell Oil Company）三倍大的組織一樣。

同樣的，大約在金字塔建造的同時，中國眾所周知的亦有高度系統化的、大規模的行政系統，利用了許多至今仍在採用的管理觀念。摩西（Moses）實行其岳父給予的計畫，管理以色列的人民，其至今仍流行的金字塔型的組織設計，仍被許多現代的管理教科書所引用。天主教教會的行政管理系統——一個範圍廣佈的組織，曾有一時，其數量幾乎達到50萬的紅衣主教、大主教、主教，以及教區主教——至今仍有人研究其令人注目的中央集權的行政系統，而且被拿來與通用汽車公司（General Motors）超大型複雜行政系統作比較。當然，從亞歷山大帝（Alexander the Great）到凱撒（Caesar），到拿破崙（Napoleon），到麥克阿瑟（Douglas MacArthur）等偉大的軍事領袖，長久以來一直都有人在研究，究竟從他們身上可以教導我們什麼有關計畫、組織、領導、和激勵等方面的啟示。

在時間比較接近我們的，也較為大多數人熟知的，是植基在19世紀歐洲與大英國協所建立著名的文官制度之理念與觀念。在這些西歐的文官制度中，有二個主要觀念作為其基本的根基：

1. 是一個觀念，那就是行政是一種活動，可從其所進行行政的內容分離，而加以研究與教導。例如，一位郵差不必進行郵政服務；而稅務員亦不必收稅。這個事實導致這樣的觀念，那就是行政本身在組織中可以扮演一個具生產力的工作角色。

2. 是一種信念，那就是有關政府政策與目的的決定，是屬於

政治行動的範圍；但是這些決定最好是由那些不受政治活動影響，且能夠自由地去發展良好的行政程序之公僕加以實行。文官制度包括的絕不僅止於像美國的觀念認為它是腐化與「政黨分贓制度」（spoils system）的替代名詞而已。這一個信念是植基於這樣的觀念，那就是一個公平的行政組織可以比一個涉入作（政治）決定過程的行政組織來得更有效能。在這二十世紀中，「聯合國秘書處」（the Secretariat of the United Nations）和「美國外交部」（Foreign Service of the United States State Department）就是應用此種觀念的良好例證。

雖然「文官制度」（civil service）在美國比較傾向於是意指一個設計用來確保誠實與公平的制度，而不是與歐洲和英國系統關聯的專家主義的概念，但在十九世紀的美國，「行政」（administration）一詞亦被用於政府的情境中，而且其所代表的觀念亦促使公共行政的發展。威爾森（Woodrow Wilson）將早期有關行政專業化的觀念加以具體化，並於1887年出版至今仍很有名的論文《行政研究》（*The Study of Administration*）。他認為行政技巧的改善取決於行政專業領域本身的學術性研究與學習。

「行政研究的目標」，他以常被引用到的詞句寫道：「是讓行政方法從混淆與從經驗學習的浪費中解脫出來，並將它們深深地建基在穩健原則的基礎。」[2]（當發表此篇文章時威爾森是才31歲的助理教授，但他走在時代的前端，極力主張行政的研究應作為大學嚴肅看待的一門學科。過了40年，他所稱的公共行政原則的第一本教科書才出版（1927）。（行政）原則的追求是行政科學發展的精髓，有別於行政的民間傳說或習俗。

工業革命的衝擊

　　大約在19世紀末——亦即威爾森提出學術貢獻的時期——西歐與美國的一些商人正加緊努力，希望能從工業中獲得更大的利益，因此，正如現今社會一樣，在工業時期的萌芽階段，一般人相信，所謂的較大獲利率，就需要降低產品的單位製造成本。當然，達成這個目標的一個方式就是利用像生產線的革新，加速產品的大量生產。早期工業鉅子，像亨利福特（Henry Ford）的領導，就是廣泛地被認為是與這些技術性的突破有關。在接著的工業擴展時代，工程師與技術性取向的科學家是關鍵人物——就像他們在現今技術革命時代被受重視的程度一樣。因為他們能建造機器，而且將它們組合成為生產線的單位。所以，這個時代是一個屬於工程顧問與追求效率驅力的年代。

　　泰勒（Frederick W. Taylor）是許多行政學者所熟知的名字。在18世紀末期，他曾經是米德維爾與貝斯利恆鋼鐵公司（the Midvale and the Bethlehem steel companies）的一位工程師，到了19世紀初期，他成為美國工業界最頂尖的工程顧問。我們知道，泰勒是讀了威爾森的論文，且受其觀念所影響。大約從1900年至1915年間，當他努力解決全美國工廠實際的生產問題時，泰勒發展出後來眾所周知的4個「科學管理原則」（principles of scientific management）：

1.藉著採用科學的測量方法，將工作分解細分成一系列細小、但相互關聯的小任務，以去除「根據經驗法則取向，決定每一工人如何工作」的猜測工作。
2.利用更科學化的、更系統化的方法選擇工人，且訓練他們

熟悉特定的工作。

3.建立管理人員與工人之間責任分明的觀念，管理人員從事
目標設定、計畫、和監督等工作，而工人則執行所要求的
任務。

4.建立管理人員設定目標，而工人們合作，以達成目標的紀
律。

　　特別注意泰勒的後二項原則：它們正式地區分管理者與工人
之間的角色與責任。此二原則要求建立管理者與工人之間一個由
上而下的階層關係，這個勞動者——管理者關係的傳統觀念不是
泰勒最先產生，但它正式化地成爲組織與管理的一個基本原則，
卻在塑造管理者的基本假定與信念，及對於同心協力與小組工作
等觀念思想的影響極大，雖然這些觀念要在當時的多年之後才出
現。泰勒的這二個原則至今仍爲許多學校行政人員與學校董事會
成員提供立論基礎，以抗拒——公開地或隱藏地——諸如：同僚互
享的、同心協力的取向以設定目標、計畫、和問題解決等觀念，
及其他「由下而上」（bottom-up）進行學校革新的取向，他們仍
比較偏好較傳統的權威主義者的取向。事實上，在其後的75年之
中——當然至今仍是如此——泰勒此二科學管理原則，可說是新的
和迥異的管理行爲觀念演化的競技場。

　　泰勒的科學管理原則極度受歡迎，不但在工業界是如此，且
在所有種類的組織管理，包括：家庭，亦復如此。例如，1950年
代一本暢銷書《買一打比較便宜》（*Cheaper by the Dozen*），活生
生地描繪了「效率」這個概念如何侵入吉爾布瑞斯（Frank B.
Gilbretn）家庭生活的每一個角落，吉氏是泰勒最親近的同僚之
一，亦是時工研究（time-and-motion study）的一個專家。雖然泰
勒及其同僚宣稱其科學管理原則可以普遍地被應用，[3]但這些原則

主要還是著重於降低工廠產品的單位成本；他們幾乎已成爲媒體以及我們整個社會的每天談論的東西。[4]在實際上，泰勒的觀念導致了時工研究、嚴格的工作紀律，以及著重於所必須完成的任務，而降低工人與工人之間的人際接觸至最低程度，以及嚴格應用激勵報酬制度。[5]

就在泰勒的觀念及其應用對於美國人生活有如此巨大的衝擊之際，另一位法國的工業學家正努力找出其自己的有力觀念。費堯（Herry Fayol）的背景與泰勒截然不同，這對於此二人在知覺上給人的差異的解釋有所助益。雖然泰勒是一位不折不扣的技術人員，其首要關注的是工業界的中級管理階層，但費堯卻是一位高級行政主管的背景。在此簡要地描述費堯所主張的一些概念，將有助於瞭解其對於行政思想成長的貢獻，茲敘述如下：

1. 不像泰勒傾向於將工人視爲工廠機器的延伸，費堯將其注意力著重於管理人員而不是工人。
2. 他清楚地將行政的過程與組織中其他運作（例如，生產）區分開來。
3. 他強調在不同組織中，行政過程的共同元素。

費堯相信組織的運作會愈來愈複雜，而一個訓練良好的行政團隊是組織運作改善的關鍵。早在1916年，費堯就指出行政能力「能夠且必須像技術性的能力一樣，先在學校，而後在工作坊（workshop）中習得」[6]他又補充說，我們發現好的與不好的行政方法同時存在，「且持續如此，這種現象只能以缺乏理論加以解釋其之所以會同時持續存在」。[7]

費堯在其最著名的《一般管理與工業管理》（*General and Industrial Management*）[8]一書中，奠定他自己成爲首位的現代組

織理論學家。他以五個功能定義行政：計畫（planning）；組織（organizing）；指揮（commanding）；協調（coordinating）；以及控制（controlling）。必須特別說明的是，費堯運用這些名詞的意思中，指揮（commanding）和控制（controlling）分別代表我們所指稱的領導（leading）和評鑑結果（evaluating results）。在此書出版超過60年之後，仍有許多人覺得這一個對行政極具洞察力的取向，很實際，而且相當有用。

費堯更進一步地提出14項「（管理）原則」，其中4個包括：命令統一（unity of command）；權威（authority）；主動（initiative）；以及士氣（morale）。為避免（他人）對他的這些組織行政觀念太過僵化與教條式的應用，費堯強調「彈性」（flexibility）與「均衡感」（a sense of proportion），是管理人員調適原則與定義以運用到特殊情境的精髓——此與泰勒的解釋相去甚遠，因為泰勒極力堅守全體一致的，與不帶人情味的原則應用。

在費堯與泰勒理念盛行的年代，很明顯地，西方世界正逐漸成為一個「組織的社會」（organizational society）。當巨大的工業組織在1900年代早期成長茁壯時，政府及生活的其他組織層面亦在成長。前工業時期相對較簡單的社會與政治結構，似乎天生就不適用於一個都市化的工業社會。在新的社會情境中，生活不再總是完全的愉快，且許多磨擦——社會的、政治的，以及經濟的——就產生了。人與組織之間衝突感的漸增，在這種新世界中，變成是學會成功生活所面臨挑戰的主要因素，這是一個工業的世界，個人經常僅是某些組織的一部分而已。第一次世界大戰的前幾年，就被這些經常爆發的衝突所佈滿：例如，工人的動盪不安、革命，以及共產主義的興起等，在此背景之下，德國社會學家韋伯（Max Weber）提出一些最有用的、具持久性的、而且相

當明智的行政系統成果,即「科層體制」(bureaucracy),在當時被視為很有希望,而且也被證明是有其必要性。

當人們與各種組織被權威主義工業家,以及那種封閉的政治系統的無理觀念所主宰的年代,韋伯將希望擺在科層體制身上。基本上,這個希望就是,運作良好的科層體制將比受反覆無常權力個人所掌控的組織更公平、更無私、而且更容易預測──一般而言,亦更具合理性。韋伯覺得運作良好的科層體制將會更具效率,事實上是到當時為止最有效率的組織形式。這樣的看法雖然無法反應現代社會人們對於科層體制的經驗,但是韋伯深信一個運作良好(well-run)的科層體制之所以會相當有效率,是有許多理由存在的,其中之一就是科層體制的官員是真正訓練良好的技術專家,而且每人均精通於一個行政工作,是精確的、特定的一項工作。

依照韋伯的觀點,科層體制的設計將會很公正,能將不合理的個人與情緒因素最小化,且讓科層體制的成員在極少衝突或混淆的情形下,自由工作。他下結論說,這將使組織能為顧客提供專業的、公正無私的,且沒有偏見的服務。在這種理想(型式)的科層體制(the ideal bureaucracy)中,韋伯提出一些特徵,這些特徵就某方面而言,可以稱為是行政的原則:

1.基於功能專業化而進行的分工。
2.嚴謹的權威階層。
3.涵蓋員工權利與職責的規則系統。
4.處理工作情境的程序系統。
5.不具個人情感的人際關係。
6.僅基於技術能力,以進行員工的選擇與升遷。[9]

雖然韋伯看出在理想的情境中科層體制的優點，但他的聰明之處，部分是建基在他同時對科層體制危險性的敏感性。他非常強烈地強調科層體制的危險性，甚至強烈到警告說，大型的、無法控制的科層體制，極有可能同時是共產主義和自由市場資本主義最大的威脅。[10]在嘗試瞭解引導行政發展觀念的流動時，我們必須察覺直到1940年代開始出現韋伯觀念的翻譯本之前，他在英語系國家幾乎是沒有人知道，儘管韋伯的觀念大約是與泰勒和費堯同時提出的（亦即，從1910到1920之間）。這樣的瞭解有助於解釋為什麼他在科層體制的系統性成果，要一直到第一次世界大戰之後，才受到教育行政界廣泛的注意力。

到目前為止，我們已介紹三位學者的觀念，他們同時也代表同年代其他許多人的觀念，及其同時期在一個廣大領域的努力。每一個都指出原則與理論的需求性，在1900年代，假如我們想要讓越來越多的組織行政更具合理性，且更具效能，這些原則與理論通常被認為是必備的。美國人泰勒強調將行政視為管理的原則——協調許多細少的任務，以最有效率的方式完成整體的工作。效率被解釋為是以最便宜的淨成本生產出完整的成品。泰勒假定勞動力（labor）是一種商品，可以買賣，就好像是某人購買油或電一樣，而藉由「科學管理」（scientific management），管理者可以降低其所需購買勞動力的數量至最少的程度。

法國人費堯強調行政人員較廣泛的準備，以使他們可以更有效能地在組織內表現其獨特的功能。他覺得行政人員所執行的任務可能與工程師所執行的工作不同，但卻同等重要。

德國的韋伯認為科層體制是一種組織理論，特別適用於為大量顧客提供服務的大型、且複雜的組織需求，對韋伯而言，科層體制的觀念是，企圖將根據階級特權傳統建立管理階層與工人之間關係的大型組織，所產生的挫折與不合理性降至最低。

古典組織理論的興起

　　這三個人——泰勒、費堯、韋伯——是一次世界大戰前幾年的卓越人物，領導早期的努力以熟悉管理現代組織的問題。對於這個年代起於何時，或何時終了，雖沒有明確且普遍被接受的看法，然而，從1910至1935年期間通常可以被認為是科學管理的年代。「科學管理」（scientific management）對於學校組織與行政的方式有著既深且長遠的影響。科拉漢（Raymond E. Callahan）在其著作《教育與效率的狂熱》（*Education and the Cult of Efficiency*）中，活生生地剖析在美國的學校教育局長如何迅速地採用當時的商業與工業管理者的價值與實際作法。[11]其強調的是效率（亦即較低的單位成本）、嚴格地應用詳細的、一致的工作程序（通常要求整個學校系統所有教師的每天生活都需要詳細的、標準的作業程序），以及詳細的會計程序。雖然有一些教育行政人員對於所有的這些作法心存懷疑，然而當時在學校教育局長之中確實有一股熱潮，那就是藉著採用在社會上有較高地位的人——如商業主管所用的術語與實際，搭上流行的列車，跟著大家流行。代表的人物之一克伯萊（Ellwood Cubberly）——是美國教育界長久處於領導地位的學者之一——在其1916年出版的重要教科書中，明白地表示其看法，指出學校是「將原料塑造與形成各種產品的工廠，以符合生活中不同需求。」[12]

　　大約從第一次世界大戰之前，直到很接近二次世界大戰快爆發前幾年之間，很多人認同這樣的觀念。由於科學管理的觀念強調必須對所執行的工作進行科學性的研究，因此教育行政的教授們乃開始描述與分析學校教育局長在其職位所做的工作。例如，艾爾（Fred Ayer），任職於德州大學（the University of Texas），

曾問卷調查教育局長以瞭解他們在1926至1927年之間所做的工作。幾乎所有的受試者都陳述說：「參加學校董事會的會議、撰寫報告，以及視導教師，80%…指出他們每天都會到郵局；半數的校長每週都會操作油印機，…93%檢視盥洗設備，以及93%的校長檢視工友的工作。」[13]因此，為了培養個體成為學校教育局長，其學習課程通常標榜包括有：編預算、暖氣與空調、執行工友管理服務和衛生工作的方法、撰寫宣傳文件，以及記錄保存等課程。接著教育行政的學者們通常從事研究以決定保養地板最簡便的方法——例如，拖地板或掃地、抹油及／或打蠟最有效率的技術——以使他們能提供未來的學校教育局長具備訓練工友所必須的技巧。

當組織、管理、和行政問題的研究逐漸在大學穩固地建立時——就像威爾森和費堯所預測的——科學管理的原則受到學者與實務工作者愈來愈多的注意力與挑戰。特別是，當那由泰勒及其追隨者形成的組織生命的科層體制——權威主義觀念得到至高無上的地位時，有愈來愈多的衝突產生，這些衝突起自於組織要求工人必須服從與遵守紀律，而個體想要從他們的工作中體驗到合理的獎勵與滿足感的需求之間所生的摩擦。這種衝突在1920代與1930年代以愈來愈多的勞工動亂加以展現。儘管如此，管理專家仍持續地將重心擺在發展與改進組織管理那一種由上而下的科層體制概念。

葛立克（Luther Gulick）與巫雅克（Lyndall Urwick）在許多企圖統整現今所熟知的「古典的」原則公式之許多學者中，脫穎而出，這些原則有助於發展良好的與具功能性的組織。此二人研究的中心概念就是，組織的元素可以依據功能、地理位置、或其他類似相同的規準加以分類，且彼此相互關聯。他們強調必須描繪出正式的組織圖，以明確顯示不同辦公處室部門之間如何相互

關聯。1937年葛立克與巫雅克出版了一本廣受人稱頌的書籍，[14] 而且在第二次世界大戰之後仍深具影響力。[15]許多學校行政人員都很熟悉部分被這些古典作者所倡導流行的組織觀念。

古典理論的組織概念

古典的組織理論家曾企圖想要找出並描述一些固定的「原則」（principles）〔有點「法則」（rules）的意味〕，以作為管理的基礎。最讓人熟知的這些原則是處理有關組織結構的問題。例如，古典組織觀念的核心就是階層的觀念，這在古典理論家所用的術語就是「層級節制原則」（scalar principle）。（事實上它通常指的是組織的「業務與幕僚單位」（line and staff））。其意涵就是指權威與責任，應愈直接愈完整地，從最高決策層級下至組織最下層級之成員越好。這個一般性原則現已更廣泛地被今日的組織理論家所接受，但卻因僵硬地堅持古典思想家思想的應用，限制了組織部門之間的平行關係，而常被攻擊。因此，當我們看到今日美國學區的組織圖常顯現出垂直的權威與責任關係，而較少（或根本沒有）組織運作部門之間的關聯，這種現象並不意外。所以，在美國一般的學區組織圖將會顯示出小學往上向小學教育主管報告，再往上向教育局長報告，而並沒有與初中或中等學校相互關聯。事實上，在這樣的學區中，此三層級或部門平行之間通常並沒有功能上的連結。

另一個主要的組織古典原則是「命令統一」（unity of command）：基本上指的是組織內的任何人都不應接受二個以上的上司命令。費堯對此一原則採取嚴格的解釋，嚴厲地批評泰勒，因為泰勒喜愛所謂的「功能性領班管理」（functional foremanship），亦即允許一位工人最多可以接受8位「老闆」的命

令（每一位老闆都是專家）。當組織與工作經過一段時間之後變得更複雜時，此一原則常因須適度修正以適應變遷環境的需求，而大大地被削弱。儘管在實際運作時，此一原則的概念常被忽視，但美國學區的組織圖卻常反映此一原則。

「例外原則」（exception principle）強調當必須作下一個決定的需求一再出現時，此一決定應被建立成為例行公事，授權給部屬（以法則、標準作業程序、行政手冊的方式）。如此可以使較高職位的人，可以從例行事務中解脫出來，而處理那些法則以外的事務。此原則亦廣被接受：它強調權威的授權，以及所有決定應該儘可能在組織最低層級達成的概念。此一原則被證明為是古典理論原則中，最可被應用的原則。

「控制幅度」（span of control）是古典組織理論被討論最多的主要觀念。此概念的精髓是規定（因而亦限制）向一位視導者或行政人員報告的人數數目。此一原則的許多想法均來自於軍事組織，在軍事組織中——處於高度壓力、不穩定、緊急意外的情境——需要一個可以信賴的控制與協調系統。應用此一概念於其他組織的問題是，它導致更多的矛盾，而非增加瞭解，雖然許多理論家建議應該僅讓少數的人向一位行政人員報告（通常是3至6位），但許多公司卻刻意地讓主管們管理較大數量的成員，以迫使他們授予更多的作決定權力給部屬們。

福麗特的觀念

福麗特（Mary Parker Follett）的觀念在管理思想的發展上相當獨特。她的觀念植基於組織理論的古典傳統上，但事實上，她卻以彌補科學管理和早期工業心理學家之間的鴻溝之方式，使管理思想更加成熟。福麗特的第一個有關組織的研究是她在雷德克

麗福（Radcliffe）大學的碩士論文，主要分析美國國會眾議院的發言人，這是一個重要的管理與領導的職位，但直到那時，卻只有很少有系統性的研究。此研究後來成功地出版成為一本書，且成為文獻的標竿多年。之後的許多年的時間，她在波士頓管理一個革新性的義務方案，在下午及晚上的時間利用公立學校的設備，提供大規模的教育與娛樂的課程。這一個課程是特別設計給那些無家可歸、街頭流浪的小孩們，以滿足他們的需求，在十九、二十世紀初期，這樣的小孩在波士頓及美國主要城市到處可見，極需要有安全的場所，供他們可以在晚間學習、受到支持性的管教，以及參與有益健康的娛樂活動。這個義務的社會方案大部分的財政支持都來自商業界的主管，透過與他們合作，福麗特瞭解到許多美國公司的領導者，以及他們對組織與工人的想法。漸漸地他越來越擔心到，透過這些公司的管理實施，這些公司反而製造出她的方案所企圖要改善的問題。跟在經濟大蕭條之後的1929年股市大崩盤，對她及其他許多人而言是一個刺激的事件，因為這個事件清楚地表示出，大型的商業公司已成為社會機構，其權力集中的現象，已導致美國以往對公司毫無限制行動的傳統，有再討論的空間。

她的觀念有助於修正古典管理理論過度要求嚴格的結構主義觀念的傾向，並提供一個立論基礎，以協助導引至人群關係運動，並為今日所謂的「權變理論」（contingency theory），扮演一個概念化的先驅角色。

首先，福麗特將管理視為是一個社會過程（a social process）；其次她將它視為是必然與特定情境脫離不了關係。她並不認為權威是從組織階層的頂端流動至較低層級之間加以分配，她認為，較佳的運作方式是，命令不應由一個人發佈；相反的，所有的人均應從情境中接受命令。她認為行政人員處理衝突

的方式有三種選擇：第一，藉由權力的運用；第二，藉由妥協；或第三，藉由「統合」（integration）（亦即，將衝突公開，並企圖尋求一個相互之間均可以接受、雙贏的解決方案）。

西元1932年，福麗特嘗試以發展四項健全行政原則的方式，歸納她的觀點。前二個原則是直接與負有責任的相關人員協調，以及在早期階段進行協調。此二原則與那典型的層級溝通與控制的古典理論偏見，彼此相互衝突：她極力主張應將控制（的力量）置於組織較低層級的手上，因為這樣，所以需要組織單位之間的水平與垂直的公開溝通。第三個原則是視協調為情境中所有因素雙向的關聯〔奠定了「情境原則」（law of the situation）的根基〕。此原則強調組織的連結，應使較低層級能以促使部門自我調適組織需求的方式加以連結，這是相當重要的。最後，協調是一個持續不斷的過程，認為管理是一個變動不居、動態的過程，以因應突發的情境——此與傳統的、靜態的，以及古典的那些試圖找尋行動的普遍原則之觀點，大異其趣。

古典的與新古典的行政觀念

雖然古典的組織與行政觀念——亦即與科層體制和「科學管理」相互關聯的概念——發展於本世紀初期，且流行一段時間，不受其他概念的挑戰，但若認為古典的取向是一些曾經流行，但現已在螢幕中消失了，那就錯了，（因為）沒有任何事是可以遠離事實的。

很明顯的，科層體制盛行於今日：政府的科層體制，例如，國稅局（Internal Revenue Service）和州政府的監理單位，就是這其中經常碰到的明顯例子。甚至在那些非科層體制的組織中，許多學者與行政人員基本上相信，古典的觀點是行政實踐最好的基礎。

當代許多績效方案、能力本位方案,以及目標管理的提倡者,其觀念都來自古典的組織概念。古老的古典概念的這些新發展就被指作是「新古典」(neoclassical),或有時被指為是「新科學」(neoscientific)。

許多聯邦介入公立學校教育的行動──例如,「初等與中等教育法案,公法93-380」(Elementary and Secondary Education Act, ESEA, P.L. 93-380)、「緊急學校補助法案,公法92-318」(Emergency School-Assistance Act, ESAA, P.L. 92-318),以及「綜合就業與訓練法案,公法93-203」(Comprehensive Employment and Training Act, CETA, P.L. 93-203)──皆以與古典的科學體制概念一致的方式加以組織與實施。而規劃、設計和預算系統(Planning, Programming, and Budgeting System, PPBS)和零基預算(Zero-Based Budgeting, ZBB)則是設計用以實現古典科層體制組織策略的基本概念(大多數人稱之為理性的計畫與管理系統)。這些就是今日眾人所稱的「新古典」的例子。

人群關係運動

當科學管理的原則以更謹慎的方式應用於工業界之際,更確切瞭解有關人的因素對於生產效率之影響的需求就被察覺。西方電器公司(the Western Electric Company)在當時是較開明的工業雇主之一,而且持續地與「國家研究委員會」(the National Research Council)合作進行一些設計較簡單的實驗,以決定工廠內導致最大生產效率的最佳照明度。靠近芝加哥的西方電器霍桑廠(Hawthorne Plant)被選為進行該項實驗。在該項研究結束之前,有一個令人印象深刻的研究小組參與該項實驗,其中梅由

（Elton Mayo）可能是教育工作者最熟悉的研究者。

最開始的實驗設計與實施得相當好，而且顯示出照明的程度與工人生產的產出並沒有直接、單純的關係。因為泰勒的一個「原則」強烈地建議應該會存在這種關係，因此這個研究所引起的問題，比起其所解答的還要來得多。

在思考原始實驗這些令人意外的結果之後，研究人員試著回答六個問題，期能解釋上述他們的發現，這六個問題為：

1.員工真的累了嗎？

2.停止工作休息一下是員工想要的嗎？

3.較短的工作天是員工想要的嗎？

4.員工對他們的工作與工廠的態度為何？

5.改變工作設備種類的影響為何？

6.為什麼下午的產量會降低？

這些都是相當簡單、直接的問題，但很明顯的，許多這些問題的答案本質上都是屬於心理層面的，而非物質層面的。這些問題激起一項一系列在行政研究歷史上影響最大的實驗，後來成為大家熟知的西方電器公司的研究，且產生一些目前仍未完全瞭解的結果。不管它的結果是如何地不被預測，這些研究的一個主要發現是，瞭解到人的變異（human variability）是生產量的一個重要決定因素。因此在1920年間，人群關係運動的基礎即已經建立。[16]

新的觀念可供行政人員在行政實踐中運用，其中的一些原則是：1.士氣；2.團體動力學；3.民主式的視導；4.員工關係；以及5.行為的激勵觀念。人群關係運動強調組織事務管理中有關人與人際間的因素。特別強調視導人員應大大地依賴於人群關係的概

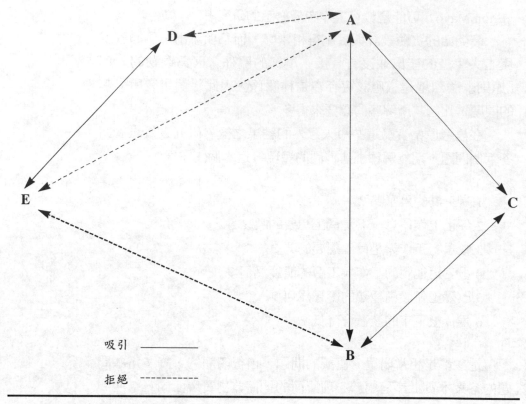

吸引 ─────

拒絕 ----------

圖1.1　五個人小組的簡單社會關係圖

念，強調像「民主」程序、「參與」、激勵技術，以及領導社會
計量學（the sociometry of leadership）等概念。

　　人群關係運動吸引了社會與行為科學家的注意力，特別是那
些向來都在研究個人與他人之間，或在團體之中互動的行為現象
的團體動力學家。許多在團體和組織情境中所進行的研究，為更
加瞭解人群團體的特性，以及他們如何運作奠定了良好根基。早
期研究較成功的團體動力學家之例子是莫里諾（Jacob Moreno）
的研究。莫里諾曾發展並修正社會關係計量分析（sociometric

analysis）的技術。他發現在團體內存在有非正式的次級團體——是一群可證明為同一屬性的人,基本上以他們喜歡或不喜歡他人的程度作為基礎而形成的次級團體。[17]莫里諾發展出一些技術,可以從組織成員身上蒐集有關成員間相互吸引的資訊;這些資料通常都由訪談而得,但其他技術(例如,簡單的問卷)亦被使用。從這樣的資訊中,可以發展出團體的「社會關係圖」(sociograms),以描繪人群團體「非正式社會結構」(informal social structure)的動態關係。例如,一個典型的5個人小組的社會關係圖如(圖1.1)所示。藉由詢問團體成員一些簡單的問題(例如,最喜歡與誰一起工作),就有可能確定團體中大部分的非正式社會結構。

出自於人群關係取向的另一個成果豐碩的研究方向是貝爾斯(Robert Bales)的研究。他發展一個有系統的技巧,用以分析小組成員之間互動的型式。基本上,貝爾斯的互動分析技巧主要是要記錄發生於個體之間對話的重要事實:例如,在特定個體之間發生多少次對話、誰發動的、有那些是屬於二個個體之間而已,而有那些涉及整個群體等等。[18]貝爾斯的研究不但提供一個可行的技術,讓其他人可以用以研究小組團體互動的型式,也使得他可以依此歸納有關團體的一些概括化推論,而這些推論亦被證明為是有用的。

舉例而言,貝爾斯是首位引証指出,成功的團體傾向於會(同時)有扮演兩種角色的人員在其中:必須有某人(或者可能是團體中的一些人)促使整個團體著重於任務的達成;而且對每一成功的團體而言,必須同時有人檢視此團體是否注意到在團體內具生產性人群關係的維持。團體行為的這兩個層面——任務導向(task orientation)和維持取向(maintenance orientation)——已被證明對瞭解團體運作的動力學方面,具有不朽的價值。

領導一直都是關心組織者深感興趣的主題,而社會科學家近來才瞭解到——與傳統的觀點不同——領導不是一些具有正式權威的「偉人」(great people)或個體對其部屬所做的要求,而是一個涉及與部屬動態互動的過程。例如,烏爾門(Benjamin Wolman)發現,團體的成員傾向於選擇那些被認為有能力(或「權力」)滿足團體需求的人,以及那些被認為是準備好要接受責任的個人擔任領導的工作。[19]貝爾斯指出,當團體將領導授與個體時,它們傾向於較不根據領導者被喜愛的程度而定,而是基於這個個體對團體所貢獻的意見,以及他對實現這些觀念所提供的協助。[20]珍妮斯(Helen Jennings)發現,具有主宰性與攻擊性的人不太可能被團體成員視為是領導者,事實上他們可能會被團體所拒絕和隔離。[21]

這些例子,可作為在這人群關係時期,大量的社會學、心理學和社會心理學研究討論的一些例子。事實上,此時正是社會心理學開始成熟為一門科學性與學術性學科的時期。在這個時期,勒溫(Kurt Lewin)對組織行為的研究貢獻良多,特別是在團體作決定方面。[22]更重要的,勒溫早期發展出重要的洞見與理論性觀點,對其後的研究者幫助很大。舉例而言,勒溫與其學生的研究成果激勵了個人成長訓練的實驗室研究方法(即所謂的T-團體或敏感訓練),而這個訓練反過來奠定了將在本書第9章會討論到的組織發展實際的根基。

謝里夫(Muzafer Sherif)有關將街頭幫派視為是人群社會系統的研究,後來成為有關觀念與研究方法論的里程碑,他更進一步撰寫一本社會心理學早期的教科書。[23]候曼斯(George Homans)的《人群團體》(*The Human Group*, 1950)羅斯里斯博格(Felix Roethlisberger)的《管理與士氣》(*Management and Morale*, 1950)、懷特(William F. Whyte)的「餐飲工業中的人群關係」

（Human Relations in the Restaurant Industry, 1948）、雷多（Frity Redl）的「團體情緒與領導」（Group Emotion and Leadership, 1942）、薛爾茲尼克（Philip Selznick）的「視領導者爲被領導者的代理人」（The Leader as the Agent of the Led, 1951）、和古爾德納（Alvin W. Gouldner）的《領導研究》（*Studies in Leadership*, 1950）等，僅是一些在此時期發展出理論與研究較著名的貢獻者而已，這些成果並建立人類組織行爲思想與理解一個無可逆轉的趨勢。

在美國的教育中，人群關係運動對學區行政人員（例如，學校教育局長）的影響相對較小；反倒是對視導層級的人員（例如，視導人員、小學校長等）有較實質的影響。一般而言，教育局長一直都比較強調一些古典的觀念，像是階層控制、權威、與正式組織等，而視導人員則比較強調像這樣的人群關係的概念，例如，士氣、團體凝聚力、協同合作，以及非正式組織動力學等。回顧美國代表性的教育組織，例如，「美國教育行政人員學會」（the American Association of School Administration, AASA）、和「視導與課程發展學會」（Association for Supervision and Curriculum Development, ASCD）新出版的刊物與出版品，我們就馬上可以發現，多半那些視自己的角色爲教育行政人員者，傾向於強調預算、政治學、控制，以及從上而下權力的不對稱運用；而那些主要關心教學與課程領域者，比較強調參與、溝通，以及去除對地位權力關係的強調。雖然行政人員漸漸地多少具備一些人群關係的概念，但上述這種在重點上的差異現象，至少一直持續到1980年代。

組織理論運動

　　古典的與科層體制的組織取向，不只傾向於強調組織的結構，及對成員高度理性邏輯的階層控制，它們亦將下列這些觀念具體化：亦即視組織為有形的、明確的、實質可觸摸的，甚至是有生命的。在早期的組織文獻中，這被稱做是正式的組織（formal organization）。在今日，這通常是大家所熟知的結構主義（structuralism）。結構主義者傾向於認為，一個適當結構的組織，將改善組織的表現。當我們合併小學區成為較大的學區，或採用以學校為基礎的管理（school-based management），或藉由創設初中（middle schools），以調節初等學校與高中之銜接界面時，此時結構主義者的思想正導引著我們這些行政的實施。

　　但是，擁有所有這些正式結構、規則，和法則以解釋並增強其結構的這些組織，同時也充滿了具有個人信念、態度、希望、和恐懼的人（human beings），而這些人的內在狀態，集合起來，對於組織真正的面貌影響頗大。因此，心理學的思想乃進入了組織與行政的研究之中。那些強調這種組織觀念的人深信，組織中人際關係的改變，對於組織的表現有極大的影響力。有人稱此為非正式的組織（informal organization），或者在1960年代有人稱它為組織的人性面（the human side of the organization）。今日它通常被簡單地指為是組織的人員取向（people approaches）。當我們嘗試邀請人們更深入地參與作出影響他們的決定、更適度地注意到他們的動機需求，或透過小組工作提昇同僚專業互享（collegiality）和合作時，此時我們正利用著組織的人員取向以解決組織問題。

　　然而，在1937至1942五年之間，有三本重要的著作出現，奠

定二次世界大戰之後有關理論發展的基礎，成為行政思想與實際發展的一個新的與主要的影響力。第一本具有劃時代意義的書籍是巴納德（Chester Barnard）於1938年出版是《行政主管的功能》（*The Functions of the Executive*）。身為紐澤西貝爾電話公司（the New Jersey Bell Telephone Company）副總裁的巴納德，選擇並統整從威爾森論文之後出現的許多思想學派的觀念，並加入一些自己的新見解。巴納德與西方電器研究（the Western Electric Studies）的科學家們來往密切，其最重要的貢獻之一，且與此處的討論關係密切的是，他指出深入瞭解正式組織與非正式組織之間關係的極度重要性。在這一本先驅的著作中，巴納德明白指出：僅著重於組織管理正式的、官方的，以及結構的層面是不切實際的；有效能的行政主管必須一方面注意到員工需求與期望的交互作用，另一方面亦注意到此需求與組織目的的交互作用。

次年，西元1939年，這三本重要著作中的第二本出現了：它是《管理與工人》（*Management and the worker*），是由羅斯里斯博格和迪克森（Felix J. Roethlisberger & William J. Dickson）所著。此二學者呈現正式組織與非正式組織之間動態雙向互動的一個新觀點（後者是存在於工人之間的非正式社會結構）。舉例而言，基於在西方電器公司研究所蒐集的證據，此二人描述並引證非正式組織的意外複雜性及其權力運作，不只控制了工人的行為，而且也控制了那些自認為在行使控制權的視導者與管理者的行為（他們並未察覺）。此二學者強調「個體需求、非正式團體，和社會關係，很快地被其他社會科學家所認同，並且導向一種主要關切正式組織之人際關係的『管理哲學』。」[24]

最後，早期這三本重要書籍的第三本是賽蒙（Herbert A. Simon）的《行政行為》（*Administrative Behavior*），出版於1947年。就連簡單的看這本書的書名——強調於行為——就可以預測到

（未來）瞭解行政實際的一個新的取向。賽蒙——一位具有深厚政治科學、心理學，和商業行政背景的教授——嘗試闡明人類行為在作決定這一個關鍵行政過程的重要性。此書，勝過其他書籍，已建立一個行政的全新觀念，並為那些在第二次世界大戰後體認出此一新取向具有極大潛力的社會與行為科學家調整了步調。

　　雖然在接續的幾年中，古典的和人群關係取向的擁護者並未消失，但最充滿活力的行政研究，則是在發展與擴展新的行為觀念的領域。來自許多學科或傳統的科學家們，在接續的幾年中不斷地出版一些研究與理論的著作。以下列出一些在1950年代到1960年代出版的較為人知的書籍一覽表，並粗略地以這些作者的學術領域加以分類，如此可以將這個領域的發展較清楚地呈現：

心理學與社會心理學

阿吉理斯（Chris Argyris）：《人格與組織》（*Personality and Organization*, 1958）。

貝斯（Bernard M. Bass）：《領導、心理學、與組織行為》（*Leadership, Psychology, and Organizational Behavior*, 1960）。

古爾德納（Alvin W. Gouldner）編：《領導研究》（*Studies in Leadership*, 1950）。

謝里夫（Muzafir Sherif）編：《團體間的關係與領導》（*Intergroup Relations and Leadership*, 1962）。

賴克特（Rensis Likert）：《人的組織：管理與價值》（*The Human Organization: Its Management and Value*, 1967）。

社會學

布羅（Peter M. Blau）與史卡特（W. Richard Scott）：《正式組

織》（*Formal Organizations*, 1962）。

艾齊厄尼（Amitai Etzioni）：《複雜組織的比較分析》（*A Comparative Analysis of Complex Organizations*, 1961）。

佩洛（Charles Perrow）：《組織分析：社會學的觀點》（*Organizational Analysis: A Sociological View*, 1970）。

人類學

懷特（William Foote Whyte）：《工作中的人》（*Men at Work*, 1961）。

查普爾（Eliot Dismore Chapple）和沙理斯（Leonard R. Sayles）：《管理的方法》（*The Measure of Management*, 1961）。

沃卡特（Harry F. Wolcott）：《在校長室的那個人》（*The Man in the Principal's Office*, 1973）。

政治科學

湯普遜（Victor A. Thompson）：《現代組織》（*Modern Organization*, 1961）。

布雷斯賽斯（Robert V. Presthus）：《組織的社會》（*The Organizational Society*, 1962）。

吉特爾（Marilyn Gittel）：《參與者與參與：紐約市學校政策研究》（*Participants and Participation: A Study of School Policy in New York City*, 1967）。

管理

麥哥葛里格（Douglas McGregor）：《企業的人性面》（*The*

Human Side of Enterprise, 1960）。

賴克特（Rensis Likert）：《管理的新型式》（New Patterns of Management, 1961）。

梅洛（Alfred J. Marrow）、包爾斯（David G. Bowers）、和席修爾（Stanley E. Seashore）：《參與管理》（Management by Participation, 1967）。

人群關係與組織行為

「人群關係」是一個廣泛的名詞，指的是所有情境中人際間的互動，以求透過相互的行動，企圖達成某些目的。因此，它可以適當地被應用在兩個人企圖共同發展一個快樂且豐碩的生活上，亦可被應用在社交的俱樂部、商業公司、學校、或事實上亦可被應用於整個政府，或甚至整個社會。規範人群關係所關心的主題——人際互動的社會結構，可以是正式的、清晰的、而且是很明顯的（例如，一個政府或一個公司）；或者它可能是非正式的、甚至是分散的、也因此很難明確地加以描述（例如，一群受刑人的權力結構、學校教職員、或鄰居的社會系統）。

「組織行為」就是在較廣泛且意義普遍的人群關係概念之下的一個較狹隘、且較明確的名詞。組織行為是一個學科，企圖描述、解釋與預測正式組織環境中人的行為。組織行為成為一個學科的一個獨特的貢獻與特徵，是它明白的瞭解到：組織會創造內在脈絡情境或環境，對於在其中的人類行為有極大的影響力；就某種程度而言，一個組織的內在環境被其自身存在的外在脈絡所影響（例如，支持組織的社會的、政治的、經濟的，以及技術的系統等）。此外，組織的內在環境或脈絡（對誘導及塑造人的行為是如此的有影響力）不僅是只有具體且可觸摸的部分而已，而

且亦包括現存系統的社會與心理層面的特徵。

因為管理／行政科學以追求目標之正式組織的有效能表現為其主要重心，因此組織行為亦與管理／行政科學密切關聯。管理與行政必然涉及建立組織的內在安排以獲致最大效能的責任。在人群關係發展的早期年代，經常發生的現象是，管理者及行政者提到員工的人際關係或工廠的人際關係時，會認為就好像是組織與員工行為的動力關係一樣，雖然彼此關聯，但卻是相互分離的。反之，現今的行政科學視目標導向的組織行為，是成果導向與合作行為的核心，不能夠從系統的管理政策和行政實際中分離出來。

直到本世紀中旬，教育行政受到上述行政演變成為一個研究領域的演進影響仍很少，主要是因為教育行政的教學一直退居在學術思想與研究主流之外。甚至連最富盛名的大學教育學院，大部分亦幾乎都沒有與同一校園中的商學院和行為科學系接觸。傳統上，教育行政的課大都由曾擔任學校教育局長職務的人來上，他們在此領域的知識大都來自於他們多年在「最前線」獲得的艱辛經驗。教育行政的課程大都注重實際、「如何作」的問題，並且依賴實務工作行政人員的舊有經驗。強調的重點則通常都在分享這些行政人員解決問題的技巧——是一些曾在學區中被試過，而學生很熟悉的技巧。

教育行政的研究在本世紀的前半期，主要包括現存問題的現況研究，或意見的蒐集。只有少數的研究例外，一般的教育行政研究大都未能處理有關理論命題的測試，而事實上沒有一個研究涉及行為科學家所發展出來的見解以及研究方法。就像米勒（Van Miller）所觀察到的：

許多行政的研究一直都只是回顧或猜測已經完成或正在進

行的事情。令人印象深刻是，想到有那麼多行政經驗已被相互交換，而以科學的方式進行的研究卻如此的少。使人興奮的是，近年來，教育行政已成為一個研究與發展的領域，亦是一個職業（a vocation）。[25]

在1950年代中期，有一種新的組織觀念，得到教育行政學者們廣泛的支持。此一新觀念體認到在組織的結構特徵，與組織成員的個人特徵之間動態的相互關係。它試著從組織結構與組織成員之間動態相互關係的角度來看在工作中人們的行為。

利用此一見解，組織學者們開始將組織──例如，學校系統和學校──概念化為社會系統（social systems）。雖然任何一個人類的組織[26]都會構成一個人的社會系統（包括類似多樣化的團體像街頭幫派、嗜好俱樂部，和教堂聚會等），在第二次世界大戰後的期間開始產生的觀念是，組織構成一個特殊種類的社會系統：基本上，它是以一個清楚而強烈的正式結構為特徵。例如，不像辦公室保齡球隊，或在一起吃午餐的秘書們類似的非正式的人的社會系統，學校系統和學校（而且，事實上是所有的正式組織）可能有下列的特徵：[27]

1. 它們是明確地目標導向的。
2. 用以達成目標所需完成的工作被細分成一些細小的任務，並成為正式的責任，被分派給組織中既有的職位。
3. 這些職務在正式組織中被階層化地加以安排，而權威關係亦被明確地建立。
4. 普遍與非人性的組織規則，大大地掌管了成員在其正式地位的所作所為，而且亦大大地塑造與限定組織成員的人際互動。

從1950年代中期開始，愈來愈多的注意力投注於想要更瞭解下列的關係：亦即：1.組織結構的特徵；2.組織內成員的人格（及隨之而來的需求）；以及3.工作中的行為。舉例而言，在1950和1960年代從事的許多領導者行為的研究顯示，普遍的一致性觀點認為，領導可以以下列二種特殊的行為得到最佳的瞭解：1.針對團體的工作給予結構（倡導）的行為（例如，工作如何完成、何時完成、由誰完成等等）；以及2.成員所知覺的顯示對部屬關心，將部屬看成是人來看待的行為。這些從實證研究而獲得的見解，廣泛地被商業、工業、軍事、和許多種類的組織，以及學校和學校系統所接受。[28]

似乎起自於此一實證性試驗觀點的概括化推論是，有一種領導型態會比其他領導型態更有效能：亦即，一種同時強調倡導（initiating structure）和對人關懷（consideration）行為的領導形式（最有效能）。當然，從這一觀點而言，組織的需求以及處理組織事務之個人的需求，可以同時兼顧。此一時期有一個典型的研究，利用當時盛行的社會系統模式進行研究，結果發現，表現一種強調對人員關懷領導形式的學校校長，比起那些強調工作團體中倡導角色的校長，更傾向於將教師視為專業人員。[29]

大約從1955年到1970年之間，有許多在教育行政領域的研究與理論化行動出現，探討社會系統的基本觀念（明顯地或不明顯地），以便被應用在公立學校系統和學校。格洛斯（Neal Gross）利用社會學的研究法，試圖闡明新英格蘭（New England）的學校董事會委員和學校教育局長做出他們所決定的理由。[30]格李裴斯（Daniel Griffiths）倡導教育行政中作決定的顯著貢獻，大大地增加了我們對教育行政者決定行為重要性的瞭解。[31]舉例而言，在許多根據格理裴斯之研究而進行的其中一個研究建議，假如行政人員能將自己的角色限定在建立作決定的明確過程與程序

時（而不是實際上作最後決定的角色），則行政人員的行為將更能被部屬所接受。

有一群研究小組特別對學校課程改變過程的瞭解感到興趣，因此乃從事一項研究，以探討這樣的問題：「在一學校系統中，行政人員與教師對於其作決定的角色與責任知覺同意或不同意的程度如何？」從這複雜且具綜合性研究所獲得的許多發現中，有一個最顯著的發現是──依格理裴斯的觀點而言──在團體中，教育局長表現對部屬關懷的行為，比企圖表現倡導的行為更有價值、且更有效。

大學研究所的課程中，有關教育行政人員的研究，不久就反映出這種社會與行為科學的組織行為觀點。在許多例子中，大學的課程都表現出一些新的行為觀點──例如，領導、激勵、作決定、組織氣氛、衝突管理，和組織變遷──與預算、財政、法律、和學校建築、地理位置，以及設備等課程同時開設。很快地，企圖將組織行為研究和觀念，與書中其他特別領域建立關係的作法，成為學校校長學（school principalship）、一般行政，和人事行政教科書作者的標準作法。許多教授在他們的研究與諮詢活動中，以及在他們設計的職業訓練的活動中，利用這些新的觀念以分析實際的學校問題。

結論

近來有關學校革新與教育領導的許多爭論──不管是在學術性的文獻、流行的媒體或者實務工作者之間的討論──對於學校成為組織的性質，以及在其中工作的人之行為，常展現出不同、而且無法相容並存的觀點。事實上，這樣一個爭論植基於範圍比

較大的爭論，那就是到底是用層級的、科層體制的系統或以同僚專業的、協同合作的系統最能瞭解組織。此論戰開始於20世紀前半期西方電器公司的研究出爐時，而且受到團體動力學和人性資源發展研究的成長與擴張的刺激，此論戰一直持續。儘管人性資源的觀點，經年累月以來已對商業、軍事以及教育領域持續地增加其影響力，但是許多位居主管與領導地位的人，仍緊捉古典觀念有關階層權力關係的理念。對教育領域的學生而言，瞭解到這種現象是很重要的，特別是對這些學生而言，檢視這些議題，然後決定到底要站在什麼樣的立場，以引導其教育領導的專業實際，並清楚的下定個人的承諾，更是重要。

發展人性資源取向以增加對組織行為的瞭解之奮鬥，已導致一些理論觀點的發展，有助於釐清教育領導者所面對的問題。第二章就檢視一些這種較新的觀點。

建議讀物

Callahan, Raymond E., *Education and the Cult of Efficiency.* Chicago: University of Chicago Press, 1992.
說明20世紀早期美國商業與工業界領袖，藉著強迫全國的學校董事會採納它們的組織價值與目標，嘗試改善公立學校教育的事件。假如你認為觀念是不斷再現的，你將在此一精彩的書中發現今日現象的重要訊息。

Etzioni, Amitai, *Modern Organizations.* Englewood Cliffs, NJ: Prentice-Hall, 1964
此書是相當容易瞭解且好讀的一本書，解釋有關現代組織思想的

基本觀念，真正是一本組織與行為文獻的代表作。

Morgan, Gareth. *Images of Organization*. Beverly Hills, CA: Sage
Publications, 1986
這一本寫得很好的書，利用組織為機器、政治系統、文化等隱
喻，描述七種不同思考組織的方式。作著接著描述利用每一隱喻
的優點與缺點。

註釋

1. Paul R. Mort and Donald H. Ross, *Principles of School Administration* (New York: McGraw Hill Book Company, 1957), p. 4.
2. Woodrow Wilson, "The Study of Administration," *Political Science Quarterly*, 2, no.2 (June 1887), 197-222.
3. Frederick Taylor, *The Principles of Scientific Management* (New York: Harper & Row, Publishers, 1911), p. 8.
4. 想要瞭解此一時期有關工商業界領導者強加他們的價值於學校行政者身上的詳細描述，請參閱 Raymond E. Callahan, *Education and the Cult of Efficiency* (Chicago: University of Chicago Press, 1962).
5. Amitai Etzioni, *Modern Organizations* (Englewood Cliffs, NJ: Prentice-Hall, 1964), p. 21.
6. Henri Fayol, *General and Industrial Management*, trans. Constance Storrs (London: Sir Isaac Pitman & Sons, 1949), p 14.

7.同上註, p. 15.

8.費堯的研究於1916年以法文出版（當時他是一個礦場的主管），而且立即在歐洲得到許多喝采。在英文的翻譯出現之後，他的觀點很快地就近入主宰的地位（而且一直持續至少到1940年代），刊登在*Papers on the Science of Administration*, eds. Luther Gulick and L. Urwick (New York: Columbia University, Institute of Public Administration, 1937).

9.Richard H. Hall, "The Concept of Bureaucracy: An Empirical Assessment," *The American Journal of Sociology*, 69, no.1 (July 1963), 33

10.J. P. Mayer, *Max Weber and German Politics* (London: Faber & Faber, 1943), p. 128.

11.Raymond E. Callahan, *Education and the Cult of Efficiency* (Chicago: University of Chicago Press, 1962).

12.Ellwood P. Cubberly, *Public School Administration: A Statement of the Fundamental Principles Underlying the Organization and Administration of Public Education* (Boston: Houghton Mifflin, 1916), pp. 337-38.

13.David B. Tyack and Robert Cummings, "Leadership in American Public Schools before1954: Historical Configurations and Conjectures," in *Educational Administration: The Developing Decades*, eds., Luvern L. Cunnningham, Walter G. Hack, and Raphael O. Nystrand (Berkeley, CA: McCutchan, 1977), p. 61.

14.Luther Gulick and L. Urwick, eds., *Papers on the Science of Administration* (New York: Institute of Public Administration, Columbia University, 1937).

15.Luther Gulick, *Administrative Reflection on World War II*

(University, AL: University of Alabama Press,1948)

16.這些研究，通常被稱爲西方電器公司研究，讀者熟悉的另一個理由是：它們亦導致所謂的霍桑效應（Hawthorne Effect）的發現，對行爲研究技術的改善相當重要。這些研究在Fritz J. Roethlisberger and William J. Dickson, *Management and the Worker* (Cambridge, MA: Harvard University Press, 1939)中有所整理。

17.Jacob L. Moreno, "Contributions of Sociometry to Research Methodology in Sociology," *American Sociological Review*, 12 (June 1947), 287-92.

18.Robert F. Bales, *Interaction-Process Analysis: A Method for the Study of Small Groups* (Reading, MA: Addsion-Wesley, 1950).

19.Benjamin Wolman, "Leadership and Group Dynamics," *Journal of Social Psychology*, 43 (February 1956), 11-25.

20.Robert F. Bales, "The Equilibrium Problem in Small Groups," in *Working Papers in the Theory of Action*, eds. Talcott Parsons, Robert F. Bales, and Edward A. Shils (Glencoe, IL: The Free Press, 1953).

21.Helen H. Jennings, *Leadership and Isolation*, 2nd ed. (New York: Longman, 1950).

22.勒溫（Lewin）定義社會心理學的場地理論（field theory），通常被認爲是社會心理學之父。請參閱他的 "Field Theory and Experiment in Social Psychology: Concepts and Methods," *American Journal of Sociology*, 44 (1939), 868-96, and "Group Decision and Social Change," in *Readings in Social Psychology*, eds. Theodore M. Newcomb and Eugene L. Hartley (New York: Holt, Rinehart & Winston, 1947), pp. 330-44.

23. Muzafer Sherif, *An Outline of Social Psychology* (New York: Harper & Row, Publishers, 1948).

24. Dorwin Cartwright, "Influence, Leadership, Control," in *Handbook of Organizations*, ed. James G. March (Chicago: Rand McNally&Company, 1965), p. 2.

25. Van Miller, *The Public Administration of American School Systems* (New York: Macmillan, 1965), pp. 544-45.

26. 與個體的集合體 (a collection of individuals) 有所區分。

27. 此處的討論係依循 Max G. Abbott, "Intervening Variables in Organizational Behavior," *Educational Administration Quarterly*, 1, no. 1 (Winter 1996), 1-14.

28. 例如，請參閱 John K. Hemphill and Alvin E. Coons, *Leader Behavior Description* (Columbus: Ohio State University Press, 1950) 想參閱後來利用他們觀念所進行的研究，見 Andrew W. Halpin and B. J. Winer, *The Leadership Behavior of the Airplane Commander* (Columbus: Ohio State University Press, 1952) and Andrew. W. Halpin, "The Behavior of Leaders," *Educational Leadership*, 14 (1956), 172-76.

29. Daniel Griffiths, "Administrative Theory," *Encyclopedia of Educational Research*, ed. R. L. Ebel (Toronto: Macmillan, 1969), p. 18.

30. Neal Gross, *Who Runs Our Schools?* (New York:John Wiley & Sons, 1958)

31. Daniel E. Griffiths, *Administrative Theory* (New York: Appleton-Century-Crofts, 1959).

當代組織理論

本章簡介

　　從1920年代中期開始，直到大約1970年代中期，探求對組織行為的瞭解，被深信採用邏輯實證主義的傳統實驗科學方法者所支配與控制。這被稱為近代的研究。因此，在隨後的數十年之間，支配組織行為研究的學者要求使用單一方式去思索關於組織及組織中人的行為。他們要求使用理論與科技去檢測理論——他們認為技術是客觀的、與所研究的對象是分離的、並且倚靠數學的證據作為調查的最高目標。然而，最後將明顯地發現，就如同我們將在第三章更完整的看到，這種從物理科學所借用而嚴格劃分的邏輯實證傳統取向對於學校實務工作者是相當無效的，而有信心被應用到教育領導上的也極為稀少。事實上，有一些具有領導地位的學者曾經不遺餘力地指出，這種狹隘科學取向的根本致命缺失，在於具影響力的學會會員嚴格要求在試圖瞭解組織生活時，只有運用假設—演繹的思維方式。然而，有許多關於組織的思維方式——也就是許多有用的組織理論——在當代被發展出來，且被證明對學校領導者思考與談論領導策略時十分有用。這些理論也有助於你思考組織及組織中人的行為。我們將從簡介何謂理論作為瀏覽的開始，接著比較與對照科層體制理論與人力資源理論，最後你將會看到幾個組織系統模式，而不同的學者試圖去描述他們對於組織結構與組織成員間交互關係的瞭解。

　　描述組織生活的系統模式十分類似於在美式足球賽時，電視上球評所用的黑板講解圖，他們能指出與描述球賽的重要概念，但是他們必須瞭解在人類努力過程中，一直呈現的不確定性與不可預測性的背景。模式對於提供你組織如何運作的心理道路圖是有用的，有些你可以在實務中用來分類組織問題及計畫去解決這

些問題。他們也有助於澄清與組織行為有關的重要議題。但是他們並非對組織機制作文字敘述，因為他們有時候會被誤以為如此。例如，有一些人用老舊鐘錶的比喻來描述組織的系統理論，老舊鐘錶藉由正確無誤地預測性，齒輪的轉動聲，發條的解開，平衡轉盤、齒輪、齒輪卡，其他零件也以幾近完美而可預測的關係同步轉動，以產生所希望的結果，換言之，也就是告知正確的時間。組織，特別是教育組織，畢竟是人們不斷努力—— 乃至那些因對人類事物尋求單純、精簡、系統、有秩序、與確定性而絕望的人—— 而不可被簡化為機械性的系統。我們正在研究人類社會系統。

組織理論

對於可能被用來思考組織的不同觀點所進行的討論—— 例如，科層體制和非科層體制—— 實際上是討論組織理論。許多教育行政的實務工作者質疑理論，經常將理論視為某些理想情況或毫無根據的想法（通常會與語帶貶意的「象牙塔」聯結在一起），然而他們必須處理日常生活中許多棘手的實際問題。在此，我們的立場是，理論絕末脫離日常生活，理論在我們每天知覺的形成與對平常事件的瞭解上是具有決定性的。

理論的界定與描述

理論是有系統地組成的知識，藉以解釋所觀察到的現象。正如我們有許多理論是關於疾病的原因、使飛機翱翔成為可能的力量，以及太陽系的性質。我們也有關於組織以及組織如何運作的

理論。正如我們有理論依據是我們知道應該經常洗手，定期運動，與維持均衡飲食的基礎，也應該有讓我們瞭解學校這種組織以及如何使學校更有效能的理論基礎。

理論在系統地思考複雜問題上提供了基礎，例如，瞭解教育組織的性質，在這個範圍內，理論是有用的。理論之所以有用，因為它能使我們描述和解釋正在發生的事，在特定的環境中預測未來可能發生的事，以及──對專業的實務工作者來說是必要的──去思考控制事件的方法。

教育組織的兩大觀點

自從20世紀組織研究開始之後，人類大概選擇兩種不同方式之一去形成組織的概念。其中之一是屬於古典、傳統的觀點，通常被稱為「科層體制」，雖然在近年來教育改革的修辭中，許多人選擇將它稱為組織的「工廠模式」（the factory model）。不論使用什麼名稱，科層體制組織被18世紀弗烈德里克大帝（Frederick the Great）軍隊的形象解讀為具有機械編組、由上而下的權威，與「奉命行事」的特質。直到今天，科層體制組織仍然是全世界最普遍的組織概念。事實上，對很多人來說，這是如何界定組織的概念問題。

隨著時間的流逝，促成兩件事的發展，對組織科層體制的概念造成表面上無法改變的挑戰，也對於組織產生了較新的思考方式：

1. 世界上持續地成長與變革腳步的加速。技術發展呈現幾何般地加速，以及政治、經濟、與社會的變革，已經大概使

得嚴格的科層體制面臨掙扎與反應緩慢的問題。

2. 全世界產生了對增加民主、個人自由、自尊與尊嚴，以及自我實現機會的期望。然而，在第二次世界大戰以前，教師不得不服從科層體制組織的權威，並毫不遲疑地接受命令，而未曾想過成爲自己生命的鼓手。在教育組織中，那樣的時代已經過去了，而且看起來是永遠過去了。

組織，特別是教育組織，眞是無所不在，非常普遍，以致我們對常常認爲理所當然的相關假定，經常缺乏足夠的查證。當代組織理論主要的關切點，在於澄清與區別有關何謂組織的兩大競爭性觀點基礎的假定：其中之一是古典（或科層體制）觀，另一項則是較新的觀點，經常被稱爲人力資源發展。例如，對於協調與控制人類行爲以達成組織目標的問題，可以考慮兩種相對的取向。

科層體制觀

科層體制取向，在處理對組織中人的行爲的控制和協調的議題上，往往強調以下五種機制：

1. 維持穩固權威階層的控制與對低層級人員的嚴密監督。在這個概念上，強調行政人員扮演視導者與評鑑者的角色。

2. 建立和保持適當的垂直溝通。這有助於確保良好的資訊傳達到決策者，而將命令清楚而快速地下達執行。因爲決策者必須得到有關運作層級的正確資訊，以便作成高品質的決策，資訊直線向上的處理與溝通特別重要，但經常不是特別有效的。運用電腦協助垂直溝通，對於認同這項概念者而言，是非常具有吸引力的。

3.發展清晰的書面規則與程序，以確立標準和指導行動。這些包括：課程指南、政策手冊、說明書、標準表格、勤務簿、規則與規程，以及標準作業程序。

4.公布清楚的計畫與時程表供參與者遵循。這些包括：教師課程計畫、鈴聲時間、勤務簿、會議日程表、預算書、午餐時間、特殊教師時刻表、校車時刻表，以及其他許多事項。

5.當有必要解決組織因所面臨的變動狀況所衍生的問題時，增加組織階層中的視導和行政職位。例如，當學區和學校擴大規模時，就會出現像助理校長、主席、主任、與協調員等職位。當教學計畫變得更複雜時，就會出現專家的職位。還有像特殊教育主任、反吸毒教育計畫協調員、學校心理學家、與學校社會工作者等例子。

　　在1980年代初期爆發的改革運動，說明了這些在學校裡受青睞以進行控制與協調的機制，廣泛地被接受。在1980年代教育的公共議程中，學校效能成為一個主要的論題，而加入1970年代所傳承下來、相互連結的二重唱—— 平等與入學機會。雖然關於有效學校以及它們應該像什麼的研究文獻，一直穩定地增加，但是實際上，與之無關的「改革運動」在1982年突然爆發，至少在大眾出版品和電子媒體中佔據中心舞台，強烈影響許多為增進學校功能所作的努力。我們對此感興趣，因為它表現了許多教育主管非常堅強的信心，即在思考學校問題，以及在如何改進學校工作上，科層體制理論是非常有用的。

　　在1982到1983的兩年期間，發表了不下十種有關美國公立教育情況的主要報告書，其中最早是由「全美卓越教育委員會」所發表的《國家在危機之中》（*A Nation at Risk*）。這些報告的每一

項都將報告人所感覺到的各種缺陷編目分類，並提供了一大批解決這些問題的修正措施。此外，這些報告證明當時普遍關注公立學校的效能，以及成為在出版品和電子媒體上，大量普遍討論對公立學校教育缺點的來源。事實上，在美國歷史上第一次——感謝大部分藉助於這些報告（以及1985年中期提出的約二十個其他的報告）所激起的興趣——由美國總統選擇將美國公立學校條件的討論，提高到總統演說和政治的層次。州教育委員會清點了不下一百七十五個州級的教育活動工作組，並在1983年發表建議書。到了1985年，印製了總數大約三十篇報告和要求改革的呼籲，這種對美國公立學校效能異乎尋常的關心，導致一連串耀眼的觀察和改進建議，以及空前的、範圍廣泛的有關公立學校「改革」的討論。一位資深的觀察家稱之為「本世紀我們可以得到學校革新的最好機會。」想想在當時，本世紀僅剩下十六年，看來勉強是過於樂觀的估計。

從這批研究提出的大量建議，絕大多數是根據有關學校性質的傳統假定，至少部分進行這些研究的人，以及必定有許多閱讀過研究報告的人，都持這樣的假設。當然，這些報告的建議中，有許多變化和差異，甚至有些部分彼此相互衝突。然而，從本質上來看，這些主要建議的要點如下：

學校的目標〔古拉德（John Goodlad）將它描述成陷入概念的沼澤裡〕應該是單純、清晰和有限的；所有的學生都應該被要求完成某種核心課程（州教育委員會建議刪去「非必要的軟性課程」）；應該強調精熟英語，但更應該重視數學、自然科學和電腦技術；應該給教師更多的報酬、更好的訓練，並提供更好的工作條件；學校應該與外界領導團體建立更有效的聯繫——主要是工商界的合作夥伴，並與州和聯邦政府建立更有效的關係；每天在校時間和學年應該延長，並且著眼於工作時間來加以重新組織，

應該給學生指定更多的家庭作業；提高教學工作和教師的地位應該藉由提高報酬、創造生涯階梯，以獎賞具有優良教學成效的優秀教師，並使教師工作環境專業化；應該發展更有力的教育領導地位，主要是學校校長。

總之，有關美國教育狀況的這些報告所提出的建議，從大範圍的影響來看是乏善可陳的，幾乎沒有新觀念和有希望的主動精神，實際上僅僅提供了適度概念力量的老套想法。[1]為了對各式各樣報告的刺激有所回應，各州和許多學區試圖迅速實施某些建議。可以預見的是，實施的方法是倚重於傳統科層體制的命令，以試圖迫使學校實行變革。

例如，許多州發布新的法規和命令，去「強化」地方學校的課程。其目的通常在減少選修課程數而增加必修課程數，以及指定由教師安排家庭作業。這種改革的努力在提昇學校教學效果的影響上，仍然是成問題的。

延長學年和每日在校時間的努力，為這一點作了極佳的說明。1983年這種努力開始時，《國家在危機之中）的普遍建議之一是「學區和州立法當局應該把每天在校七小時，每學年200或220天」作為提供更多教學時間的一種方法。這看來是實行一種比較簡單的變革，只需要該州一紙明文規定。雖然若干州規定在最低限度的學生－教師聯繫日加上額外的天數，但是全國性的最終結果，只是讓一些州趨近於現行的每年180個教學日的全國平均數。例如，阿肯色州決定從1989年起，從每學年175天改為180天；科羅拉多州在1984年，已經從每學年172天改為176天。有些州為教師延長了工作年，而為學生維持規定的教學天數。因此，佛羅里達、田納西和北卡羅來納都要求學生－教師聯繫時間達180天，而允許以額外的日子雇用教師，以補償緊急的結尾、在職訓練計畫，以及其他行政目的。實際的效果在全國的改變並不

夠。在1985年，學年從華盛頓特區的184天，低到北達科他州的173天，共有29個州屬於全國的平均數，每學年180天。考慮到來自農業、旅遊業的雇主，以及一般民眾反對較長的學年，各州教育委員會在1985年作出結論，指出每學年200或220天是「不切實際的」，「在正常上課時間外，強求更多正當的教學時間，可能要支付更大的薪金，而這可能是父母以及關心此事的大眾唯一可以接受的解決辦法。」[2]換言之，學校要在「工作時間」概念之外作較多的變動，看來是不可能的，這種「工作時間」的概念在該報告提出前，曾長時間在學校被廣泛地實行過。

　　實際上，所有「改革」的提案都是假定與此類似的「由上而下的」（top-down）的策略。也就是說，由立法機關或另一個高階層的單位，諸如州教育廳所作成的決定，下達到教師在課堂上加以實施。例如，加利福尼亞工商界圓桌會議（California Business Roundtable）──由該州的大企業集團組成──設法由立法機關制定（並由州長簽署）一項加州新的主要教育法案，須在兩年內撥款二十七億美元──緊跟著第十三號提案所帶來緊縮經費的結果，這筆錢是各學校極為需要的。長達150頁的新法案詳細規定教室裡要做的事，（例如，用什麼樣的教科書，某一科目教學分配多少分鐘），具體說明了州教育科層機構如何檢查並確認是否符合所有這些複雜的規定。與此類似的是，紐約州評議會發展了一項與「Part 100號規程」一起的行動計畫，使評議會能真正深入瞭解該州每一個公立學校的教室，能指導、實施、並確認能遵守為改革學校所頒佈的極為詳盡的規定。這些不僅詳細說明了政策方向（諸如目標或合乎要求的意向），而且也透過命令規定一些事項，例如，在獨立於正規教室的房間裡進行某種必要的補救教學、標明所使用的教學類型，以及說明每節課的時間。在1980年代，各州發展並實施了類似的計畫──也許多少有些綜合性的，

但實際上都使用了科層體制的假定，作爲變革策略的基礎。聯邦政府繼續了目前所長期形成的傳統，也就是對全國公立學校實行由上而下的要求。例如，爲某些宗教團體建立了公開且平等入學權利的哈奇法案（Hatch Act），在它的訓令中，甚至還詳細說明兒童、教師、行政人員和其他成年人可以容許的行動，以鼓勵對宗教感興趣的學生在上學前和放學後志願性的集會。

顯然地，當代教育改革者心中有一種強烈的傾向，是有關對學校性質的一組假定，而他們努力的邏輯就是由此而定的。那些假定與舊式工廠的假定相同，廠方管理部門決定要作的工作，指導工人做工作，然後嚴密監督工人以確定工人完全遵守這些命令。道爾和哈托（Denis Doyle & Terry Hartle）表示：

> 這種方式是行不通的。由上向下改革學校的那種推動力是可以理解的：它是與管理科學的歷史一致的。這種改革的明顯模式猶如工廠；泰勒的科學管理革命對學校與工商界所作的事是相同的——創造了一種環境，而其主要的特徵是金字塔式的組織…教師是教育裝配線上的工作人員；學生是產品；局長是主管行政官員；校董是董事會；納稅人是股份持有者。[3]

人力資源發展觀

道爾和哈托進而對於學校的組織特性，以及教師在課堂上的行爲，提出了一組不同的假定——這種觀點把教師放在創造教學變革的首位，因而質疑想要強制教師改變的任何變革策略，以及在決定教學內容的過程中並沒有教師的參與。正如我們已經看到的，這絕不是一種新的組織理論。但是，近年來以科層體制方法

去導正嚴重組織困境的失敗──特別是在大企業的世界中──加上出現了一些比較新的組織觀點，如鬆散聯結和組織文化對行為的影響力，把人力資源發展的概念推上顯著地位，成為思考組織問題的一種主要的新方法。

科層體制理論強調將組織正式的規定及其實施放在首位，作為一種手段來影響個別的參與者，使他們用可預測的方式而可靠地工作著；而人力資源發展理論則強調運用個別的個人對於他們所做事情的有意識的思考，作為一種在完成組織確定的目標過程中，結合他們的投入、能力和精力的一種方法。組織運用協調與控制的中心機制是參與者對組織價值與標準的社會化，而不是靠著書面的規章和嚴密的監督。經由這種強烈的社會化，參與者個人能認同組織的價值和目的，而當他（或她）自己的目標和需要與組織一致時，就會有動機去瞭解組織的目標和需要。因此，組織文化不僅表現了組織的立場，而且也表現了參與者他們自己的期許。

組織的文化清晰地呈現組織的立場──它的價值、它的信念、它真正的（有別於它所公開陳述的）目標，並且提供了組織中的個人認同於組織文化的具體途徑。一個組織的文化透過以下的表徵溝通：典型的故事、神話、軼事和儀式，這些表徵確立、滋養、並使組織持久的價值和信念栩栩如生，且賦予組織意義；也清晰地呈現在組織發展的過程中，個人如何成為、並且持續成為這個組織風範（saga）中的一部分。

就此觀點而言，緊密的視導和監督絕不是確定參與者可預測工作表現的唯一途徑。個人對組織文化價值的認同，即使是在極不穩定的和壓力的情況下，也能夠為可信賴的表現提供強烈的動機。例如，試想是什麼因素讓一個人參加一個組織，留在組織內，並且為組織的目標而工作。麥克葛里格的X理論和Y理論促進

了對這個基本問題的一個回應。[4]

X理論與Y理論

X理論是以行政人員可能持有的四種假定為依據:

1. 一般人的本性是厭惡工作的,而且會儘可能地逃避工作。
2. 因為人厭惡工作,他們必須被嚴密監督、指導、強制、或以懲罰相威脅,才能使他們付出足夠的努力,以達成組織的目標。
3. 一般的工人常會逃避責任,以及從負責任人的身上找尋正式的指導。
4. 大多數工人對於工作安全的重視高於其它與工作有關的因素,並且很少有企圖心。

當然,默默或公開接受對人類作這種解釋的假定的行政人員,在面對組織的員工時,會把這些假定當成行動的指南。然而,Y理論對於人性在工作上,則採取若干極為不同的假定:

1. 假如能滿足員工,員工將會把工作當成是像遊戲一樣自然和可以接受的。
2. 工作中的人們如果能投入於組織的目標,將會在工作上表現出主動、自我指導、與自我控制。
3. 在適當的條件下,一般人不僅僅會在工作上學習去接受責任,而且會尋求對工作負責。
4. 一般員工重視創造性——即作成良好決定的能力——並尋求在工作上表現創造力的機會。

默默或公開讚賞對工作中有關人性作這種解釋的行政人員，可以理所當然地被期望在對待部屬時，抱持著與X理論者十分不同的方式。

此處提出的這些理論，並不是要讀者們接受或拒絕的某種事物，而僅僅是對於教育行政實務工作者，在工作上如何實際運用組織觀點提供一個簡單的說明——一種「在第一線上」作成理性決定和行動的指南。

顯然，X理論和Y理論是對真實世界的情況作兩種不同的、對立的解釋。它們對於人，是明顯地基於不同的假定。在我們當中，負有行政、管理或領導責任的人，往往相信一種或另一種理論陳述比較能準確地代表人類的本性。在我們當中，行為與我們的信念、知覺一致的人，會以與我們認為是「真實的」理論敘述相同的方式來行動。例如，對人持有X理論觀點的人，往往相信動機基本上是一種恩威並濟的事情；他們往往會毫不猶豫地接受對部屬進行嚴密、仔細監督的必要性，也往往會接受在組織內不可避免地需要實行完全的階層控制。合作的、參與的決定往往會被視為在抽象意義上，也許是一種好主意，但在「真實」的世界中，實際上並不是非常實用。

正如阿吉里斯（Chris Argyris）所指出的：X理論的觀點造成了領導者表現出行為模式A。[5]這種行為模式可能採用兩種主要形式中的其中一種：

1.行為模式A，硬性的，以正經、強而有力的指導性領導、緊密控制、和嚴密監督為特性。
2.行為模式A，軟性的，包括：大量的勸說、使部屬能順從、仁慈的家長式作風、或所謂「良好的」（即巧妙處理的）人際關係。

在兩者當中的任何一種情況下，不論是根據硬性的或軟性的行動，行為模式A明顯地具有古典意義上的操縱、控制和管理的意向，它是根據X理論對人性在工作上的假定。

阿吉里斯繼續解釋Y理論對於人的假定，引出了行為模式B。它的特徵在於藉由投入而從工作中相互分享目標、高度信任、尊重、與滿足，以及真實的、公開的關係。模式B的領導很可能是提出要求的、明確的，以及完全務實的，但它基本上是合作的。它是一種領導者的行為，而可能比模式A更有效、更有建設性，因為它被認為是反映了一種對工作中人們「真正」的模樣，所作的一種更正確的理解。

在討論理論與瞭解學校組織行為的關係時，應該強調—— 正如阿吉里斯所提醒的—— 軟性的行為模式A在表面上，通常被誤解為行為模式B。對於那些試圖把這些理論觀念應用到學校的人當中，此種不明確已經造成相當大的混亂：

> 與Y理論的假定相關的行為…基本上是逐步發展的行為。此處，視導者在工作環境上，專注於建立對值得做的目標的認同與投入，以及在人際脈絡上建立相互信任與尊重。由於在完成重要工作的脈絡中，個人得到重要的滿足感，因此工作上與和人際脈絡中的成功是相互依賴的。[6]

構成行為模式A（軟性的）與行為模式B在假定上的一些重要差別，見（圖2.1）的比較和對照。

但是，軟性的行為模式A的方法，經常被視導者用來促使教師服從基本上屬於高度指導式的管理—— 在良好人際關係的藉口下—— 這種方法在美國教育界使用甚多，致使當Y理論應用於學校和學校系統的「真實」世界時，其可取性似乎不足為信。薩傑

行為模式A，軟性的假設	行為模式B的假設
（X理論，軟性的）	（Y理論）

關於人

1. 我們文化中的人，如其中的教師，分享著一組共同的需求─隸屬、被喜歡、受尊敬。

2. 雖然教師希望獲得個別的肯定，更重要的是他們要覺得自己對學校有用。

3. 如果這些重要的需求，都得到滿足，他們往往樂意合作並且順從學校、系和單位的目標。

1. 我們文化中的多數人，如其中的教師，除了分享對隸屬和尊重的共同需求之外，還希望對有價值目標的達成，提供有效地和有創造性地貢獻。

2. 大多數的教師，都有能力發揮出比他們現有的職業或工作環境所要求或所允許的更多的主動性、責任感、與創造力。

3. 這些能力代表了現在被浪費的未開發資源。

關於參與

1. 行政人員的基本工作，是使每個教師相信，他（或她）是教師團隊中有用的和重要的一部分。

2. 行政人員願意解釋他（或她）的各項決定，並討論教師對其計畫的異議。鼓勵教師規劃和決定例行事務。

3. 在有限範圍內，應允許教學單位或組成教學單位的個別教師運用自我指導和自我控制。

1. 行政人員的基本工作是創造一種使教師能貢獻其全部才能，以達成學校目標的環境。行政人員努力去開拓教師有創造力的資源。

2. 行政人員允許並鼓勵教師參與重要的，以及例行性的決定。實際上，對學校越是重要的決定，行政人員對開發教職員資源的努力也就更大。

3. 行政人員持續地擴張其工作領域，在這些領域中當教師們發展和表現更大的洞察力時，教師們可運用自我指導和自我控制。

1. 與教師分享資訊和使教師參與學校的決定,將有助於滿足他們對隸屬感和個別肯定的基本需求。

2. 滿足這些需求將提高教師的士氣,並將減少對正規權威的抗拒。

1. 當行政人員和教師充分地利用存在於學校中的經驗、洞察力,和創造力時,將全面提高決定與表現的品質。

2. 教師在完成他們所理解和曾經幫助建立的有價值的目標時,他們將運用有責任感的自我指導和自我控制。

圖2.1 根據阿吉里斯行為模式A(軟性的)和行為模式B所作假設的比較

修改自薩傑歐瓦尼〈超越人群關係〉,載於薩傑歐瓦尼所編《專業教師的專業視導》(華盛頓特區:視導和課程發展協會),1975年版,第12-13頁。

歐瓦尼指出:「以親切的方式對待教師,將可假定教師們將會變得十分滿足與十分被動,因此視導者和行政人員能夠在幾乎沒遇到什麼抗拒的情況下來管理學校。」[7]

　　賴克特的研究說明了以這種方式進行推理的實用性。賴克特經過三十多年對學校和工業組織的研究,而確立一種管理類型,稱爲系統一,二,三和四。他的研究進一步支持了一個假設,也就是認爲組織中人的行爲是決定性的變項,而這個變項使得比較有效的組織與比較無效的組織有所差別:

> 造成(組織有效能或無效性的)的主要因素是組織的氣氛和領導行爲,組織氣氛和領導行爲大大影響部屬爲了達成最後的結果,而如何與其他個人和工作團體相處。這些變項可以用來界定一致性的管理型態…管理類型的排列從系統一開始,它是一種剝削權威的模式,延伸到系統四,它是一種參與或團體互動的模式。在兩者中間有系統二,這

是一種仁慈權威的類型，強調在一種競爭的（或孤立的）環境中（人對人的）監督，系統三則是一種（人對人的）諮商式的運作。[8]

實際上，這四類「管理系統」是對學校和學校系統中可能見到的情況的描述。到1970年代，賴克特和其他人針對學校情境作了一系列的研究，以確定這些同樣的組織行為因素，是否能應用於獨具特色的有效能的學校系統。這些研究的結果，支持了以下的觀點，也就是「較有效能的學校是那些具有更近於系統四的參與環境的學校，而較無效能的學校則大多是近於系統一的權威式的運作型態。」[9]

圖2.2顯示，在麥克葛里格與賴克特的研究之間，存在一種顯著的相容性。基本上，兩者關切的，並非要對人和善或要使工作愉快，而是要理解如何使工作組織更有效，這在教育界如同在工商界一樣是迫切需要的。這個觀點得到了大量組織研究之廣泛與強有力的支持。布雷克（Robert R. Blake）和墨頓（Jane Srygley Mouton）的組織研究，[10]利比特（Gordon Lippitt）的組織革新（organizational renewal）研究，[11]以及伯門和麥克隆林（Paul Berman and Milbrey McLaughlin）的美國學校變遷的廣泛研究[12]——這些都只是支持由麥克葛格里格和賴克特等先驅所開創的一般理論見解的許多研究中的少數幾個例子。

傳統的古典派組織理論說明了以下的對立觀點：嚴謹、運用更有效的紀律和更強硬的管理，以及要求部屬作更多的工作。按照新古典理論的說法關注的焦點在於：教師的績效責任（teacher accountability）、明確的績效目標（specified performance objectives），以及成本—效益分析。然而，許多最好的組織行為研究卻強烈暗示，後一種方法充其量只是弄巧成拙罷了。

X理論	系統一	被視爲不信任部屬的管理
		a.由最高層強制作成的決定
		b.藉由恐懼、威脅、懲罰來激勵部屬
		c.控制集中於最高管理階層
		d.極少上級與部屬間的互動
		e.成員非正式地反對由管理部門決定的目標
	系統二	對部屬有恩賜的信賴與信任的管理
		a.部屬很少參與決定
		b.用獎懲來激勵部屬
		c.用恩賜的態度與部屬互動
		d.部屬表現出恐懼與謹慎
		e.控制權集中在高層的管理部門而只有少數代表
	系統三	被視爲對部屬有相當多但並非完全信任的管理
		a.部屬作出在較低層級的明確決定
		b.溝通在階層中上下流動
		c.用獎勵、偶爾的懲罰、及一些參與來激勵部屬
		d.存在適度的互動與公平的信任
		e.向下委派代表進行控制
Y理論	系統四	被視爲對部屬有完全信任與信賴的管理
		a.作決定被廣泛地分散
		b.溝通上下、左右地流動
		c.用參與和獎賞來激勵部屬
		d.存在著廣大的、友善的上級與部屬間的互動
		e.存在著高度的信賴與信任
		f.在控制的過程中存在著廣泛的責任感

圖2.2 與麥克葛理格的X理論與Y理論有關的賴克特管理系統理論

這裡要請讀者注意的一句話是，為了達到澄清和描述兩者之間真正的、基本的差異的目的，科層體制和人力資源的觀點，一直被加以比較和對照，且當成是理想的情況。當然，在教育行政的「真實世界」中，人們很少遇到理想的情況，這並不是說組織不能適當地被區分為科層體制的與非科層體制的。事實上，它們可以是這樣，而且經常也是這樣。然而，這並不表示，一個被描述為非科層體制的組織，必定是完全缺乏政策、規章、標準作業程序、或層級組織；這也並不是說一個被描述為科層體制的組織，必然是完全缺乏對人的敏感性與尊重。在學校尤其如此，學校在某些方面是科層體制的，但在一些非常重要部分，則是非科層體制的。它顯示的是，組織可以適當被描述成「相對地」科層體制的或非科層體制的。它也告訴人們，學校組織比起1980年代中期以前傳統上所理解的那樣，毫無疑問地更為複雜得多。

組織結構與人

組織結構與人之間的互動，至少在半個世紀以來，一直是組織理論中一個主要的，也許是居於優勢地位的論題。例如，人們可能會爭論，一個組織的結構是該組織中人的行為的主要決定因素。佩洛（Charles Perrow）指出：

> 在刑罰學領域，或青少年感化院，或心理醫院，或任何一所「改造人的」機構，持續的抱怨之一，就是需要更好的工作人員。我們聽到他們的問題在於缺乏高素質的人員。更具體地說，他們能夠晉用作為守衛、別墅保護者、或清潔工的各種類型人員，通常受過太少的教育，對人的看法

過於簡化，往往是懲罰性的，而且相信命令和紀律能夠解決所有問題。[13]

佩洛繼續描述一項研究，在這項研究中，一所青少年感化院的求職者在被測試時，發現是十分開明和寬容的，然而，當他們在感化院工作一段時間之後，便變得比較嚴格，而且對青少年犯罪原因，對青少年罪犯的觀護和處遇上，採取一種懲罰性的、不開明的觀點。佩洛提出這個例證，說明組織對於形成參與者的觀點、態度、與行為的權力。

另一方面，許多組織理論的文獻，提出組織中的人傾向於形成組織結構這樣的見解。許多注意力放在人的行為在作決定、領導，以及處理衝突的過程中，對組織的結構、價值，以及習慣的影響。漸漸地，注意力也致力於改進組織的可能性，透過更有效的團體過程來訓練參與者，作為一種在組織結構上帶來所期望的變遷；而不是以改變組織結構作為產生更有效組織行為的一種途徑。

一般系統理論

正如許多現代的科學思想所主張的，想要描述、解釋、和預測組織行為通常要依賴系統理論。生物學家貝特朗非（Ludwig von Bertalanffy）在1950年，首先概括性地論述如今通稱一般系統理論的主張而受到廣泛的稱頌。[14]下面的論述是貝特朗非研究工作的性質，以及他對生物科學的重要性：

有機體是相互獨立的結構與功能的一種整合系統。有機體

由細胞組成，而細胞是由必須和諧工作的分子所組成，每個分子必須知道其它的分子正在做什麼。每個分子必須能夠接收訊息，而且必須充分地訓練其服從性。你們熟悉控制章程的法則。你們知道我們的想法如何發展、最和諧與健全的思想是如何融合成一個概念的整體，而這個整體的概念正是生物學的基礎，並賦予生物學的整體性。[15]

這個論述把握了一種思考和分析複雜情境的方法的基本概念，這些基本概念在自然科學和社會科學方面皆成為傑出的概念。

在上述有關生物學的論述中，如果我們用組織替換有機體，團體替換細胞，人替換分子，那麼它就與關於組織的思考有關：

組織是相互獨立的結構與功能的一種整合系統。組織由團體組成，而團體是由必須和諧工作的人組成。每個人必須知道其他人在做什麼。每個人必須能夠接受訊息，並且必須充分地訓練其服從性……。[16]

系統的兩種基本概念

瞭解和描述現象的系統方法，在自然科學和杜會科學中已被良好地建立起來。社會科學家傾向於從生物科學中，提出他們的例證和相似體。

例如，一個年幼的孩子可能把附近的一個池塘想像成一座奇妙的遊戲場，而不顧成年人始終注視著的目光。漁夫可能把池塘看成是裝滿捕魚籃的好地方。農民可能把池塘想成是灌溉農作物的良好水源。然而，生物學家往往把池塘看作是一個生物的系

統，所有生物在許多方面是互相依賴的，而在池塘所在的更大環境中（例如，空氣和陽光），所有生物在一些方面是依賴的。就瞭解池塘與能夠描述池塘而言，很明顯地，我們正在處理不同層次上的看法。然而，就能夠精確地預測可能對池塘所做事情的結果來看——例如，從中抽出大量的水或移走多數的魚——生物學家顯然具有優勢。

正因為這種處理因果問題上的優勢，使得系統理論對關心組織行為的人，具有如此大的吸引力。在我們的文化中，有一種把單一的起因（single causes）歸於事件上的強烈傾向；事實上，即使是非常簡單的組織事件的起因，經常是非常複雜的。我們可能不願意去接受這項事實，並且當成是拒絕這樣的事實的一種方法，而選擇將簡單的因果邏輯運用到我們的問題上。

這可以用國會關心減少國內汽車意外事件加以說明，開始時把汽車當作是意外事故的主要「原因」。由此產生了一條邏輯思路:如果我們要求汽車製造廠改進車輛的設計，加裝某些機械安全組件，結果將能減少高速公路上可怕的傷亡。

然而，事實上更仔細的研究似乎顯示，汽車意外事故是「肇因」於一組十分複雜、相互關聯的變項。車輛設計顯然是其中的一項，但是其他還包括道路狀況，以及諸如社會風俗與駕駛者的心理狀態等相關的無形因素。當我們對這些狀況逐一探究其背後的因素（例如，為什麼這條路以那種方式建造？為什麼駕駛人喝醉了？為什麼駕駛人違規行車？）我們便發現，每一種因素就是它本身一組複雜而相互牽連的因素的一部分。很清楚地，要顯著減少汽車意外事故，最後必須對這些成因要素之複雜的子系統中，相互牽連的各種因素進行分析。

系統理論讓我們提防把現象歸因於單一成因要素的強烈趨勢。同樣地，如果我們的汽車跑得不順，實際上，我們經常採取

一種系統的方法來解決這個問題：我們請懂得引擎結構的功能與各個相關子系統（例如，點火系統、燃料系統、排氣系統）的人，來進行調整。

這兩種概念——子系統（subsystems）概念和多重成因（multiple causation）概念——是系統理論的中心。

社會系統理論

系統可以分成兩大類：與環境互動的「開放」（open）系統，以及未與環境互動的「封閉」（closed）系統。社會系統理論一般是處理涉及所謂的開放系統，因為一個社會系統，例如學校，不與環境發生互動事實上是不可能的。當觀察者將特定的學校或學校系統描述成「封閉系統」時，他們一般是指那些組織試圖限制社區的影響，以及試圖以好像和它們所處的更大的真實世界沒有關聯似的方式前進。因此，在1960年代後期以及進入1970年代，人們普遍把抗拒結構性變遷的無反應的學校系統描述成「封閉系統」。雖然這種爭論聽起來有某種科學的可靠性，但事實上這在技術上是不可能的。學校對本身更大環境的輸入—輸出的關係，是學校與其更大環境之間，一種無止境的循環互動關係。

在圖2.3中，我們將學校教育視為一個過程，包括：1.輸入（inputs），從更大的社會環境輸入（例如，那個社會所存在的知識，所持有的價值觀，所需求的目標，以及金錢）；2.過程（process），發生在我們稱之為學校的社會環境中的過程（包括組織結構、人、技術和工作任務等子系統）——以及那個過程的結果。3.輸出（outputs），對社會的輸出（以改變了的個人為形式）。就此而言，一個學校事實上不可能成為一個封閉的系統。

從社會來的輸入 ──────▶ 教育的過程 ──────▶ 對社會的輸出

| 知識
價值
目標
金錢 | 結構（例如，年級、班級、學校層級、系、組織階層）
人（例如，教師、校車司機、輔導員、教練、監護人、視導者、營養學家、行政人員、護士）
技術（例如，建築物、功課表、課程、實驗室、圖書館、黑板、書、視聽設備、校車）
工作（例如，班級教學、膳食服務、開校車、實施測驗、經費會計、總務事物 管理、視導人事、進行課外活動計畫） | 個人由於以下能力的增進而更能為他人及社會服務
◇智力與手藝的能力
◇推理與分析的能力
◇價值、態度、與動機
◇創造性與創新精神
◇溝通技巧
◇文化鑑賞
◇瞭解世界
◇對社會的責任感 |

圖2.3 學校教育是一種輸入─過程─輸出的系統

實際上，近年來專業的教育工作者已經逐漸瞭解學校與周遭環境互動的範圍和重要性，也就是在概念上，這種互動關係是在績效責任與社區關係下，所發生的許多事情的基礎。

一種脈絡取向

輸入─輸出概念通常被稱為「線性模式」（linear model）；

事實上，它是一種企圖解釋在「真實世界」中，如何描述事物的理論。它是一種引人注意的概念——看來似乎是合乎邏輯的、合乎理性的、與有秩序的。它很適合於效率的概念，如成本效能；人們能夠把輸入的價值與輸出的價值聯結起來。它一直是相當普遍地用來分析各種彼此競爭的方案和技術之明顯的相關效益。但是，到1970年代晚期，這種理論模式對我們瞭解教育組織運作方式的瞭解幫助很少，這一點逐漸變得很明顯。例如，它預先假定師生每天到學校，他們最關心的是達到學校正式的、法定的目標。然而，即使是一個漫不經心的觀察者也能很快瞭解，這些人帶去了一大堆他們自己的信念、目標、希望和關心的事到學校，這些對他們而言是更重要和更有力的。顯然地，教師、行政人員、和學生適應學校的規則、規程和紀律的許多巧妙的方式，與在一個充滿挫折和擁擠的環境裡求得「生存」的需要較有關係，而與某些遙遠且經常是模糊不清的教育目標的達成較無關係。

一種更有效瞭解教育組織和該組織中人的行為的方法，是把我們的注意力放在教育組織真正的運作上。因此，我們的注意力是集中在檢測我們稱之為組織的那個系統的內部工作上。這就要求我們把組織看成是一個完整的系統，這個系統創造了情境，也就是形成組織特性的人的整體行為模式的脈絡。用這種方法，我們試圖研究把組織視為系統，這些系統創造並維持著複雜的人際互動（團體和個人）的環境，並帶著某些規律性和可預測性。就此觀點而言，我們對教育組織的瞭解，使我們必須去檢測人類行為與組織特徵的脈絡（環境、生態）之間的關係。因此，正如我在第5章中將要詳細討論的，我們稱為組織的系統，其組織文化（氣氛、生態、風氣）對於我們的瞭解是十分重要的。

組織行為的研究領域，傾向於主要集中在學區或學校系統。在研究組織行為上，部分科學家不知不覺地鼓勵這樣的錯覺，認

為學校事實上能成爲一個封閉的社會系統。例如，哈爾品（Andrew W. Halpin）和克羅夫特（Don Croft）在他們具有高度影響性的關於學校組織氣氛的研究中「專注於論述內部的組織特徵，好像這些特徵不受外界的影響而獨立發揮作用」，[17]而且進一步用「開放」與「封閉」的詞彙來描述學校的側面圖，這些側面圖代表了經過選擇的若干特徵，這些特徵稱之爲組織氣氛。[18]在某種程度上，這方便了研究人員：事實上，不假定（含蓄地或明確地）該組織是與環境相分離的，那就難以研究與討論系統中人的行爲。事實上，許多關於學校組織行爲的研究，是集中在學校內部的功能——那就是把學校看成「封閉的系統」——就好像它們是不受更大的外界環境的影響，而獨立運作的。[19]

在物理領域，一支燃燒的蠟燭已成爲對開放系統的最佳說明：它影響了環境，同時又受環境的影響，它還自動調整又保持本身。如果門開著，蠟燭可能在通風氣流中閃爍搖曳，但它將調整和回到最初的正常狀態——當然，假設環境的變化（氣流）並不是壓倒一切以致毀滅這個系統的（也就是說火焰熄滅了）。

即使是在這種表面層次上描述社會系統，也不這麼簡單。格里斐斯（Daniel Griffiths）談到組織（系統）存在於某一環境（超級系統）中，同時也有一個子系統在內（組織的行政機構），他用圖2.4來表示。圖中用正切的圓來表示各種系統和子系統的界線；然而，我們必須記住，這些界線都是可穿透的，允許系統與其環境間的交互作用。這種觀點的應用可用圖2.5來說明。變得很明顯的是，與系統中相互關聯部分的成分，在互動與適應關係上產生衝突的因素，可能對整體的功能造成威脅。衝突的形式之一是對一個或更多界線喪失了可透性（permeability），因此，傾向於使這個系統「關閉」，並且對環境變遷的敏感性較低。

個人在哪裡順應所有這一切呢？如果我們將原有模式修改如

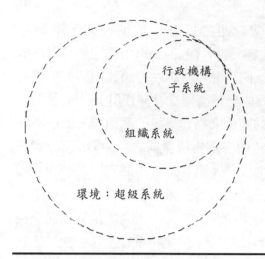

圖2.4 組織是一個開放的社會系統

引自格里斐斯〈行政理論與組織變遷〉見麥爾斯（Matthew B. Miles）編，《教育革新》，紐約：哥倫比亞大學師範學院出版社，1964年版，第430頁。

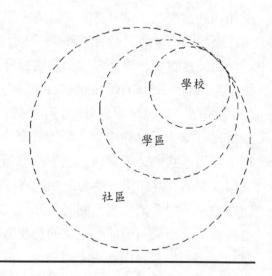

圖2.5 學校的社會系統觀

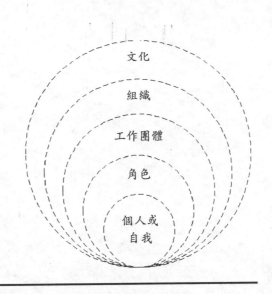

圖2.6 個人與組織交互作用的層次

引自朗斯戴爾（Richard C. Lonsdale）〈維持動態平衡的組織〉（Maintaining the
Organization in Dynamic Equilibrium）見葛里斐斯編《行為科學與教育行政》
（*Behavioral Science and Educational Administration*），全國教育研究學會，第36年鑑，第
二部分，1964年，第143頁。

圖2.6。這會變得更為清楚。在此，圖中重新加以標示，以便明確
說明把這種觀點應用到學校中工作的人們的一種方法，至少更清
楚一點。個人在這個組織中發揮功能，不僅是作為個人，而且也
是在該組織的社會系統中，擔任某一角色的人。在圖2.7所作假設
性的說明中，這個人在甘迺迪高級中學（John F. Kennedy Senior
High School）化學科擔任「教師」角色，對任何一個對分析、預
測、或者控制組織行為感興趣的人來說，是一種具有若干有用的
啟示的情境。

　　當我們考慮在組織中擔任某一獨特角色的個人時，我們開始
關心人們所涉及之複雜的組織網，以及在組織生活中伴隨而來的

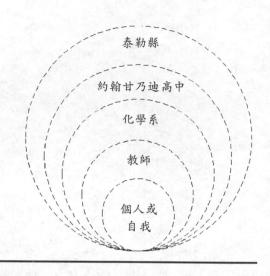

圖2.7 在一個假設的學校組織中的個人社會系統觀

行為。當一個帶著人類所具有的各種需求、內驅力和才能的人，扮演政府官員的角色時，他（或她）在某種程度上塑造了那個角色，同時也被這個角色所塑造。在組織情境中帶有各類型心理構造的人們的動態交互作用，是屬於角色理論的領域。

角色理論

在嘗試去分析組織中，人們面對面的人際行為時，高弗曼（Erving Goffman）在《日常生活中自我的保存》（*The Preservation of Self in Everyday Life*）一書中，[20]提出了在「現實生活」的情境與出現在舞台上的表演之間一個有用的比擬。組織中的人們要扮演明確的角色，而且許多互動的因素，有助於精確地確定每一種角色將要接受的「表演」的種類。每一個「演員」

必須詮釋他（或她）的角色，而且這種詮釋在某種程度上，取決於此人帶給這個角色的事物。但部分組織的角色行為──不會少於舞台上的演員，在某種程度上，是受到與其他人動態交互作用的影響：別的演員與觀眾。角色的表演也是由導演和其他想控制情境的人的期望所塑造的。大概每個演員在某種程度上，試圖與這些期望表現一致──以及同事們和其他相關團體的期望。高弗曼將組織中的演員們描寫成他們正在舞台上正式地實現他們的角色，但是他指出在後台卻有一個不同的行為標準。例如，我們之中那些與學校有關的人知道，教師在學生及其家長面前表現的某種行為，不同於他們在教師自助餐廳中的行為。

角色理論一直被許多種組織中的觀察員和研究人員廣泛地使用，以便更能瞭解和預測組織的行為。在文獻中很成功地確立了一般所理解的術語詞彙表。某些較為普遍使用的專有名詞敘述如下：

角色（role）。角色[21]是一個心理學概念，指的是與其他人互動過程中所產生的行為規範。一個組織中的各種職務和職位，都帶有旁觀者和擔任這個角色者的特定的行為期望。通常這些期望在界定角色時，會連同某些附加的期望，也就即是個人在角色行為上，會表現出一些特殊的個性。

角色描述（role description）：這是指一個人扮演某一角色的實際行為，或者更精確地說，是人們對該行為的知覺。

角色規定（role prescription）：這是比較抽象的概念，指這個角色在文化中一般性的標準。例如，本國對教師所期望的是哪一類角色行為？

角色期望（role expectation）：是指一個人對另一個人角色行為的期望。例如，教師期望校長的某些行為，以及校長對教師的行為有所期望。因此，學校中由於教師和校長在角色上相互影響，他們具有互補的角色期望。

角色知覺（role perception）：這是用來描述人們對於他人關於角色期望的知覺。例如，在面對家長─教師聯合會（P.T.A）主席時，校長知道這位主席對校長有某些角色期望。校長對於這種期望的估計就是角色知覺。

明顯的和潛在的角色（manifest and latent roles）：很自然地，一個人在生活中扮演著一個以上的角色；事實上，一個人在組織中可能成功地扮演一個以上的角色。在多重角色的情況下，明顯角色一詞是指一個人正在扮演的顯而易見的角色，但人們也擔任潛在角色。例如，在教室裡，一個教師的明顯角色是「教師」，但這個教師可能也是學校教師工會裡的主席，這個角色──當他（或她）正在教學時──便是一種潛在的角色。一位歷史教師可能也是某個消費者權益組織的一位積極分子，因此，具有一個明顯的角色與一個潛在的角色。

角色衝突（role conflict）：這一般被認為是對組織中的表現不夠滿意的一個來源。角色衝突有許多根源，所有這些都有礙於角色擔任者（role incumbent）的最佳表現。兩個人無法建立起令人滿意的、互補的、或互惠的角色關係時，這就是一種明顯的角色衝突。它可能起因於廣泛多重的原因──這並不罕見──而且可能涉及到一系列複雜的衝突行為。對角色期望和角色知覺的混淆是普遍可以看到的。

此外，角色衝突常常存在於單一的個人身上。角色期望可能與角色擔任者的個人人格需求相衝突。有個例子是，某位校長被學區聘用的主要原因，是他具有革新的技巧和強而有力的領導特質。當學區納稅人的反對，突然引起了校董會政策的突然逆轉，導致局長（superintendent）被免職，校董會特別強調經濟的運作和順應普通的教育標準。這位校長陷入了角色衝突的處境中，他的表現不能令他自己或任何人滿意，於是結束這項工作，去尋找另一項衝突結果更易於掌握的工作。

因角色衝突造成的緊張的共同來源是角色擔任者的期望，此一擔任者可能是一個行政人員；在對待部屬時要表現同情和瞭解，而將教師視為集體談判小組的成員時，仍須貫徹組織的規定，並強烈支持校董會。當許多行政人員熱心地試圖建立教職員的信賴、信心和高昂的工作士氣，而後則被要求進行正式評鑑、或參與似乎與這些目標相衝突的痛苦的程序時，這時他們感受到了這種角色衝突。

角色模糊（role ambiguity）：當角色規定包含相互矛盾的要素或是太過籠統時，便會產生角色模糊的問題，在試圖保持行政與監督的區別時，可以非常普遍地看到角色模糊：行政一般視為一種「業務」（line）的權威，而監督則被認為是一個「幕僚」（staff）的責任。在階層權威中，督學經常被視為超過教師；督學常常感到被迫違反其角色的精神，而行使對教師的權威，這會威脅到他們與教師更為適當的同事關係。

角色衝突——如上面所描述的——產生了緊張與不確定性，而緊張與不確定性普遍地與不一致的組織行為有關。接下來，這種不可預測、不可預期的不一致的行為經常引起互補角色擔任者之間，進一步的緊張關係與人際衝突。那些必須在本文所述模糊

不清和緊張的情況下扮演其角色的人，經常會發展出許多因應這些情境的各種功能不良的方法。

因此，雖然我們可能找到社會上可接受的逃避行為，諸如對這種衝突或模糊，但在這種逃避行為不被接受的那些組織中，則可能存在各種精巧的、相互瞭解的逃避型態。這些逃避型態可包括有意逃避對這個問題的任何討論，或代之以任何一種「閒談」（small talk）。一種普通的逃避方法可在儀式行為（ritualistic behavior）中找到，這種儀式行為允許各方以最小的實際衝突完成他們的角色扮演。在溝通過程中，曖昧、誇大其詞、複雜的結構、老生常談，以及過於費解的詞彙，都是流行的逃避方法[22]。

角色設定（role set）：當一些角色理論的概念被發現在組織中是操作性的時候，角色設定的觀念對釐清角色理論中某些概念是有用的。如果我們想觀察一個工作團體，我們當然會發現有可能按照各種方法把參與者分類編成若干次級團體其中一種方法就是根據角色。在這裡將被用來作說明的角色設定的例子，主要角色的扮演者可能會被認為是一位行政人員。[23]他（她）自然地有組織層級制中的上級，也就是他（她）報告的對象（如圖2.8）。

這些都是個人參照團體（referent group）中的關鍵人物，並用許多方式來傳遞他們的角色期望。但是這位行政人員不僅有上級，也有下屬，或者說向他（她）報告的人。正如圖2.9所示，下屬也是行政人員的團體中的重要人物，他們也向這位行政人員溝通角色期望。因此角色扮演者的地位變成是主要的，而且很明顯的，所溝通的角色期望很可能多少是有衝突的。

然而，直到第三個參照團體，也就是角色扮演者的同事加入之前，這個角色設定是不完全的。由於同事加入這個角色設定，正如圖2.10所示，我們看到這位行政人員在下屬與上級關係中，

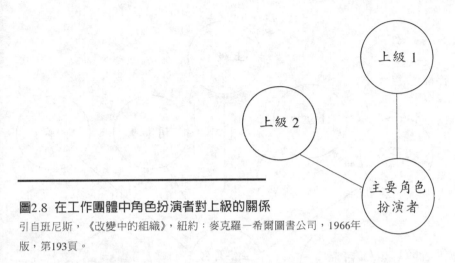

圖2.8 在工作團體中角色扮演者對上級的關係

引自班尼斯，《改變中的組織》，紐約：麥克羅─希爾圖書公司，1966年
版，第193頁。

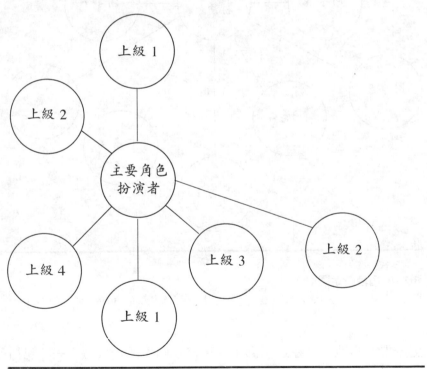

圖2.9 工作團體中主要角色扮演者對上級與下屬的關係

引自班尼斯，《改變中的組織》，紐約：麥克羅・希爾圖書公司，1966年版，第193頁。

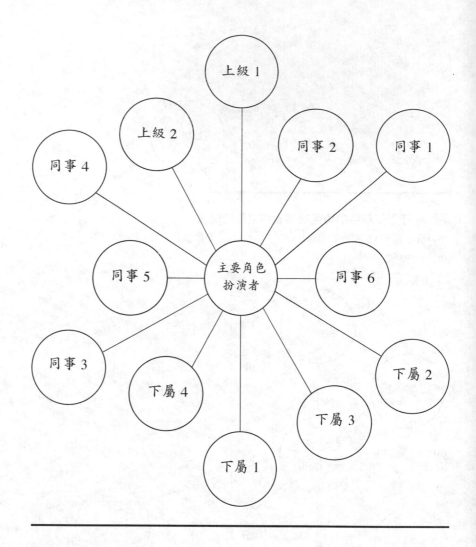

圖2.10 角色設定圖解

引自班尼斯，《改變中的組織》，紐約：麥克羅·希爾圖書公司，1966年版，第193頁。

處於主要的地位。在這個例子中。當我們瞭解十二個人 —— 包括
兩個上級，四個下屬、六個同事 —— 正扮演角色傳送器（role
sender）（也就是說，他們正在傳達角色期望給這位行政人員），

顯然地，這個角色設定的人際動態關係是很複雜的。

　　無疑地，在這種情境中有某種角色衝突，也有某種角色模糊。卡恩（Robert Kahn）和他的同事們已經用角色理論中這種操作性概念，去描述和測量角色衝突和角色模糊，並且將角色衝突和角色模糊，與組成的成員對其工作情境的態度，以及工作團體中這些人的行為功能（behavioral functioning）聯結起來。[24]因此，在考慮個人在社會環境的生態學中，對這個組織有何貢獻時，角色設定是一個重要的概念。把人與組織的聯結概念化時，它是一個有用的方法。

　　就其本身而言，具有角色理論的知識與一些概念，是沒有什麼用處的。然而，在分析我們在組織的工作團體中，所遇到的某些人際行為時，這種結構可能是有用的。例如，領導者都關心促進角色的接受、發展和分派，這些對團體的正常運作是必要的。

團體中的功能性角色

　　班尼和席特斯（Kenneth Benne & Paul Sheats）曾經指出，一個團體必須有三種角色型態：[25]

1. 團體任務角色。這些角色幫助團體去選擇想要解決的問題，去界定這些問題。並尋求解決這些問題的方法。
2. 團體建立和維持角色。這些角色促進團體的發展和持久的維續。
3. 個人角色。這些角色使團體成員能夠滿足他們自己個人特異性的需求。

　　雖然我們必須慎防過多的分類標記，但是讓我們考慮一下班尼和席特斯對可能的特定角色的進一步描述。這些角色對團體成

員在迎合一個團體的兩種決定性的需求上，是有用的。

團體任務角色（group task roles）：這些角色幫助這個團體
完成其任務。這些角色包括：1.倡導行動和貢獻想法。2.尋
求資訊。3.從團體尋求意見。4.給予資訊。5.給予某個人的
意見。6.協調團體成員的工作。7.幫助團體專注於目標。8.
批評的評鑑者。9.激勵團體採取行動的打氣者。10.程序性
的技術人員，他專注於這個群體例行性的「家務管理」任
務。11.記錄員。[26]

班尼和席特斯強調，每一種角色都必須由團體中的某些人來
擔任；領導者必須扮演這些必要的角色，或是把這些角色分派給
團體中的其他成員。領導者的部分責任是在團體中，提供創造一
種環境，使得這些角色在團體中能夠發展起來並加以實施。在第
二個大類目下提出了其他特定的角色：

團體建立和維持（group building and maintenance）：這些
角色幫助這個團體發展一種氣氛和過程，能使成員們和諧
地工作和耗費最少的時間，例如，1.鼓勵成員們樂於工作。
2.使不同的觀點和個人之間和諧一致。3.促進溝通（例如，
幫助沉默的人開口說話，鼓勵平等地使用「廣播時間」），4.
為團體確立高標準的績效。5.提供團體關於他本身的過程與
行動的回饋。[27]

很明顯地，這些角色在性質與功能上，與團體任務角色有極
大的差異。當然，一個團體成員擔任一個以上的角色，或者兩個
以上的成員分擔一個角色，這些都是有可能的。

與社會系統理論有關的角色概念

前面的討論使我們對社會系統有更深入地瞭解。組織基本上可視爲一種社會系統，蓋佐爾斯（Jacob Getzels）和顧巴（Egon Guba）描述這種觀點如下：

我們認爲社會系統涉及兩大主要現象，這兩大類現象在概念上是相互獨立的，而在現象上則是相互作用的。首先，是具有一定角色與期望的機構，這些角色和期望將完成這個系統的目標。第二，在這個系統中是具有一定人格和需求—傾向的個人，這些個人的互動構成了我們一般所說的「社會行爲」……

……爲了瞭解某個機構中特定角色擔任者的行爲，我們必須知道角色期望與需求—傾向。事實上，需求和期望都可以當作是行爲的動機，一個出自個人的愛好，另一個出自機構的要求。我們所稱的社會行爲，可以看作是最終出自於這兩組動機之間的互動。

我們所描述的一般模式可用圖解來表示（見圖2.11）。律則的（nomothetic）[組織的]軸線在圖的上方表示，由機構、角色和角色期望構成，每一個語詞都是其前一個語詞的分析單元…。同樣地，個殊的（idiographic）[個人的]軸線上在圖的下面部分，由個人、人格、與需求—傾向所組成，每一個語詞都是其前一個語詞的分析單元。一個特定的行動被認爲是從律則的和個殊的兩個層面同時產生的。這就是說，社會行爲乃是個人爲因應這種由行爲期望型態與個人獨立需求型態一致所組成的環境而產生的結果。[28]

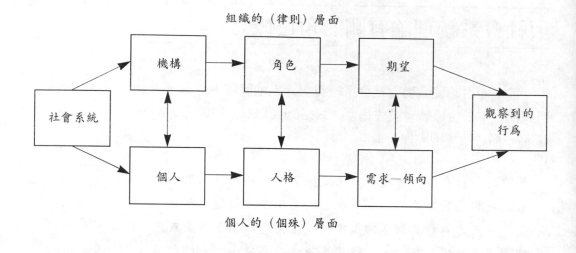

圖2.11 社會系統的組織模式（所謂的蓋佐爾斯─顧巴模式）

引自蓋佐爾斯與顧巴，〈社會行為與行政過程〉，《學校評論》，第65期，（1957年冬季號），第423-41頁。

就此而言，每一個行為的動作都被看作是同時由律則的和個殊的兩個層面所產生。但是這些層面如何互動呢？在組織行為中每個層面佔多大的比例呢？當然，這取決於個人與機構的角色，而且能以兩個層面相互作用的函數作最佳表示。蓋佐爾斯給我們這個一般的方程式加以表示：

$$B=f（R×P）$$
其中B=被觀察到的行為
R=機構的角色
P=角色擔任者的人格。[29]

因此，作為一個組織的學校創造了由個人擔任的某種職務和職位。職務和職位代表了這個組織的律則層面，而組織對各擔任

人的角色期望是以許多方式加以明訂的。這些方式包括從詳細的書面工作描述（job description），到由習俗與傳統所建立的更加微妙（而且通常也更為強有力）的團體規範（group norm）。透過這些方法，組織不僅確立了一些可以被接受的正式的、最低標準的工作績效。也傳達了角色行為的具體說明，這種說明可以擴展到工作服裝的種類、說話的態度等等。

但是，擔任某種職務與和職位的個人，有他們自己的人格結構和需求，這些代表組織的個殊層面。就某種程度來說，即使是在非常正式的組織中，角色擔任者為了較能滿足一些他們自己的角色期望，會在某些方面形成和塑造這個職務。

修正機構需求和個人需求，以使兩者相互會合的機制，就是工作團體（work group）。在工作團體中存在著一種動態的相互關係，不僅是人際間的性質，而且是介於機構的要求與個別參與者的特殊需求之間。機構角色的形成、社會系統內氣氛的發展，以及參與者的人格之間，都是動態地交互影響。組織行為可以視為是這種交互作用的產物。

組織行為有多少可以歸於角色期望和角色規定呢？又有多少起源於角色擔任者的人格需求呢？換言之，如果B=f（R×P），則分配給R和P的值分別是多少呢？圖2.12說明了圖解這個問題的一種有用的方式。我們可以看到，對某些人來講，角色對規定行為產生的影響，比對其他人來說要大得多。

例如，有相當多的研究致力於瞭解呈現出權威人格徵候群（authoritarian personality syndrome）的個人及其對他人的影響。[30]這樣的個人保持著人格各種特徵的結合，它們是穩定的、可描述的，並且有助於他（她）世界觀的形成。權威主義的個人通常傾向於根據比較簡單的二分法（dichotomies）來思考：事物看來非黑即白（幾乎沒有灰色地帶）；具體的概念是有代表性的（幾

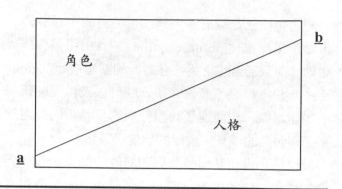

圖2.12 組織行為中角色與人格的交互作用

行爲是組織角色與人格的函數，或B=f（R×P）。引自葛佐爾斯，〈行政是一種社會歷程〉，載於《教育行政理論》，哈爾品編（芝加哥：芝加哥大學中西部行政中心，1958年版），第158頁。

乎不能容忍抽象思維或模稜兩可）；他（她）強烈地在「團體中」認同（特別是與權威人物認同）。權威主義者個人在模稜兩可的環境中是不安全的，不信任其他人，而且力圖儘可能來控制環境（包括他們周圍的人）。這樣的人往往尋求一種角色，在這個角色中他（她）被看成是堅強的，能夠實行控制的。那種角色的行爲往往是比較一致的：獨斷的、尋求對複雜問題的絕對的解決辦法，以及爲個人的滿足感而行使權力。

　　克勞（Mary Crow）和博尼（Merl Bonney）描述了當這種人擔任學區領導者角色時所產生的影響：

　　描寫在美國中部一個中型的都市學校系統。衣著光鮮但觀念保守的局長，知道了誰是支持他的，誰是不支持他的。他的支持者都是學校的校長，這些人酷似這位局長：要成爲嚴格執行紀律的人，又奉承上司。在這些校長中，教師們會告訴你，更能勝任的候選人常常讓出校長職位，給那

些對局長職務沒有威脅的支持者‥‥在今年的第一次教師
會議上，局長以強勢的姿態出現。他強調他的教師們如果
想在他的系統中獲得成功，那麼成為誠實、良好的公民、
在課堂上維持良好的紀律，以及努力工作是多麼重要‥‥
學生怕教師，教師怕校長。校長怕局長，局長怕教育董事
會。[31]

　　雖然在美國學區，這是一種領導角色中常見的人格的一種公
認的刻板印象，但是任何人都在某種程度上塑造了他（她）自己
的角色；因此，正如圖2.12所示，a點通常不在零上；另一方面，
在任何組織中，每個人都扮演著某種機構性角色，因此，b點多
少是在100百分數以下。然而ab線指出了組織中通常會接觸到的
角色與人格函數變異的可能範圍。

　　在不同組織中的不同角色顯示，某些角色扮演者會更接近於
a點（這就是說，將很少的人格注入角色中）。相反地，我們知道
某些種類的角色要求更多的人格的介入，正如圖2.13所示。一般
人通常認為，軍人必定接受繁多的規定，並且明確地限制軍人滿
足其個人人格需求的程度。比較接近另一極端的是藝術家，他展
現了高度的創作行為，組織限制最小，而且他將個人特殊的需求
表達到相當的程度。

均衡

　　人們參與組織是為了滿足某些需求。假定組織有其自身的需
求，這些需求是藉由在各種角色中發揮功能的參與者來完成的。
葛佐爾斯—顧巴的社會系統模式說明了這一點，該模式強調律則
的（組織的）需求與擔任各種角色的「行動者」個殊的（個人的）
需求之間的交互作用。在角色扮演者與組織之間顯然存在著一種

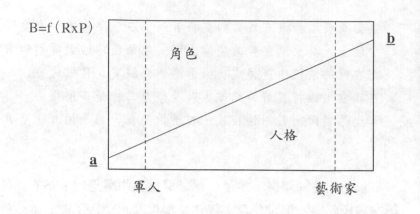

圖2.13 軍人與藝術家的組織行為中的人格與角色因素（比例是近似的）

行爲是組織角色與人格的函數，或B=f（R×P）。引自葛佐爾斯，〈行政是一種社會歷程〉，載於《教育行政理論》，哈爾品編（芝加哥：芝加哥大學中西部行政中心，1958年版），第158頁。

交換物（quid pro quo）的關係，這種關係的維持可以視爲是組織需求與個人需求之間的均衡（equilibrium）狀態。只要這種均衡狀態存在，這種關係可以假定是滿意的、持久的和比較有生產力的。

在一種非常基本的層次上，組織與參與者需求之間均衡的概念，可以由著名的伯利恆鋼鐵廠（Bethlehem Steel）中施密特（Schmidt）的例子加以來說明。[32]正如泰勒所描述的，施密特是一位生鐵管理工，他收拾、搬運和裝載生鐵——每天工作十小時，工作量爲12.5噸，得1.15美元。很明顯地，這家公司需要人來做生鐵管理工作，這種需求由擔任「管理工」角色的人來滿足。假定只要這種需求與滿足的交換是處在一種平衡或均衡的狀態中，那麼組織就能充分發揮其功能。泰勒在他的報告書中描述了他如何將他的「科學原則」應用於嚴格地訓練施密特的工作，

把施密特每天的工作量增加到47.5噸，而這種需求與誘因的平衡，是藉由增加60%的報酬達到每天1.85美元加以維持。施密持和該公司顯然看到這種需求與誘因的安排互相得到滿足，因為根據描述施密特堅守這個工作「好多年」。

巴納德（Chester Barnard）把均衡視為「因滿足而使負擔平衡，致使個人和組織二者在互惠關係上產生持續的參與」。[33]在他的語彙中，「效能」（effectiveness）是指「合作行動以達成認可的目標。」[34]「效率」（efficiency）是指組織為維持個人持續的參與，而提供給個人充分滿足的能力。

巴納德將組織描述為藉由把「生產性結果」分配給個人來誘導合作。他寫道：「這些生產性結果或許是物質的，或許是社會的，或者兩者兼具。對於某些人來說，物質方面是達到滿足所必需的，對其他人來說，社會利益是必需的。對大多數來說，物質和社會利益二者依不同比例而被需要。」[35]巴納德指出——而這是我們大家都熟知的——在組織中什麼東西能夠「充分滿足」個人的定義差異甚大，主要是取決於個人所介入的組織結構和環境。有些人必定從物質酬賞（特別是金錢）中得到極大的滿足，而且為了得到它，將會接受一個可能是不安全的、不愉快的或艱苦的組織角色。這樣一個角色，不管有許多可能的負面影響，只要有足夠的物質獎賞，這種人可能得到誘因的滿足。其他人不管什麼理由，可能覺得一份較高的收入比不上他們所必須付出的代價。

在近年來的教育行政歷史中，這種現象可以從學校教育局長，以及下一層級的高中校長角色的連結中看出端倪。雖然提供給局長的薪水已達到非常高的水準，但是許多有資格的人士並不被這些角色所吸引，而且許多在職的局長已轉往大學任教，或者轉往其他的領域。工作時間長、艱難的要求，以及巨大的壓力，都是局長職位的一些缺點；在許多情況下，在成就或自我實現方

面，幾乎沒有報酬。爲了吸引並留住有才能者擔任局長，學區必須提供結合物質與心理的獎勵，使任職者感覺到吸引力。

同樣地，美國在最近幾年前有一個重要的問題，就是吸引優秀教師到鄉下去，並讓他們留在那裡，而不計較低報酬、不充足的學校設備、和有限的文化機會，這些條件使這些地區的教學，在許多方面無法得到相對的報酬獎勵。當然，今天這種情況已經倒轉過來了；在非都市地區的其他職業和學校對教師提供相當多的獎勵，而在都市貧民區學校，教師所面臨的淒涼的、懷有敵意的、受挫折的環境，對許多有才能的教師來說，無論是在金錢或者滿足感方面，是相當不足的。

在從系統理論的觀點討論組織均衡時，我們必須記住，在個別的參與者與組織之間，不僅存在著需求—誘因的關係，而且組織本身也是更大系統的一部分。進一步來說，如果這個系統是「開放的」——就如學校和學校系統的例子——這個組織將會與外在系統的環境主動產生互動。葛佐爾斯—顧巴（Getzels-Guba）社會系統模式的擴大版中，如圖2.14所示，描繪了學校與其更大環境的互動。一般認爲環境的變遷將刺激這個組織作出靜態的或動態的反應。如果這個反應是靜態的，那麼該系統的反應是爲了保持它們原來的狀態，也就是說維持現狀（status quo）。然而，動態的均衡的特點在於對這個組織的內部子系統的重新安排，或者是改變其目標，以適應其外在環境中變動著的條件。換言之，動態均衡有助於使這個系統在適應過程中，保持穩定的狀態。

自我平衡

這是應用於組織的一個生物學術語，是指一個開放的系統自我調整的傾向，以時常維持平衡的狀態。生物有機體傾向於維持自己的特性、保存自身，以及保存本體，但同時它又有補償機

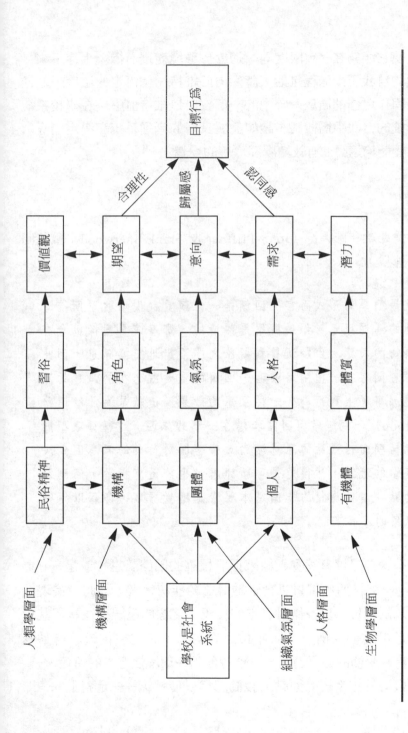

圖2.14 學校是社會系統的許多層面

引自葛佐爾斯與塞連（J. W. Getzels & H. A. Thelen），〈班級團體是一個獨特的社會系統〉，載於亨利（N. B. Henry）所編《教學團體的原動力：教與學的社會心理方面》，《全國教育研究會年鑑》（N.S.S.E.），第二篇（芝加哥：全國教育研究會，1960年版），第80頁。

制，使它能夠在一定限度內，適應於環境變遷而繼續生存下來。人類的自我平衡過程包括人體傾向於維持一個恆定的溫度，並透過凝固作用修補循環系統中的一個裂口以維持血壓。在學校系統及學校的自我平衡機制，諸如發展良好的溝通系統和決定過程，使它們能夠適應並有效地處理環境的變遷。

回饋

費弗納和修握德（John Pfiffner & Frank Sherwood）曾將回饋描述為：

就最簡單的形式而言，回饋是一位演員從現場觀眾所接受到的溝通訊息。如果觀眾是熱情的，那麼演員同樣也會有熱情的反應。由於演員和觀眾之間不斷地交換訊息，因此兩者間存在一種閉路循環…回饋的重要觀念在於訊息的流通，事實上對行為有一種互惠的效果。這就是為什麼迴路（loop）一詞經常與回饋聯想在一起的原因。這種循環型態包括朝向行動點的訊息流動，帶著關於行動的訊息回到決定點的流動，然後是帶著新訊息，也許還有指示，回到行動點。這個過程的一個基本要素是感覺器官，即藉以獲得訊息的工具[36]。

系統要是沒有感覺天線來獲取精確的回饋訊息，或是——更糟的——無法將回饋訊息精確地傳達給作決定者，則將會發現系統難以對環境的變遷作出適當的反應。這樣的系統往往是與其環境處於靜態的均衡中，而非動態的均衡。它們往往缺乏自動修正、自我平衡的必要過程，以維持他們在環境變遷中的特色。

根據社會系統的觀點，我們認為一個組織——定義上——即

是一個開放系統，這多少意味著組織不僅有內部的子系統，而且它也是一個超系統（suprasystem）的一部分。而且，這個組織與此一超系統具有互動的關係：它與超系統交換輸入與輸出。在某種程度上，這個組織影響它的環境（超系統），同時也受超系統中的變化所影響。

組織能夠藉由忽視或交戰、或者企圖與變革隔絕（即成為更「封閉」的組織），而抗拒或拒絕這個超系統或環境的變遷。它能設法透過自我調適來順應環境變遷（也就是採用一如往常的政策）。或者最後這個組織能夠發展出一種新的平衡、新的均衡來適應環境的變遷。在我們這樣的世界上，受到快速和廣泛變遷的支配，將會出現具有不良回饋機制或微弱的自我平衡特性的組織，將會出現逐漸衰退的表現與日益明顯的解體現象。

我們必須牢記系統是由彼此高度交互作用與相互依賴的子系統所組成，這是系統理論的核心概念。從已經描述過的、將學校視為開放的社會系統的葛佐爾斯—顧巴模式來看，似乎能明顯看出至少兩個子系統，且其交互作用至少顯示：1.組織或機構的系統。2.人的系統。然而，在早期設法瞭解組織行為的動力學問題上，這樣的模式是有用的，但也是不完全的。到1980年代中期，人們明白了組織具有兩個以上子系統，而且組織行為的分析需要使用更複雜的概念。一種較流行而有效的方法，是將組織概念化──例如，學校系統以及學校──為社會技術系統（sociotechnical systems）。

社會技術系統理論

　　根據定義，組織存在的目的在於實現某些東西：達到某個目標或一組目標。藉由完成某些任務來達成目標。[37]當然，組織為能達成其任務，乃合理地建構、裝備和雇用適當的職員。例如，學區的主要目標在使學校、運輸系統、和膳食服務能夠正常運作。學區必須雇用人員，提供合法的委託服務，以及或許從事集體談判。為能達成目標，有許許多多的任務學區必須從內部加以組織。

　　為了完成指定的任務——可能包括許多次級任務和運作上必須的任務——我們建立了一個組織。這就是說我們給它結構。結構給予組織秩序、系統、和許多獨特的特徵。結構建立了一種權威和共同掌權的型態，因此界定角色：有最高層主管人員、中層的督導者、上司和工作人員，每個人嘗試去瞭解他（她）自己的合法職權與他人職權的範圍。結構基本上決定了溝通網路的型式，而該型式是資訊流動與作決定的基礎。結構也決定了工作流動系統，也就是假定集中在完成該組織的任務上。

　　組織必須有技術資源（technological resources），或者換言之「它的職業工具」。就此意義而言。技術不僅包括了典型的硬體項目，例如，電腦、銑床、教科書和粉筆，以及電子顯微鏡。技術也可能包括軟體的發明：系統程序、活動序列、或其他程序性發明，以解決在完成組織任務過程中所出現的問題。因此教師每天的教案、中學課表、學區課程指南等，都是教育組織中技術的例證。

　　當然，組織最終必須有人。他們對完成組織任務所作的貢獻，最終可見於他們的所作所為中——這就是說，他們的組織行

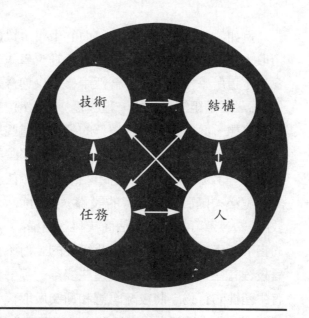

圖2.15　複雜組織中子系統的互動

引自利維特（H. J. Leavitt）〈工業上應用組織變遷：結構的、技術的、與人性的取向〉（Applied Organizational Change in Industry: Structural, Technological and Humanistic Approaches），載於馬奇編《組織手冊》，芝加哥，蘭德·麥克納利公司，1965年版，第1145頁，圖1。

為。這就是他們選擇、指導、溝通和決定的行為。

　　上述四種內部組織要素——任務、結構、技術和人[38]（圖2.15）——因時間不同與組織有別而有不同的變項。在一個特定的組織內，這四種要素是高度交互作用的，每一個要素都企圖形成和塑造其他要素。正如在任何系統中，這些可變要素的相互依賴意味著，一個要素的重大變化結果將導致其他要素方面的某種適應。在一個學區或學校內，重要的是能夠決定這些內部組織安排的性質和相互關係，這是組織對於發生在它所處的更大系統中的變化所作的反應。

例如，假設有一所學術導向的中學，以競爭性考試的方式，招收人數有限的高材生，目的在為升大學作準備。如果教育董事會規定這所學校改制成綜合性中學，以迎合全部青年學子的需要（當然，這是組織目標的一種改變），顯然這所學校要適當地達成其新目標，必須進行許多內部的調整。這些變遷中，有許多在本質上是具有補償性的。例如，為了適應那些對商業生涯感興趣的學生，學校就有必要教授商業的課程（任務）。為了做到這一點，就必須購置商業教育的設備（技術），必須聘用商業教育的教師（人），可能創立一個商業科（結構）。然而，一些由董事會的指令所產生的變革可能是報復性的，而不是補償性的。例如，學校裡有些人可能力圖抗拒這些變革，那麼他們從前合作的、富有生產性的行為，將被疏離感和衝突所取代。這些現象接著將可能瓦解該所學校正常的溝通型態，因而產生一種結構性變遷。

　　技術的變遷，例如一所高中引進一個綜合性的、與電腦有關的教學系統，可能帶來重大的副作用：它使得完成某些新事物成為可能，同時使某些傳統任務變得過時，因而可能改變這個學校的目標。至於人的變遷可能包括聘用有技術才能的新人，使某些活動成為不必要，卻又要求引進某些新的活動，因而影響到校內其他人的工作活動。最後，引進新部門與涉及決策過程部門的變革，可能是最早由技術變遷所引起的結構性變遷。

　　因此，在協調學區或學校的內部過程時，有必要注意這四個子系統：人、結構、技術、與任務的動態交互作用。然而，如果是要透過一項主要的目標變項以引進一項重大的變革，那麼很明顯地其他變項很快也會受到影響。基本上屬於技術性變革的努力，將會引起一部分人補償性或報復性的行為，以及這個組織內某些結構上的調整。那些尋求促成校內重大的結構性重整的人，例如，有差別地聘用教職員的計畫，必須慎重考慮相關的人以及

他們抵制這種變革的方式。

　　雖然說不同的行政策略、或把不同的謀略和程序加以分類，並「歸屬於」某項或另一項策略，是比較容易的，但我們必須認清存在於我們所關心的組織內部的子系統：任務、技術、結構和行為之間共生的相互關係。

　　圖2.16的示意圖說明了一個學校系統或學校主要的內、外部關係。在圖中對通常包括任務、技術和結構的子系統中的許多事物，我只是提供一些說明性的例子。在構思人的子系統時，讀者應該注意，對參與者的職業角色加以指名或貼上標籤（諸如教師、護士和監護人）是不適當的。就內部組織功能的動力而言，在人的系統中，個人所擁有的價值觀、信念和知識，就完全像現在的個人，以及組織處理個人的正式方式〔諸如各種規則、申訴程序（grievance procedures）和人事政策〕的事實一樣重要。人的子系統是唯一具有非理性（也就是感情的、而不是無理性的）能力的子系統，這應該是很明確的。

權變理論

　　關於組織的理論、思考、研究、與經驗，總是伴隨著一種可以觀察到的趨勢，作為個人（不管是理論家和實行者）所採用支持的主張。例如，那些喜歡組織的古典取向的人，一致支持這種見解，也就是組織內部等級的權威階層，對組織的概念來說是必要的。人群關係學派的支持者可能在許多觀點上可能有相異之處，但在相信支持性的、合作的、以人為中心的領導，以及高度參與的管理方式，比其他學派更勝一籌這一點上，是幾乎完全一致的。行為主義的支持者，則也有相當一致程度的看法，努力尋

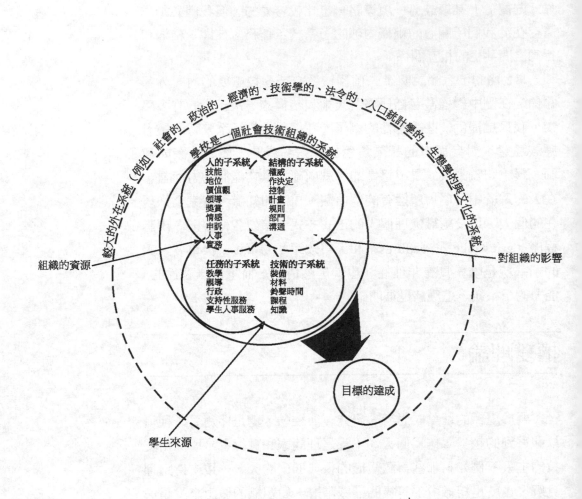

圖2.16　構成學校系統與學校內部安排特徵的四項主要的組織子系統

引自歐文斯與斯坦霍夫（R. G. Owens & C. R. Steinhoff）合著，《學校的管理變遷》（*Adminstering Changes in Schools*），（Englewood Cliffs, NJ: Prentice-Hall, 1976），第143頁。

求一種最好的、最有生產力的方式，以統整古典學派和人群關係學派的主要要素。多年來，其結果是各種競爭性見解都看得到發展，而當試圖應用任何一種主張到組織時，產生了非常複雜的結果：這三種學派中沒有一種可以證明在所有情況下都是優越的。

　　傳統的（古典的和新古典的）學派對於學校系統和學校的經營，不僅傾向於使用組織的層級模式（從軍隊與大企業的傳統中衍生而來），而且強調理性的、邏輯的、和潛在有力的控制系統的重要性，因此由上層人員作成決定，由基層人員來執行。至少就一種概念上理想的狀態而言，這個整體的特徵就在於從層級體制上，維持秩序、制度、和紀律。正如本章先前所討論有關於麥哥葛里格的X理論，古典概念可以使用在硬性的（強制的）形式，或是軟性的（操縱的）形式。

理性計畫模式

　　像計畫、方案、預算系統（PPBS）、計畫評核（PERT、目標管理（MBO）、與零基預算（ZBB）等模式，都是取自於大規模軍事工業的企業，而當初創設這些企業目的是建造和維持龐大的、在技術上複雜的武器系統的巨大艦隊（例如，洲際彈道飛彈、核子動力潛艇、和空中巨無霸客機），而且惟恐我們忘記，為的是執行巨大的太空探測計畫。

　　這種方法，以利用當代理性系統的概念和技術（不同於社會系統概念）為其特徵──在觀點上是傳統的與古典的，在運作上是機械的（mechanical）。當管理這個系統的主要基礎有下述特點時，組織被稱為是機械的：

1.高度分化與專門化的任務，且明確地說明權利、責任和方
　法。

2.透過階層體制監督的協調與控制。

3.由階層體制中的最高職務者來控制與外在環境間的溝通。

4.強而有力、由上而下的命令路線。

5.一對一的領導型態，強調權威一服從關係。

6.階層體制的最高層級保有決策權威。

機械的和有機的（organic）系統概念在組織理論的文獻中，曾被廣泛地討論。[39]這些概念幫助我們討論與分析明確的組織情境，而不必求助於諸如官僚的—— 人文主義的、或是民主的——權威主義之類，隱含有貶意的二分法，這種二分法在我們的文化中顯然是充滿價值（value laden）的。有機的組織系統能藉由強調管理系統的不同方法的事實而加辨別：

1.透過參與人員的交互作用，不斷地進行任務與責任的再評估，同時，也進行功能性的改變，使其在工作方面容易安排。

2.透過參與人員的交互作用以進行協調和控制，這需要相當程度的分擔責任和相互依賴。

3.在組織的各層級與外在環境有相當廣泛和開放的溝通。

4.強調彼此的信心、協商，以及資訊分享——組織的上下、橫向、斜線式——作為組織權威的基礎。

5.團隊領導方式，特點是高度的信任和團體的問題解決。

6.在組織的各層級上，廣泛地分擔決定的責任。

在公共教育中，這兩種組織的觀點，長期以來代表了古德蘭（John Goodlad）所描述的兩種無法妥協、並冀求支配的思維模式：

它們與我們在一起已經很久了。詹姆斯（William James）稱它們一是「又硬又倔強」，一是「又軟又溫柔」…就學校教育的修辭而言，這兩個理論的起伏就如潮汐，通常一方面漲潮而另一方面退潮。每當它漲潮時，把那份岩屑沉積於海岸邊，偶爾也對海岸線作一點點改變。但是學校教育廣大的內景幾乎沒有受到多大的干擾。

在1960年代，這兩種思維模式互爭長短，以引起注意。但是先驅者（avant garde）以溫柔派為代表。勸勉教師打開其教室，在開明的學區推展開放空間學校。但是所有這一切（在1970年代後期）都被「回到基礎」（back to the basics）的修辭所取代…這種呼聲在日報、電台與電視，以及在家長和教師聯誼會（P.T.A.）的會談上，真是俯拾皆是。有一陣活動的疾風——大多是在校外而不是校內。舉辦數以百計的會議來討論這個課題；制定了許多法案——關於績效目標制、能力本位的師範教育，當然還有高中生的精熟測驗（proficiency test）。在兩三年內確立了這種活動，並在三五年內趨於活絡，但是從此以後…其重要影響性又跌落下來…最令我困擾的是教育家們對這些過度作法付出了如此重要的努力。事實上，他們發現了這些過度作法，使他們在一段很短的時間內喪失了本來就靠不住的聲望。他們也常常正好晚一步，以致他們正極度演奏一種鼓聲，幾乎同時，另一種交錯的鼓聲卻猛烈地來到了。[40]

立論的交替，最初將機械的——科層體制的——層級制的重點放在顯著地位，然後是軟性的人際關係——人文主義的衝激，也許接著是更多操縱性的、「軟性的」機械的強調。這種現象，在美國公立學校行政中一直是苦惱地顯而易見的。許多學校的教

育局長、校長和其他人，目睹這種事實，於是決定避開任何理論的或分析的方法，而選擇實際工作者所描述的折衷主義或實用主義的方法：走進學區的「真實世界」，並做些「工作」。

畢竟，爭論「理論並不造成任何差異」，這不僅大大地誤解了組織研究必須教給我們的東西，而且也沒有提供教育行政建立在一個穩固的知識基礎上，從而發展出有系統的行政實務的希望。

組織的權變研究取向採取了一種不同的觀點：在所有情境下，雖然沒有一種組織和管理人們的最佳方式，但是有一些組織結構的設計與可描述的管理方法，在特定的權變情境下是最有效的。從權變的觀點來看，暸解並有效地處理組織行為的關鍵，就在於能夠分析特定情境中決定性的變項。有效的行政人員的行為（也就是藉以提高組織績效、實現其目標，增進工作和學習的文化，並儘可能有建設性地處理衝突的行為），並不在於以一種普遍的固定的方式為特徵（例如「律則型的」和「個殊型的」），而是在於展現了一種行為方式來適應某一種權變情境。總之，學校組織行為的權變取向是以下列三個基本命題為基礎：

1. 沒有一種最佳的、普遍的方法去組織與管理學區和（或）學校。
2. 在一個特定的情境中，不是所有的組織與管理方法都是同等有效的：效能，要視對情境的設計或方式的適合程度而定。
3. 組織設計和行政方式的選擇，應建立在對情境中重大權變因素作審慎分析的基礎上。

與權變理論有關的開放系統

　　正如前述，權變理論代表了「兩種觀點間的中間地帶：1.組織和管理有普遍的原則；2.每個組織都是獨特的，而且每種情境都必須分開來分析。」[41]權變的方法代表了一種相當顯著的理論發展，而在處理理論與實際的差距上，有其價值。[42]權變思想的基本貢獻，不在於提供解決複雜問題的現成的適當答案，或為解決「如何做」的問題的簡易訣竅；相反地，其貢獻在於為我們於分析組織系統內部與各部分之間交互作用的關係時，提供了新的方法。[43]一組重要的關係源於組織（記住，這是一個開放系統）與其環境的交互作用。

　　羅倫斯和羅爾斯科（Paul Lawrence and Jay Lorsch）的研究，[44]是早期從事這方面研究具有影響力的代表之一，他們將組織視為開放的系統，這些系統在回應各種環境的偶發事件時，能夠區分其內部的子系統。能成功處理不確定環境（即易於要求組織中比較突然的變化的環境）的組織，往往比較不成功的組織更能夠作出內部的區分；但它們還能維持各種不同次單元之間高水準的整合。這些組織的特徵就在於：共同作決定、各部門之間清晰的連結，以及良好地發展解決該組織各單元之間衝突的方法。在以變遷或不穩定性為特徵的環境中運作的組織，為求其有效，就必須比那些面對比較穩定的環境的組織，以不同的方式組織起來，以符合計畫、決定、與衝突管理的需求。

　　隨著環境條件的改變，組織需要藉由適當的結構和行政系統的回應而加以調適。穩定的技術和穩定的環境條件皆要求機械的組織，其特徵在於穩定性、在於明確地界定的任務、方法、與工作描述。相反地，組織面對著不穩定的或變遷中的技術和環境，需要較有彈性的結構，強調水平的而不是垂直的溝通，以專家權

（而不是階層體制的權力）作爲影響力的顯著基礎，責任的界定寬鬆，並強調資訊的交流而不是方向的提供。[45]

對技術變革的反應

抨擊美國的學校無法充分利用現代科技的批評者，心中常存有「硬體」的技術（諸如：電腦、電視和錄影機，以及其他器材），而且對廣泛使用於美國教育的廣博的「軟體」技術，也稍有瞭解。「科學技術」（technology）一詞，本來就包括一些「軟體」，例如，編序教學的程序；時間、人和物質資源接觸面的安排；專門化的教學計畫與課程指引；以及產生並管理資訊的技術。因此，「科學技術」這個詞語——當應用於學校組織時——應包含不同的形式，例如，課程指引、中學課表、生物學實驗室和音樂室、測驗的計畫表，以及學生分類、分組和升級的方法。應用於學校教育中的科學技術的排列，對於影響整個社會技術系統中的行爲，具有相當大的力量，有關社會技術系統已於前述。

但是，科學技術通常是在學校系統或學校之外發展出來的；其影響是這種開放的社會技術系統與其環境交互作用的一個結果。對各類型新技術發展的描述，往往改變了影響學校內部安排的各種狀況。實際上，這些狀況是大環境的一個層面，其中學校系統或學校如同組織而存在。

與外在環境的交互作用

學校系統或學校——作爲一種社會技術系統——與所存在的較大的外在環境之間，產生持續的、動態的交互作用。此處所用的環境一詞，係指存在學區或學校的超系統：我們文化中社會的、政治的、和經濟的系統。因此，人口統計學上的轉變，將會

造成入學人數的改變、增加中老年人的比例、改變對個人自由的態度、重視婦女的平等權利、改變社會流動的型態、對學校績效的不滿、立法－司法哲學的重大變革、納稅人日漸增強的反抗、教師組織工會，以及甚至對我們社會中權威和制度總體上增加的不信任，這些都是近年來公立學校組織必須因應的諸多環境上的權變因素。

組織的內部安排主要是視環境的各項條件而定。環境的變遷會使組織系統改變其內部的安排以爲因應。這些內部安排可以包含四種動態地交互作用的子系統：執行的任務、組織的結構、執行任務的技術，以及人的社會系統。

學區或學校所在之社會的、政治的和文化的環境所產生的影響，就是確定所要實現的目標。雖然教育工作者在確立學校教育的目標中扮演一部分角色，但是這個過程最終是在政治的領域：例如，代表這個國家的州立法機構，在使學校教育目標的重要方向正式化時，是正規的工具。關於畢業和（或）升級的最低能力標準的立法，對於學校試圖實現的目標具有強有力的影響。聯邦政府對學校目標有廣泛而直接的影響——不僅是對有特殊教育需求的年輕人，而且實際上也對其他所有的學生。

其他政治的過程，例如，通過預算、課徵租稅，或者選舉校董會成員，也是影響學校目標的方式。潛在性政治力量的發揮經常足以影響組織目標的再評估與修正。當然，司法的干預也常常是執行學校目標改變的方式之一。這可以從聯邦地區法院不僅下命令廢除學區的種族隔離，而且已具體規定了實現這個目標的方法（例如，學區內與學區間學生的運送）看出來。法院也經常要求改變課程、測驗程序，以及遴選與任用教職員的方法。所有這些都代表了學校組織的環境影響組織內部運作的一些方式；而這個組織可能平靜而容易地適應，或者可能會抗拒。

因此，大眾支持「回到基礎」運動的浪潮可能出現在地方學區，而促使教育董事會與行政幕僚人員，發起一項結合社區的目標設定與教育計畫實驗。結果，學校很可能修正其課程，改變其教學方式，也許重組其年級結構，以及採用新教科書——也就是說，使內部重新整合，以因應這個組織環境中的變遷。

然而，學校將會經常抗拒外在的變革和維持現狀，而幾乎不管新環境的權變因素的程度或力量。我們有關廢除種族隔離、平等權利、非歧視的努力——即使面對集中的、大量的、法定的、司法的和政治的行動——也清楚地顯示：學校也會力圖封閉組織系統，以偏離在更大環境中的變遷所產生的影響，而不是為求適應變遷以尋求進行適當內部重整的方式。從權變的觀點來看，這往往使學校或學校系統脫離與這些組織所存在的真實世界的關係。就組織行為而言，在這種情況下，一個負面的結果很可能是領導和行政管理的方式——到最後——不是最有效的，甚至可能是反效果的。

權變理論與學校組織行為

從實際運作上而言，在學校行政實務中運用權變的方法，並不一定是可怕的外來物，或者需要高度複雜的方法。然而，它確實需要行政人員對情境中相關的權變因素進行分析，作為選擇處理這些偶發事件方式的依據。由於行政是與個人和團體一起，並且透過個人和團體以達成組織的目標，要考慮的一個基本的權變因素就是：「在這種情況下，從我的部屬身上將可能產生何種最有建設性的行為（就達成組織目標而言）？」當然，這個問題的一個重要假定是，不同的行政方式可能會引起人們可預測的不同反應。

例如，行政人員經常面臨的一項議題是領導方式。一個好的領導者是設定目標、指導部屬做什麼，以及嚴密考核部屬是否依其指示做事嗎？或者一個好的領導者是讓部屬參與目標的確定、與部屬共同研究做什麼以及如何去做、與在評鑑進步與結果時，提供團體的協調呢？按公立學校行政人員的說法，哪一種較好：是指導型領導，還是「民主式」領導呢？

　　處理這種問題的權變方法，是從釐清什麼是「好」的含義開始。由於行政人員想要使組織目標的達成擴大到最大的限度，「好」可能最好重新界定為「有效的」。於是這個問題也就變成了哪一種領導方式是最有效的──也就是說，哪一種將可能對學校系統或學校的目標實現有最大的貢獻？

　　正如同我在本書第6章中要更詳細討論的，當代對領導行為動力學的理解已經清楚說明。沒有一種最有效的方式：領導方式的有效性顯然是視其在特定環境中與關鍵的權變因素的適當程度而定。領導者的權力、與部屬關係的性質、所要完成任務的結構的明確性、執行決定所要求的合作程度，以及部屬的技能和動機的程度──這些都是許多權變因素中的一部分，這些權變因素可以由行政人員加以評估，並且是與領導的各式各樣、具體的、變通的方法所產生的可以預測的成果有關。根據權變觀點，有效的領導者是能夠將領導方式配合這個情境的權變因素，以便獲得部屬對實現學區或學校的目標付出最大努力的行為。

　　同樣地，權變的取向在處理動機、作決定、組織變革、組織文化，以及衝突管理等問題時，是有幫助的。本書其餘各章將探討前述學校中組織行為的各方面。

結論

開放系統理論是當代組織行為分析的基礎。社會系統理論，如葛佐爾斯－顧巴模式，已經提供了將組織行為概念化的一種有用的方法，這種組織行為是組織的要求與組織中個人需求－傾向兩者之間交互作用的函數。雖然葛佐爾斯－顧巴模式常常用來強調組織內部的動態關係，但是這種模式的進一步解釋可以清楚地說明，組織系統本身與其更大的外部環境（即超系統）的動態關係。

角色理論不僅幫助我們詳盡地瞭解個殊——律則的關係，而且也說明了許多存在於學校和學校系統中的更廣泛的人際關係。雖然角色理論整體上欠缺解釋組織的力量，但它作為檢視個人與組織之間的關係，以及人際行為的一種架構，仍是有用的。

社會技術的概念幫助我們瞭解教育組織的結構、任務、技術與人各方面之間動態的相互關係，作為引發和塑造人們行為的一種力量。例如，在典型的高級中學，人們的日常生活深受「課表」（the schedule）的深刻影響，「課表」管理著所有人，並且經常界定可能的事物。建築師設計的建築物會引發心理反應，並形成行為。教室中選擇配備可移動的或「旋轉壓下」的課桌，對行為也有影響。要求個別指導教學的課程，也對行為有所要求。對載送學生上下學校車的需求，對於學校組織以及學校中人的行為，產生了一種深刻的影響。

但是，教育組織是開放系統的事實，會有另外的行為結果。例如，一所學校服從於兩種主要的外在力量，這些力量界定了學校內部安排的性質。其中一種力量是由於學校就是一所學校的事實：它與從東海岸到西海岸的其他學校相比較，相同之處更多於

不同之處。透過教師訓練機構、公證協會、大學入學標準、教育
－工業綜合體的成品，以及年會的論文宣讀人，表達了專業標準
與期許──這些都只是代表了從校外進入的許多「專業的」影響
力中的一小部分，也從行為術語上界定了學校是什麼。

這些力量中的第二股代表了更廣泛的社會──文化影響力，
這種影響由校外進入校內，並且建立了學校中行為的「規範」。
這些力量包括多元的來源，例如，社區標準、傳統、司法判決、
有關法令的法規，以及──尤其以一切可能的手段──表現在諸
如「西方文化」這樣的概念中的廣泛通則。更具體地說，也許是
在西方國家成為如此有影響力的「青年次級文化」的衝擊。由於
學校是一個開放的系統，學校環境的這個層面對其內部功能的發
揮產生了有力的衝擊。孩子們看電視的事實暴露在「吸毒文化」
（drug culture）中，且正在發展關於性、婚姻的新概念，而且家
庭確實塑造了學校生活的性質。將所有這些集合起來創造一種組
織的文化，這種組織文化對於決定人們如何知覺事物、評價事
物、與對事物作出反應，是相當有力的。

因此，教育組織作為一種開放的社會技術系統這一概念，能
使人們對某一組織的內部安排看成是獨一無二的，而且是與其更
大的超系統交互作用的一部分。像古德雷德等人說到學校的「文
化」時，這就是他們的學校觀，這種觀點將在第5章論組織文化
時，再次加以討論。

在當代組織理論中，伴隨這種概念的是權變理論：權變理論
的觀點認為解決組織的各種問題，並沒有一種普遍的「最佳的」
方法。組織行為的權變方法為能診斷或分析所存在的特殊情境，
要求必須發展出對組織行為動力學一種系統性的瞭解。

組織理論提供了系統性的知識，以作為我們有關組織性質與
組織成員行為假定的基礎。理論遠離淪為學者們不切實際的玩

具，而常常被行政人員用來——雖然經常是以一種直覺的、未經檢證的方式——作爲他們每天所從事專業工作的基礎

科層體制理論在發展有關教育組織的假定上，長期以來一直以壓倒性的邊緣，成爲最被廣泛使用的觀點。然而，當在傳統西方電器實驗後的研究被往前推展，以及當對學校問題所運用的科層體制反應，曾被預期且無法發生效用時，人力資源理論已經穩定地發展，並且得到較大的接受程度。自1960年代起，由於諸如鬆散結合概念等較新觀點的產生，人力資源發展理論已頗被強化。

今天，人們認識到學校具有在教師教學行爲管理上，傾向使用人力資源取向的特性，而在企業管理上，其它更多例行性的方面則傾向使用科層體制的取向，以作爲一個廣泛的通則。因此，這兩種理論取向，每一種對人性以及管理成員的有效方式——X理論與Y理論，都產生了不同的假定。

此處讀者應注意的是，爲了釐清與描述二者眞正的、基本差異的目的，科層體制與人力資源觀點被當成理想的事例加，以比較與對照。當然，在教育行政組織的眞實世界裏，一個人很少遇到理想的事例，這並非意謂著組織無法被適切地分類爲科層體制或非科層體制。事實上，組織可以被適當地分類，而且經常是如此。然而，這並不是說一個被描述爲非科層體制的組織，就必須是完全沒有政策、規則、標準作業程序、或是階層體系的組織；或是說一個被描述爲科層體制的組織，就必須完全對人沒有感受性或尊重。在此，學校被描述爲是二元的組織：在某些方面是科層體制的，而在某些很重要的方面，則是非科層體制的，這是學校特有的眞實情況。因此，它是意味著組織可能被適當地描述爲相對地科層體制或非科層體制。它也是指無疑地，學校在組織上遠比傳統所瞭解的，更加複雜。

建議讀物

Firestone, William A., and Bruce L. Wilson. "Using Bureaucratic and Cultural Linkages to Improve Instruction: The Principal's Contribution." *Educational Administration Quarterly*, 21 (Spring 1985), 7-30.
討論可供校長們在影響教師教學行為上兩種可用的「連結」：科層體制的與文化的。對於想要更仔細探討這項主題者，這是一項極佳的參考文獻來源。

Meyer, John W., and Brian Rowan, "The Structure of Educational Organizations." In John W. Meyer and W. Richard Scott, eds., *Organizational Environments: Ritual and Rationality*. Beverly Hills, CA: Sage Publications, 1983.
從社會學的觀點針對學校進行創新的分析，挑戰了科層邏輯與規則的傳統。本章是該書的一部分，而全書對認真的學生將有甚大助益。

Meyer, Marshall W., *Theory of Organizational Structure*. Indianapolis: Bobbs-Merrill Educational Publishing, 1977.
在這本78頁的書中，社會學家梅耶首先討論組織理論的各種功能。他接著描述組織文化理論，該理論脫離了傳統科層體制的概念。書中許多地方直接關係到教育組織結構的新興觀點。

Weick, Karl E., "Educational Organizations as Loosely Coupled Systems." *Educational Administration Quarterly*, 21 (1976), 1-19.
魏克並未首倡鬆散結合系統的概念，但在這篇文章中，他為學校

是組織的理論之重大變革立下基礎。這是一篇名著，應讀其原文。

註釋

1. Luvern L. Cunningham, "Leaders and Leadership: 1985 and Beyond," *Phi Delta Kappan*, 67 (September 1985), 20.
2. Education Commission of the States, "Tracking the Reforms," *Education Week* (September 18, 1985), 18.
3. Denis P. Doyle and Terry W. Hartle, "Leadership in Education: Governors, Legislators, and Teachers," *Phi Delta Kappan*, 67 (September 1985), 24.
4. Douglas M. McGregor, *The Human Side of Enterprise* (New York: McGraw-Hill Book Company, 1960), pp.37-57.
5. Chris Argyris, *Management and Organizational Development* (New Yprk: McGraw-Hill Book Company, 1971), pp.1-26.
6. Thomas J. Sergiovanni, "Beyond Human Relations," in *Professional Supervision for Professional Teachers*, ed. Thomas J. Sergiovanni (Washington, DC: Association for Supervision and Curriculum Development, 1975), p.11.
7. Ibid.
8. Albert F. Siepert and Rensis Likert, "The Likert School Profile Measurements of the Human Organization" (paper presented at the American Educational Research Association National Convention, February 27, 1973), p. 3.

9. Ibid., p.4.

10. Robert R. Blake and Jane Srygley Mouton, *Building a Dynamic Corporation through Grid Organization Development* (Reading, MA: Addison-Wesley, 1969).

11. Gordon, L. Lippitt, *Organizational Renewal: Achieving Viability in a Changing World* (New York: Appleton-Century-Crofts, 1969).

12. Paul Berman and Milbrey Wallen McLaughlin, *Federal Programs Supporting Educational Change, Volume VIII: Implementing and Sustaining Innovations* (Santa Monica, CA: Rand Corporation, 1978).

13. Charles B. Perrow, *Organizational Analysis: A Sociological View* (Monterey, CA: Brooks/Cole Publishing Co., 1970), pp. 3-4.

14. Ludwig von Bertalanffy, "An Outline of General Systems Theory," *British Journal of Philosophical Science*, 1 (1950), 134-65. A more complete work, by the same author, is *General Systems Theory* (New York: George Braziller, 1968).

15. Andre Lwoff, "Interaction among Virus, Cell and Organization," *Science*, 152 (1966), 1216.

16. F. Kenneth, "A General Systems Approach to Organizations," in *Handbook of Industrial and Organizational Psychology*, ed. Marvin D. Dunnette (Chicago: Rand McNally & Company, 1976), p. 43.

17. Ronald G. Corwin, "Models of Educational Organizations," in *Review of Research in Education*, ed. Fred N. Kerlinger and J. B. Carroll (Itasca, IL: F. E. Peacock, Publishers, 1974), p. 263

18. Andrew W. Halpin and Don B. Croft, *The Organizational*

Climate of Schools (Washington, DC: Cooperative Research Report, U.S. Office of Education, 1962).

19. Some examples are James G. Anderson, *Bureaucracy in Education* (Baltimore: The Johns Hopkins University Press, 1968); Neal Gross and Robert E. Herriott, *Staff Leadership in Public Schools: A Sociological Inquiry* (New York: John Wiley & Sons, 1965). These may be compared with later studies, such as the Rand investigations of educational change conducted by Berman and McLaughlin. See, for example, Paul Berman and Milbrey Wallin McLaughlin, *Federal Programs Supporting Educational Change, Volume VII: Factors Affecting Implementation and Continuation* (Santa Monica, CA: Rand Corporation, 1977), especially pp. 16-20.

20. Erving Goffman, *The Presentation of Self in Everyday Life* (New York: Doubleday & Co., Anchor Books, 1959): A later study in a similar vein by the same author is *Encounters* (Indianapolis: The Bobbs-Merrill Co., 1961).

21. The term, "role," is a highly useful metaphor that is widely used in human relations research and practice. Because there is such extensive literature on role theory in psychiatry, psychology, sociology, and education, not surprisingly there is some imprecision attached to the use of this metaphor. It should be clear, however, that what is under discussion here is a psychological concept and not merely job titles or job descriptions. For discussion of the problem of definition, see Theodore R. Sarbin and Vernon L. Allen, "Role Theory," in *The Handbook of Social Psychology*, vol. 1, 2nd ed., eds. Gardner

Lindzey and Elliot Aronson (Reading, MA: Addison-Wesley, 1968).

22. Bobert Boguslaw, *The New Utopians: A Study of System Design and Social Change* (Englewood Cliffs, NJ: Prentice-Hill, 1965), pp. 170-77.

23. The material presented here on role set is based on Warren G. Bennis, *Changing Organizations* (New York: McGraw-Hill book Company, 1966), pp. 193-96.

24. Robert L. Kahn, Donald M. Wolfe, Robert R. Quinn, and J. Diedrick Snoek, *Organizational Stress: Studies in Role Conflict and Ambiguity* (New York: John Wiley & Sons, 1964).

25. The following discussion of role allocation is based on Kenneth D. Benne and Paul Sheats, "Functional Roles of Group Members," *Journal of Social Issues*, 4, no.2 (Spring 1948), 41-49.

26. Ibid., pp. 43-44.

27. Ibid., pp. 44-45.

28. Jacob W. Getzels and Egon G. Guba, "Social Behavior and the Administrative Process," *The School Review*, 65 (Winter 1957), 423-41. This version of the organization as a sociopsychological system is based upon the earlier work of Talcott Parsons and was first suggested by Getzels in 1952 in his "A Psycho-Sociological Framework for the Study of Educational Administration," *Harvard Educational Review*, 22, no. 4 (1952), 235-46. Later, in collaboration with Egon Guba, the model was developed to include psychological concepts (such as personality), *sociological* notions (for example, role expectation),

anthropological concepts of culture, and *social-psychological* concepts (for example, group norms and organizational climate). This more elaborate model—the so-called Getzels-Guba model—is discussed later in this chapter (see Figure 2.14).

29. Jacob W. Getzels, "Administration as a Social Process," in *Administrative Theory in Education*, ed. Andrew W. Halpin (Chicago: Midwest Administration Center, University of Chicago, 1958), p. 157.

30. There is extensive literature on the authoritarian personality. Classic works are Theodore W. Adorno, Else Frenkel-Brunswik, Daniel J. Levinson, and R. N. Sanford, *The Authoritarian Personality* (New York: Harper & Row, Publishers, 1950); and Milton Rokeach, *The Open and Closed Mind* (New York: Basic Books, Publishers, 1960).

31. Mary Lynn Crow and Merl E. Bonney, "Recognizing the Authoritarian Personality Syndrome in Educators," *Phi Delta Kappan*, 57, no. 1 (September 1975), 40.

32. Frederick W. Taylor, *The Principles of Scientific Management* (New York: Harper & Row, Publishers, 1911). pp. 42-43.

33. Chester I. Barnard, *The Functions of the Executive* (Cambridge, MA: Harvard University Press, 1938), p. 57.

34. Ibid., p. 55.

35. Ibid., p. 57.

36. John M. Pfiffner and Frank P. Sherwood, *Administrative Organization* (Englewood Cliffs, NJ: Prentice-Hall, 1960), p. 299.

37. The following discussion is adapted fron Robert G. Owens and

Carl R. Steinhoff, *Administering Change in Schools* (Englewood Cliffs, NJ: Prentice-Hall, 1976), pp. 60-63 and 143 and is based on the concepts developed by Harold J. Leavitt cited below.

38.This view is based on the concepts developed by Harold J. Leavitt, *Managerial Psychology*, 2nd ed. (Chicago: University of Chicago Press, 1964). See also by the same author, "Applied Organizational Change in Industry: structural, Technological, and Humanistic Approaches," in *Handbook of Organizations*, ed. James G. March (Chicago: Rand McNally & Company, 1965), pp. 1144-70.

39.See, for example, Wendell L. French and Cecil H. Bell, Jr., *Organizational Development* (Englewood Cliffs, NJ: Prentice-Hall, 1973), pp. 183-85, whose description is reflected in this discussion.

40.John I. Goodlad, "Educational Leadership: Toward the Third Era," *Educational Leadership*, 35, no 4 (January 1978), 330.

41.Fremont E. Kast and James E. Rosenzweig, *Contingency Views of Organization and Management* (Chicago: Science Research Associates, 1973), p. ix.

42.Dennis Moberg and James L. Koch, "A Critical Appraisal of Integrated Treatments of Contingency Findings," *Academy of Management Journal*, 18, no. 1 (March-June 1975), 109-24.

43.Donald Hellriegel and John W. Slocum, Jr., *Organizational Behavior: Contingency Views* (St. Paul: West Publishing Co., 1976), p. 6.

44.Paul R. Lawrence and Jay W. Lorsch, *Organization and Environment* (Homewood, IL: Richard D. Irwin, 1967).

45.Stephen P. Robbins, *The Administrative Process: Integrating Theory and Practice* (Englewood Cliffs, NJ: Prentice-Hall, 1976). pp. 272-73.

建立人力資本

本章簡介

　　前一章介紹我們思考組織以及在其中工作之人的一些系統性方式，是組織系統理論（systems theory of organization）的研究領域。在這些思考方式或理論之中，有許多已被證明是研究教育行政的學生所不可或缺的，例如，葛佐爾斯－顧巴模式（the Getzels-Guba model）。然而，在此章中，我們將發現這些思考方式具有一些獨特的限制，其中可能為最嚴肅的限制是，儘管這些理論以極生動的方式描述組織結構與組織內成員之關係，但是它們卻都傾向於贊成一種特別強調科層體制，及其對組織之人力實體（the human realities）加以控制的行動理論。

　　本章描述組織理論在部分層面的重要移轉，其方向是從傳統的現代主義（traditional modernism）—— 強調如何使科層體制管理策略與技術更加完美與精進—— 轉移到一種後現代取向（a postmodern approach），強調藉由助長組織成員的成長與發展，以從組織內部，由下而上，改善組織表現的潛在可能性。此一取向的重要概念是建立人力資本：當組織成員能不斷在專業上與個人層面上成長與發展，不止在個人工作上變成愈來愈有效能，亦在工作小組中參與於合作努力，漸漸變成愈熟練且愈有效能時，則組織會更有效能。

組織特性再概念化

　　本書主要討論如何瞭解教育組織中成員行為的有關問題。這是教育行政人員所面對的主要問題，因為「行政」常被定義為是

「個別地或在團體中與他人一起工作與激勵他人，以達成組織目標。」因此，當談到行政實際時，我們必須討論一個根本的問題：那就是，與他人合作及激勵他人之最佳與最有效能的方式為何？

這不是神秘而不容易回答的學術性問題。您如何回答它，直接關係到您從事學校行政工作的方式，不管您是一位部門的主席、一位學校校長、一位學校教育局長、或其它任何職位；但它亦不是一個簡單的問題。教師們從與小孩及其父母一起工作已瞭解到，人是複雜的、特殊的、充滿矛盾的，而且他們的行為通常看起來是令人困惑的，很難加以掌握。

而且，我們現在比二十年前更瞭解到，學校成為一個組織，是一個複雜且令人感到迷惑的地方 —— 充其量僅是充滿相互抵觸、矛盾、模糊性、與不確定性的地方而已。這樣的理解有助於我們瞭解到，許多學校行政人員所面對的最重要問題，都不是具體明確，亦不是可以以技術性的解答加以改善的。

這個問題並不是學校行政所特有的，亦不僅限於學校組織，它是所有專業和所有組織普遍共有的一個問題。讓我們思索雪恩（Donald Schon）如何描述其所謂的一個「在專業知識信任上的危機」（crisis of confidence in professional knowledge）：

> 在不同的專業實際地形（topography）中，存在有一個高的、堅實的高地，俯看著一個沼澤。在那高地上，一些容易管理的問題，可以透過以研究為基礎之理論與技術的應用，提供答案加以解決；但在那泥淖的低窪地中，混亂的、令人迷惑的問題，卻拒絕了技術性的解決方案。在這種情境下，諷刺的是，在高地所處理的問題對於個人或整體社會而言，大部分是相對較不重要的，不管其技術性的

利益有多高；然而，在那低窪的沼澤中，卻佈滿對人最重
要的問題。實務工作者必須自我抉擇的是，究竟他應該停
留在高地上，依流行的嚴格標準，解決相對較不重要的問
題；或者要下降至重要問題的沼澤中呢…？[1]

多年來，教育行政人員都被激勵要著重於教育問題的技術性
解決方案。教育行政人員長久以來均被規勸應該應用新的技術，
以同時解決高地上那些可解決的問題，以及關係到人類利益的重
要、但卻混亂、令人迷惑的問題。這不止包括電子技術的利用
（例如，電腦和Internet的運用），亦包括結構性的技術，例如，磁
性學校（magnet schools）、委辦學校（charter schools）及其他學
校選擇形式的創設，更包括教學技術的運用，例如，新課程型式
的發明，以及制式化的教室教學技術的產生等。主張採用上述不
同技術的人所強調的學校以及學校改革的觀點，深深地與「學校
為生產組織」這樣的意象緊連在一起。在此觀點中，教學被視為
是例行化的工作，若能適度地加以系統化，且受制於科層體制的
控制時，將合乎邏輯地導致所希望的結果。伴隨這種看待學校觀
點的理念是，傾向於認為教師僅能從正式的訓練中加以學習，這
種正式的訓練通常包括講授、指導式的工作坊，以及正式的研討
會等，所有的這些訓練方式都由外來的專家所控制與指導，這些
專家對於教師所面對的問題，以及如何有效處理的方法均相當熟
悉。因此，我們可以看到有一種趨勢，那就是人們愈來愈迷戀於
對學校所面對的每一個問題，希望能發展出有用的一個「方
案」，以及愈來愈多的「專業」諮詢者，隨時準備好要從遠地趕
來學校，應用其智慧（用以解決問題），之後很快地帶著昂貴的
費用在其皮夾中，穩當地離開學校。
　　但是重要的教育問題（那些雪恩所描述的存在於沼澤中的問

題）通常都是相當雜亂的：界定不清楚、不容易瞭解、而且相當複雜。雜亂的問題通常會被人依據其本身易被發現的部分，加以理解或建構；然而，我們會注意那些（特定的）部分（而忽略另外的部分），通常源自於我們自己的背景、價值，與取向，如雪恩所說的：

> 例如，營養學家（nutritionist）可能會將對開發中國家兒童營養不良的廣泛擔心，轉換成為選擇較佳飲食的一個問題。但是農業經濟學家（agronomists）可能會從食物生產的角度來看這個問題；流行傳染病學家（epidemiologists）可能會從引發對營養的需求或使無法吸收之疾病的角度來看問題；人口學家（demographers）傾向於將它視為是人口成長率已超過了農業生產活動的問題；工程師（engineers）會從食物的保存與分配不適當的角度來看此問題；而經濟學家（economists）則會從購買力不足，或從土地或財富分配不均的角度來看此問題。[2]

同樣地，當行政人員嘗試處理教育的問題時，他們的取向主要取決於他們如何將所有的選擇替代方案概念化，以及他們如何建構這些問題。如上述兒童營養不良的例子一樣，可能有許多不同的建構反應的方式，但是人們則會因他們所熟悉的架構之數量與種類有限，以及他們所賴以處於沼澤地區混亂、界定不清的專業問題之理解的觀點有限，限制了他們對問題瞭解的能力，以及建構問題的能力。

如前所述，本世紀的大半部分時間，存在有一個單一的取向，主宰了我們對於教育組織的想法：那就是結構取向（the structural perspective）。包括大家所熟悉的觀念，例如，階層控制、科層體制的辦公室、眾所周知的組織圖，以及像「標準作業

程序」（standard operating procedures）的法則與規定。

　　但是到了1975年以後，組織思想大大地轉變，遠離了這種強調如機械般特徵、且爲許多學者深信、並作爲其研究基礎的正式化理論，朝向一個對組織中人的層面顯著提昇其注意力的方向。這樣的轉變是受到許多同時到來的力量匯集的影響，其中一個影響力量是屬於知識性的力量：一個對組織眞正面貌之基本觀念新興分析方法的發展。

傳統組織理論的瓦解

　　如我所描述的，從1950年代初期到1970年代中期的期間，出現了許多教育行政的理論與研究，（其理論之多）多到從現代回溯那個時代時，通常被稱爲是教育行政的理論運動（The Theory Movement）時期。然而，到了1970年代左右，有人關切地認爲，在此之前，有關的理論與研究並未完全描述學校成員所經驗的學校面貌。大部分的研究，而且事實上包括在當時具領導地位的大學之學術單位，都被那些接受邏輯─實證假定（logical-positivist assumptions）來瞭解學校組織的人所主宰。換言之，他們假定在學校組織實體之下，存在有一些理性的、邏輯的、系統的秩序需加以發掘。更進一步而言，他們認爲發掘這些秩序所用的方法必須是強調測量、抽樣、準實驗研究，以及數量化的研究取向，而且他們相信這些假設以及研究的方法，是改善教育實務工作者訓練的唯一方式。例如，霍依和密斯科（Wayne Hoy and Cecil Miskel）曾說：「通往普遍化知識的道路僅能建基於嚴謹的科學研究而不是建基於內省（introspection）或主觀的經驗。」[3]

　　然而，到了1974年，格林費德（T. Barr Greenfield）對於當

時實務工作者以及愈來愈多學者所發展出來的組織理論，表示嚴重的關切。其關切的重心是，學術研究人員在追求對教育組織和組織內成員的行為之瞭解時——也就是瞭解雪恩所描述的「沼澤地」——已經被希望能客觀、強調數量描述，以及最嚴重的是他們已將組織想像成為是可觸摸的、明確的實體、獨立地存在，且受系統的法則與原則所管理等觀念所取代。格林費德說：「在一般說法中，當我們說到組織時，就好像它們是眞實存在的」。[4]但是組織卻不是眞實的，他接著解釋說：「它們是被（人們）創造出來的社會實體（social realities）」，[5]只（眞正）存在於人們的心中，而非具體可觸摸的、或獨立的實體。格林費德的推論繼續指出，因此，當我們說到組織強加（某些價值）在成員身上，或談論到組織以某種方式「作為」時，我們是將組織「人格化」（anthropomorphize）了。組織的（眞正）核心是充滿其中的人們，雖然在他們心中，他們賦予正式組織生命，但是從事選擇、行動，以及行為的是他們（而非組織）。

儘管如此，證據讓我們經常發現的是，學術性的假定常常與從事學校行政工作者的個別經驗大異其趣。這種學術的世界觀與實際工作者觀念之間的普遍差異現象，可能有助於解釋為什麼實際工作者經常表示他們對所受職前準備教育不感興趣的原因。[6]例如，有關校長學（principalship）的學術文獻，與校長所記錄對其工作的實際反省，就存在有極大的差異：[7]

◇校長描述明確的日常經驗，而學術文獻則強調理論與抽象的關係。

◇校長透過各種隱喻、例子，和故事進行溝通，而學術文獻則利用模式和科學語言從事溝通。

◇校長瞭解合理性（rationality）的限制，但學術文獻則強調

合理性，並以正式的詞彙定義問題。

◇校長以人性的、和帶有情感的詞彙描述學校，在其中，學校成員為每日生活的起起伏伏（ups and downs）擔心，然而一方面亦從其中得到快樂，但是學術文獻則是以抽象的概念加以形容。

◇校長將學校視為是模糊的，甚至是混亂的場所，而學術文獻則描述學校是一個具合理性和秩序的意象（image）。

質的研究方法的興起

早在1964年，科南特（James B. Conant）──諾貝爾獎得主，前哈佛大學（Harvard University）校長，以及第二次世界大戰期間美國「國防研究委員會」（the National Defense Research Committee）主席──就指出，當他於1950年代從事美國的學校研究時，他就必須避免，利用他從事化學研究多年所採用的假設性─演繹的思考方式（the hypothetico-deductive way of thinking）；而必須學著使用歸納的思考方式（inductive reasoning），因為教育問題的性質與科學問題的性質是如此的不同。在他的一本容易閱讀的書，名為《兩種思考模式：我與科學及教育的邂逅》（*Two Modes of Thought: My Encounters With Science and Education*）中，他討論到適合用於科學及教育思考方式之間的差異。在這本書中，他指出：「適用於學校（中小學）、學院、和大學的研究可被分類為是應用社會科學（applied social science）或是一種實用藝術（a practical art），而這是社會科學現在所面對的挑戰。」[8]

在1963年，羅杰斯（Carl Rogers）討論到有關人類行為及其發生之情境的「三種認知方式」：

1. 主觀性的認知（subjective knowing）：是「每日生活的基礎」。
2. 客觀性的認知（objective knowing）：事實上羅杰斯認為不是真正的客觀，而比較像是相互信任同僚之間所具有的共識（consensus），而這些同僚是被認為有資格對所觀察事件之「事實」（truth）下判斷的人。
3. 人際的或現象學的認知（interpersonal or phenomenological knowing）：亦即我們可以藉由檢視一個個體的內在假設，以瞭解其內在的心向架構；或者，另一個替代方式是，藉由獨立地檢視其他多位觀察者（的意見）以證實我們的假設。羅杰斯舉一個簡單的例子，描述我們可感覺一位同事哀傷或沮喪之情境。我們如何證實這個假設呢？其中一個方式可能是簡單的以一種同情的方式（in an empathetic way）詢問他本人；另一個方式可能是，等待看看是否有其他人對我們說明他們對這位同僚心向狀況的感覺之獨立觀察。羅杰斯相信在一個成熟的行為科學中，上述這三種認知方式都可以被認可，而且可以彼此組合加以使用，而不是僅僅利用其中一種，卻忽略其他種認知方式。[9]

二十五年以後，於1988年，布魯姆勃格（Arthur Blumberg）將此種教育組織思想加以豐富化，他建議我們最好將學校行政看做是一種技藝（a craft），而不是一種科學，而且因而將知識和理解（understanding）視為是技藝工作者所日常從事的。他主張，技藝在許多重要的方面是與科學不同的，他指出，一項技藝（他以陶藝為例）是實務工作者運用工具與材料在日常生活實際中習

得的，以發展「一種對事物的嗅覺」、一種對所用材料之性質的親密感覺、一種知道什麼是可接受之結果的感覺、一種幾乎是直覺的過程感覺、一種知道做什麼及何時做的理解，以及一種行動需求的感覺。布魯姆勃格深深地認為，藉由從科學的概念移轉至技藝的觀念，我們可以發現一些新的，且相當有用的方式，以瞭解教育組織行為。[10]然而，就像其他提倡利用這種實用取向以瞭解學校行為的人一樣，布魯姆勃格並未能瞭解到技藝的隱喻利用，僅是另一種像羅杰斯、科南特、及其他很多人的理論取向一樣，試著要打破邏輯實證主義（logical positivism）的緊身外衣而已。

在1980年代，已有許多深入瞭解這些差異性存在的教育學者，開始避開傳統的正式理論化活動，及傳統準實驗研究方法的限制，並尋找研究學校中成員行為的較佳方法。他們開始走入學校（而非寄送問卷及蒐集統計資料），以發現學校所發生的事，並與學校成員談論，以瞭解他們是如何經驗其學校生活。這種研究的結果產生出今日我們對學校生活之生動、豐富的描述性敘述，闡明學校組織生活的迷惑、不一致性、模糊性，及普遍零亂等特性。

事實上，利用這些研究方法（稱為是「質的或人種誌的研究法」（qualitative or ethnographic methods）進行的研究，後來成為1980年代教育改革運動的知識性基石。消失不見的是乏味的統計性研究，（因為它們）通常是具優雅型式、但卻產生「無顯著差異」；取而代之的是活生生的、記載豐富的、發生在學校成員身上的工作情形的描述，及他們如何回應其經驗的見識與瞭解。

這是組織行為研究與思考方式的一大轉變，而且它直接源自於放棄對邏輯實證主義舊有的確定性，轉而偏好學校組織行為之新的理解方向。為了獲得這種新思考方式的梗概，以下介紹這些

在傳統組織理論衰退後，開始萌芽的組織概念之簡要內容。

視教育組織為鬆散聯結的系統

　　通常我們會利用傳統的結構性詞彙來想像並描述一個學校系統或一個學校：例如，（學校）是一個單位之間階層聯結並受制於強勢的中央控制和命令的金字塔（例如，科層體制與軍事組織通常被描述的一樣）。然而，組織學者已認識多時，那就是學校系統與學校事實上是具有結構鬆散（structural looseness）的特徵：學區中的學校擁有相當程度的自主及自由裁量權、而教室中的教師僅受校長相當原則性的控制與指揮而已。就像比德威爾（Charles Bidwell）所指出的，[11]這是基於學校任務的特性、服務的對象，和所採用的技術等，所必須的功能性安排。魏克（Karl Weick）（將此特性的發現）歸功於馬齊（James G. March），並以活生生的意象捕捉這個事實：

　　想像在一場非傳統的足球賽中，你既非裁判、亦非教練、球員或觀眾：在此球賽中，比賽場地是圓形的；好幾個球門隨意地散置於圓形的比賽場；不管何時，當人們想要的時候，他們可以隨意地進出比賽；不管何時，當人們想要的時候，他們可以隨意地丟球進來；不管何時，當人們想要的時候，他們可以宣稱說：「那是我的球門（目標）（that's my goal）」；次數不限，而且球門（目標）亦不限；整個比賽是在一個傾斜的球場舉行；而比賽煞有其事地在進行。現在，假如在這個例子中，您以校長取代裁判、教師取代教練、學生取代球員、家長取代觀眾，而學校教育取代足球賽，你對學校組織將有一個類似的非傳統性的描述。這種描述的美，在於它能捕捉教育組織內一些不同的

實體，而與以科層體制理論教條的觀點，對相同組織所作的描述不同。[12]

　　我們可以以這種實體的意象和傳統解釋學校如何運作的看法相比：傳統的解釋包括計畫、目標設定，以及應用這些過程於成本效益分析、分工、工作描述與規定、把權威授予正式職位，以及一致性的評鑑與報酬系統。這種傳統觀點的唯一一個問題是，我們很少能找到有學校真的是如此運作的；通常的情況是，在教育組織系統內的成員會覺得，像這樣簡單的合理性觀念，根本就無法解釋學校（系統）的運作方式。

　　因為許多教育組織對現行合理性觀念的解釋提出質疑，其建議是我們必須慎重地考慮像「鬆散聯結」（loose coupling）等比較新的、非傳統的觀念，以引導我們能更精確地瞭解教育組織。基本而言，鬆散聯結這個名詞指的是，儘管組織的次級系統（及其所進行的活動）與其他次級系統相互關聯，但每一次級系統仍都保留其自有的身份與個體性。例如，在一所高中的訓導處，通常在組織架構圖中顯現它是必須向校長報告的，但這種聯結本身卻僅是鬆散的而已，其彼此之間僅有相當罕有的互動，而且通常對彼此的反應相當緩慢；總之，其聯結是相對地薄弱，而且不重要。這種聯結——亦即保持組織在一起的黏膠——充其量僅能被描述為是「鬆散的」而已。

視教育組織為雙重系統

　　以鬆散聯結的概念作為學校及其他教育組織的一個獨特的特性，在解釋這些系統以往被人理解不多的組織層面時，是相當有力的。然而，它並未將教育組織完全地解釋清楚：因為一位觀察者可以很輕易地發現，學校組織的許多層面是符合科層體制或古

典的組織概念的，而有許多層面則是符合鬆散聯結的概念。

在1980年代中期左右，組織研究學者們具有一個基本的共
識，那就是教育組織在某些重要層面是鬆散聯結的，而在其他方
面則是高度科層體制的，而這樣的理解對於瞭解這些組織，及其
成員的行爲而言，相當重要。舉例而言，在呈現一個探討檀香山
地區34個學區內188所小學的研究結果時，梅耶及羅恩（John
Meyer and Brian Rowan）指出：

> 教學活動的視察雖被授權給地區的學校，但卻不常實施。
> 例如，在受訪的34位教育局長中，只有一位指出，學區
> （教育局）辦公室會直接評鑑教師。校長與同僚亦不見得有
> 機會一起檢視與討論教師的教學工作：在受調查的校長
> 中，有85%的校長指稱他們並未與學校教師們每天都一起
> 工作。而且，很少有證據顯示教師彼此之間的互動：大部
> 分的校長指出，同一年級的老師之間，並未具有每日互動
> 的工作關係。教師們亦確認這種彼此區隔（以進行）教學
> 的觀點，三分之二的教師認為其他教師不常（每月一次或
> 更少）觀察其教學，且有一半的教師指出，校長亦同樣的
> 不常觀察其教學活動。[13]

其它不在少數的研究證據更證實這樣的觀點，那就是學校其
他行政人員所進行的視導活動更少。[14]

當然，控制有可能以直接視察（direct inspection）〔公立學校
的成員通常稱之爲視導（supervision）〕以外的方式行之。例如，
可以評鑑學生的學習、持續地對課程作嚴格而詳細的規定，以及
確保學生必須精熟前一年級所必須完成的學業，才可以晉級到下
一年級等，都是學校可以對教學行使強烈控制的一些方式。然
而，梅耶和羅恩在舊金山地區的研究，以及他們在其他地方的研

究證明，這些技術仍然很少被學校以有意義的方式加以使用。

因此學校的主要核心活動──教學──被視為是與行政人員的權威「鬆散聯結」的，因為它（教學）並未直接在行政人員的權威控制之下。儘管行政人員對於學校教學方案具有一般性的責任，但他們對於教師教學行為的控制是有限的，而且（更）因為有集體談判（collective bargaining）的出現，（已使得）此種控制力似有日漸滑落的現象。例如，梅耶和羅恩指出，他們所研究的校長之中，只有12%的校長認為他們對於教師所用的教學方法擁有真正的決定權；而僅有4%的校長說，他們在決定教師所用的教學方法上，具有極度的影響力。[15]

然而，行政人員是可以利用一些官僚的方式來安排教師的工作，因而間接影響學校的教學行為。例如，「時間的控制」（the control of time）就是一種方法：包括時間的安排、學生被抽離正常班級而參加特殊班級及其他活動的頻率、班級教學受干擾的次數，以及教師被要求的文書工作負擔等方面，都會塑造教師的教學行為，而這些都受到行政人員扮演重要角色的影響。「學生的編班」（the assignment of students to classes）（分派多少學生，以及分派何種學生）亦深受行政人員的影響，並限制教師的工作行為。「分組」（grouping）是行政人員影響教學的另一種方式──例如，學生可以依異質性加以分組或依同質性分組；教師可以在包班式（self-contained）的教室中獨立工作、以小組進行教學、或依學科教學。校長亦可透過其對「資源的控制」（control of resources）影響教師的教學行為：這些包括：教學空間的安排、設備的可接近性、可否使用影印機，以及甚至是像日常用的文具（例如，紙筆）的供應等。然而，儘管這些官僚的方法在某些方面對教師教學行為的影響相當強而有力，但相對而言，它們的影響力都是非直接的。而且，當教師瞭解到這些機制所具有的力量

時，他們也漸漸地要透過集體談判，以尋求分享一些控制的力量。因此，校長在教師教學安排和班級大小的命令，甚至在教師文書工作的要求等方面，其所具有的（決定）能力也愈來愈受到限制了。

因此，儘管學校的核心技術性活動是鬆散聯結的（與古典的科層體制組織的主張不同），但那些非教學的活動卻通常是嚴謹聯結的（tightly coupled）。薪水需準時發放、（上下學）交通車的安排、金錢的管理，以及學生的統計（例如，出席率等），是一些被行政人員嚴格控制的非教學活動的例子，因此可以以嚴謹聯結加以描述。在梅耶與羅恩的研究中，與行政人員所指出對教師教學活動所具有的模糊權威不同，他們二人發現，在受調查的校長中，有82%宣稱他們（有權力）作上課時程安排的決定、有75%作學生編班分派的決定、而有88%的校長（獨自作決定或與學區中其他行政人員協商之後作決定）作有關於雇用新人的決定。這些活動可被稱為是嚴謹聯結的，因為他們受到行政監督的直接控制。

有人可能會推論認為控制教師教學活動的鬆散性可能有些「錯誤」，而且堅持── 基於傳統的古典科層體制思想觀念── 它必須更嚴密地加以控制。事實上，（仍然有）許多現代的評論家持有這樣一個觀點，這也可以解釋近年來許多由州長、立法人員，以及一些州教育局所從事的政治性活動，想要藉由對學校強加新要求與限制，以「嚴格控制」教育的要求與標準。這些控制通常包括在課程中增加必授的教學內容、增加對學生與教師的測驗，以及對教學方法的更明確規定。然而，此時所引起的問題並不是到底學校「應該」鬆散控制或嚴格控制，我們關心的是，如何更加瞭解教育組織「現存」的特性（而不是某些人所希望它們表現出來的特性），以讓我們可以更加瞭解如何管理學校成員。

事實上，近來的研究強烈地建議，有許多組織可以對教師教學活動行使極大控制、且強而有力的機制到目前為止仍大部分未被發現或未被察覺。這些機制與深植於古典科層體制思想的階層式權威不同。儘管我們傳統上認為，組織可以純粹透過像由上而下的權威視導行使控制，但一個相當有用的取向是（至少可用於教育組織），透過運用更細緻及非直接的方法——發展學校文化——可以行使強有力的控制。瞭解到這一點可以是一個有力的洞見，以協助認識中小學校與大學（的特性），以及如何有效領導它們。

建立人力資本

談到資本，通常想到的是有形的資產，例如，現金、原始材料、不動產、機器與設備，以及智慧財產，像觀念、發明（物），以及創造（物）。但是經濟學家已瞭解到「人力資本」（human capital）這個觀念多時了：也就是說，人們所擁有的知識、技巧、態度、社會技巧等，對任何人類企業而言，也是資產。因此，一個組織所具有的人力資源（human resources），就是一種人力資本。事實上，人力資本是潛在的、高度有價值的資產，可因時而增加其價值——這是定義上的資產所能做到的——或降低其價值，取決於它們如何被管理。

應用這個觀念到社會、國家或地區，它有助於解釋為什麼有些社會，儘管在有形的資產，像煤礦或水力，相當豐富，但可能在其他方面就較不具生產力。那些人民教育程度極高，以及工作技巧訓練良好的社會與國家，將有利於形成工作場所的紀律，以及擁有一種社會傳統，強調努力工作及生產力具有較高的價值，

這些國家傾向於會比那些不具備這些資產的國家富有。[16]這個觀念可以被二次世界大戰之後在西歐進行的馬歇爾計畫（the Marshall plan）所證明。

在第二次世界大戰之後，大部分的歐洲都受到摧殘：許多工廠不見了，設備損壞或不能使用，貨幣系統不穩定，分配與運輸系統幾乎毀壞了，而且有不少的城市和鄉鎮幾成瓦礫。結果，失業率竄升，貧窮普遍化，而且到處都顯現沒有希望的景象。馬歇爾（George C. Marshall）和杜魯門（Harry S. Truman）說服一個不太情願被說服的國會，為一個大型的馬歇爾計畫籌措經費，這一個馬歇爾計畫要重建貨幣與銀行系統、城市、工廠、運輸與交通系統，以及更普遍地，要把人們找回來到工作崗位上，且再次具生產力。此計畫成功的一個關鍵是，那些使西歐國家復甦所需的人力資本早已存在：西歐擁有一個教育良好的大眾，擁有高水準的工作技巧與管理技巧；他們不止有能力工作，而且也想要工作；他們有一個以高品質工作與成就為榮的傳統。因此這些人力資源早已存在，只要注入一個足夠數量的創始經費，就可以使得西歐有能力快速重建，而市民很快地就會達成甚至比大戰之前更高的生產力水準。

建立人力資本的觀念，是許多長久以來透過國際援助想要使第三世界國家改善之努力的根基，其作法是透過教育的普及，加強社會結構以及物質經濟結構的發展，以改善這些國家的整體大社會。今日，許多發展中的國家展露成為欣欣向榮的社會，生活水準提昇，特別是太平洋邊緣（the Pacific Rim）地區的國家，例如，南韓、台灣、香港、泰國、新加坡，以及中國大陸，就是顯現這種人力資本觀念的力量。不少的美國商業領導者體認到，他們必須透過人力資本的透鏡（lens），以改革美國的學校教育，所以通常都將教育改革視為是一種人力資本的投資。這一種人力資

本的觀念適合拿來應用於看待組織，而且也可以成爲人力資源管理概念的核心。

　　行政人員習慣地被認爲應對學區的財政與物質資產擔負責任，例如，建築物、設備和金錢。那種年度預算的準備與批准過程、接著在會計年度內預算的實施，以及最後的一個正式的會計審查，在每一學區中都是相當熟悉而且重要的活動。課稅而來的經費不當運用，或讓資產因誤用或疏忽而毀壞，理所當然地會被視爲是不當管理（mismanagement）的證據。然而，一直到了1970年代，會計人員與組織理論學家才開始瞭解到，組織人力資源的不當管理，對於組織效能的傷害程度有多高。

　　顯然地，不當管理的一種型式是，花費過多的經費在人力資源上；基於這樣的瞭解會導致組織縮小規模、向外部採購（部分零件）（outsourcing）、訂定服務契約、雇用短期和半時制的員工，以及其他努力，以降低花在員工薪資的成本。另外一種人力資源的不當管理型式，可能更重要，因爲它較不明顯，且通常無法立即被發現，那就是未對組織成員之技巧、能力、動機，以及承諾感的價值給予適度的重視。例如，讓我們看看在1976年的時候，別人對IBM所做的預測性觀察：

國際商用機械公司（International Business Machines, IBM）現有一億四仟八佰萬股的股票，以現在的市場價格每股200美元計算，市場評估此一公司目前約有300億的價值。這個價值的一部分包括IBM公司超過250,000位員工的知識、技巧、能力與承諾感；但是該公司的財務報告並未包括這些員工的價值。事實上，假如每一位員工——或者，甚至只要一大部分——辭職了，IBM股票的價值無疑地將會下跌，因爲投資人瞭解到，儘管財務報告並未包括人力因素的價

值，這個由人所組成的組織，會因為成員的技巧、能力、動機或承諾感的高低，而導致其成功或失敗。[17]

十年之內，這樣的預測就發生了。事實上，IBM真的為了節省經費而進行一項成本刪減的方案，藉由暫時停職、買下員工的職位（buyouts）、自然磨損（遇缺不補）（attrition）等措施，大大地減少員工的數量。其結果是，在1996年間，IBM（這支股票）在紐約股票交易所（the New York Stock Exchange）中交易活絡，其每股價格起伏於美金83.12元至166元之間。IBM曾經位居電腦工業王國中未被挑戰的世界冠軍地位，現竟落至與一些以前被認為是微弱的對手，在面對面的競爭中，掙扎於追求市場佔有率的下場。

在一般的美國學區中，大約有超過百分之八十的年度業務預算，是分配在人事以及相關的費用上。很明顯的，學校企業的人力資源花掉了課稅而來基金的一大部分。因此行政人員不但有責任要負責維持這些資源的品質與效能，而且亦必須管理他們──就像我們管理任何資產一樣──使他們對學區的價值能夠隨著時間而增加。因此，成員應被加以管理，使他們的技巧、動機、態度，和知識，能隨時間而發展、改善，並增加，而不是維持現狀，保持同一水準；或更差的，降低其價值。這樣的管理方式，亦即發展與增進組織人力資源的價值，就是建立人力資本的過程（the process of building human capital）。

視人力資源為資產

在建立人力資本的過程中，僅僅假定成員未真正地辭職，則組織人力資源的水準就維持在可以被接受的水準，這樣的看法是不夠的。例如，研究顯示，預算的編製與實施過程，通常都會以

在個人或團體身上產生極大壓力的方式加以處理，這種處理方式
會導致成員之間產生相互爭鬥、不關心、緊張關係、壓力、攻
擊，以及普遍的失敗感覺。當然，這些反應有可能會出現生產的
反作用力行為，而這些行為的出現，雖與必須作成的預算決定之
事實無關，但與領導者以及行政人員選擇用以處理預算的領導過
程有關。[18]

　　就像賴克特（Rensis Likert）所說的：「假如爭吵、不信
任，以及無法相容的衝突愈變愈大，則這一個由人所構成的企業
就會愈沒有價值；假如有建設性地利用彼此之差異的能力，以及
參與團體合作小組工作的能力改善了，那麼這個由人所構成的組
織就會成為一個更有價值的資產。」[19]組織的許多問題都源自於
組織內的負向氣氛──例如，低落的士氣、努力不夠、缺乏合
作、抱怨，以及員工的離職等。[20]因此，文獻中有許多令人印象
深刻的證據顯示，易於激發具破壞性組織行為的組織內在特質，
大部分都是由於行政人員針對如何進行工作而下的決定所造成。
事實上，我們在處於掙扎、或即將失敗的組織中，經常發現的非
功能性感受與行為，也大都是由行政人員不經意的行為所造成
的。

　　處理這個議題所一直碰到的困難是，如何找到適當的方式，
讓行政人員能夠瞭解到他們的行為及政策，與組織行為實際的濃
厚（親密）關係，以及他們對企業（組織）人性面的影響。當我
們處理具體的資產，例如，金錢或不動產時，會計人員通常比較
有可能可以以數字證明管理者所作選擇的最終結果，及管理者的
決定對其所被委任處理的具體資產價值的影響。我們可以（明確
地）指出，延遲建築物的維護是一種代價極高的措施、明智地購
買行為將可以節省經費、或降低自動調溫器的溫度將降低燃料的
費用；但是，我們卻很難建立行政實際及其對人力資源價值之影

響的因果關係。一個地區性的納稅人協會，可能會對於一位手段強硬的行政人員無情地刪減教師職缺，以降低預算花費的舉動而喝采，但假如因為這樣而導致學生的學業成就急速下降及輟學率竄升，那麼其代價為何呢？反對教師工會的居民可能會樂於看到教育局長在教師合約集體談判時態度強硬，但是假如怨恨毀損了教師的教學動機，以及行政人員與教師之間的團隊合作有所損傷時，其代價又是什麼呢？「美國會計協會」（the American Accounting Association）曾支持許多努力，以發展各種處理工業與商業組織有關人力資源議題的方式，這就是所謂的人力資源的計算。人力資源的計算（human resources accounting）的主要計算問題，是在它很難測量與量化管理行為對於人的態度、動機，和工作行為的影響。然而，這樣的努力已產生一系列的觀念，對於組織行為的瞭解幫助頗大。

人力資源是有價值的。事實上，在教育組織的例子中，他們通常是創造與維持一個高度表現組織最有價值的資源，假如我們將人當成（或視為）資產，組織中的人——組成人力資本的人力資源——將有希望未來能比現在更有價值，這是資產最根本的特性（註：資產會隨著時間而發展、增加）。因此，我們可以理所當然地將選取與雇用新成員、訓練與支持他們、鼓勵他們專業成長與發展，以及敏銳地、有技巧地管理他們等這些措施所需的經費，視為是對人的投資，而且我們期盼他們最終的較高水準之生產力，是這些投資的回收利潤。

然而，學校人力資源不但沒有隨著時間而增加其價值，我們通常可以假定，它們的價值常隨著時間在降低。舉例而言，許多學校教育的觀察者常抱怨學校的教職員包括了一大堆的「枯木」（deadwood），特別是那些被形容為「精疲力竭的」（burned out）資深老師。這通常被認為是終身職（tenure）制度所造成的結

果，因為終身職就有可能使教師不但變得自足自滿，而且漠不關心。因此有一個被提出的解決方案是，許多人經常要求立法，以使教師可以以較少的實質原因（substantial cause），較容易地被解雇。假如這成為事實，它不但是代價很高，而且，更慘的是，它會阻礙學校的有效能表現。假如它是事實，我們可能會問，什麼是（被解雇的）原因？教師的工作是不是適合於由一群基本上自私和不關心的人來擔任？教師一但擁有一些工作保障，就會減少其專業責任嗎？是不是教學多多少少只是一個年青人玩的遊戲；而到了某個程度，教師就應該因為年齡的關係而應被解職？我認為，我們所瞭解的組織行為的知識很少支持上述二個主張；反倒是組織行為的研究建議，在一個具支持性的組織環境中，一個可以助長持續專業成長與專業實現（professional fulfillment）的環境中，教師比較有可能隨著時間而變得比較有效能。這種情況通常存在於那些被描述為是高度有效能的學校中。創造這樣一個助長專業成長的組織環境，是那些對學校負有責任的人的職責，亦即學校行政人員的職責。這就是我們建立學校人力資本的過程。

視組織文化為權威的負載者

就像所有的工作場所一樣，一個教育組織——不管是一所學校（中小學）或是一所大學——都是以一個獨特的組織文化為其特徵。從這個角度而言，「組織文化」（organizational culture）指的是那些告知成員何者可接受，何者不能接受的規範（norms）、組織所珍視的主要價值（values）、組織成員共享的基本假定或信念（basic assumptions and beliefs）、一個人與他人相處且被接受成為成員所必須遵守的遊戲規則（rules），以及導引

組織處理其員工與顧客的哲學（philosophy）。這些組織文化的元素是由組織成員經過一段時間共同發展出來的，它們隨著組織的歷史而演化，且被組織歷史的一份子所共享與認同。

教育組織的文化可以發展並塑造教師之所以成爲教師之基本理解的假定與知覺。文化告知教師有關教學的意義是什麼、哪些教學方法可行而且被認同可以使用，以及學生像什麼——那些是可能的，以及那些不可能。文化在決定教師對工作所下的承諾，扮演重要的角色：它激發教師的能量以履行任務，激起教師對組織及組織立場的忠誠與承諾，以及激勵教師對組織及組織理想隸屬的情感聯結。這些不但可以導致教師願意遵守那些用以管理其在組織內行爲的法則與規範，而且更可以使教師願意接受組織的理想，作爲他們自己個人的價值，且因此而努力工作，以達成組織所標榜的目的（the espoused goals）。[21]

是不是某些特定種類的組織文化比較能夠提昇教育組織的效能呢？其證據至今仍零零碎碎。然而，來自於商業機構的研究有不少證據支持這樣的觀念，那就是某些組織文化可以創造出較佳的組織表現。舉例而言，迪爾（Terrence E. Deal）及其同僚曾主張在競爭的市場中，區分出高度表現組織與較不成功公司的主要關鍵是強而有力的組織文化。[22]在一本極普遍與暢銷的書籍中，彼特斯和瓦特門（Thomas J. Peters & Robert H. Waterman, Jr.）認爲，成功的美國公司的特徵是，它們會出現一些特有的、可描述的文化，明顯的與那些嘗試與其競爭的公司不同。[23]同樣的，康特爾（Rosabeth M. Kanter）曾極具說服力地說道，具有她所稱的一種「開放文化」（open culture）的公司，比那些不具這種文化的公司更具革新性且更成功。[24]雪恩（Edgar Schein）曾描述組織文化與行政人員行使領導之能力之間彼此的關係。[25]愈來愈多有關教育組織之組織文化所扮演角色的文獻（在本書之後的章節，

特別是第五章將加以討論）強烈地建議，學校組織文化就像它在創造高獲利的公司一樣，在創造有效能的教育組織方面，同樣是相當具有影響力的。

組織思想的非理論影響力

學術性的理論化並不是形成我們對教育組織及其成員行為瞭解的唯一力量。另外有二股極有力且高度實用的新興影響力，一直都忽視傳統的組織理論，但實質上卻支持上述有關的思想。其中之一是「有效能學校的研究」（the effective schools research）；另一個則大部分出現在1980年代，規模較大、且較廣泛的「學校改革運動」（school reform movement）。

有效能學校的研究

現已相當豐富的有效能學校的研究文獻，事實上是源自於人們對教育的失望之中。在1970年代，大都會的高中通常都被認為是功能不佳，因此有些人乃開始懷疑，「到底大都會的高中有沒有辦法教育貧窮且在種族上弱勢的學生呢？在大都會的高中裡，有沒有任何學校的學生成就水準是令人滿意的？以及，假如它們可以（令人滿意），我們可以從它們身上學到什麼，以協助我們改善其他學校？」當我們分析大都會高中學生閱讀成就測驗分數，將可以馬上顯示出有些市中心的高中——儘管有時只有少數——顯然表現比其他學校好（至少在閱讀成就測驗的分數上）。

研究人員乃開始訪視這些顯然比較有效能的學校，看看它們外型如何，觀察其內部運作情形，而且從事個案研究描述它們。

多年來，這些質性研究的文獻不僅在數量上有所增長，而且在範圍以及複雜程度上亦已增加，這些文獻對於我們瞭解有效能學校的組織特徵，及其成員的行為表現影響頗大，且有助於瞭解它們與那些較無效能的學校之間的差異。

有效能學校研究的發現

首先，必須提醒的是，早從1970年代，有效能學校的第一個研究開始出現於文獻之後，就一直都有研究想要嘗試綜合前有的發現，並摘選出前有研究發現的精髓。但是早期的統整性研究，以及之後所作的統整工作（當研究文獻更具體且更複雜時），其彼此之差異則令人震驚。可能是因為並未成熟，因此早期的研究顯然相對地比較簡化，且有些誤導的現象。到了1980年代末期，在有效能學校研究學者之間，有關於有效能學校的主要發現就產生了相當程度的一致性了。

有效能學校的五個基本假定

首先，我們先看看作為有效能學校這個觀念之基礎的五個基本假定：[26]

1. 不管一個學校可以，以及應該做什麼，其主要目的是在教學：學校的成功與否，是由學生在知識、技能，與態度之評量而定。
2. 學校有責任提供足以產生教與學的整體環境。
3. 學校必須被全面性的來看待：僅處理部分學生追求進步之需求的局部努力，以及破壞教學方案的整體性行為，將很有可能會使學校失敗。

4.學校最重要的特徵是教師與其他職員的態度與行為，而非那些像圖書館的規模大小，或建築物的年齡老舊等瑣碎事物。[27]

5.或許最重要的是，學校必須承擔學生學業表現成功與失敗的責任。不管學生的種族、性別、家庭或文化背景、或者家庭收入等，每位學生都應該被肯定地認為是有能力學習的。培齊與史密斯（Stewart Purkey and Marshall Smith）主張：「來自於貧窮家庭的學生並不需要另外一種不同種類的課程，而且他們的貧窮亦不可以作為學習基本技巧失敗的藉口。」他們又說：「學校之間的差異確實對於學生學業成就具有影響力，而這些差異是可以由學校教職員所控制的。」[28]

　　因此，有效能學校的觀念至此有了180度的轉變，不再像傳統傾向於責難那些低學業成就學生（不努力或背景不佳）。儘管有效能學校的顯著特徵之一是，這些學校比其他較不成功的學校，願意承擔更大的責任以滿足學生的教育需求，但這樣的概念仍是許多教育實務工作者難以接受的一個觀念。特別是那些市中心的學校，及不在少數的郊區學校，因為他們的學生大多為貧窮小孩，來自不同文化背景，以及來自非傳統家庭（non-traditional families），因此它們不太有可能著重學校對於學生動機與成就的責任，反倒將責任歸諸於學生身上，以及學校之外的影響力。儘管如此，這仍然是有效能學校研究的主要教訓之一。

　　但原來所要解決的問題仍然存在：更精確地說，為了達成其所應完成的責任，學校究竟應該有什麼作為呢？我們來看看培齊和史密斯（Purkey and Smith）在1980年代中期對於有效能學校研究文獻所作的深入分析：

最具說服力的研究建議，學生的學業表現深受學校文化的影響。這種文化是由價值、規範、與角色所組成，存在於管理、溝通、教育實際與政策等的組織內部獨特結構之中。成功的學校出現於那些可以產生導引教與學氣氛或「氣質」（ethos）的文化中——在一個對實驗與評鑑（evaluation）友善的氣氛中，透過一種邀請相互合作進行計畫，分享作決定，以及同僚專業互享的策略，以影響整體學校的文化之環境中，嘗試改變學校的努力會最具生產力且最持久。[29]

因此，有效能學校的研究主張學校應該「提昇教師與其他成員參與作決定、擴展合作性計畫的機會，以及採用那些可以反應學校獨特『人格』的彈性變遷策略。其目的是在改變學校的文化，追求一種要求成員承擔學校革新責任的方法，使教職員可以擁有所需的權威與支持」，[30]以開創那些可以滿足學生教育需求的教學方案。

尋找一個有效能學校的公式

早期的有效能學校研究成果很快地就被拿來作為改善學校表現方案的立論基礎。相當可惜地，有些早期有效能學校研究著名的研究者，都強調包括五至六個因素所構成的簡單規準的解釋。早期的資料顯示，有效能學校具有下列特徵：

◇校長的強勢領導。
◇教師與其他學校成員對學生成就的高度期望。
◇強調基本技能（的學習）。
◇一個有秩序的環境。

◇經常及有系統的學生評鑑。

◇撥較多的時間在教與學的工作任務上。[31]

　　許多主要大城市的學校系統——包括：芝加哥、紐約、明尼亞波拉斯（雙子城）、密爾瓦基、聖路易士、聖地牙哥、華盛頓，以及一些由州政府所建立的學校革新計畫，都建基於上述所列的一系變項之中。在1987年，當時的美國教育部長（the secretary of education）採納這樣的觀念，並向美國國會提出一個法案（儘管並未通過），希望聯邦政府籌措經費支持那些基於這個觀念所提出的學校革新計畫。

　　近來對於有效能學校研究的檢視，仍持續地支持這樣的信念，那就是，我們可以找出且描述有效能學校的主要組織特徵，以及其成員的行為。然而，簡單地為學校強加注入這五至六個「相關因素」（correlates）（它們不久就被如此稱呼了），這樣的做法本身對於學校效能的提昇，並不足夠。

有效能學校新興的研究取向

　　培齊和史密斯曾從已經發表的有關研究中，找出有效能學校的十三個特徵。[32]他們被分成二組。第一組包括九個可以藉由行政活動馬上實施，而且花費不多的特徵：

1. 以學校為基礎的管理（school-site management）及民主式的作決定，亦即個別學校對於教育問題的解決，被鼓勵應承擔更大的責任，且被賦予更大的自主空間。
2. 來自學區的支持，以增加學校定義與解決重要教育問題的能力。這種支持包括降低教育局官員視導與管理學校的角色，並增加對學校層級的領導與合作式問題解決的支持與

鼓勵。

3.強勢的領導，這種領導可以來自行政人員，但亦可來自由行政人員、教師，以及其他人員所統合而成的小組。

4.教職員的穩定性，以助長一個強烈且具凝聚力之學校文化的發展。

5.有計畫、統整的課程，全面地處理學生的教育需求，且增加學生進行學業學習的時間。

6.全校性的教職員專業發展，以聯結學校組織的與教學的需求，以及教師們認為應加以重視的需求。

7.家長參與，特別是對學生家庭作業、出席率情形，以及紀律問題等方面的支持。

8.對於學業成功的全校性認同，這同時包括改善學業表現，以及達成卓越標準的二種觀點。

9.強調用於教學與學習的時間，例如，減少（對教學活動）的干擾與中斷，重視專注學習努力的優越性，以及重組教學活動。

這些並非有效能學校所僅有的特徵，而且可確定的是，它們並不是最關鍵的。相對而言，它們則是比較容易且不必花費太多就可以快速實施的特性，而且它們建立了第二組四個特徵能夠發展的基礎，這四個特徵則有較強大的力量以更新並增進學校持續解決問題的能力，而且長久而言，可增進學校效能：

10.合作性的計畫與同僚專業互享關係，助長團結的感覺，鼓勵知識與觀念的分享，並提昇學校成員之間的共識。

11.社區的感覺（sense of community），在此學校中，隔離的現象──包括教師與學生──被降至最低而一種相互分享的感覺則被加以強化。

12.共享的明確目標與高度可成就的期望，這些期望則源自於
　　協力同心、同僚專業互享（collegiality），以及一種社區
　　感，且透過他們所認同的共同目的，使組織團結一致。
13.秩序與紀律，顯示學校成為一個社區的嚴肅性與目的性，
　　而這個社區是由一些人群、學生、教師與職員，和其他成
　　人所組成，藉著相互同意的共享目標、合作，與共識結合
　　在一起。

　　很明顯地，第二組所列的關鍵的學校特徵，比那些在第一組
的特徵來得重要，更難達成，而且很難長期加以維持，但它們卻
組合成為極大的力量，以達成學校效能的提昇，成為學校生活的
主要重心。當然，這股力量主要是建基於校內能夠發展一個文化
──規範、價值、信念──團結學校成員，持續地追求較佳的教
育效能。許多（假如不是大部分）學校革新計畫之所以會失敗，
乃是因為它們僅追求「強加注入」第一類相對比較簡單的特徵，
而缺少慎重地涉入上述第二類複雜的特徵所主張的文化重建工
作。

學校改革運動

　　在1980年代初期，跟隨著《國家在危機之中：教育改革的急
迫性》（*A Nation at Risk：The Imperative for Educational Reform*）
的出版[33]所進行的學校改革運動，剛開始與組織思想的新發展，
或與有效能學校的研究，均無多大的關聯。然而，學校改革運動
卻產生了大量的有關以學校為對象的研究，許多這些研究都是質
的研究，而且，大部分的研究指出，學校必須徹底的加以改變，

而其所需改變的方向則必須與有效能學校文獻的發現一致。

第一波的學校改革

　　許多評論者將1980年代所進行的學校改革運動描述為可以區分成兩「波」（waves）。所謂的第一波的改革（the first wave of reform）──那些開始於1983年出版《國家在危機之中》之後，對於學校教育大量批評所作的初始反應──主要包括：大量地由州政府增加規則性的命令，加諸在學校身上。這些規定助長政府的科層體制直接擴展到教室內──是一種地區層級模仿學區教育局的組織擴展──例如，這些規定包括明確訂定必須使用何種教科書、多少時間應該被用於教學、那些教學技術必須加以利用，以及藉由建立詳盡的考試與成績報告系統，因此可以由政府代理機構（agencies）檢視其是否符合規定。

　　但到了1990年代，許多思考周密的評論者提出警告，認為這種命令式取向（regulatory approaches）著重其必備的、詳細的、由上而下的科層體制之命令執行，事實上從二方面而言是具有反效果的：

> 首先，命令式的取向會導致學校成為不加思索的極度僵化，通常未能考慮學生獨特的個別教育需求，以及學校所必須注意的特殊環境。此觀點認為，提高學校的科層體制控制，將會阻礙教師針對一個特定學生所需課程與教學所作的專業判斷，這些專業判斷並非由那些無情的、遙遠的官僚命令來作成最好，而是由今日高素質的合格教師，每天與學生面對面互動，以其專業的洞識高見來處理有關的問題較佳。

第二，愈來愈多的研究明白顯示，由於學校環境變成穩定的科層體制化，教師（素質極高並被激勵要努力服務其「顧客」，亦即學生）愈來愈沒有能力行使其專業判斷，導致其挫折感日增，這種現象在當時不止反應在教師愈來愈短缺的現象，亦即當老師們離開教職專業時，其他人卻不太願意進入教職；同時亦反應在那些留在教職的教師們，彼此相互疏離的證據，以及教師士氣日漸下降的現象。

第二波的學校改革

這樣的憂慮導引至所謂的第二波的學校改革。這一波的改革體認到第一波改革多如牛毛的命令實際，就像杜弗勒（Alvin Toffler）所說的是：「對那些要求根本變遷的需求，所作的古典式反應——其最根本的傾向是會使舊有的系統更加嚴謹而已。」藉著空前多的法令頒佈，規定更多的必修課，而允許更少的選修課，要求更多的教室上課時間數，提供更多的服務，讓教師獲得更高的待遇，且提供更多的設備等，但這些措施僅僅使舊的系統更加嚴謹而已，充其量只是不著邊際地改善教學實際而已。為什麼呢？因為他們沒有處理改革本身的根本需求問題，這些需求包括在學校內建立更具生產力的人際關係，讓學生承擔更多的學習責任，以及允許教師更大的專業自主，診斷與解決學校教室內所面對問題的需求。

舊的系統，也就是第一波教育改革視為理所當然的系統，將教師視為是在層級節制的公立官僚體系中的低層級官吏，有責任向他們之「上」較高層次的官員負責，而這些上層官吏則必須透過學校董事會、立法機關，以及州的教育董事會等政治性機制，向社會大眾負責。事實上，因為美國公立學校的這一種結構普遍

地被視爲是理所當然，因此我們沒有辦法察覺到它是如何大大地影響學校結構內演員彼此的關係，而且這種關係反過來影響到在學校內人們的所作所爲。此觀念的普遍存在已導致我們將公立學校教育視爲是授權給一個政府機構的功能，所以其他任何模式所辦的教育當然就不恰當了。所以教育變成被以科層體制的觀念加以瞭解，被視爲是（政府）「提供教育服務」，而不是由師生共同合作，一起努力工作以實現成功的共享目的。

第二波的學校改革採取一個截然不同的觀點：認爲學校教育的「最前線」是個別的學校，而不是那些遙遠的科層體制的政府機構，而且就是在那最前線（亦即個別的學校及其教室）教育問題可以最適當地被辨識、思索，以及解決。第二波的學校改革瞭解到教師所扮演的專業角色，與科層體制的角色不同。這樣的觀點要求給予教師足夠的專業自主權與自由選擇空間，以發揮其能力，瞭解與解決學校層級的問題。在學校中，教師是最接近問題、最瞭解問題所涉及的複雜因素，也是要求教師必須對其決定與行動負責任的地方。

此一學校改革的新取向要求學校內成員之間在角色與彼此關係的重組。教師不是被動地等待上層下命令給他們執行，此次學校改革要求教師要積極地參與探討專業問題、作有關如何實施的決定，而且必須對達成這些決定實施結果產生承諾感。此願景是一種同心協力的學校環境，在此，教師比以往更投入，更受到激勵，因爲他們對於（整體學校所採取的）行動有更高的「所有權」（ownership）。

組織行為中的女性議題

如我們所看到的，我們今日所瞭解的教育組織行為是一個世紀長久以來持續探討與研究的結果。組織行為的知識之所以會那麼慢才產生，至少有二個理由：

1. 教育工作場所之人們的行為既不簡單，亦無法自明（self-evident）。
2. 我們對於人性的基本假定，以及起源這些假定而產生的有關人類的價值，持續地在改變與發展。

這些原因自然而然地就在組織生活的研究中，產生了模糊性、複雜性，以及普遍混亂等現象。因此，發展組織行為的知識，就像瞭解人類複雜經驗之任何層面的努力一樣，需要一個發展理論的反覆過程，亦即從事研究以測試其理論，接著對研究所得結果進行批判，以一種持續性的反覆努力，以建構與擴展知識體系。當然所有的這些努力對於任何科學知識與學術體系的發展都相當重要。

到了1980年代，女性學者很明顯地瞭解到，傳統以來，教育行政已成一個男性的堡壘，對於想要進入教育行政行列的女生普遍地拒絕。教育行政與組織行為研究學者的優勢性，傳統亦在男性身上，而且儘管組織行為的新興知識已對於學校行政傳統的權威主義產生懷疑，以及儘管許多學校改革的學者指出發人深省的學校觀點，感歎嚴重的普遍疏離現象存在於學校，但是許多美國人仍緊抓這樣的信念，那就是對於那些看似有跡可循的學校教育問題，其有效解決方案的希望，乃在於行使更多的由上而下的強制權。因為這樣，所以性別刻板印象在我們的文化仍如此的普

遍，對於女性是否能與男性一樣可以在學校行政上成功的懷疑仍然徘徊不去。舉例而言，有些人會懷疑女性是否擁有（傳統所認為的）維持高中秩序所必須的堅強性（toughness）。然而，誠如我們可以發現的，女姓主義者評論認為，婦女具有這樣的能力，使他們真正適合於行使（早就必須作改變的）學校領導。這樣的評論接著認為，女性不僅可以勝任學校行政的工作，他們更能有所超越突破，更且，假如學校的組織文化能比傳統反應更多的女性的思考、價值，以及取向，那麼學校或許會比目前更好。

近年來，在追求性別均等的普遍運動脈絡中，上述這些事實與觀念就已大聲疾呼地希望學者們能加以研究與解釋，其結果是產生了許多對組織行為學術的評論，而將重心擺在性別的議題上。

此一評論挑戰了我們長久以來用以思考組織、組織行為、組織理論，以及傳統從男性觀點所形成的行政方式。這些領域在這一方面的理論與研究，被形容為是男性中心的（androcentric），因為這樣，基於這些理論進行研究所獲得的理論與研究結果，有可能會有所偏差，更因此，它們有可能是錯誤的。

男性中心主義

所有的科學探究，包括組織行為的研究，都反應研究者隱含持有的一些基本假定與根本信念。這些假定與信念包括有關人的特性、人際關係的特性、實體的特性，以及對人類活動性質的假定。[34]這對任何學者而言都是一種危險，因為事實上許多這些基本假定都被學者們視為理所當然，被隱含地持有，而且完全地內在化，以至於對持有這些基本假定的人們而言，事實上他們無法自己察覺。我們每個人都持有一些假定，我們認為這些假定看起來是明顯的為真、如此地普遍，好像「每一個人」都同意這些假

定一樣。它們在同僚、朋友，以及一個團體或文化之內共享。因為這樣的假定是如此的普遍，它們變得不容易被看見，而且不被討論，因為根本沒有人會提起這個主題，當這種現象發生時，團體成員會認為其他的前提是不可思議的。而這正是性別的議題之所以會在組織行為的學術上被提起的基礎。

教育行政與組織行為之知識的有系統發展，可被視是有效地描述男性所理解的世界，是一種透過一個「男性的稜鏡」（male prism）[35]或一種「男性的透鏡」（male lens）[36]所觀察世界的描述。批評指出，組織行為的研究大部分都是由男性完成，其研究亦大部分僅探討由男性組成的群體，而且研究都使用那未被檢視的男性世界觀加以進行，並將研究結果理論化。基本上，大部分的研究，不管是將研究概念化，或作為研究的受試者，女性都未參與。有一位觀察者指出：「其基本的假定是認定男性與女性的經驗是相同的，因此，對於男性的研究，便可以適當地概括化到女性的經驗。當發展行政的理論時，研究者並未注意到其所研究情境的一般脈絡，也因此無法指出女性所體認的世界有何不同。當女性的經驗真的不同時，它往往（也會）被忽視或削弱。」[37]

這種男性世界觀在研究與知識領域的主宰現象，亦即這種「男性界定的學術」（male-defined scholarship），被稱為男性中心主義（androcentrism）。[38]組織行為研究的男性中心主義，被認為是帶著一種偏見進行學校組織行為的研究，特別是因為學校主要是女性的工作場所，但瞭解這種（大部分為女性的）工作場所的研究，卻基本上仍源自於以男性為基礎的學術。[39]

在學術與研究方法上的男性中心主義，不應與「反對女性是一個族群」之先入為主的觀念或偏見，即所謂的性別歧視（sexism）[40]相互混淆。組織研究的男性中心主義比較指的是，對於女性的實質忽視，女性在學術研究本身的缺席，以及被那些從

事研究的人所持有的未被檢視的基本假定，認爲男性與女性基本上是以相同的方式來體驗組織生命。近來大部分來自於女性學者的評論，對於這樣的假定提出嚴肅的問題（加以質疑）。

在本世紀中，作爲教育行政主要輪軸的組織行爲發展歷史，與第二次世界大戰之後男性進入教學與教育行政領域的現象不謀而合。在比砌爾（Catharine Beecher）將教學視爲是「女性的眞正職業」（woman's true profession）[41]這個觀念普遍化大約一個世紀之後，男性從第二次世界大戰之軍事服務回來，而且在GI法案（GI Bill，美國退伍軍人福利法案）的協助之下，大量地接替了女性在教學上的職位。在本世紀初期，雖然高中校長與教育局長大部分是男性，但大部分的小學校長則是女性。然而，到了1930年代開始，就有一種傾向於選擇男性作爲小學校長的趨勢。到了1950年代初期，女性在小學行政職位的主宰現象已明顯地由男性所取代。這種趨勢導引至現今的社會中，行政工作大部分已成爲男性的天下，而教學則大部分仍爲女性的天下。

在1950和1960年代的二十年間，亦以動機、領導、組織氣氛、衝突管理，以及作決定等組織行爲層面之研究與理論的深入發展而著稱。這些組織行爲的知識體系，很快地成爲（至今仍是）現代教育行政觀念的基礎。在西方世界的大學中，幾乎所有的教育行政之研究與教學，都強調以組織行爲作爲教育行政瞭解的基礎。然而，從女性中心的觀點（feminocentric perspective）[42]對男性中心主義的控訴，已成爲傳統組織行爲理論化與研究的主要挑戰。

女性中心的評論

女性中心的評論（the feminocentric critique）認爲，因爲種種原因的存在，使得男性與女性會以顯著不同的方式去瞭解與體

驗世界。女性「看」事情不同於男性、抱持不同價值、追求不同目標，而且亦有不同的優先順序。例如，其中一個理由是基於這樣的信念，認為男性從孩童長大成大人的過程中，在他們的行為上，接受到比女性更多的直接回饋，不管是批評或讚美都是如此。有些人推測，（或許是因為這樣）因此男性比較能夠學習到適當的工作行為，並有效處理那種常見於視導者與教師之間「公平交易」（give-and-take）的問題。[43]在女性中心評論文獻中的其他理由包括，女性比男性更關心到彼此的關係，以及對他人的關懷，男性通常被描述為是較關心「領土（或勢力範圍）」（territoriality）以及正義。

因此，教育的工作場所被形容為是具有二種文化—— 一個男性文化（a male culture），以及一個女性文化（a female culture）——而且這兩個文化僅有部分重疊；它們在界線上並不相同。這樣的差異直到最近才些許被察覺到，而且從女性中心的觀點而言，這種現象已導致文獻中對於組織行為之描述、解釋與預測上的錯誤。男性文化與女性文化兩者之間到底有何不同呢？

莎克雪弗特（Charol Shakeshaft）在綜合女性中心文獻之發堀時，論及在教育組織中女性世界的五種特徵，並與其所認為的存在學校內討厭女性的（misogynous）[44]男性世界觀相互比較：

1. 莎克雪弗特說：「女性花較多時間與人相處，做較多的溝通，較關心個別差異，較關注其他教師和處於邊緣之學生（marginal students）以及較具工作動機。」因此她認為：女性行政人員（管理）之教職員會將女性評價較高，更具生產力，而且有較高的士氣。女性校長之學校學生同樣亦有較高的士氣，且參與學生事務的程度較高，更且，父母也比較喜歡由女性擔任主管的學校與學區。[45]

2. 女性行政人員，對於教學方法與技術顯露出具備較多的知識，比較有可能協助新進教師及直接視導所有教師，且創造一種有利於學習的氣氛，較有秩序、較安全、並且較寧靜，莎克雪弗特接著說：「無疑的，在女性擔任行政人員之學校及學區之學業成就較高。」[46]

3. 「莎克雪弗特同樣認爲女性展現一種較民主、參與的型式——女性校長本身與教職員及學生涉入較多，要求（而且實際亦獲得）較高的參與，且維持較緊密結合的組織。女性校長的教職員有較高的工作滿意，而且比那些男性行政人員之教職員更投入於他們的工作。」[47]

4. 女性行政人員總是較引人注意，且在討厭女性之男性教育行政世界中，總是較容易受到攻擊。不管「攻擊是否眞的發生，（事實上這個事實）都比總是有可能受到攻擊的認知來得不重要。女性常知覺到他們的『形式地位』（token status）而非眞實地位。」[48]

5. 女性比男性比較有可能在公衆與獨處時，都以同樣的方式表現其行爲，而這種表現通常「會產生被男性認爲不適當的行爲」。[49]

　　席馬克（Patricia Schmuck） 曾指出，以男性的經驗作爲所有人類經驗的代表，且根本排除將女性視爲是一個可以被研究的特定團體之男性中心主義，僅是教育組織考慮女性之五個階段中的第一個階段而已。[50]第二個階段被稱爲是「補償性的思考」（compensatory thinking），指女性在學校行政工作之低代表性（underrepresentation）的現象已被認知到，而且也開始努力進用女性以改善此缺陷。第三個階段稱爲「心理學上的缺陷模式」（psychological deficiency model），指將女性在教育行政工作人數

較少的現象以心理學的詞句加以搪塞及解釋。第四階段的思考通常將女性概念化爲是被組織安排所壓迫。第五也是最後思考此議題的階段是席馬克所稱的「新學術」（the New Scholarship），在此階段中，性別成爲嚴謹研究的中心，這些研究嘗試去描述、瞭解，以及解釋傳統以男性爲中心之組織研究的缺陷，因此在第五階段中，「研究被修正爲（同時）包括女性及男性研究對象，且都可以作爲研究主題。此學術是具修正性的：它提供替代性的觀點，並將現有的知識轉型。」這一個簡明的五階段模式，甚至從女性的觀點而言仍值得商榷，[51]但它確實已指出以女性爲中心的學者們現有的挑戰，是要將所有的男性與女性教育組織行爲研究學者所關心、且欲加以去除的嚴肅條件概念化。

女性學者通常利用二種不同的方式以修正行政研究，使其能包括女性。就像接著我所要解釋的，一種方式是重新檢視現有的研究與理論，想辦法顯示（或證明）它是（偏向於）以男性爲中心的，因此證明其研究方法論是嚴重錯誤的；另一個方式是投入於新的研究，而且利用被認爲是適合於瞭解教育行政中男性與女性組織行爲的研究方法。

現有研究的女性中心評論

在那些對現有研究進行以女性爲中心的最佳評論中，莎克雪弗特和諾威爾（Charol Shakeshaft & Irene Nowell）選擇了下列五個較重要的學術性研究爲例子，小心地加以檢視：[52]

組織的社會系統模式（the social systems model of organization），由葛佐爾斯（Jacob Getzels）於1952年所創，[53]再加上顧巴於1957年的協助，加以進一步發展。

領導者行爲描述問卷（the Leader Behavior Description

Questionnaire, LBDQ），由漢姆費爾和柯恩斯（John Hemphill and Alvin Coons）於1950年所創。

組織氣氛描述問卷（the Organizational Climate Description Questionnaire, OCDQ）由哈爾品和克羅夫特（Andrew W. Halpin and Don B. Croft）於 1962年所創。

領導權變理論（the contingency theory of leadership），由費德勒（Fred E. Fiedler）於1960年代早期所發展出來。

人的動機理論（the theory of human motivation），由馬斯洛（Abraham H. Maslow）於1943年所創。

上列每一研究所包括的觀念與理論事實上是很基本的。基於其觀念與理論，每一個例子都衍生出不少的研究文獻，而且幾乎每一本行政理論的教科書都有所記述，本書亦描述了每一個研究。事實上，很少有人修習簡單的學校行政入門課程，但卻沒有接觸這些研究。因此，它們可以作為引導思考有關教育組織行為重要層面觀念及理論的代表。

莎克雪弗特的評論強烈地認為這些理論家大多在他們的思想中忽略了女性，而且似乎假定他們的理論與研究平等地闡明了男性與女性的組織行為。例如，她曾指出，當葛佐爾斯和顧巴（Getzels and Guba）在描述他們的社會系統模式時，他們二人根本就忽略了女性，而且並未真正地調查女性們扮演教師所產生角色衝突的真實經驗。

雖然領導者行為描述問卷（LBDQ）創始於珍妮斯（Helen Jennings）的研究，她研究紐約州負責住宅機構之女性領導者行為，但LBDQ這個研究工具的大部分發展工作仍完成於軍事和企業組織中，而這些組織在當時仍主要為男性。

在從事廣泛的研究，以測試其領導權變理論時，費德勒

（Fred Fiedler）不僅忽略了領導者的性別（儘管他曾包括女性為其樣本），而且亦涉入一些對女性組織行為層面的推測，但卻被莎克雪弗特將此行為描述為是「男人主義者」（masculist）及「無知的」（uninformed）。

最後，馬斯洛對動機所採取的取向，曾被莎克雪弗特形容為是對女性施惠態度的反應，相信女性的工作無需智力、才能，或稟賦。[54]

在他們對學校組織氣氛的先驅性研究中，亦即發展和利用現已成為古典的組織氣氛描述問卷（OCDQ），哈爾品與克羅夫特將教師對校長的知覺感受，描述為是組織氣氛的一個主要因素。儘管在其小學的研究樣本中，有極大的可能是校長大多為男性，而無疑的，大部分的老師都是女性，但是哈爾品與克羅夫特完全地忽略了性別可能會有些許（甚至可能是有極大）影響的可能性，會影響他們形塑其主要的知覺感受。

有人可能會被誘導想要去除女性中心的評論，認為它僅是另一個從不同取向看問題的一長系列的評論而已，但是這些有價值的學術性研究，已自然而然、而且適度地持續多年，且位居組織行為觀念市場的核心位置。這種（女性中心）的評論在一個研究出現之後增加了其顯著性，這個研究探討在一個頂尖的學術性期刊——《教育行政季刊》（*Educational Administration Quarterly*）——十年內所發表的文章。[55]此研究發現，發表在這一個卓越的期刊之大部分文章，均可以適當地被描述為是展現男性中心的偏見，因為它們：

1. 在研究文獻的回顧中，很少檢視以往的研究如何解釋性別議題。
2. 所用的研究工具與調查策略通常是有偏差的。

3.在那些有描述其所採用之研究樣本的研究中，有90%的研究之樣本僅爲男性。

4.研究結果被描述爲可推論至整個母群體（含女性），但卻未討論性別的可能限制。

　　值得提醒注意的是，在被這樣的期刊接受發表之前，投稿的文章均需被一群具有聲望的學者加以審閱，以檢視文章在智識性與方法論上的嚴謹性與顯著性。因爲學術標準相當嚴謹，因此大部分投稿的研究都被拒絕。然而，這個研究的結果明白地表示出，這十年來所發表之研究所展現的男性中心特質，不僅被那一大群審稿的學者所忽視，同時亦被此期刊的讀者所忽視。這樣的發現似乎很明顯的表示出，在教育行政這個學術領域表現出男性中心主義這樣的指控，已受到強烈的支持。

女性中心的學術

　　經過多年以來，許多女性學者曾撰寫過教育行政與組織行爲方面的文章（或書籍）。一般而言，在文獻當中，她們的研究與男性作者的研究是無法區別開來的。例如，席爾博（Poula Silver）的書，《教育行政：實際與研究的理論取向》（*Educational Administration: Theoretical Perspectives on Practice and Research*），[56] 並未在理論、觀念、或所涉主題的處理上，與其他男性所著在市面上跟她們相互競爭的教科書有所不同。格里斐斯（Daniel Griffiths）曾說：「整體而言，（女性所著的書籍）在理論上或方法論上，與男性所著的文獻，並未見不同。」[57] 然而，除了前已討論的女性中心的評論之外，另外一些新的研究文獻特別指出其對女性的關注亦因應而生，這就是席馬克（Patricia Schmuck）隱約所提及的「新學術」（the new scholarship）。至目

前爲止，它的數量仍不多，但其研究文獻則在增長之中，它的主要特徵是，特別提出其對女性關懷之深度、個別的問題（與議題）。

「新學術」的特徵

理所當然的，新學術的主要特徵是，顯露出一種對教育組織生活之女性經驗能有更佳瞭解的公開興趣。此興趣傾向於將研究著重於下列三個主要領域：

1. 研究下列類似的事情例如，女性適應於組織的生活方式、什麼力量可以激勵她們努力工作、她們從工作中獲得滿足的方式是什麼，以及她們如何從教學的行列轉移到行政工作的行列。
2. 研究一般人對女性的態度例如，當她們嘗試想要成爲行政人員時，所遭受到的對她們的負面態度，以及在她們的行政生涯中，所遭遇到的對男性偏好的一般偏見。
3. 描述女性學校行政實務工作人員的工作情形、她們在行政職位上的效能，以及女性與男性行政人員行爲之比較。

這些研究的第二個特徵是屬於方法論的。漸漸地，研究組織生活中的女性議題，開始利用比以往所熟悉方法更寬廣的技術以蒐集資料。舉例而言，許多女性研究者發現，走入教育組織，觀察其中人們的行爲，及實施開放性、非結構式的訪談以蒐集資料，是相當有用的。這些研究方法被稱爲是「質的」（qualitative）或「人種誌的」（ethnographic）方法，顯然與比較非個人化的問卷不同，而問卷調查研究，在女性中心的評論未出現以前，是行政研究傳統上蒐集資料的主要方法。

有關女性議題的兩個研究

儘管研究教育組織女性行政人員的歷史並不很長，但它卻已產生愈來愈多、且極多樣化的出版文獻。當然這種現象表示，此領域的研究已吸引了許多強烈與漸增的興趣。在這許多的研究文獻中，我將描述兩個特別關注於學校組織行為的有關研究。

想要進入學校行政行列的女性

自從1960年代開始，女性註冊進入大學修習教育行政課程的數量已大幅增加。到了1980年代，選修這樣課程的女性學生數超過50%。[58]當然這種現象顯示出女性想要進入行政工作的抱負越來越高。然而，儘管女性被任命為學校行政職位的數量隨著時間已有增加，但許多女性對於其所增加的比率仍感到失望。因此乃有研究嘗試瞭解女性想要在教育行政工作發展時，所碰到的障礙。詹斯頓（Gladys Johnston）及其同僚調查研究在公共教育中，女性行政人員的被雇用型式，[59]並發現在工作市場上，認為女性表現並不好的知覺蠻普遍的。另一個研究檢視公眾對女性學校行政人員所持的偏見，並探討改變此一被認為是不利情境的可能性。[60]其他研究則曾探討能夠促進女性被任命為行政人員，以及在職位中晉升的可能策略與技巧。[61]歐提滋（Flora Ortiz）探討女性行政人員企圖要在學校系統中升遷所遭遇的問題與機會。[62]其他關於女性在行政工作的許多研究，涵蓋了許多多樣化的主題，包括：女性如何處理行政壓力、[63]女性行政人員網絡的建立，[64]以及女性調適職業與家庭責任的方法等。[65]

儘管上述這些研究，以及其他許多早期的研究指出，男性不

僅對女性的抱負且對其能力表現敵對或不關心，但晚近的研究則顯示，男人這種傳統的男性觀念已漸逝去。例如，埃德森（Sakre Edson）利用質的研究方法（主要是訪談）從事一個全國性的研究，在這個研究中，她花了五年的時間追縱了142位想要進入教育行政工作行列的女性生涯。[66]這個研究的其中一個結論是，男性行政人員對於那些想要成為行政人員之女性的態度，愈來愈具支持與協助。在這研究中有許多女性歸功於男性行政人員對她們從事行政工作之興趣的激發，鼓勵她們，並成為她們工作生活中有助益的同僚與良師（mentors）。如埃德森所說：

> 一些男性覺得他們很難改變他們對於女性行政人員長久所持有的信念；然而，女性則感激那些積極努力試著改變他們對女性管理能力知覺的男性——許多想施展抱負的女性，已感受到那種對想要追求學校管理職位之女性的一種新的開放態度。儘管雇用（成功）的統計數字並未證實這樣的樂觀性，但許多人覺得真正改變的發生僅是時間的問題而已。全國各處，許多想要成為行政人員的女性承認，假如沒有那些對女性改變態度之男性同僚的鼓勵，她們有可能永遠不會想要追求進入行政工作。[67]

　　埃德森把這種對女性行政人員較有利的氣氛，歸因於是「女性運動」（the women's movement），以及近來有關公正（equity）議題的立法。

學校董事會與女性教育局長

　　儘管像埃德森的研究所顯示的，有些女性對從事行政工作具有很高的抱負，而且註冊修習教育行政準備課程的女性數量亦增

加很多，而男性的數量卻減少了，但眞正被任命擔任行政職務的女性，在數量上並不可觀。事實上「美國學校行政人員協會」（the American Association of School Administrators, AASA）報告指出，儘管1981-1982年度在美國大約有25％的學校行政人員爲女性，但到了1984-1985年度，此數字只升到26％而已，而且，行政職務愈高，女性被任命的比例就愈低。在1984-1985年度，美國雖然有大約21％的女性校長，但只有16％是代理教育局長、助理教育局長，或副教育局長，而只有低於3％的學校教育局長是女性。[68]貝爾和蔡斯（Colleen Bell and Susan Chase）指出，一項1987年美國州教育局的調查發現，在K-12（幼稚園至十二年級）的學區中，只有2.8％的學校教育局長爲女性。[69]此狀況已導致有心關切（女性議題）的研究人員，試著想要更瞭解女性如何體驗其教育局長的工作。

貝爾與蔡斯曾研究三位女性教育局長的經驗，此二人的研究包括探討三位教育局長被考慮任命所使用的評鑑及候選人選擇的程序，以及她們在工作上的經驗。[70]因爲擔任教育局長工作的一個主要面向是，（必須處理好）學校董事會委員與教育局長集體的或個別的獨特關係，因此這種關係乃成爲此二人研究的焦點。此二位研究者利用質的方法進行研究：她們進入學區以：

◇觀察現場人們的行爲。
◇與教育局長及教育董事會委員進行冗長的非結構式訪談。
◇研究有關文件，從報紙的故事到像學校董事會會議的紀錄，及學區預算資料的正式文件等。

那些最後被學校董事會（成員以男性爲主）選任爲教育局長的女性，被描述爲是具備高度的資格與素質：她們是有經驗的行政人員，而且大部分都有博士學位。另外，董事會不僅考慮女性

候選人，同時亦考慮一些男性候選人，但許多董事會委員承認，他們會對女性擔任教育局長的工作表現感到不安與懷疑。在被研究的每一個例子中，儘管學校董事會委員瞭解到女性的資格背景比較優越，但學校董事會最初總傾向於偏好男性的候選人。當甄選程序往下繼續進行時，儘管過程如何的不完美，其所研究的所有的例子最後每位女性候選人均脫穎而出，獲得工作。但是，貝爾和蔡斯納悶的是，為什麼學校董事會在條件較佳的女性申請這個工作時，會傾向於選擇那些條件比較差的男性呢？

　　研究者認為這個問題的答案與「社會順從」（social conformity）有關：這是坎特爾（Rosabeth M. Kanter）[71]所偏好的觀念，認為組織有許多特徵，而這些組織特徵會產生壓力，迫使成員順從那些被接受的標準。例如，學校董事會在完成他們管理（govern）學校的任務時，常面對極大的不確定性、模糊性，以及不算小的衝突，因此自然而然地，當他們在尋找教育局長時，他們會想要減低這份不確定性，然而，他們亦瞭解到，教育局長必須代表他們行使廣泛的自由裁量權，因此董事會成員會希望找到一位他們覺得可以依賴的教育局長：也就是說，一位他們可以信賴，行為可以被預測的教育局長。在這樣的情況下，他們傾向於找尋一位他們可以分享其價值、經驗、與語言的人；一位像他們自己，一位與他們共事過的教育局長一樣的人。這是社會同質性（social homogeneity），而它可以增加信心、可預測性、溝通容易性，以及信賴，而就像坎特爾所指出的，這是所有有效能學校的精髓。當「不同」的人進入組織的內在小圈圈時，組織就很難保有這種同質性所助長的信賴文化。貝爾與蔡斯說：「因此，為什麼（男性）的候選人會比較受到其青睞，而為什麼申請（工作）的女性不容易獲得工作，是一個社會同質性的因素；亦即，男性董事會委員發現（他們）比較容易與男性溝通與互助，

因此比較信賴男性的候選人擔任教育局長的工作。」[72]

女性中心研究的一些發現

男性，與女性一樣，通常在思考與討論性別議題時都會覺得不自在。這種不自在的來源直探我們文化遺產傳統的深處，將不會輕易被和緩下來，更不用說連根拔除了。處理這些性別議題，以及處理這種不自在的需求，同樣都屬深度的問題，而且已非新鮮事了。蕭伯納（George Barnard Shaw）藉著在性別的論戰，例如，「男性與超人」（Man and Superman）和「比馬龍」（Pygmalion）戲曲中，引入機智與諷刺，為自己獲得了相當的名聲（及相當多的財富），甚至在今日仍持續吸引觀眾的注意力。考爾德（Noel Coward）靠著利用其在歌曲與複雜的喜劇之天才，討論性別議題，贏得了不朽的名聲。而許多人至今仍記得希金斯（Higgins）教授在百老匯音樂劇「窈窕淑女」（My Fair Lady）中所呈現的，為什麼女人不能更像男人一樣。假如沒有再出現其他研究發現的話，那麼對於傳統的行政研究之女性中心之評論，以及像席馬克所稱「新學術」的貢獻已明白地顯示，無論如何，在今日教育的組織生活中，上述希金斯教授所探討的的問題，已不是今日所問的問題了。

更進一步察覺行政思想中的男性中心主義思想

女性中心評論與研究的一項主要貢獻是，它增加了我們（包括：男性與女性）瞭解到人們對於教育組織行為理解的嚴重不足。此訊息，有時以傳統學術性討論的慎重冷靜之語氣加以傳

遞，有時則以具有敵意的言詞來表現，至少已被具領導地位之理論家和學者們所瞭解與認同。例如，《行政科學季刊》（*Administrative Science Quarterly*）不僅刊印有關批評它本身助長男性中心主義之文章，亦刊印大部分為女性所作的回應，大部分針對這份期刊（接受刊登）的決定過程。而且，在此期刊以及其他學術性期刊的篇幅中，從那時候開始，就一直刊登有更進一步闡明組織生活有關性別議題層面的文章了。

另一面例子是在1988年出版的《教育行政研究手冊》（*Handbook of Research on Educational Administration*）。[73]這一部重要的大型學術性書籍，邀請了一些女性加入其編輯諮詢委員之行列，而且有一章呈現女性在教育行政之情形，及另一章討論公正（equity）議題的文章。其他一些章節亦展現其對「新學術」中有關組織行為之女性議題的理解、敏感性，以及知識。遺憾的是，另外有一些章節——例如，有關動機、工作滿意，以及組織氣氛之章節——都忽略了性別這個議題。

「美國教育研究協會」（the American Educational Research Association, AERA）多年來政策性地鼓勵女性的參與，因此在其每年的年會中，女性的研究在論文發表以及研討會中，已相當具有代表性了。像在這些方面的進步顯示出，至少是在學者之間的理解層級，已有相當大的進步了。因為這樣的進步已被正式化且內在化，它強力地建議，這新的方向在時間的演進中，將會持續地進行，而且在氣勢活力以及在其所顧及的層面上，會有更大的提昇。

更加瞭解男性與女性從事行政工作方式的不同

想想謝芙（Anne Wilson Schaef）所做的描述，指出白人男性的「世界」與女性及少數人群之「世界」相當不同，事實上這

樣的事實創造出至少兩種不同的文化。[74]因為白人男性的文化較佔優勢,因此任何一個人想要在這樣的世界有效生存的話,就必須學習此文化,以及如何應對進退。然而,女性以及少數人群同樣生活在一個會排除白人男性的文化中,而且白人男性對女性與少數人群的世界亦知道得很少。但是,近來一些有關女性世界的研究,已同時對女性與男性提供了不少的協助,以使人們更加瞭解女性是如何以不同的方式來看待與回應事情。更且,這些研究對男女行政人員行為的不同所做的解釋,有可能造成至少在某些行政工作上,女性是比男性更有效能的。[75]

舉例而言,「新學術」舉出事實上女性比男性更適合於擔任小學校長工作的明顯可能性。[76]但是多年來,這一直僅是止於被瞭解的地步而已,卻甚少被討論到。於1962年出版的一項大型、劃時代的小學校長的研究,在分析蒐集自全國各地大量的資料後,作出下面的結論:

當考慮這一個問題:「男性應優先於女性,而被任命為小學校長嗎?」時,顯然它的答案很可能是不應該。

本研究並未提出證據指出女性校長應該總是比男性候選人來得優先,然而它確實指出,男性若被視為是一個階層時,在擔任小學校長的工作時,並非壓倒性地優於女性。其證據顯示,假如校長的工作以下列的價值加以界定,那麼女性應比較優先被考量,這些價值包括:與教師及校外人士合作;關心教學目標、學生參與,以及學習評量;具備教學方法與技巧的知識,以及從教師與上級處得到正向的回應等。[77]

這是一個驚人的發現,而且是來自於美國公共教育一些著名

的學者，前往蒐集資料之處所獲得的發現。但這個發現事實上是沒有命中問題的核心。就像莎克雪弗特冷淡地指出，另一個由研究者所指出的更與資料一致的問題可能是：「女性應優先於男性，而任命為小學校長嗎？」基於他們的發現，其答案將為「可能是的。」[78]

以女性為中心的研究已產生比在此所能檢視還要多的研究文獻。這些研究在範圍上相當廣泛且多樣化，它們記錄了女性以及女性世界的主要特徵，以及這些特徵如何影響女性在男性行政世界之表現。而且，它們建議，以女性的文化取代大部分的現行主宰的男性行政文化，極有可能改善行政實際，以及學校的效能。

作為一個較早期且較大規模的女性運動面向，行政研究之女性中心評論以及新的女性中心學術的快速發展，已導致學者們對於許多傳統的男性假定，重新加以思索。教育組織行為的學者已承認，男性與女性的學校行政人員，在某些重要方面的行為表現並不相同，而且我們才正要加以瞭解而已。這些知識與思想目前僅處於早期的發展階段，而它看起來似乎會隨著時間持續發展，繼續擴充，而且越來越增加其影響力。然而，究竟它能貢獻多少於打破教育組織（成員）以及社會大眾長久以來的偏見，而且增加女性進入教育領導地位的機會，仍待觀察。

結論

美國普林斯頓大學助理教授威爾森（Woodrow Wilson），於1887年夏天在《政治科學季刊》（*Political Science Quarterly*）發表的文章〈行政的研究〉（The Study of Administration），代表著嚴謹行政研究的開始。在之後的一個世紀中，組織研究的學者努

力於從事在當時之前所未進行的工作：亦即透過系統性的研究，提昇我們對於組織，以及在其內工作之成員的瞭解。這其中，有兩個極長程的發展趨勢，共同塑造我們目前的發展與未來的努力方向。

創造一個行政科學的努力

學術界追求一些深度與穩定原則以作為行政思想與實際之基礎的努力，最先導致探索如何成就一個行政科學（a science of administration）。此努力受到下列信念所激勵，那就是組織必須建基於某些基本的理性邏輯、系統，以及秩序之上。而這些則必須透過客觀、價值中立的（value-free）科學性研究，利用測量技術，以及數學術語的表達描述，才可以加以發現。

一旦這些因素被發現時，人們會認為，那些可用於行政實際的系統性原則，就可以從這些因素中有系統地產生。然而，在二十世紀中葉時，許多觀察者就開始產生了懷疑，而且不僅對引導科學研究過程的組織系統與組織合理性之假定產生懷疑，同時亦懷疑那假定的秩序以及邏輯系統根本就不存在。這些疑問起自於兩個主要的觀察。首先，實務行政人員發現，他們所體驗的組織生活的實體，與學術界所說明的組織生活之理論彼此之間的關係不大。第二個觀察是，事實上，只有極少令人信服的證據，可用以支持「科學」的假定是優於其他更富洞察力及思考周密的觀點。

對於這種邏輯—實證主義派典（the logical-positivist paradigm）的正式挑戰，於1974年正式出版，所謂的理論運動開始衰退，而今日的教育行政學者在此時的發展過程中，至少已併入在一個新的派典之中。這種新的派典拒絕「擬人論」（anthropomorphism），因為這種論調會導致我們將組織人格化，

並會把它們想做是以一些獨立（free-standing）的方式存在於人類；但事實上組織是社會創造物，僅存在於人們的心智之中時。我們現在比較不以數學的術語來分析組織，但用比較多的人類的詞彙，設法找出組織的意義。我們同意組織不會「行動」或「思考」；但人則會。

因此，在組織研究之第二世紀的黎明時刻，只有少數的人會嚴肅地相信，發展一個行政科學（假如事實上這樣的一個科學將可能發展），並未成熟。然而，這並不代表我們尚未發現組織行為的一些基本原則；或尚未發展對組織生活的較佳理解，事實與這些相去甚遠。事實上經歷一個世紀所進行的耐心理論化與研究，已產生一個豐富的知識遺產，可被行政人員用於實際之中。但是這些知識的遺產並非全以早期學者所期盼的邏輯精確性，與數學確信物來加以顯示其特徵。

組織中人的面向的中心性

或許在組織研究的第一個世紀期間，所興起最具震憾性的學習是關心現已相當明顯的議題：亦即瞭解組織的關鍵取決於對組織中人與社會層面的瞭解。早期的學者強調組織結構，主要關心的，例如，權力階層，以及誘導組織下層成員順從權力與權威的紀律，亦即那些由組織上層人員以具合法性的方式呈現之權力與權威的紀律。進入20世紀中葉，受到西方電器公司研究的促發，組織研究的學者乃開始掌握麥哥葛里格（Douglas McGregor）後來所描述的「企業的人性面」（the human side of enterprise）。這就使人瞭解到，人的動機、士氣、信念、與價值具有令人驚奇的力量，以領導與發展組織，而且可以決定所做努力的效能。

最開始，當人們仍對當時廣受深信的階層權威合法性表示尊敬時，這個觀念解釋為「人群關係」（human relations），意指要

設法著手改善並降低工人對其無力感（powerlessness）的抗拒。「人群關係」這個名詞，就像行政人員所解釋的，通常變成改良式的誘因，誘導人們屈服於組織的權威。這樣的誘因，從健康保險計畫，到每日應對的簡單禮儀；從提供令人愉悅的工作環境，到使員工對工作感受（表達）的合法化。但在整個人群關係的年代，行政人員仍固著於這樣的觀念（儘管他們有可能很客氣，甚至很親切地與部屬互動），那就是，他們認為，在組織中，權力是有階層的，而且是一種權利，應該從上而下，不對稱地被行使。

但是那個「世紀的戰爭」（battle of the century），同時包括在組織研究，與在外在較大世界的爭鬥，一直都是在中央集權與個別自由之間的爭鬥，以及在權力菁英與一般成員之間的爭鬥。所有種類的組織，通常以前曾受人尊敬，但現在則令人懷疑，以敵意相對，且通常被描述為是具壓迫性的。透過傳統的由上而下的階層權力運作，以建立並維持組織紀律的能力，已在所有組織中，包括國家、州及學區的組織，快速地逝去了。這些現象較大的外在環境或背景，當然是顯示在1980年代後期，當全世界的人們希望從中央集權的組織限制中，要求獲得更大的權力與自由，以及對其自我生活與目的可能擁有較大的控制權力時，傳統政治霸權的瓦解開始在東歐、前蘇聯，以及南非等地，一一展開。

在美國的教育界，這一個主題明顯地獲得共鳴迴響（儘管僅是沈默的語調），以一再要求改善學校表現的方式呈現迴響，希望藉由重組學校，以提昇教師作重要教育決定的權力、催化助長合作式的作決定，並創造同僚專業互享以及有助於成長與發展的學校氣氛。這樣的主張當然是與傳統思想顯著不同，它是建基於這樣的信念之下，那就是過度強調於科學體制的結構、由上而下的權力行使，以及中央集權的控制，已被證明無法產出「傳統組

織理論擁護者」宣稱將會產出的那些組織結果。

我們的現在與未來發展

目前，傳統的科層體制組織取向，以及強調組織的人的層面之較新的取向同時存在，且通常爭著要吸引教育行政人員的注意力與忠誠信賴。科層體制在教育組織中並未消失，而且許多人仍確信由上而下加入變遷是改革學校組織最有效能的方式；另一方面，非科層體制取向（nonbureaucratic approaches）的組織與行政方式，在近年來已快速地得到支持。未來，這兩個取向將持續地在觀念的市場中相互競爭，而建立人力資本的觀念會持續地獲得注意力，因為這個觀念是如此地與現有的（組織）情境相符。

建議讀物

Edson, Sakre Kennington, *Pushing the Limits: The Female Administrative Aspirant*. Albany: State University of New York Press, 1998.
這是一本闡明現有教育行政女性學者追求第一次行政工作的世界，是一個極深入的研究。充滿了那些說故事者（即被研究者）的真實言語，研究者將讀者帶入女性看待世界以及瞭解世界的世界中。

Meyer, Marshall W., and Associates. *Environments and Organizations*. San Francisco: Jossey-Bass, 1978.
在古典的科層體制傳統中，結構主義（structuralism）長久以來一直主宰著社會學的組織觀念。這一本重要的書籍與（上述）這樣

的傳統遠遠地分離，且介紹此領域新興的組織理論化觀念。本書其中一章「教育組織的結構」（The Structure of Educational Organizations），極力推薦應加以閱讀。

Mintzberg, Henry, *The Structuring of Organizations.* Englewood Cliffs, NJ: Prentice-Hall, 1979.
一本結構良好、相當廣泛、且清楚討論現有設計與建構組織的問題之書籍。本書描述五種特定組織的特徵，及其對行政的啟示。

Peters, Thomas J., and Robert H. Waterman, Jr., *In Search of Excellence: Lessons from America's Best-Run Companies.* New York: Harper & Row, 1982.
本書長久被列入倡銷書的名單，對於那些想要瞭解現代組織理論如何被競爭的企業界加以應用的人，這是一本「必讀書籍」。雖然它著重於商業與工業界，但它包含許多有助於教育工作者思考的內容。

Schmuck, Patricia A., and W. W. Charters, Jr., eds., *Educational Policy and Management: Sex Differentials.* New York: Academic Press, 1981.
是一本美國公共學校教育中，有關性別公正之重要策略議題的學術性資料圖書。

Shakeshaft, Charol, *Women in Educational Administration.* Newbury Park, CA: Sage Publications, 1987.
這是一本敘寫輕快，研究良好的「現況」調查。本書受到來自於教育行政學者社區一個尊敬且有反應的回響。

註釋

1. Donald A. Schon, *Educating the Reflective Practitioner* (San Francisco: Jossey-Bass, 1987), p. 3.

2. 同上註，pp. 4-5.

3. Wayne K. Hoy and Cecil G. Miskel, *Educational Administration*, 2nd ed. (New York: Random House, 1982), p. 82.

4. T. Barr Greenfield, "Theory About Organization: A New Perspective and Its Implication for Schools," in *Administering Education: International Challenge*, ed. M. G. Hughes (London: Athlone,1975), p. 71.

5. 同上註，p. 81.

6. Robert W. Heller, James A. Conway, and S. L. Jacobson, "Here's Your Blunt Critique of Administrative Preparation," *The Executive Educator* (September 1988), 18-30.

7. Roland S. Barth and Terrence E. Deal, *The Effective Principal: A Research Summary* (Reston, VA: Association of Secondary School Principals, 1982).

8. James Bryant Conant, *Two Modes of Thought: My Encounters with Science and Education* (New York: A Trident Press Book, 1964).

9. Carl R. Rogers, "Toward a Science of the Person," *Jounal of Humanistic Psychology* (Fall 1963).

10. Arthur Blumberg, *School Administration as a Craft: Foundations of Practice* (Boston: Allyn and Bacon, 1988).

11. Charles E. Bidwell, "The School as a Formal Organization," in

Handbook of Organizations, ed. James G. March (Chicago: Rand McNally & Company, 1965).

12. Karl E. Weick, "Educational Organizations as Loosely Coupled Systems," *Administrative Science Quarterly*, 21 (March 1976), 1.

13. John W. Meyer and Brain Rowan, "The Structure of Educational Organizations," in *Organizational Environments: Ritual and Rationality*, eds. *John W. Meyer and W. Richard Scott* (Beverly Hills, CA: Sage Publications, 1983), p. 74.

14. 例如，見於Van Cleve Morris, Robert L. Crowson, Emanuel Hurwitz. Jr., and Cynthia Porter-Gehrie, *The Urban Principal: Discretionary Decision Making in a Large Educational Organization* (Chicago: College of Education, University of Illinois at Chicago Circle,1981); and N. A. Newberg and A. G. Glatthom, *Instructional Leadership: Four Ethnographic Studies of Junior High School Principals* (final report of grant number NIE G-81-0088, 1983).

15. Meyer and Rowan, "The Structure of Educational Organizations," p. 75.

16. 經濟學家已長久瞭解到人力資源的價值。例如，見於Gary S. Becker, "Investment in Human Capital: A Theoretical Analysis," *The Journal of Political Economy* (Supplement),70 (October 1962); and Theodore W. Schultz, "Capital Formation by Education." *The Journal of Political Economy*, 68 (December 1960).

17. Stephen P. Robbins, *The Administrative Process: Integrating Theory and Practice* (Englewood Cliffs, NJ: Prentice-Hall, 1975), pp. 425-26.

18.Chris Argyris, "Human Problems with Budgets," *Harvard Business Review*, 31 (January-February 1953), 97-110.

19.Rensis Likert, *The Human Organization: Its Management and Value* (New York: McGraw-Hill Book Company, 1967), p. 148.

20.Ray A. Killian, *Human Resource Management* (New York: AMACOM, 1976), p. 140.

21.William A. Firestone and Bruce L. Wilson, *Using Bureaucratic and Cultural Linkages to Improve Instruction: The High School Principal's Contribution* (Eugene: Center for Educational Policy and Management, College of Education, University of Oregon, 1983), pp. 14-15.

22.Terrence E. Deal and A. Kennedy, *Corporate Cultures: The Rites and Rituals of Corporate Life* (Reading, MA: Addison-Wesley, 1982); and Lee G. Bolmon and Terrence E. Deal, *Modern Approaches to Understanding and Managing Organizations* (San Francisco: Jossey-Bass, 1984).

23.Thomas J. Peters and Robert H. Waterman. Jr., *In Search of Excellence: Lessons from America's Best-Run Companies* (New York: Harper & Row, Publishers, 1982).

24.Rosabeth Moss Kanter, *The Change Masters: Innovation and Entrepreneurship in the American Corporation* (New York: Simon & Schuster, 1983).

25.Edgar H. Schein, *Organizational Culture and Leadership*, (San Francisco: Jossey-Bass, 1985).

26.S. C. Purkey and M. S. Smith, "School Reform: The District Policy Implications of the Effective Schools Literature," *The Elementary School Journal*, 85 (December 1985), 353-89.

27.同上註, p. 355.

28.同上註, p. 355.

29.同上註, p. 357.

30.同上註, p. 357.

31.L. C. Stedman, "It's Time We Changed the Effective Schools Formula," *Phi Delta Kappan* (November 1987), 215-24.

32.這個討論係依據Purkey and Smith, "School Reform," pp. 358-59 的分析.

33.National Commission on Excellence in Education (Washington, DC: Government Printing Office, 1983).

34.Edgar H. Schein, *Organizational Culture and Leadership* (San Francisco: Jossey-Bass, 1985), p. 14.

35.J. Bernard, "Afterword," in J. A. Sherman and E. T. Beck, eds., *The Prism of Sex* (Madison: University of Wisconsin Press, 1979), pp. 267-75.

36.Charol Shakeshaft, *Women in Educational Administration* (Newbury Park, CA: Sage Publications, 1987), p. 150.

37.同上註, p. 148.

38.同上註, p. 150.

39.同上註, p. 149.

40.Dorothy E. Smith, "A Peculiar Eclipsing: Women's Exclusion from Man's Culture," *Women's Studies International Quarterly*, 1, no. 4,281-95.

41.Nancy Hoffman , *Woman's "True" Profession : Voices from the History of Teaching* (Old Westbury , NY: Feminist Press, 1981), 2-17, 35-56.

42.假如男性中心主義(androcentrism)是「從男性的透鏡觀看世界

與塑造實體的實際」，那麼反過來說，我們可以將女性中心主義(feminocentrism)定義為是從女性的透鏡觀看世界與塑造實體的實際。見Shakeshaft, *Women in Educational Administration*, p. 150, and Carol A. B. Warren, *Gender Issues in Field Research* (Newbury Park, CA: Sage Publications, 1988), p. 8.

43.Charol Shakeshaft, "The Gender Gap in Research in Educational Administration." *Educational Administration Quarterly*, 25 (1989), 324-37.

44.Misogyny表示對女性的憎恨。

45.Shakeshaft, *Women in Educational Administration*, p. 197.

46.同上註。

47.同上註。

48.同上註，p. 198.

49.同上註。

50.Patricia A. Schmuck, ed., *Women Educators: Employees of Schools in Western Countries* (Albany: State University of New York Press, 1987).

51.Gabrielle Lakomski, 文獻分析Patricia Schmuck, *Women Educators, in The Journal of Educational Administration*, 26, no. 1. (March 1988), 117-20.

52.Charol Shakeshaft and Irene Nowell, "Research on Theories, Concepts and Models of Behavior: The Influence of Gender," *Issues in Education*, 2 (Winter 1984), 186-206.

53.J. W. Getzels, "A Psycho-Sociological Framework for the Study of Educational Administration." *Harvard Educational Review*, 22 (1952), 225-46.

54.Shakeshaft, *Women in Educational Administration*, p. 158.

55. Charol Shakeshaft & M. Hanson, "Androcentric Bias in the Educational Administration Quarterly, "*Educational Administration Quarterly*, 22 (1986), 68-92.

56. New York: Harper & Row, Publishers, 1983.

57. Daniel E. Griffiths, "Administrative Theory," in Norman J. Boyan, ed., *Handbook of Research on Educational Administration* (New York: Longman,1988), p. 47.

58. Jill Y. Miller, "Lonely at the Top," *School & Community*, 72 (Summer 1986), 9-11 ; M. M. McCarthy, G. Kuh, and J. Beckman, "Characteristics and Attitudes of Doctoral Students in Educational Administration," *Phi Delta Kappan*, 61 (1979), 200-203; and Sakre Oller, "Female Doctoral Students in Educational Administration: Who Are They?" *Sex Equity in Educational Leadership Report 7* (Eugene, OR: Center for Educational Policy and Management, 1978).

59. G. S. Johnston, C. C. Yeakey, and S. E. Moore, "An Analysis of the Employment of Women in Professional Administrative Positions in Public Education." *Planning and Changing*, 11 (1980), 115-32.

60. J. Stockard, "Public Prejudice Against Women School Administrators: The Possibility of Change," *Educational Administration Quarterly*, 15 (1979), 83-96.

61. K. D. Lyman and J. J. Speizer, "Advancing in School Administration: A Pilot Project for Women," *Harvard Education Review*, 50 (1980), 25-35.

62. F. I. Ortiz, "Scaling the Hierarchical System in School Administration: A Case Analysis," *Urban Review*, 11 (1979),

111-25.

63. A. T. Elshof and E. Tomlinson, "Eliminating Stress for Women Administrators," *Journal of the National Association for Women Deans, Administrators, and Counselors*, 44 (1981), 37-41.

64. A. Stent, "Academe's New Girl Network," *Change*, 10 (1978), 18-21.

65. A. W. Villadsen, and M. W. Tack, "Combining Home and Career Responsibilities: The Methods Used by Women Executives in Higher Education," *Journal of the National Association of Women Deans, Administrators, and Counselors*, 45 (1981),20-25.

66. Edson, *Pushing the Limits*.

67. 同上註，p. 146.

68. E. Jones and X. Montenegro. *Women and Minorities in School Administration* (Arlington, VA: American Association of School Administrators,1982), 5-15.

69. Colleen S. Bell and Susan E. Chase, "Women Superintendents and School Boards: Their Experiences and Perceptions of Gender Issues." Paper presented at the annual meeting of the American Educational Research Association, 1988.本篇文章之另一修正版，訂名為 "Organizational Influences on Women's Experience in the Superintendency," *Peabody Journal*, 正出版中。

70. 同上註。

71. Rosabeth Moss Kanter, *Men and Women of the Corporation* (New York: Basic Books, Publishers, 1977).

72. Bell and Chase, "Women Superintendents," p. 10.

73. Norman J. Boyan, ed., *Handbook of Research on Educational Administration* (New York: Longman, 1988).

74. Anne Wilson Schaef, *Women's Reality: An Emerging Female System in the White Male Society* （Minneapolis: Winston Press, 1981).

75. J. M. Frasher and R. S. Frasher, "Educational Administration: A Feminine Profession," *Educational Administration Quarterly*, 15 (1979), 1-15.

76. A. Fishel and J. Pottker, "Performance of Women Principals: A Review of Behavioral and Attitudinal Studies," in J. Pottker and A. Fishel, eds., *Sex Bias in the Schools* (Cranbury, NJ: Associated University Presses, 1977).

77. John K. Hemphill, Daniel E. Griffiths, And Norman Frederiksen, *Administrative Performance and Personality* (New York: Teachers College Press, 1962).

78. Shakeshaft, *Women in Educational Administration*, p. 168.

動機

本章簡介

在描述過組織行為是源自於組織成員與組織環境的特徵的交互作用，或者說B = f（p・e）之後，本章著重在上述方程式中的個人。其餘幾章則著重在上述方程式中組織環境的特徵。

動機的意義與型式

動機是關乎人們所做行為的解釋。例如，為什麼有些教師規律的上下班，只做必須要做的事，而其他的教師則充滿了活力和理念，義無反顧的投入工作之中？為什麼有些校長只專注於學校的日常運作，而沒有學校應朝向何處發展的願景，其他的校長卻懷有一個清楚一致的學校願景，而且經年累月的不斷追求其願景的實現？為什麼有些教授的講課單調乏味，令學生對他的課避之惟恐不及，而其他的教授的表現是那麼的熱情、生動和具有創造性，令學生對他的課非常有興趣且趨之若鶩。

數千年以來，人類行為背後原因之謎吸引了眾多對人類生活的觀察者的目光，包括：劇作家、藝術家、作家、作曲家、哲學家、神學家等等，這些均可以在全世界的圖書館和博物館中得到證實。近一百年來，學者努力的探索人類動機之謎，同時也累積了無論是在範圍和程度上都很驚人的大量文獻。從這些文獻中，我們雖然已經獲悉許多關於動機和人類行為之間的連結，然而還有更多是值得探討的。本章係討論一些我們已經知道的事實及其對教育組織中從事領導的實用意涵。

雖然有許多的動機理論，甚至一年就出現好幾個新的理論，

而且許多學者對這些理論也不甚同意，但是對於我們所要討論的動機仍有相當的共識。例如，學者們普遍認同，當我們觀察組織中人類行為的變化時，動機至少有三種明顯的型式。

第一種型式：做選擇時的方向性

動機的第一項指標是選擇的型式，即在面對眾多可供選擇的事物時，個體所表現出來的明顯偏好。當個體只注意其中的一項事物而非其他的事物時，觀察者可以從個體選擇的行為中推測其動機，但是觀察者並無法知道令個體做這樣選擇的真正原因。舉例來說，有一位教師習慣性的早到學校，立刻去拿信件，然後輕快的走到教室準備當天的課程，在學生到達教室之前，一切都已準備就緒。另一位教師則稍晚才到學校，在辦公室和人聊天與社交直到最後一刻，然後才急忙的衝到教室翻閱課本，這時候學生都已就坐等著上課了。一個類似的例子是一位將學術工作視為只需要每週花三天待在學校的教授，他固定花兩天在高爾夫球場或網球俱樂部。而另一位教授則將每一分空暇的時間都花在研究和撰寫文章，以在學術期刊上發表。所寫的文章不但是沒有報酬，而且遭退稿的還比付梓的多上幾倍。

第二種型式：持續性

動機的第二項重要指標即個體從事所選擇行動的持續性。持續性的一個面向是一個人從事所選擇活動的總時間。不管是修理古董或是創作一份新教學方案的計畫，有些人會密集的連續工作好幾個小時，追求完美無缺的成果，而其他人則是對工作「敷衍了事」，認為成果只要過得去就可以了。的確，個體會認真地在從事某一活動時展現較高的持續性，而對另一個活動則明顯的展

現較低的持續性。觀察持續性的另一個面向是個體為了達到想要的成果，一而再、再而三地回到工作上。舉例來說，有些教師像是永遠做不完事情，經常將工作帶回家並花很多時間在上頭，而其他的教師通常在校車一駛離學校就收工了事，直到隔天才會再想起他們的工作。有些教授年復一年的從檔案夾中抽出泛黃的授課講義，而其他的教授為了使上課內容更加豐富和有趣，每年都會花許多時間在編輯、改正和潤飾其授課講義上，而且還會花時間創造新的教學方法。

第三種型式：集中度

一個人注意做一件事的集中度是和動機有關的第三個行為指標。有的人工作時具有充沛的活力，似乎全神貫注的集中於工作，而其他人在做事時看起來則是一副漫不經心的樣子。比起方向性或持續性，對集中度的觀察必須要更謹慎的加以解釋，因為它可能涉及到個體無法控制的因素，例如，環境或個體的技能。舉例來說，在充滿干擾的環境中觀察個體的工作行為時，是很難判定集中度的強弱究竟是個體的選擇，還是環境干擾的結果。同樣的，做為會議的參與者，個體可能看起來事不關己，明顯的只是在靜候時間的流逝，直到會議結束。在此的問題可能是純屬環境的，例如，會議中的氣氛並不是有利於參與的；或者個體從來沒有發展出在參加會議的意見交換中所需的行為態度和技巧；或者正在討論中的議題既引不起個體的興趣，也和個體沒有相關。

外因—內因的爭論

本世紀關於組織行為的動機有兩個主要的研究取向。一個是被描述為《驢子的巨大謬誤》(*The Great Jackass Fallacy*)，[1]這是一個關於獎懲並施的古老隱喻，意指提供獎賞和懲罰混合的方式以引起組織生活中人們的動機。此一取向和行為主義心理學有關，強調對個體的外在控制。

另一個取向和認知心理學與人文主義心理學有關，強調內在思想和情感的心靈力量是最初的動機來源。

外在的或行為主義的觀點

傳統上，管理者是企圖以獎賞和懲罰來引發人們的工作動機。他們很久以前就發現，曾經受到傷害的人會避開以免再次受到傷害，而受到獎勵的人傾向於重複那些會帶來獎賞的行為，這就是行為主義的動機概念，也一直對管理者的想法有很大的影響。使用這種技巧的管理者會說：「我們正在引起員工的動機！」

行為主義的動機觀點，亦即透過正增強（獎賞）和負增強（懲罰）的操縱來引起人們的動機，在教育組織中是受到廣泛的採納和利用的。功績給付制、講求績效、強調視導、與續聘相關的年度表現考核和「教師表揚日」等，是這種動機概念在公立學校中較常被應用的幾個例子而已。同樣的，大學常常使用「升等或出局」的政策來激發新聘的年輕教授們的動機。他們通常要在規定的年限以發表相當數量的研究成果；期限一到，他們就可以知道他們的行為是獲得獎賞，即升等和取得長期聘約，或得到懲罰，即解聘。

內在的動機觀點

有些人主張行為主義的方法和動機一點關係都沒有。赫茲柏格針對賞罰並用的方式曾說：「天哪，你不是在引起他們的動機。你是在扼殺他們的動機。」[2]赫茲柏格的評論指出對行為主義的動機觀點的主要批評：行為主義的方法其實和動機一點關係也沒有。

內在的動機觀點認為，人們雖然可以受到外在力量的控制，例如，獎賞和懲罰，但是人類動機的關鍵因素是在於個體本身。認知和人文主義的動機觀點認為人是具有從生物性開展並發展其生理和心理能力的個體。個體的內在能力，主要是情緒的和認知的能力，會造成人的感覺、期望、知覺、態度和思考，這些能力才可以引起動機。從這個觀點來看，要激發人們的動機即是要創造組織中的環境條件，這些條件可以引起和促進成員內在能力在智識上和情緒上趨於成熟的可能性，從而增進其內在動機。總而言之，行為主義的觀點傾向於將動機視為一個人對其他人所做的事，而認知或人文主義的觀點則將動機視為經由創造能促進成長的環境以觸動人的內在驅力。

個體和團體的動機

現在我們將焦點放在組織中成員的動機上，此與平常的、一般所說的個人的動機的概念是不相同的。要瞭解組織行為須注意，做為組織的一員，個人並非是個別且獨立行動的：組織成員乃是以團體中的一員的身分在從事活動，這個概念對瞭解組織行為而言是相當重要的。團體是動態的社會系統，它在人與人之間

建立起相互依賴的關係。

如果你在擁擠的市街上匆忙的趕著路，你就不會將周遭大眾視爲一個團體，而你是其中的一員。反過來說，你走至路邊，加入排列等公車的隊伍之中，你就是加入了一個團體，雖然這是一個很簡單的團體。這個團體的成員，即等公車隊伍中的人，享有行爲上的共同特定目的、價值和期望，促使大家的目的相結合，並且影響著你的行爲、態度和信念。因此，如果有人膽敢從隊伍的前頭插隊，你可能就會注意，並且和其他團體成員抵制插隊的人，促使他遵守這個團體共有的行爲準則。

團體內在動力的性格和品質常常根據團體的凝聚力和士氣來加以描述。團體的動力還會進一步促使團體成員享有共同的基本假定和價值觀，並將之視爲「眞切的」和「實在的」。此即組織氣氛和文化中最精髓的部分，將在下一章中深入討論。

團體規範對人們工作動機的影響，於60多年前首次在西方電器公司的研究中被確認，現已被組織行爲研究文獻所肯定，並爲多數人所瞭解和接受。且讓我們花點時間再仔細地看一下這個研究，並看看能從其中學到什麼。

再訪西方電器公司研究

教育系所的學生大都聽過霍桑研究（Hawthorne studies）或西方電器公司研究，要不也會聽過所謂的霍桑效應（Hawthorne effect），這些將在下文中解釋。這個經典性的研究對於瞭解工作動機有深遠的影響，但在教育界卻常常被誤解，因此有必要於此處再次加以探討。在此的討論僅著重於這個龐大研究中的兩個研究，即照明研究和交換機裝配研究。

照明研究

位於芝加哥附近之西塞洛的西方電器公司霍桑廠被選為自1924年開始為期十年的實驗研究據點。被選為實驗據點的主要原因是西方電器公司的管理階層十分的開明，而且願意和研究者合作。該研究的目的在於找出怎樣的照明度可以使工作產量達到最高。

選中在同樣條件下做同樣工作的兩組員工，並分別取得兩組的產量紀錄。其中一組工作時，照明度會有所改變，而另一組工作時，照明度維持不變。經由這個方法，研究者控制住其他變項，希望得知照明度的改變對產量的影響。[3]

在研究初期，研究者立刻發現照明度和員工的產量之間沒有存在任何關係，因而感到失望。侯曼斯（George Homans）指出，「員工只是根據他們設想的別人對他們的期待在對照明度變化產生反應。也就是說，當光線明亮度增加時，他們會想說，別人預期他們的生產力會提高；而當光線明亮度減弱時，他們則認為，別人應該預料他們的生產力會降低。」[4]燈泡的替換使員工認為會有較佳的光線，雖然事實上所換的是相同燭光的燈泡。其實，如我們目前所知道的，無論所提供的照明度如何，每換一次燈泡都會使員工的產量增加一些。很清楚的，實驗組的員工所做的反應是依據他們對實驗者之期望的知覺，而非根據物理環境的變化。因此，員工是對心理因素做出反應，也就是這些心理因素引起他們工作的動機。但是在實驗期間，研究者並不清楚這些心理因素的本質。

該研究對研究者而言並非是毫無意義的。傳統的管理理論主張物理環境的變化會對員工的生產力有所影響，而這項實驗則顯

示出生產力和心理現象的直接關係，例如，他人的期望或是成為眾所矚目的焦點的影響。這也就是「霍桑效應」，而許多教育界人士常誤解其意義，認為只要對人們加以注意、改變其環境中某些事物和期望他們有高成就，如此就能增加他們的動機。然而，誠如以上所述，霍桑效應的意義應不止於此。

交換機裝配研究

在照明和生產力關係的研究結束後，留下了更多的疑問，因此在霍桑廠進行一個與電話交換機裝配有關的新實驗研究。該研究的設計包括留在原地工作的控制組，和移至另一工作區的實驗組。實驗的進行如下：

先召集被選取的操作員至品管部部長的辦公室進行面談（記住，此時為1929年，所有員工均為女性），再向她們詳細的解釋此次實驗的目的，她們也都同意參與實驗。實驗的目的是為了確定工作條件的變化所造成的影響，例如休息時間，午前的點心時間和較短的工作時數等。特別叮嚀她們要以輕鬆的步調工作，絕對不要為了實驗而起了競爭的心理。這次的會議不過是實驗期間所舉行之眾多會議中的第一個。之後，只要有任何實驗改變的計畫，就要再次召集這些女孩，向她們解釋改變的目的，和詢問她們的意見。一些擬議的改變如果沒有徵得女孩們的同意就作廢。[5]

這樣的方式持續了一年，研究者詳細記錄了改變不同實驗變項後的生產情形：實驗變項包括：休息時間、特別午餐時間、縮短每日工作時數、縮短每週工作日數等。從實驗開始到結束期間，產量呈現緩慢而穩定的成長。每一個實驗階段，產量都比前

一階段高。最後，實驗組的工作條件在員工的同意下回復到研究開始前的情形（沒有休息時間、沒有特別午餐時間、正常的每日工作時數、正常的每週工作日數）。結果：生產力持續提昇。事實上，「實驗組的生產力持續的提昇一直到高原期的出現，然後維持在那裡，沒有下降，一直到實驗結束前美國的經濟大恐慌時期為止」，即1933年的時候。[6]總而言之，實驗組變得較有生產力，以及即使取消實驗變項，仍然維持高生產力。如果休息時間、較短工作時數和「獲得特別的關注」不是實驗組成員生產力改變的原因，那什麼才是呢？

研究的重要發現

在花費了許多人力和數年的時間分析所有資料之後，逐漸能夠勾繪出事實的樣貌。其要旨為：

1. 員工喜歡實驗的情境，而且覺得有趣。
2. 新的管理方式（鼓勵他們以平常的步調工作，不要趕工）「使他們能夠自由的、沒有焦慮的工作。」[7]
3. 員工知道他們所做的事很重要，也知道別人期待著想知道實驗的結果。
4. 員工對計畫改變的意見都有被徵詢，而且通常是由部長本人進行徵詢；在徵詢過程中鼓勵他們表達他們的觀點，並且允許他們可以否決某些尚未實施的想法。
5. 結果，實驗組本身在實驗過程中有了轉變和發展。雖然實驗的最後步驟是藉著取消休息時間、新的工作時數等企圖使實驗組回復到最初的工作狀態，但是事實上實驗組是不可能回到最初狀態的了，因為實驗組本身早已有所轉變。實驗組變得更有向心力、發展出獨特的精神，而且以一種

比開始時更成熟的方式在運作。

總而言之：

〔該實驗〕使女性員工感到他們是公司的重要份子……她們
變成志趣相投且具有向心力之工作團體中的參與者……此
團體可引發出歸屬、有能力和成就的感覺。這些長久未被
滿足的工作需求現在獲得了滿足。比起先前的情形，這些
女性員工工作得更加賣力和更有效率。[8]

　　或者，換做今日教育改革的用語來說，女性員工獲得授權予
能，參與與其本身和工作相關之決定的決策，有尊嚴，受敬重，
以及擁有工作和如何工作的「所有權」。不管怎麼說，這些經驗
使得實驗組轉變成比以前更有效率的團隊，誠如隨著時間持續增
加的生產力所顯示的一般。

研究的影響

　　該研究非常有趣的一面是，在當時許多公司對內部持異議的
員工慣例上是不給好臉色看的，而一個公司以上述實驗研究的方
式對待員工是很不尋常的，除了少數先進的學者外，當時大多數
的人是直到許多年後才逐漸明白實驗期間究竟是發生了什麼事。
數十年來，學習組織和管理的學生就認為霍桑研究意味著，如果
你對員工稍加注意，經由改變他們的一些工作條件的方式，那麼
他們的動機就會提昇，而生產力也會增加。這種對該研究的誤解
常被稱為霍桑效應。
　　然而，現在可以清楚的知道，西方電器公司的研究是希冀能
進一步瞭解人類工作時的本質和需求，以及應用這些知識去發展

更有效能的組織。根據這些數量可觀而且仍在增加的研究以及大規模應用此新興知識至各種不同組織的實際經驗，我們現在瞭解到，西方電器公司研究期間所達成的高生產力是來自於一個事實，也就是在參與式的領導之下，員工團體會發展出較強的向心力、較高的士氣和能引發工作動機的價值觀。一旦完成合作團體的建立歷程，個別的參與者不再只是坐在一起的一個、一個的作業員，而是變成相互關聯的、以該團體特有的方式在共同合作的工作群。這就是工作團隊，而此一概念才是工作動機中的核心。此外，西方電器公司研究也顯示出，一旦建立了合作團體，團隊合作不僅變成了有力的動機因子，也是具有持久性的動機因子。即使許多其他的研究一再的證明這個既簡單又重要的發現，數十年來自以為是的學校委員會、學校行政和管理人員仍然無法瞭解這個發現的意義，但是在1980年代組織生活的轉型和轉型領導的中心概念終於在美國的工商業界浮現，最後也在教育界萌芽了。

當代對西方電器公司研究的觀點

西方電器公司的研究無疑是二十世紀關於工作場所之組織行為的研究中最具影響力的。該研究開啟一個瞭解上述主題全新的研究取向，同時也為現代關於參與式管理、工作場所的民主、授權予能等等的研究起了開先河的作用。然而，正如其他所有的重大研究一樣，歷時六十年的深入研究亦展露出其缺失。

男性中心的偏見

近來對西方電器公司研究的批評指出，該研究有嚴重的男性中心偏見，這在研究進行當時的年代是無法避免的。例如，我先前曾指出，在其中一個研究的主要階段，員工均為女性，而管理

者均為男性。當在1920年代和1930年代初期進行研究時，管理者和員工之間的權力關係與今日不同，屬於非常不平等的關係。當然，這種不平等權力的強調在當時是受到社會上的男女之間的不平等關係所認可的。毫無疑問的，這個在當時並不為人知的事實對詮釋實驗研究結果的影響會比今日所能想像的還來的深遠。

不過，這樣一針見血的批評並不能掩蓋西方電器公司研究的重要性：它開啓人們對組織行為中心裡面因素的重視，進而改變了管理和行政學發展的歷史。

個別差異

上述討論的重點一直放在組織行為方程式 $B = f(p \cdot e)$ 中的環境因素上，我們現在回到人的內在特徵之差異的討論上。關於動機的一個常見問題：是什麼「開啓」和「關閉」人們的興趣？例如，為什麼一個人會選擇要做特定的某件事，持續地且竭盡全力地要去完成它，而另一個人卻對之興趣缺缺？心理學家稱這種對某件事之興趣的「開啓」為引發（arousal）：引發很清楚的是個人內在的一部分，和情緒與認知的歷程有關，也和個體的人格密切相關。因此很明顯的，個體係將獨特的內在人格特徵帶入到團體的動態社會互動歷程之中。這些個人內在能力的特徵實際上決定一個人對環境的知覺和判斷。

對多樣性的推崇

在今日的世界中，當所有好心的人力圖避免相信刻板印象和標籤作用時，任何將人加以分類的嘗試都會被懷疑。然而，真實

的情況是「人與人之間本來就有差異，而這是不可改變的。而且也沒有任何理由去加以改變，因為人與人的差異不盡然是壞的，也有可能是好的。人們的差異表現在幾個根本的方面。他們想要不同的東西；他們有不同的動機、目的、目標、價值、需求、驅力、慾求和衝動。沒有比這些更根本的了。他們相信的也不一樣：他們以不同的方式思考、認知、概念化、知覺、理解、領悟和慎思。」[9]因為這些內在的屬性——認知、衝動、價值、知覺等等——對於人們的一言一行都非常的重要，個別差異因而也會引起行為上極大的差異。從那些行為中我們可以推論出許多關於個體的動機，並且創造有用的敘述性分類。但要謹慎的是，不要掉入將某種行為風格標示為好或壞的錯誤之中。

因為在此所討論的是個人的內在特徵、性情或人格，我們並不確定這些是後天學習的還是天生的。因此我們也無法確定其可以被加以修正的程度。有些人把心理特徵和人的其他固定特徵放在一起比較，而採取相當絕對論的觀點。舉例來說，正如矮的人無法變高和人無法改變其指紋或眼睛的顏色一般，人也無法改變其內在驅力和各種屬性。但也有人相信，內在特徵的部分修正是可能的，但總是冒著扭曲、摧毀、破壞原本特徵的風險，而非將之轉型為新的特徵。

然而，還有一個問題，即常有人喜歡將某些不同的知覺、思考、感覺和行為方式誤認為是缺點，而需要加以改正。可爾塞（Keirsey）和貝慈（Bates）提醒我們希臘神話中畢馬龍的故事，並警告我們，若努力地想要將別人雕塑成符合我們的完美標準的話，註定是要失敗的。[10]教育家一直在為處理這個問題而努力：舉例來說，我們或許瞭解也接受多元智力的概念，然而在我們的學校中存在著強大的社會文化壓力，只注重某種智力，尤其是語文和邏輯數學能力，而忽略其他的智力。因此，美國的文化傳統

促使學校讚頌和激發學生學習正式課程中的語言、數學和科學，而傾向於把音樂、藝術和體育的發展視爲邊緣。舉例來說，在許多美國人的心中，「好的」幼稚園的課程要強調閱讀、語言和算術的正式教學，並且少「浪費」時間在讓兒童四處走動、和他人交往的遊戲活動和體能活動方面。

所以，我們可以假設：人在許多方面基本上是不同的，我們可以瞭解這些差異的重要形態，我們也可以試著讓我們所瞭解的知識產生用處。相反的假設是：人基本上在各方面是相似的，或者應該是相似的，而我們的目標正是要使所有人的所作所爲也相似。不過，這個假設頗像西方世界民主主義的過程中，在二十世紀產生的困惑：民主的理念是如果我們是平等的，那麼我們必須是相似的。[11]但是在二十一世紀即將到來之際，民主主義有了不同的理念：因爲我們是平等的，所以我們可以彼此互異。

以不分好壞的方式來瞭解和接受人與人之間的多樣性，對於瞭解和研究教育中的組織行爲是很重要的。在實務上，這意味著教育行政和領導要強調創造出同時滿足下列兩件事的組織環境：

◇根據參與者本身的知覺、需求、抱負和自我實現，促使和增進其成長與發展。
◇接受每個個體不僅是彼此互異，而且其多樣性正可以成爲組織之強力資源的事實。

原型

我們常常把人與人之間極大的差異性縮小成容易處理的方式來看待，特別是把人分成幾種類型：我們會說：「喔！他是那種人！」或說：「你聽到她問的事了嗎？那是標準的史密斯！」心

理學家也在做同樣的事。

◇加納（Howard Gardner）以七種智力形式來區分人與人之間的差異。

◇根據容格（Carl Jung）的研究成果，許多心理學家以性情或人格形式來描述個體。

◇不少的心理學家，例如，吉利甘（Carol Gilligan），利用性別做爲檢視和瞭解組織生活中個別差異的透視鏡。

人類的智力

許多讀者都知道，人際之間的差異性其中之一就是由智力的差異表現出來。加納在關於人類智力的本質——或者更精確的說應該是人類多種的智力——之具有劃時代意義的著作中，把二十世紀哲學家和心理學家在解釋人類行爲時的著重點，從著重物質世界的外在物體轉移到著重心靈，特別是認知。而認知和符號是密切相關的，例如，語言、數學、視覺藝術、肢體語言和其他人類的符號等等。[12]加納在對解釋人類思想和行爲上的偉大貢獻是提供我們思考智力的新方式：智力不是以所謂智力商數這樣的單一度量即可以涵括的單一特徵或多種特徵。加納指出有七種彼此獨立的智力，每一種智力都能使人以不同的方式從事智力活動。

加納的七種智力面向

加納所描述的七種智力面向如下：[13]

◇**語文的**：理解文字和文字如何組合變成有用的語言的能力。此能力對於作家、詩人、記者而言具有重要性。

◇**邏輯的—數學的**：看出我們周遭世界中似乎不相關事件的形式、次序和關係的能力，以及從事一連串邏輯推理的能力。我們會聯想到科學家和數學家需要這種能力。

◇**音樂的**：可以辨認出音調、旋律、聲調、節奏和其他音樂符號特質，並且將之整合應用至智識活動，例如，推理活動的能力。這讓我們想到音樂家、作曲家和饒舌歌藝人。

◇**空間的**：對世界的視覺特質和空間有正確的知覺和思考，並能夠以創造性的方式操縱和轉變的能力。此能力對於建築師、藝術家、雕刻家和航海家而言是很重要的。

◇**肢體運動的智力**：可以控制個人身體之移動的能力和有技巧的操作物品的能力，[14]並且能結合這些能力成為語言。利用這種語言個人能夠表達出自我的「機智、風格以及美感」，[15]如同梅勒（Norman Mailer）所說的拳擊手一般。加納所舉例子是知名的默劇演員馬索（Marcel Marceau），他生動的表現出肢體運動的智力。其他包括舞者、花式溜冰者和許多運動家都需要這種智力。

◇**自知智力**：可以探觸和瞭解個人內在自我的能力：感覺、反應、抱負。具有自我意識的個體可以瞭解和認同自己特有的個人情緒，可以區辨不同的感覺，並利用這些感覺去思考世界。會令人聯想到的是小說家和劇作家，例如，沃克（Alice Walker）、歐尼爾（Eugene O'Neill）、布勞斯特（Marcel Proust）和鮑德溫（James Baldwin）他們都是利用自傳體的方式去探索世界；電影導演，例如，帕格諾（Marcel Pagnol）和艾倫（Woody Allen），以及印度教的聖哲，他們的智慧超越了地方性的狹隘觀念。

◇**人際交往的智力**：「能夠注意到和區辨出人際差異的能力，特別是指別人的心情、性情、動機和意向。」[16]「一位具有

此能力的成人可以判讀別人的意向和欲求——即使在隱而不顯的狀況下——並且能根據這些判讀而採取行動——例如，影響完全迴異的一群人，使他們依照此人的意向而行事。」[17]傑出的實例如金（Martin Luther King, Jr.）、羅斯福（Eleanor Roosevelt）和甘地（Mohandas Gandhi）。具有較高人際交往的智力的人會發現這種能力在從事教育領導時是很有用處的，但是在大學的教育行政培訓課程中似乎很少注意到這種形式的智力。

加納對智力的定義說明了人們會以不同的方式將人所擁有的內在資源帶入組織行為方程式中。要謹記的是，這些不同種類的智力是同時存在我們每一個人的身上，但是每個人各種不同智力的組合都與眾不同，因此團體中都會發現些許的個別差異。對動機的研究若一開始就沒有將這些個別差異納入考量，便是犯下錯誤。

此外更要謹記，這些智力是人類具有的特徵，並非個體自行選擇的結果。誠如加納所表示的，雖然一個人的智力隨著生理的成熟而成長，但是他們的成長相當程度地受環境中的學習的影響。因此，一個人學習閱讀、寫字和計算，不單單只是因為長大成熟，而是因為他看見別人在閱讀、寫字和計算。[18]這顯示出，個體與其所處環境中的文化之間的互動，對形塑人類行為的重要性。

加納在描述他的多元智力理論的歷史根源時，詳述了美國第一位享譽全球的心理學者詹姆斯（William James）和在歐洲聲譽已達顛峰的佛洛伊德（Sigmund Freund）兩人於1909年在烏斯特的會面。這是佛洛伊德應當時的克拉克大學校長霍爾（G. Stanley Hall）的邀請，唯一一次造訪美國。佛洛伊德和詹姆斯的會面在心理學發展史上寫下了重要的一頁，因為它促使美國超越當時盛

行於新大陸的激進行爲主義，進而爲現代心理學的出現舖路。

加納解釋道：「結合佛洛伊德和詹姆斯，並且使他們二人分別和歐洲大陸與美國心理學主流路線分隔開來的是他們二人相信個體自我的重要性──堅信心理學的建立必須環繞著個人及其人格、成長和命運的概念。此外，他們二人都認爲自我成長的能力是很重要的，憑藉著這種能力，個人才有應付周遭環境的可能性。」[19]奇怪的是，加納並沒有提及當時另外一位在解釋人類人格及其自我成長與適應環境的能力上佔有決定性地位的學者：容格。容格當時爲34歲，是佛洛伊德的重要合作夥伴。容格不久就和佛洛伊德分道而馳，並且創造了瞭解個別差異的新方式，後來也證實，他提出的新方式對於瞭解組織行爲是彌足珍貴的。

性情與組織行爲

早期心理學盛行的看法爲，人的動機是由單一的本能所引起的。學者要面對的挑戰就是要證實這個本能。對佛洛伊德而言，這個本能就是性（Eros），它會在不同的階段展現不同的樣貌。阿德勒（Adler）認爲引起動機的本能是要獲得權力。其他人認爲社會歸屬的慾望是激發動機的主要本能。對存在主義者而言，鼓動和驅使我們行爲的力量就是想要找尋自我（Self）。「每個人都以研究本能爲目的，而且每個人都認定人具有一種主要的本能。」[20]

容格的名著則顯示事實並非如此，個體的動機是由不同的內在力量所引起，而且這些激發動機的力量因人而異。但是，容格也找出了個別差異的模式。瞭解個別差異的模式有助於在不同情況下更加瞭解他人的行爲，和預測其可能的行爲。此即瞭解人格

型式之概念的基礎。

如同較他年長而且曾經是他的老師的佛洛伊德一樣，容格也是臨床心理學家。在觀察了許多臨床實例之後，他開始思考不同人的人格應該可以根據型式來加以歸類。他將觀察所得和文獻、神話和宗教的研究相比較，發現上述想法時常爲作家和其他人類行爲的觀察者所使用。針對此一主題，他在1920年發表了一篇論文，他的學生並在1923年將之譯爲英文[21]，卻都遭到被漠視的命運。爲什麼呢？因爲「在1923年，歐洲和北美盛行其他的心理學研究取向。佛洛伊德的心理學在歐洲和美國東西兩岸蔚爲風潮，而美國內地則籠罩在行爲主義的影響之下。當時的科學界認爲容格的研究是密教式的，這種取向恰好與科學界人士採邏輯和事實的研究取向相反。」[22]

四種心理型式

容格釐清了人與人之間在人格上的根本差異之後，提出了一個對人格的簡要分析架構：人格有三個基本特質，這些特質的混合情形因人而異，不同的混合情形就出現不同的心理型式。1950年，麥爾斯（Isabel Myers）和布里格斯（Katheryn Briggs）在分析架構中增加第四個基本特質，奠定了人的四種心理型式——或者說是四種性情——的基礎。此種分析架構今日已廣爲大家所接受。

當我們談及四種心理型式時，就是在談論人們知覺其周遭世界的方式、他們是如何解讀他們所知覺到的，以及他們如何形成對其知覺的判斷——也就是說，人們內向的或外向的、感覺的或直覺的、思考的或感覺的和知覺的或判斷的程度。因此，從心理型式的觀點來看，我們所稱的環境並不是客觀獨立的實體：「眞實的」環境絕大部分是視一個人如何知覺和詮釋而定的。這對於

瞭解組織行為和後現代思想的核心信念是很重要的一點：組織生活的實體隨著觀看者所見之不同而不同。瞭解自己的性情不僅可以使人更加瞭解自己是如何「看待」和處理組織的事物，同時也給予人更加瞭解組織中的其他人的行為的能力。

人格的四種基本特質

麥爾斯—布里格斯型式指標（MBTI）是一種紙筆測驗，是用來找出人們在特定情境下做出反應時可能遵循的十六種不同的行動模式。這十六種行動模式是四種特質的組合，可用來描述一個人在應付特定情境時喜好的行為傾向。其中三種特質是容格在1920年所提出的：

◇內向—外向
◇感覺—直覺
◇思考—感覺

麥爾斯和布里格斯利用這三個特質做為建立MBTI的量尺。和其他編寫人格量表的人一樣，他們編製一些問題來測量人們的反應，並做為量尺的代表。在研究期間，麥爾斯和布里格斯提出了他們認為需要再加上去的第四種人格特質：

知覺—判斷

MBTI受到美國公司的歡迎，成為管理者想要更深入瞭解自己或其同事的評量工具。MBTI也被使用在公司的培訓課程之中，以協助公司團體瞭解如何有效的應付組織中不同類型的工作同仁。除了用來做為自我評量的工具之外，MTBI所使用的人格

特質分類也是用來分析和瞭解組織行為的一種有趣的方式。

內向—外向

　　容格「使用態度（attitude）這個名詞來形容個體發揮其精神能量的方式。他描述了兩種態度：外向的和內向的。」[23]有些人的特色是從外界接收大量的精神能量：周遭的人、事和物。這些人通常很喜愛社交，喜歡和人們談話、遊戲和工作；他們覺得和別人在一起互動不僅有趣，而且可以賦予他們活力並且使心靈電池充電。他們是外向型的人，無論在工作、遊戲或渡假的時候，他們都會被別人吸引去，並且想要加入有活動的場所。對外向型的人而言，獨自在安靜的地方工作是無聊的，獨自在圖書館做研究或自己一人對一個複雜問題絞盡腦汁等的活動，容易令其覺得疲勞和沒有精神。

　　相反的，內向型的人雖然通常也喜歡與人為伍，但是容易對社交活動感到耗費精神。內向型的人偏愛安靜，有時候甚至喜歡一個人獨處，這樣才可以使之恢復活力。

　　在探討動機時，這樣的特質——內向和外向——是很有用的，因為這樣的特質顯示了一個人如何知覺世界、從何處獲得訊息和如何判斷世界中什麼為真的根深蒂固的取向。外向型和內向型的人對同一件事的體驗不同、理解不同、反應也不同。雖然這麼說，我們也要記住，人在內向、外向的分野上，並不是非此即彼的。這個特質是用來描述人格特徵的強度；雖然我們每個人都有內向型或外向型的傾向，但是我們會發現大多數人身上都同時存在兩種態度。

感覺—直覺與思考—感覺

　　容格在描述不同型式的人對待其環境的方式時，他留意到有兩個理性官能，即思考和感覺，以及兩個非理性官能，即感覺和直覺。這些官能關係到一個人如何體驗、判斷和回應環境中的事件。通常個體會受到一個，也有可能是兩個官能所主導。茲將這四個官能的意義摘要如下：

　　理性的官能，即思考和感覺，可以評估和判斷訊息。思考是利用原則性的推理、邏輯和非個人化的分析來評估訊息和情境。做判斷的規準是足夠的資料、效度和合理性。相較之下，感覺是利用同理心和個人價值去做判斷。感覺中最重要的是判斷對他人造成的影響。感覺型的人會主觀的估算某一判斷是重要或不重要、有價值或無價值。

　　非理性的官能，即感覺和直覺，只是接受和處理訊息，而不加以評估和判斷。感覺是感受到知覺，或是感受到身體五官傳達過來的知覺。它注意到的是當下即存在的具體有形之物。感覺型的人不相信缺乏事實根據的觀念。直覺指的是經由潛意識的知覺。直覺型的知覺可以不需要有具體之物做基礎。直覺型的人可以從過去或現在直接跳至未來，而且可以知覺到不同現象間的複雜關係。[24]

知覺—判斷

　　當麥爾斯和布里格斯在發展辨認人格型式的工具時，他們增加了人們用來應付周遭世界的第四種行為特質：知覺和判斷。知

覺型的人傾向於使用感覺或直覺來瞭解環境的意義。使用思考或感覺來與環境進行互動的即屬判斷型的人。

麥爾斯—布里格斯型式指標（MBTI）

二次世界大戰之後，心理學界起了一陣異常的騷動，有許多不同於傳統之行爲主義的理論興起，容格主張有心理型式存在而且可以加以證實的見解再度受到注意。當麥爾斯和布里格斯編寫了一份可以辨認個體心理型式之具有信度與效度的簡單問卷的同時，也引起探討容格見解的可能性和應用性之普遍興趣。麥爾斯—布里格斯型式指標（MBTI）[25]根據人們在應付周遭世界時的偏好，而可以容易地利用上述四種行爲特質將人們歸類。大眾文學也提倡並鼓勵人們利用MBTI或類似問卷來測量自己的人格型式。[26]想要成爲教育領導者的人如果能夠清楚的瞭解人在世界上如何運作——一個人如何「判讀」環境及其所注意到的訊息，如何詮釋所知覺的事物——那麼，他用來對待不同型式的人的方式當然會更有效。

以不同人格型式的想法做爲透視鏡，藉此來觀看和瞭解組織中男女的行爲是個有趣的方式——許多人也發現這是有用的方式——這種方式不同於激進女性主義心理學所使用的透視鏡，激進女性主義心理學通常認爲男女的知覺和運作方式有所不同，並且根據與性別相關的文化規範來解釋男女之間的差異。正如吉利甘所清楚指出的，「心理學一直持續地和系統化地誤解女性」是毫無疑問的，包括誤解女性的動機，而且當男性看待世界的方式不同於女性時，「結論通常是認爲女性的方式是有問題的。」[27]此外，不容置疑的是，心理學對整個人格型式的概念也瞭解不多。

內向─外向

舉例來說，美國總人口中大約有百分之七十五的人被認為是外向型的，而百分之二十五的人被認為是內向型的。[28]但是，誠如吉利甘在討論心理態度的性別差異時所指出的，「在說到有所『差異』的時候，我們很難不去談及有『好』『壞』之分，因為人的心靈有建構單一標準的傾向。」因此內向─外向也有好壞之分。就像有些人認為，女性若不遵循以男性為主導的動機規範就是有問題的；[29]西方文化也還普遍認為，偏好安靜、有點孤寂和有點私人休息空間的個體是有問題的。可爾塞和貝慈注意到，「的確，西方文化似乎認可外向、喜好社交和群居的性情。任何想要或需要較多獨處的人通常會被視為不友善態度的反映。」[30]如果我們能想到，非西方文化中人們的態度比較容易支持和贊同那些喜愛從內在去尋求精神能量的人，而非那些主要是向外界尋求精神能量的人時，那麼就可以清楚的知道，容格的見解是比較正確的，也就是說內向─外向代表著一些天生態度的組合，並且會反映出學習時所遵循文化規範。舉例來說，內向型的個體也可以努力學習社會技巧和態度，期望在參與大型雞尾酒會時應對得宜。另一方面，外向型的人會專心學習「如何處理空暇時間」。兩者的差異在於，內向型的人覺得與人社交是一種酷刑，會令人感到疲倦，而外向型的人卻覺得愉悅和有趣。

一個特質，而非二選一

在思考內向─外向的態度時，必須要特別強調的是，我們是在討論一個具有兩個極端的特質：一個是內向，另一是外向。一個人的態度會傾向於其中一個極端，但是要找出一個「純粹的」型式是非常困難的。因此，內向型的人不全然是沒有與他人交際

或與他人分享的能力，而外向型的人也不是不能專注於單獨的工作或在組織的「壓力鍋」中休息片刻。這種人格型式的特質主要是在社交能力和私人領域之間求取均衡。

直覺—感覺

　　直覺和感覺是思考我們周遭世界的方式。雖然內向—外向是人與人之間的重要差異，但是和其他決定人格型式的因素相比較，直覺—感覺的差異可能是溝通出錯、誤解、誹謗、中傷和詆毀的最重要來源。「這個差異造成了人與人之間的最大隔閡。」[31]可能的原因是，這兩種接收環境訊息的方式是對立的、兩極的──而非具有連續性的。憑藉感覺獲取訊息的人無法同時使用直覺。這兩個透視世界的方式是對立的，當一個個體以感覺在瞭解這個世界，而另一個個體卻以直覺在運作時，這兩個個體就奠下了誤解的基礎。

　　感覺是感受到知覺，也就是說，經由身體接收和處理訊息時的知覺，例如，視覺、聽覺、觸覺、味覺和膚覺。感覺是真實的、較屬有形的，以及就在此時此地發生的。偏好由感覺接受訊息的人傾向於依賴事實和觀察，相信由實際經驗中學習，強調可以證明的事物，而且喜歡問：「你怎麼知道？」。

　　直覺是與感覺對立的另一極端，是蒐集訊息和瞭解我們周遭世界的一種相當不同的的方式。不同於感覺是經由身體的接收和傳達而感受到知覺，直覺是經由潛意識而知覺的。[32]依賴直覺獲取環境訊息的個體不必正確的知道訊息的基礎，就可以發展出自己的見解。他們可以很快的發現複雜情境中，要素之間的模式和關聯，雖然他們無法確定自己是如何得知的。直覺型的人能夠容易地從現在去預測未來。他們喜愛創意，並且時常透過隱喻、想像和虛構的方式表達自我。當然，許多時候他們對感覺型的同事

沒什麼耐性，並認為他們太過用功、沒有想像力。至於感覺型的人──強調要有一分證據一分話、實際、不可憑空想像──當然會認為直覺型的同事不切實際、不瞭解現實狀況。

直覺型的人對堅持要有事實根據和確切的證據沒有耐心、傾向於使用隱喻和心像、在觀察的時候常會忽略感覺型的人能立刻注意到的細節。直覺型的個體經常對感覺型的個體感到失望，他們常談及未來使一切變得更美好的可能性；容易從這個願景跳到下一個願景，在一個計畫尚未完成前就採取下一個計畫；以及討論許多關於未來和一切可能的、有創造性的與有想像力的事物。如上所述，不同心理學家的著重點是在於不同的個人特徵在動機上扮演的角色，例如，智力、人格型式和性別等等。這些個人特徵被認為是動機的基礎：藉著定義和描述所知覺和瞭解的一切，這些個人特徵相當程度的建構起個體的周遭環境；他們促使個人注意某件事而非另一件事；他們解釋個體為什麼專注於某些工作上，而對其他工作漫不經心。從個別差異的角度來看，意義是在一個人和組織環境互動時，經由思考、感覺和體驗的方式所得知的。

這些個人人格特徵究竟是天生的還是經由學習而來的？老實說，我們並不知道：對學者而言，爭論仍在持續中。然而，許多動機理論的建構是基於一個假定，而且這類的新理論每年都在產生中，這個假定就是人類普遍會對某些內在需求做出反應。

內在動機

除了強調動機因素是外在於個體（例如，獎賞和懲罰）的行為主義動機理論以外，還有兩個主要的動機論點：認知的觀點和

人文主義的觀點。此二者都將動機視爲內在的，或源於個體之內的。

動機的認知觀點

　　動機的認知觀點是基於以下的信念：人類具有一種天生內在的驅力，想要瞭解世界、知道世界的意義、取得對生活的控制權以及逐漸變成自我導向的。此一內在驅力會促使個體形成一些內在特徵，以激發和督促個體朝這些目標前進。承襲自皮亞傑（Piaget），認知觀點主張人在與周遭世界打交道時，會受到一種想要追求秩序、可預測性、合理性和邏輯性的需求所牽引。這就是皮亞傑理論的核心概念：均衡。[33]皮亞傑使用「均衡化」（equilibration）來描述追求均衡的的歷程。將均衡的想法應用至組織生活時，較會強調組織習慣上是要以發展出規律性、可預測性和可靠性做爲激發工作動機的歷程。

成就動機

　　阿特金森（John Atkinson）認爲，每個個體是由兩個經由學習而來的特徵所驅使：追求成功的欲望和避免失敗的欲望。[34]有些人追求成功的欲望高而避免失敗的欲望低（低避免），另一些人則是追求成功的欲望低而避免失敗的欲望高（高避免）。具有這兩種不同動機特質者的行爲也會明顯的不同。阿特金森的研究後來由與他長期密切合作的夥伴麥卡克利蘭（David McClelland）繼續擴展，並且在對美國公司管理人員的行爲的想法上，以及在對自由市場資本主義的企業家精神的概念化上有莫大的影響。成

就動機理論的要素就是競爭。

追求成就欲望高的人似乎在競爭中較容易獲致成功，並且對競爭抱持興致盎然的態度；而避免失敗欲望高的人容易規避競爭，並且認為競爭充滿了壓力。但是要加以釐清的是，趨近或避免牽涉到一個人的潛能：某個人在某些情境中可能會表現出高避免的行為，而在其他情境下卻又會被引發出高成就動機，而表現出高度競爭的行為。舉例來說，一位靦腆、缺乏自我肯定的年青女性會避免出現在公開場合和華麗的大型慶祝酒會，然而，她卻可能走向世界級管絃樂團的表演台中央，面對數千名聽眾，然後表演高超技巧的小提琴獨奏，即使她明知道評論家和比她資深的同儕會想盡辦法挑出她表演中的小毛病。

在關於成就的文獻中，追求成功取向者（追求成功欲望高—避免失敗欲望低）表現出超乎水準的成就、打敗競爭對手並成為贏家。在雷根和布希總統時代，美國企業家被形塑為高成功取向人物的代表：不斷的鞭策、喜愛冒險、冷酷無情、專注於達成特定的目標、趕時間、對他人不體貼。反過來說，避免失敗者（追求成功欲望低—避免失敗欲望高）的行動較具防禦性，小心翼翼的避免損失，而且常常重構情境使得失敗也可以被重新解釋為成功。

高成就欲望者在競爭中期待和品嘗成功和勝利，與其相反者則力圖避免恥辱和失敗。當追求成就者勤奮不懈地努力工作以確保成功時，避免失敗者容易採取一動不如一靜的方式或者降低期望，以便符合他們對成功的可能性的判定。但是，我們也要小心，不要隨便的推論。避免失敗者也可以努力的奮鬥，而且常常在過程中成功。柯文頓（Covington）將之形容為「對失敗的正面攻擊——藉由成功來避免失敗！……這種由畏懼失敗而驅使的成功可能是超乎想像之外。」他解釋道：「許多害怕失敗的學生最

終成為優秀的學者、畢業生代表和國家科學獎得主。不過，這些人最終雖然是名譽加身了，但由於害怕失敗才驅使他們追求成功，那可是一種非常大的折磨與考驗。個人的價值變成依靠在只許成功、不許失敗、努力不懈和不斷的過關斬將。」[35]不要忘記重點是：力圖避免失敗的人可以是，通常也是，具有高度動機的人。

關於自信、期望和抱負在動機中的角色，霍柏（Ferdinand Hoppe）在1930至1931年還是勒溫（Kurt Lewin）的實驗室助理時，做了知名的研究。這個研究阿特金森和麥卡克利蘭一定知道，柯文頓將霍柏的實驗研究描述如下：

勒溫教授在柏林的實驗室放滿了當時的各種研究用具，包括一個裝置有傳輸帶的獨特機器，其可以使許多釘子以固定速率在轉動的圓形滾筒上滾動，有點像一列鴨子排在狹長走道上。這個奇異的裝置可以解答心理學上人類如何定義成功和失敗的問題。當要判斷一個特別的成就是否成功時，很少有固定一致的標準——不像可以客觀測量的高度、重量或溫度的標準。成功和失敗對不同的人意味著不同的事物。相同的成就可以令一個人覺得驕傲，卻讓另一個人頗感自責，證實了「一個人的成功是另一個人的失敗」的道理。然而，由於人的主觀見解牽涉其中，因此判定為成功或失敗都有理，正如霍柏的實驗即將說明的一般。

霍柏請了一群地方商人和大學學生來套圈圈在移動的釘子上，他們與目標物的距離不等。他發現有些人在套中8個圈圈以後就感到滿意，而有些人在擲中12個圈圈的情況下卻表現得相當沮喪。此外，霍柏發現激起成功感覺的表現水

準，對每一個個體而言都是隨著時間而改變的。開始被判斷為成功的成績，在繼續嘗試的不久之後即可能不再被認為是成功的。

霍柏的研究揭示了一連串的重要見解。例如，對自信這一概念可以有新的意義。和成功或失敗一般，自信也是人的一種心理狀態。沒有客觀的標準可以用來計算自信。有些人可以在看起來似乎每個人都不抱希望的情境之下看到希望之光。也有其他的人，儘管事實上他們掌握了一切，卻是毫無信心。基本上，自信反映了一個人相信自己可以贏得獎項、擊敗敵人或者能夠在霍柏實驗中，投進足夠圈圈的程度。[36]

麥卡克利蘭與「資本主義精神」

在確認成就需求和避免失敗是相當穩定的人格特色，而且對預測人處在不同環境中的行為有其重要性之後，麥卡克利蘭開始將他的思想擴展到社會上和世界上各國的經濟發展之上。他的假設為：第一，具有高動機的人可以改變社會，因此第二，當一個社會倡導提昇和利用人們的成就動機時，這個社會的經濟就會成長。麥卡克利蘭相信——許多人也強烈的相信——藉著強調成就取向的價值，並且在家庭和學校裡教導此價值和教導能發展高成就動機的態度、技巧和習慣，就可以達到上述假設的目標。

因此，麥卡克利蘭將成就動機的論述應用至社會、政治，以及經濟政策的領域。舉例來說，為了將一個社會轉變成為具有高動機和「資本主義精神」的社會，即麥卡克利蘭所稱之「成就的社會」[37]，他贊成以兒童養育和學校教育做為介入的主要重點。

相信社會文化規範中的高成就動機和人民的經濟生產力之間存在著聯結關係，這樣的信念和韋伯（Max Weber）在Belle Epoch的觀察所得相當的類似。韋伯的思想信念詳載於其著作《新教倫理與資本主義精神》[38]之中。在他所處的時代中，羅馬天主教和新教在歐洲國家的人民日常生活中是無所不在的強大社會力量，同時對人民的倫理信念、兒童養育與學校教育都有很深的影響。因此，韋伯觀察到歐洲新教國家和歐洲羅馬天主教國家的生產力和經濟發展彼此不同的事實具有重要的意義。韋伯相信「新教倫理」——強調個人的誠實與獨立、拒絕私人娛樂和努力工作是天生美德的信念——可以解釋所觀察到的差異。可以想見的，韋伯這樣的觀點引起很大的爭議；然而，它也對西方關於動機是內在的或外在的此一爭議有深遠的影響。此外，麥卡克利蘭以及他的追隨者所進行的多方面研究強力支持以下的看法，即強調個人成就、努力工作和個人責任感的社會會諄諄教誨其社會成員，使他們具有這些內在特徵，最終則帶動社會的高生產力和經濟發展。的確，在我們的時代，隨著共產主義黯然的消逝，我們見證了這種思想的開展，例如，舊蘇聯帝國時期的東歐國家，藉由拋棄蘇聯式科層體制的控制和採用自由市場資本主義文化的看法、價值和工作行為，努力的在促進其社會和經濟的轉型。

在研究成就需求的動機力量之時，麥卡克利蘭發現，個體的成就需求有所不同，有些人的成就需求高，有些人成就需求低。他也發現，有些人對成功懷有恐懼感（fear of success）。霍納爾（Matina Horner）則提出了成功的恐懼與性別有關的可能性。

成功的恐懼

我們如何得知一個人的成就需求和避免失敗需求的強度呢？麥卡克利蘭所使用的基本研究技術是讓個體接受主題統覺測驗

（TAT）。測驗方式是提供受試者一張圖片或一個簡短的故事大綱，然後要求受試者寫出一個故事，或完成一個已有開頭的故事，這個故事實際上就代表受試者對圖片或故事大綱的想像。心理學家稱之爲投射技術，其概念類似知名的羅夏「墨漬」測驗。其基本的想法當然是不同的人對一個事件會「看見」不同的事物，因而說出不同的故事，正如容格所預料的一般。

成功的恐懼與性別有關

　　主題統覺測驗已經被許多心理學家使用了許多年，也累積了龐大的成果資料庫，因此可以用來分析其趨勢。一個新興的趨勢爲，「性別角色顯然是人類行爲最重要的決定因素之一；心理學家從一開始進行實證研究時就發現了性別差異。」[39]一個引起霍納爾注意的差異是，當面對具有競爭性成就的情境時，女性比男性容易體驗較多的焦慮。如前所述，麥卡克利蘭針對男性的研究已證實兩個普遍的特徵，這些特徵會影響男性在主題統覺測驗中對於所看到的圖片或故事大綱的知覺：一種是希望或期待成功，另一種是恐懼失敗。女性知覺到的會相同嗎？或者她們會有不同的知覺呢？

　　1968年在密西根大學的博士論文研究中，霍納爾證實了女性傾向於以不同的方式看待事物，並且找到了第三種動機：成功的恐懼。[40]爲什麼女性在競爭情境中會恐懼成功呢？一個答案是，女性知覺到一個男性不會體驗到的兩難的情境：成功會使得女性喪失文化上所定義的女性氣質。

　　霍納爾所使用的其中一個測驗題目是，「在第一學期終了，安娜發現她在醫學院中的成績在全班中名列前茅。」在分析過受試女性根據此一開頭來接續完成的故事後，霍納爾解釋「當成功有望的時候，受到成功所同時帶來的負面結果的威脅，年青的女性變得焦慮，而使追求成就的努力受到打擊。」[41]她的結論是，

這種成功的恐懼「是存在的，因爲對多數的女性而言，在具有競爭性成就的活動中，尤其是與男性競爭的活動中，預料中的成功也會讓女性想到預料中的一些負面結果，例如，社會的否定和女性氣質的喪失。」[42]

女性的議題嗎？

繼霍納爾的研究之後，關於在競爭中女性對成功的恐懼是女性動機的重要因素，有許多的討論。然而要說明的是，首先，成功的恐懼不限於女性。其次，成功的恐懼只不過是在討論關於競爭議題時，複雜的人際動力學中的一部分。

舉例來說，聰明的學生隱瞞學業表現是很稀鬆平常的事，通常是利用精心營造的表現來避免被同儕視爲「聰明蛋」，其實他們在學校的競爭性環境中表現的很好。隱瞞對這些聰明的學生而言是最普通的策略。他們會騙說他們還沒唸完書，會一直表現在水準之下，以避免超越其同儕成爲贏家。事實上，學生要在內心保持自己是聰明的感覺，又要避免在他人眼中表現突出的一個方式是少努力。如此一來，如果遭遇失敗時，沒有盡力的藉口是要比沒有能力來得感覺好多了。[43]

人文主義的觀點

動機的認知觀點是認爲我們的動機是由內在所引起的，據此去瞭解所知覺到的世界的意義、行使對我們生活的控制權和變成內在導向的，而人文主義的動機觀點則認爲，不斷成長和發展、培養自尊和滿足人際關係的個人需求是最大的驅動力量。這個觀點是「想要瞭解我們內在的歷程——包括：我們的需求、欲望、

感覺、價值和特殊的知覺方式，以及瞭解我們行為的原因……這就是教師在協助學生看清他所學到的與他個人之間的關聯性時所要做的事。」[44]

所以，動機是內在的——不是加諸於我們身上的事物——而且要強調培養一種人類生而即有的傾向，即持續成長、發展和成熟，並且可以因為新經驗而使發展更加豐富的傾向。因此，人是處於不斷改變的歷程之中的。在此觀點之下，缺乏動機的人是不存在的。如卡姆斯（Arthur Combs）所言，「人們總是有動機的；事實上，他們不會有缺乏動機的時候。他們或許沒有動機去做我們要他們做的事，但是說他們缺乏動機絕對是不正確的。」[45]對教育局長最近倡導的課程和教學改革表現得興趣缺缺的資深教師，常常被人以「枯木」和「倦怠」的字眼描述，也常常被鎖定為「除之而後快」的對象，這種教師不是缺乏動機：這種教師或許是無法被激發起動機去做教育局長所希望的事，但更可能的是，覺得被要求去做的事與其內在的自我實現感沒有相關。

馬斯洛：動機為一種需求層次

瞭解人類動機最有效的一個方式是由馬斯洛（Abraham Maslow）所發展的，不像與他同時代的實驗心理學家，他是研究人們生活中表現出來的動機模式。他相信人是由內在力量所驅動，而去發揮所有的成長潛能。這個最終的目標有時被稱為self-fulfillment，有時被稱為self-realization，馬斯洛則將之稱為自我實現（self-actualization）。有些人——如羅斯福總統（Eleanor Roosevelt）、傑弗森總統（Thomas Jefferson）和愛因斯坦（Albert Einstein）等，在生命進程中都達到了自我實現，大多數的人雖沒有達成，但都朝著這個方向努力。

馬斯洛理論的精髓在於需求層次：人類需求是由求生存開

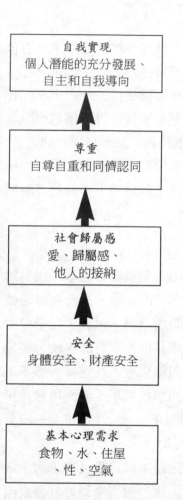

圖4.1 馬斯洛動機理論中的需求層次

始，然後開展成有次序的階層模式，使我們朝向繼續的成長和發展。[46]需求層次如（圖4.1）所示。優勢（prepotency）是馬斯洛的術語，用來描述一個人在較低需求沒有先被滿足前，較高的需求是不會引起其動機的。舉例來說，我們的需求都是由生存需求出發，求生存的基礎是食物、水、衣服和住屋。下一個較高的需求

是安全：免於生理和心理傷害的恐懼。然而，生存的需求具有優勢：一個人在生存需求未被滿足前，不會注意到安全需求。在本書撰寫期間，這個模式每天都在像薩拉耶佛這樣的地方上演，在那裡，狙擊兵慣例上都將注意力放在載水車和排隊領麵包的隊伍上，以槍殺那些冒著生命安全要取得食物和水以維持生命的人。

當安全需求被滿足後，個人會尋求依附：歸屬感、他人的接受、愛。當一個人的歸屬需求被滿足後，就會被下一個較高階層的需求所驅使，即自尊自重的需求：他人的認可和尊重。

匱乏需求和成長需求

馬斯洛的需求層次中較低的四個需求稱為匱乏需求，因為這些需求的匱乏會引起人們想要去滿足它們的動機，以及在匱乏被滿足前，人們很難對較高層次的需求有所反應。因此，在學校中感到不安全的教師不可能有動機去尋求其他教職員的接納，或是尋求別人的認可或贊同。從馬斯洛的觀點來看，在這種情形下，想嘗試創造一個較有支持性、接受性的學校氣氛或者使用參與決定的方法可能會有問題，如果前一個需求——安全需求——沒有先被滿足的話。

較高層次的需求稱為成長需求，它是不同於匱乏需求的。成長需求不可能被完全滿足：舉例來說，當一個人學到並且發展出對美學欣賞之後，成長需求並未獲得滿足，反而是擴增了。音樂迷永遠不會對美妙的音樂感到厭煩，反而會研究的更深入、蒐集更多的唱片和不停的參加音樂會，總是努力想提昇瞭解的深度和廣度以及提昇欣賞的水準。南北戰爭迷的好奇心不會因讀了一本書或拜訪了一、二個戰場而感到滿足，他們很快地會利用週末和休假時間去參加研討會、到歷史據點去旅遊，並且以無窮盡的精力去探索和瞭解。

由於成長和自我發展需求是會擴展的，我們可以瞭解為什麼

許多受到成長需求激發的人對知識的追求永遠不會感到知足。有些人發展了廣泛的興趣，而有些人則對少數的興趣進行深入的探究與瞭解。於是，對成長需求的回應乃是更多的成長；而個人成長的循環似乎是永無止境的。

這是和行為主義觀點截然不同的動機觀點，行為主義的觀點主要是強調獎賞和懲罰的控制：以新年度的薪水調漲和最終不甚豐厚的退休金做為對一位「好」教師的獎賞；以降級或解聘做為對一位「壞」教師的懲罰。需求層次的動機觀點認為可以在教師和校長本身與相互之間形成巨大的心理能量，此能量並且具有隨著時間而擴展和增加的可能性：首先，要滿足他們的匱乏需求，其次，要鼓勵他們的成長和發展需求。此即在學校創造可以促進成長的環境，以做為組織引起參與者動機之方法的要旨。

在工作動機上的應用

波特（Lyman Porter）採用馬斯洛需求層次理論中創造可以促進成長環境的概念到工作組織中。[47]其研究如（圖4.2）所示。根據波特的觀點，馬斯洛的需求層次應用到組織環境中，如果增加一個階層叫做自主性，就會更加完美。[48]個體的自主性需求是指參與與其本身相關之決策，能對工作情境發揮影響力，對相關工作目標的確立有發言權，以及有做決定的權利和獨立進行工作的自由。利用波特需求層次的概念，可以相當容易的看出工作組織，例如，學區、學校和高等教育機構，要透過何種方式來滿足人們的這些動機需求。

波特接下來進行這類有趣的研究，他的研究是採用這一思考路線的研究的代表。他所欲探究的管理人員的特徵包括：

1. 管理的工作實際上，能滿足他的需求層次（不管是哪一層次）的程度。

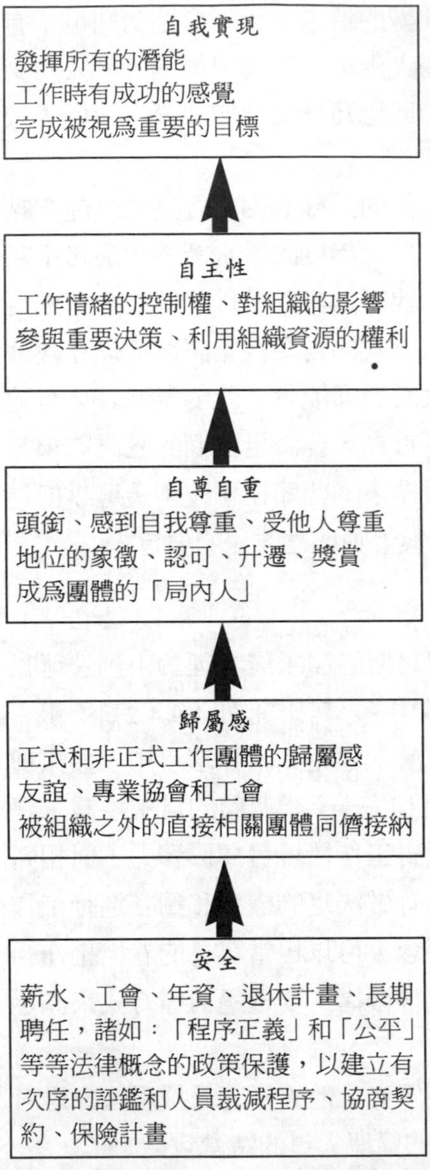

自我實現
發揮所有的潛能
工作時有成功的感覺
完成被視爲重要的目標

自主性
工作情緒的控制權、對組織的影響
參與重要決策、利用組織資源的權利

自尊自重
頭銜、感到自我尊重、受他人尊重
地位的象徵、認可、升遷、獎賞
成爲團體的「局內人」

歸屬感
正式和非正式工作團體的歸屬感
友誼、專業協會和工會
被組織之外的直接相關團體同儕接納

安全
薪水、工會、年資、退休計畫、長期
聘任，諸如：「程序正義」和「公平」
等等法律概念的政策保護，以建立有
次序的評鑑和人員裁減程序、協商契
約、保險計畫

圖4.2 波特的工作動機階層模式

2.管理者認爲其工作應該可以滿足的需求層次的程度。

第一個問題（需求實際上被滿足的程度）和第二個問題（工作應該可以滿足需求的程度）的差異可以用來評量個人體驗到的需求滿意度，或者個人知覺到的需求匱乏度。諸如此類的研究被廣泛的用來瞭解需求滿意度和／或需求匱乏度以及人們之工作表現的關係。[49]

因爲這類研究「主張人類行爲是以實現未被滿足的需求爲目標取向的，個體需求的滿意度應該與其工作表現有關。而且，如馬斯洛的理論所預期的，與能立刻被滿足的較低層次需求相比，較高層次的需求和工作表現的關係更爲密切。」[50]從這類的許多研究中可以獲得的一個通則爲，人類行爲是視情境而定的。也就是說，當時機良好而工作很多的時候（例如，1950年代的美國公立教育），這類研究不容易找到低層次需求（例如，安全和心理需求）的重要性，因爲它們不是現實生活中重要的一部分。但是當就業不穩定的時候，較低層次的需求和工作滿意度的關係就顯得較爲密切。對於意圖找出關於人類動機的普遍性解釋的人而言，這個簡直是普通常識的發現是頗令人感到不知所措的。

假定教師爲一個團體，以僅只適用於該團體的特殊需求來誘發該團體的所有教師的動機，這種看法恐怕是不切實際的，因爲教師之間存在著迴然不同的變異性。這不同的變異性使得前述的假定無法成立。每個教師都有不同的變異性，例如，生活和生涯目標、家庭和財務的責任等。此外還有隨情境不同的偶發事件；在大衣可能被偷過，或被搶劫過，或有被強暴之危險的學校工作的教師，他們的需求傾向必然和在較安全環境下工作的教師不同。在此要強調的重點是，對於想要描述、解釋和預測教育組織中人們行爲背後的需求誘因而言，情境偶發事件有著關鍵性的重

要功能。

謹記著這一點之後，我們應該想想薩傑歐瓦尼（Thomas Sergiovanni）和相關人員所發表的研究，此研究是企圖找出「就需求層次而言，教師是位在那一層。我們必須知道他們的需求層次」[51]，最簡單的理由是，根據需求層次理論，我們無法藉由提供更多的自主性來引起缺乏安全感教師的動機，或者反過來說，我們無法藉由提供安全來引起想要追求自主性的教師的動機。或許更糟的是以下的可能性，「新上任的學校行政人員高估教師的現行需求層次，而以超乎其需求的參與式、自我實現式的行政管理而嚇走教師，或是不同行政人員因為低估教師的現行需求層次，而使教師工作無法達到有意義的滿意感，這兩種行政人員都是沒有效能的。」[52]為了使所謂教師的「現行需求層次」受到重視，薩傑歐瓦尼及其同僚進行兩個研究：一個研究的對象是紐約州北部市郊學區的教師和行政人員，另一個研究的對象是伊利諾州三十六個高中的教師。

這兩個研究有兩個重點：以蒐集資料的工具和分析資料的技術來展示有系統的研究教育組織中與動機相關之重要情境偶發事件的新方法；以及從研究樣本身上得出的結果來提供了一些有用的看法。[53]一般而言，「自尊的需求對這些專業人員而言，似乎是現行需求層次中最匱乏的需求。大量匱乏的還包括自主性和自我實現的需求，而當教師自尊自重的需求得到滿足之後，自主性和自我實現需求的匱乏情形就加大了。」[54]換句話說，這兩個研究顯示（指當時研究的母群體）教師──整個視為一個團體──較低層次的需求均已獲得滿足；以及普遍準備好要對較高層次的需求做回應。他們感到相當安全並且和同儕交往相當密切，因此再提供這些誘因不可能促進動機。但是，如果教師有機會讓他們對自己感到更好，以及有機會在做決定的歷程上發揮更大的影

響，這些機會就可能引起其動機。但是研究樣本並非整體齊一的：研究者指出有年齡上的差異（在此情況下，年齡可能是個體在某一個生涯發展階段的指標）。舉例來說，他們發現較年輕的教師（即二十至二十四歲）似乎較關注自尊的需求。另一方面，稍微年長的教師（從二十五至三十四歲）顯示出各種層次動機需求都沒有得到滿足。可以想見的是，這年齡恰好是教師面臨瓶頸的生涯階段：對多數教師而言，再過幾年就沒有什麼專業成長和顯著成就的機會。然而，或許更令人困擾的是有些關於資深教師（四十五歲及以上）的發現。乍看之下，資料似乎意味著資深教師沒有需求的匱乏；這一點容易使人認為在教師生涯的最後幾年，教師在動機需求層次的各方面都頗為滿意。然而當研究者檢視這個現象時，似乎有了完全不同的解釋：資深教師「隨著時間的流逝並沒有獲得較多的需求滿足，而是期望較少。期望的標準似乎隨著年齡而有相當程度的降低。教師變得比較「實際」或安於現實。」[55]

　　實際上，這些研究發現對關心改善公立學校效能的人有很大的意義。這對於工作保障、薪資和利益——雖然和教師密切相關——不具有引發教師動機的可能性的看法提供了強力的支持。很清楚的，對教師而言更大的動機需求似乎是獲得自我的專業價值感、勝任能力和尊重的感覺；逐漸的被視為有成就的人、在工作場所有影響力的專業人員、有機會發展更佳能力和成就感的人。但是在今日，公立學校中充滿了教師與管理階層的強烈對立感（逐漸的，高等教育機構亦然），許多學校的組織階層似乎不怎麼支持去滿足這些教師的需求。事實上，多數學區在這一點上的協商姿態顯得非常具有防禦性，將教師獲取發展自主性和參與決策的機會和增加影響範圍的機會都視為管理權威和特權的喪失。

　　同樣的，對學校效能的信心的普遍喪失導致接二連三的行

動，這些行動直接影響教育組織在促進工作動機的環境上。從整體社會政策的角度來看，削減員額、刪減預算、強制的能力測驗、立法通過的學校改革和聯邦政府的大量干預地方學校層級等都有值得讚佩的意圖。但是，就馬斯洛需求層次的動機理論應用至學校工作人員的組織行為時，上述的方式容易產生可怕的後果。

赫茲柏格的二因素動機理論

二因素動機理論主張，動機不是像需求層次般的單一面向即可加以描述的，而是由兩個分開獨立的因素所組成的：

1.激勵因素（motivational factors）：激勵因素可以促成工作的滿意。
2.維持因素（maintenance factors）：維持因素必須足夠，激勵因素才會發揮作用；如果維持因素不足，則可能妨礙動機，而造成工作的不滿意。

赫茲柏格（Frederick Herzberg）的研究是在馬斯洛之後約十二年左右才開始的，對世界上的管理理論有廣泛的影響，尤其是盈利性組織。他是以系統化的研究工作人員做開始，再提出一個有實證基礎的理論，而不是使用「紙上談兵」的研究方法。在赫茲柏格的研究中，他要求人們回想以下兩種情境：在過去的特定時間，對工作感到滿意的時候；以及對工作感到不滿意的時候。[56]他們的回答在經過分析後發現有二個特定的因素叢集，一種因素叢集是與工作時的動機和滿意度有關的，另一種是與不滿意和冷漠有關。比起其它的工作動機理論，或許是赫茲柏格的理論引發最多的後續研究，最常被討論到，而且可能是最廣泛的應用到

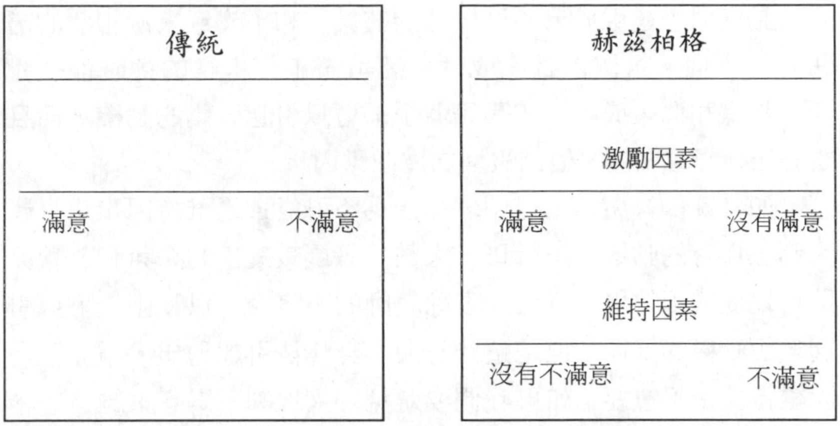

圖4.3 傳統上工作滿意—不滿意的概念與赫茲柏格概念之對照

複雜的組織之中。

　　傳統上相信，與工作滿意相對的是工作不滿意；因此，從工作中去除不滿意的來源，就可以使工作變得有激發性和令人滿意。但是，赫茲柏格認為並非如此，與滿意相對的是沒有滿意（見圖4.3）。因此，去除不滿意的來源或許可以安撫、鎮靜和減低員工的不滿意，但是不滿意的降低不代表可以引起員工的動機或是可以促成工作滿意。舉例來說，薪資、津貼、監督方式、工作條件、工作團體的氣氛和管理階層的態度和政策可能是不滿意的來源。然而，如果改善薪資津貼袋、工作條件以及發展較人性化、關注的管理，則可以期望不滿意度會降低，但是不能期望可以藉此方法引起員工的動機。像這類的條件綜合起來可稱為「保健」因素。選用這個術語是因為——至少對赫茲柏格而言——他們具有預防的特質。然而後來漸改稱為「維持」因素，此即本書所採用的稱呼。

動機似乎是源於另一群條件的叢集，和不滿意來源相關的叢集有所不同。舉例來說，成就、認可、工作本身的挑戰性、責任、昇遷和個人或專業成長等似乎都可以引起人們的動機，而且也和工作滿意相關。他們被稱之為激勵因素。

如（圖4.4）所示，這個理論認為不可能透過維持因素來引起人們工作時的動機。降低班級人數、發展較友善的氣氛和改善津貼可以促成兩件事：降低或去除教師的不滿意，以及創造可以引起教師動機的條件。但是這些努力本身無法引起動機。這並不是說維持因素不重要：如果我們要避免一大堆的不滿意，維持因素就要保持在最低水準以上，否則激勵因素就無法達到期望中的效果了。例如，不能維持教師認為合理的薪資標準或者對工作保障的威脅都可能造成不滿意，而使得教師無法對專業成長的機會、成就或認可產生反應。因此，雖然維持因素本身不能引起動機（或者不能促成工作滿意），但他們是動機的必要的先決條件。

二因素理論的一個重要概念是，人們傾向於將工作滿意視為和內在因素相關，例如，成功、工作的挑戰、成就和認可等，而將工作不滿意視為和外在因素相關，例如，薪資、監督和工作條件等。換句話說，他們將激勵特徵歸因於本身，而將不滿意歸因於組織。在此脈絡之下，赫茲柏格提出三個主要觀念給那些想要運用其理論的人：

1.**工作豐富化**，這是指以能夠促進個體動機潛能的方式重新設計人們工作的內容，包括讓工作更有趣、更有挑戰性以及更值得去做。
2.**增加工作的自主性**。要特別注意的是，在此不是建議以給予員工完全的自主，而是自主性的增加。特別是參與有關如何完成工作的決定。

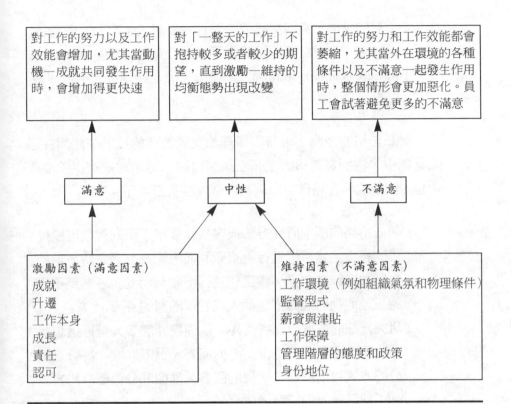

對工作的努力以及工作
效能會增加,尤其當動
機一成就共同發生作用
時,會增加得更快速

對「一整天的工作」不
抱持較多或者較少的期
望,直到激勵一維持的
均衡態勢出現改變

對工作的努力和工作效能都會
萎縮,尤其當外在環境的各種
條件以及不滿意一起發生作用
時,整個情形會更加惡化。員
工會試著避免更多的不滿意

滿意　　　中性　　　不滿意

激勵因素(滿意因素)
成就
升遷
工作本身
成長
責任
認可

維持因素(不滿意因素)
工作環境(例如組織氣氛和物理條件)
監督型式
薪資與津貼
工作保障
管理階層的態度和政策
身份地位

圖4.4 赫茲柏格激勵一維持因素理論的模式

3. 超越傳統上強調維持因素的人事管理。人事管理的焦點應
　該在於提昇工作中的激勵因素。根據此觀點,學區內人事
　管理幾乎毫無例外的著重在像契約管理、篩選一聘任一評
　鑑一解聘的例行事務和教師檢定與退休計畫的細節等這一
　類的事情上,這樣的學區是注意到了重要事情,但卻不是
　可以引起動機的事情。由於許多學區現有的平常預算有百
　分之八十或者更多是直接用在薪資和相關項目上,看起來
　人事運作應該更著重在創造或重新計畫工作,以引起現職

人員的動機，進而提昇學區人員的效能或生產力。對許多人而言，就是這種觀點奠定了「人力資源管理」（human resources administration）的概念，這是與傳統人事管理觀點有所分野的。

赫茲柏格的激勵—維持因素理論受到廣泛的接納並應用在組織管理中，特別是美國的工商企業。同時，這個理論提供重要學術論辯的基礎。在論辯中出現的四個主要批評如下：

1. 赫茲柏格的基本研究方法很容易就設定了研究對象可能提供的答案。當事情進行得很順利而人們覺得滿意時，他們會將功勞歸於自己；當工作進行不順利而受訪者感到不滿時，他們則將過錯推到他人或管理階層的身上。

2. 研究方法的信度也受到質疑。研究設計需要大量經過訓練的人員去劃記和解釋受訪者的回答。很明顯的，評分員評分的方式有所不同，同樣的回答，兩個評分員劃計的方式卻不同（所謂的評分者信度）。

3. 該研究沒有預想一個人可能只從其工作中的某一部分獲得滿意的可能性。

4. 該理論的假定是，效能和工作滿意之間存在直接的關係；然而研究只討論滿意和不滿意，並沒有將滿意或不滿意和受訪者的效能（或生產力）做相關討論。

前三個批評純粹反應出研究設計的典型問題，該問題為我們針對行為的觀察究竟能推知多少行為的起因。這些批評提供了論辯的基礎，但是事實上，赫茲柏格的研究——經過二十年文獻的探討之後——我們必須加以接受，而且該理論還是此中的佼佼者。但第四個批評就不是那麼簡單了。

關於工作滿意與工作效能的關係的研究文獻，存在一個雞生蛋或蛋生雞的問題。大致來說，具有人際關係取向的研究者傾向於認爲滿意的員工可能較有生產力。然而，赫茲柏格屬於另一類學者，他傾向於認爲對工作的滿意是源自於工作本身，或者更精確的說，工作滿意是來自於對工作的成就。這個領域有大量的研究文獻；因爲方法論的問題和意識型態的紛歧，所有的結果都不具說服力。反過來說，支持不滿意的員工來得較有效能的研究非常少。因此，問題仍繞著滿意的來源打轉（也就是說，維持因素或激勵因素）。赫茲柏格的理論在學校情境中已被測試過無數次，而且——至少在這種組織環境中——好像是支持此一理論的。

沙維奇（Ralph Savage）利用訪談獲得喬治亞州的教師的資料，他指出赫茲柏格的理論一般說來是得到支持的，[57]而韋克斯壯（Rodney Wickstrom）對加拿大薩克其萬省的教師所做的研究也同樣支持赫茲柏格的理論。[58]施密特（Gene Schmidt）針對芝加哥市郊學區132所的高中校長進行研究，也發現二因素理論顯然受到這些學校行政人員的強力支持，亦就是說「認可、成就和昇遷是促成他們發揮最大潛能的表現的主要動機力量。」[59]從運作的觀點來看，研究者的結論是「對於想要有創造性、實驗新教育計畫和探究不同教育措施的行政人員而言，鼓勵和支持是需要的，他們才能有更多獲得成就的機會。」[60]

在1960年代末期，薩傑歐瓦尼仿照赫茲柏格的研究對教師進行研究後指出，二因素理論是獲得支持的。[61]他的發現爲，成就和認可對教師是非常重要的激勵因素，此外還有工作本身、責任和成長的可能性。所指出的不滿意因素（不令人感到意外的）是例行的事務、出席、文書工作、午餐責任、不體貼或不適當的視導、令人生氣的管理政策和與同事及／或家長之間的不良關係。

薩傑歐瓦尼強調，昇遷在研究私人企業時經常是重要的激勵因素，但在教師的研究中卻不存在。對於這一點，他觀察到「教師沒有提到昇遷是因為教書這個職業，能提供的昇遷機會很少。如果一個人希望在教職中昇遷，他必須放棄教書而選擇相關的教育專業，例如，行政管理、視導和諮商。」[62]

對赫茲柏格之二因素理論的評論

赫茲柏格的二因素動機理論是透過實徵研究發展出來的，其研究要求人們描述工作生活中有關動機和工作滿意的重要事件。隨後，這個理論獲得許多以相同研究方法進行的其他研究的支持。總括來說，這些研究強力地支持二因素理論的概念。然而，令有些研究人員感到困擾的是，使用其他方法的研究通常無法提供實徵性的資料來支持這個理論。

然而赫茲柏格的理論仍有廣泛的影響力，通常是出現在工商業和教育的文獻中。雖然有些人提倡揚棄二因素理論，採用較新且較複雜的期望理論，但是二因素理論用來解釋工作場所中的動機仍然具有說服力。

結合赫茲柏格和馬斯洛的理論

我們已經指出馬斯洛的需求層次理論和赫茲柏格的激勵—維持因素理論的一些根本差異。主要的差異在於馬斯洛將每一個需求視為潛在的動機因素，人類需求的範圍具有優勢階層的次序；而赫茲柏格主張只有較高層次的需求才是動機因素（將較低層次的需求概念化為維持因素）。另一個差異為——或許不是立刻就可以看出的—— 馬斯洛的是人類動機的一般理論，如羅賓斯

（Stephen Robbins）所言，這個理論關注的是「個人一天二十四小時的需求」[63]；而赫茲柏格則是專門要闡述工作場所中的動機議題。

　　無論如何，如（圖4.5）所示，這兩個理論的比較顯示其基本上是高度相容的，也就是能相互支持的。我覺得（如圖4.5所示）波特的需求層次模式可以拿來做比較，理由很簡單，因爲最基本的心理驅力，例如，食物、水和空氣的需求，和美國教育組織中工作時的行爲動機沒有太大干係。即使如此，我仍同意羅賓斯所言：

> 馬斯洛階層論中，較低層次的需求相當接近於赫茲柏格所描述的維持因素。薪資、工作條件、工作保障、學區政策和管理以及視導一般來說是生理和安全取向的需求。相對的，認可、昇遷、責任、成長、成就和工作本身等內在動機因素則和尊重和自我實現的欲望密切相關。整合後的模式也指出，組織傳統上都強調較低層次的需求。如果要引起員工對其工作的動機，行政人員必須要採取必要的改變，以激發工作本身具有的動機因素。[64]

結論：普遍原則

　　要引起學校工作人員的動機不是件簡單的事，而且也不能化約成簡單的、機械性的程序。激發動機歷程中的兩個因素，即個體特有的人格和組織環境的特色，都是複雜的，而且其相互作用的本質至今仍未被完全地瞭解。因此，學校的行政人員不能以格

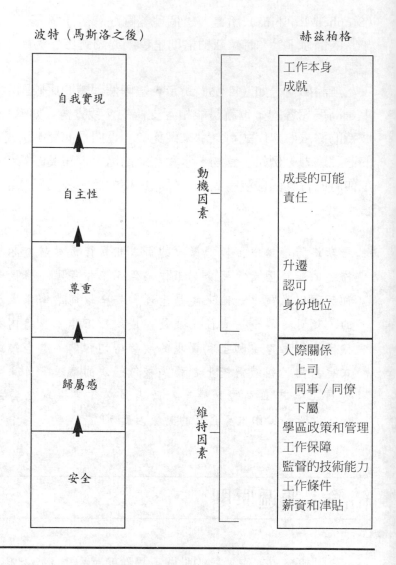

圖4.5 需求—優先模式與激勵—維持因素模式之比較

言教條或簡單的化約主義的方式來進行，而必須採明智的觀照全盤的方式進行，以將這些複雜的變數納入考量。以下是採用這種方式進行時的一些實用原則：

1.個體的動機不是純粹由其本身內在的知覺、需求和特徵所引起的，也不是純粹由外在的要求、期望和環境條件所引起的，而是由兩者的交互作用所引起的：公式為 $B = f (p \cdot e)$。

2.教育領導者或行政人員是組織環境的重要部分，組織成員會和他們互動，因此在決定成員動機的本質和特色上，教育領導者或行政人員是很重要的。

3.短期的行為改變可以藉由高度控制的策略達成，例如，嚴屬懲罰的威脅、實質獎賞的承諾和強迫式的競爭等，但是不應該將這些和動機混淆。當危急情境中需要立即的行動時，這種直接強迫的激發動機方法或許在促成行為的改變上有用，譬如說，教師的表現非常令人無法接受，而學校等不及採取矯治行動的時候。的確，在這樣的情況下，採取控制的策略可能是有效的，亦即給予教師在工作上獲得足夠的成功機會，以使他能夠發展出比求生存更高層次的動機需求。然而，即使是立意良好，但當高度控制的策略一直持續到使人感到壓迫、恐嚇和操縱時，成員就容易失去興趣，甚且還會發展出與組織相牴觸、而且屬於他們自己的動機性目標和策略。[65]

4.要誘導和維持組織成員動機之長期發展需要一個協助性的方法，即鼓勵和支持成員的努力，使他們覺得其工作環境、個人目標、情感和信念的成長和發展都是受到支持和鼓勵的。例如，協助的方法之一可以是鼓勵組織成員朝向馬斯洛更高層次的需求階段去發展，以讓所有成員發揮潛能，使他們邁向自我實現。

5.一個在教育組織中可以增進動機的策略是改變 $B = f (p \cdot e)$

公式中的環境因素，也就是創造可以促進成長的環境。這一點和組織文化和組織氣氛有關。就是在此領域裡，教育領導者成爲組織環境中的關鍵角色。接著在第五章，我們將討論焦點放在促進成長的環境的創造。

建議讀物

Benfari, Robert with Jean Knox, *Understanding Your Management Style: Beyond the Myers-Briggs Type Indicators.* Lexington, MA: D.C. Heath and Company, 1991.

本書應用四種理論取向以瞭解一個人本身的人格結構：麥爾斯—布里格斯型式指標，係直接引用容格的人格理論；引起你動機的需求；你所採用的衝突管理方式；以及你所採用的權力種類。本書強調認清你自己人格特徵的重要性，如此才能發揮你的長處。這是一本自己動手做的書，可以進行自我測驗。本書同樣具有學術性、影響力和可讀性。

Covington, Martin V., *Making the Grade: A Self-Worth Perspective on Motivation and School Reform.* New York: Cambridge University Press, 1992.

雖然本書的焦點在於教室中學生的動機，而非教育組織中工作成員的動機，但是其中的討論富有資訊性和激發性，能給予對教育中組織行爲有興趣的人許多啓示。利用阿特金森（Atkinson）和麥卡克利蘭（McClelland）的研究，柯文頓（Covington）以這樣的命題做開始：「每一個成就情境同時意味著成功的希望和失敗

的威脅。也就是說，成就情境在某種程度上代表追求成功─避免失敗的衝突。」（頁32）在追求成功─避免失敗的動機衝突的糾結下，許多學生淪落到掙扎的地步以避免在學校中失敗，但也反映出個人對本身價值的看法。對教育領導者而言，本書具有學術性，但也有高度實用價值。

Gilligan, Carol, *In a Different Voice: Psychological Theory and Women's Development*. Cambridge, MA: Harvard University Press, 1982.
在本書的封套上，柯柏格（Lawrence Kohlberg）說：「吉利甘（Carol Gilligan）相信心理學長期以來一直誤解了女性──她們的動機、她們的道德心、她們的心理成長進程。」吉利甘探討了這幾個面向，並且描述其研究發現的意涵。本書是女性心理學領域最常引用的著作之一。

Keirsey, David and Marilyn Bates, *Please Understand Me: Character and Temperament Types*. Del Mar, CA: Prometheus Nemesis Book Company, 1984.
本書解釋容格的心理型式，並且提供實用的字彙與術語，以將容格─麥爾斯的不同型式概念應用至組織中的工作上。正如書名所表示的，本書重點在說明以不同方式知覺和反應外在世界的人之間經常發生的溝通的誤解和溝通管道的阻塞。讀者可以自行做第5-13頁的可爾塞性情種類（Keirsey Temperament Sorter）測驗，從而得知自己的心理型式。

註釋

1. Harry Levinson, *The Great Jackass Fallacy* (Boston: Harvard University, 1973).
2. 轉引自William Dowling, ed., *Effective Management and the Behavioral Sciences* (New York: AMACOM, 1978), p. 44.
3. George C. Homans, "The Western Electric Researches," in *Human Factors in Management*, ed. Schuyler Dean Hoslett (New York: Harper and Brothers, Publishers, 1951), p. 211.
4. 同上註，p. 211.
5. 同上註，pp. 214-15.
6. 同上註，p. 217.
7. 同上註，p. 217.
8. Paul Hersey and Kenneth H. Blanchard, *Management of Organizational Behavior: Utilizing Human Resources*, 3rd ed. (Englewood Cliffs, NJ: Prentice-Hall, 1977), p. 46.
9. David Keirsey and Marilyn Bates, *Please Understand Me: Character and Temperament Types* (Del Mar, CA: Prometheus Nemesis Book Company, 1984), p. 2.
10. 同上註，p. 2.
11. 同上註，p. 2.
12. Howard Gardner, *Frames of Mind: The Theory of Multiple Intelligences* (New York: Basic Books, 1983), p. 25.
13. Howard Gardner and Thomas Hatch, "Multiple Intelligences Go to School," *Educational Researcher*, 18, 8 (1989), 4-10.
14. Gardner, *Frames of Mind*, p. 206.

15.Norman Mailer轉引自Benjamin Lowe, *The Beauty of Sport: A Cross-Disciplinary Inquiry* (Englewood Cliffs, NJ: Prentice-Hall, 1977), p. 255.

16.Gardner, *Frames of Mind*, p. 239.

17.同上註。

18.同上註，pp. 324-25.

19.同上註，p. 238.很明顯的，直至1983年之時，加納及他的出版商對今日盛行的無性別差異的寫作格式都不甚重視。（譯者註：指原引述文字中的稱呼均爲男性，不若當今的行文格式是以男女並稱或是無性稱呼，例如his/her，或their）

20.Keirsey and Bates, *Please Understand Me*, pp. 2-3.

21.Carl Jung, *Psychological Types* (Princeton: Bollingen Series, 1971).

22.Robert Benfari with Jean Knox, *Understanding Your Management Style: Beyond the Myers-Briggs Type Indicators* (Lexington, MA: Lexington Books, D.C. Heath and Company, 1991), pp. 4-5.

23.同上註，p. 6.

24.同上註，p. 8.原文即爲斜體字。

25.出版商爲Center for Applications of Psychological Type, P.O. Box 13807, Gainesville, FL 32604.

26.在以下兩本書中均有提及：Benfari, *Understanding Your Management Style*與Keirsey and Bates, *Please Understand Me.*

27.Lawrence Kohlberg在Carol Gilligan, *In a Different Voice: Psychological Theory and Women's Development* (Cambridge, MA: Harvard University Press, 1982)一書的封套上所言。

28.Keirsey and Bates, *Please Understand Me*, p. 16.

29.Gilligan, *In a Different Voice*, p. 14.

30.Keirsey and Bates, *Please Understand Me*, p. 16.

31.同上註，p. 17.

32.Benfari, *Understanding Your Management Style*, p. 8.

33.Jean Piaget, "Problems in Equilibration," in *Topics in Cognitive Development: Vol. 1. Equilibration: Theory, Research and Application*, eds. Marilyn H. Appel and Lois S. Goldberg (New York: Plenum Press, 1977), pp.3-13.

34.John W. Atkinson and George H. Litwin, "Achievement Motivation and Test Anxiety Conceived as Motive to Approach Success and Motive to Avoid Failure," *Journal of Abnormal and Social Psychology*, 60 (1960), 52-63.

35.Martin V. Covington, *Making the Grade: A Self-Worth Perspective on Motivation and School Reform* (Cambridge: Cambridge University Press, 1992), p. 89.

36.同上註，p. 26.

37.David C. McClelland, *The Achieving Society* (New York: The Free Press, 1961).

38.Max Weber, *The Protestant Ethic and the Spirit of Capitalism*, trans. Talcott Parsons (New York: Scribner, 1930).原書為德文，1904年出版。

39.David C. McClelland, *Power: The Inner Experience* (New York: Irvington, 1975).

40.Matina S. Horner, "Sex Differences in Achievement Motivation and Performance in Competitive and Noncompetitive Situations." (博士論文，University of Michigan, 1968). University Microfilms #6912135.

41.同上註，p. 171.

42.同上註，p. 125.

43.Jonathan Brown and Bernard Weiner, "Affective Consequences of Ability Versus Effort Ascriptions: Controversies, Resolutions, Quandries," *Journal of Educational Psychology*, 76, 1984, 146-158.

44.Don E. Hamachek, "Humanistic Psychology: Theory, Postulates and Implications for Educational Processes," in *Historical Foundations of Educational Psychology*, eds. John A. Glover and Royce R. Ronning (New York: Plenum Press, 1987).

45.Arthur Combs, "Motivation and the Growth of Self," in *Perceiving, Behaving, and Becoming: Association for Supervision and Curriculum Development Yearbook* (Washington, DC: National Education Association, 1962), pp. 83-98.

46. Abraham Maslow, *Motivation and Personality*, 2nd. ed. (New York: Harper & Row, 1970).

47.Lyman W. Porter, "A Study of Perceived Need Satisfaction in Bottom and Middle-Management Jobs," *Journal of Applied Psychology*, 45 (1961), 1-10.

48.同上註。

49.例如：Edward E. Lawler III and Lyman W. Porter, "The Effect of Job Performance and Job Satisfaction," *Industrial Relations* 6 (1967), 20-28以及David G. Kuhn, John W. Slocum, and Richard B. Chase, "Does Job Performance Affect Employee Satisfaction?" *Personnel Journal*, 50 (1971), 455-60.

50.Don Hellriegel and John W. Slocum, Jr., *Management: A*

Contingency Approach (Reading, MA: Addison-Wesley, 1974), p. 308.

51.Thomas J. Sergiovanni and Fred D. Carver, *The New School Executive: A Theory of Administration* (New York: Dodd, Mead & Company, 1973), pp. 58-59.

52.同上註，p. 59.

53.上註pp.56-63中引用此研究，並且有摘要說明。

54.同上註。

55.同上註，p. 61.

56.Frederick Herzberg, *Work and the Nature of Man* (Cleveland: World Publishing Company, 1966), p. 56.

57.Ralph M. Savage, "A Study of Teacher Statisfaction and Attitudes: Causes and Effects," (未出版博士論文，Auburn University, 1967).

58.Rodney A. Wickstrom, "An Investigation into Job Satisfaction among Teachers" (未出版博士論文，University of Oregon, 1971).

59.Gene L. Schmidt, "Job Satisfaction among Secondary School Administrators," *Educational Administration Quarterly*, 12 (1976), 81.

60.同上註，p. 81.

61.Sergiovanni and Carver, pp. 75-78.

62.同上註，p. 77.

63.Stephen P. Robbins, *The Administrative Process: Integrating Theory and Practice* (Englewood Cliffs, NJ: Prentice-Hall, 1976), p. 312.

64.同上註，p. 312.

65. Richard M. Ryan and Jerome Stiller, "The Social Contexts of Internatization: Parent and Teacher Influences on Autonomy, Motivation, and Learning," in *Advances in Motivation and Achievement, Vol. 7: Goals and Self-Regulatory Processes*, eds., Martin L. Maehr and Paul R. R. Pintrich (Greenwich, CT: JAI Press, 1991), pp. 115-149.

教育組織中促進成長的環境

本章簡介

　　因爲組織成員在組織生活的行爲是起自於其內在動機需求及特徵（例如，氣質、智力、信念、知覺）與環境特徵之間的互動，或者可以說因爲B=f（p・e），因此，組織的環境是影響組織行爲的一個關鍵因素。而且，儘管教育領導者不大有能力改變組織成員的內在趨力（inner drives）與動機力量，但是他們卻有相當大的自主空間可以改變組織的環境。

　　但請記住，組織及其環境是一個社會建構的實體：它沒有辦法觸摸得到。當然建築物本身是夠實體到可以觸摸得到，傢俱、設備、檔案，及其他組成物質環境的人工飾物（artifacts），是我們平常所稱的「學校」；但是這些並不是組織。組織大部分存在於觀看者的眼裡及其心中：事實上，它很像是人們所想像的東西（註：人們想像它是什麼，它就是什麼）。

　　協調與影響人們的行爲以達成組織目標，可能是行政人員與領導者主要關注的重點。本書前幾章已指出，對此問題有兩個不同的理論取向：其中一個是傳統的科層取向；另一則強調透過人力資源發展建造人力資本取向的觀念。此二理論取向在第二章中已有些許比較與對照。讀者若能回顧本書第二章「教育組織的兩大主觀點」一節，以作爲本章所做描述瞭解之基礎，則相當有幫助。

　　假如行政人員不大有能力直接改變或影響組織成員的內在狀態——亦即他們的動機——，可以確信的是，他們仍有相當的能力，透過間接的方法達成同樣的目的。藉由助長有利於提昇組織成員個人成長的組織環境之開創——即開創一種支持創造力、團隊塑造、及參與解決問題之環境——，學校領導者就可以激發成員

強而有力的內在動力的能量，而這些能量是傳統組織環境習慣性加以壓制與阻礙的能量。當然這裡所討論的大部分是組織的社會心理環境，而不是僅止於是組織的物理環境。這裡所討論的是屬於組織氣氛與組織文化的研究領域。

人力資源發展

如我們所知道的，組織參與者的內在心理狀態是瞭解其行為的一個重要關鍵，因此，儘管先前剛剛發生的情境極有可能會激起行為的反應，但參與者的知覺、價值、信念，與動機亦可以引起個體的行為反應。換句話說，組織參與者通常之所以會對組織事件做出反應，大部分比較傾向於是基於他們經年累月所發展的經驗，而不是僅基於剛剛發生的緊鄰事件，或行為之後的事件而加以反應。因此，教育領導者相當關心組織參與者被社會化而進入該組織的力量與過程：他們如何發展對組織的知覺、價值、與信念，以及這些內在狀態對於行為的影響為何。在組織行為的現代文獻中，這些是屬於組織氣氛與組織文化所探討的領域。

組織氣氛或組織文化都不是一個新的觀念，它們在組織研究的文獻上都有很長久的傳統，至少可以回溯至1930年代的西方電器（公司）的研究，如前所述，這個研究指出，有一些管理型式，比之前所作的管理，更可以誘導出工人的親密關係、能力，以及成就等情感，導致較具生產力的工作表現；同時，這一些管理型態，比以前所採用的不同的管理型式，更可以誘導出工人的較大滿足感。開始於1940年代，勒溫（Kurt Lewin）及其同僚與學生從事許多研究，以探討這樣一個命題，那就是組織可以藉著利用有計畫的介入，設計用以改變管理者與工人的社會規範，因

而變成更有效能。其中早期最著名的例子可能是與哈沃得製造公司（Harwood Manufacturing Corporation）合併之後的威爾登製造廠（Weldom Manufacturing Company）（是一個製造男人睡衣的製造廠）。[1]

多年來，有許多不同的名字曾被用來暗指這個精細、模糊、不易掌握，且大部分為非意識的力量，這個力量組成組織的象徵層面，且塑造組織成員的思想與行為。[2]在1930年代後期，巴納德（Chester Barnard）將文化描述為是由人們所創造的一個社會虛構物，以賦予工作以及生活的意義。[3]在1940年代，薛爾茲尼克（Philip Selznick）利用「規則」（institution）這個名詞，以描繪那種創造組織團結、意義、承諾、以及產物的東西。[4]在1970年代，梅耶及其同僚也採用了相似的名詞。[5]在1960年代，「組織氣氛」（organizational climate）變成在組織研究學者中很普遍的名詞，這受到哈爾品與克羅夫特（Andrew Halpin and Don Croft）在小學研究的影響很大。[6]在1970年代，克拉克（Bernard Clark）在他的許多有關大學研究中使用了「組織英勇故事」（organizational saga）的名詞。[7]羅特（Michael Rutter）及其同僚指出，「民風」（ethos）在決定其所研究之高中的效能高低，佔有重要地位。[8]上述這些研究是在許多研究文獻的些許例子，這些研究都企圖要描述與解釋那不易看見、但又強有力地塑造人類經驗、且反應並增強於行為的可察覺思考型式。這樣的思考型式，以及與其相關的行為（可以為組織及組織成員）帶來穩定性、助長確定性、穩固秩序與可預測性，並且創造出意義。[9]

定義與描述組織氣氛與文化

當一位觀察者從一所學校走到另一所學校時，他／她無可避免地會發展出一種直覺，那就是每一所學校在某些難以定義、但

卻強而有力的方面而言，是不一樣、且相當獨特的。雖然當我們在學校時，這種感覺看似容易察覺，但它絕不僅止於描述這所學校說：「這就是這所學校（的面貌）」那麼簡單而已。如前所述，已經有許多不同的名詞曾被用來定義這種組織所擁有的獨特特徵之感覺。有時人們會利用像「氣候」（atmosphere）、「人格」（personality）、「風氣」（tone）、或「民風」（ethos）這樣的名詞來描述一所學校的這種獨特特性，但是組織氣氛（organizational climate）這個名詞已變成較常被用來描繪這種組織獨特特性的隱喻。然而，到底什麼是組織氣氛呢？以及它如何被創造出來的？值得探討。

「氣氛」通常被定義為是，在一所學校中整體環境的特性（the characteristics of the total environment）。[10]但我們必須瞭解這些特徵是什麼，並建立其立論基礎，因此我們乃轉而討論特吉瑞（Renato Tagiuri）的研究。

特吉瑞描述一個組織內的整體環境，亦即，組織氣氛是由下列四個面向所組成：

1.生態學（ecology）指的是組織的物理與物質因素：例如，建築物的大小、年數、設計、設施，及條件情況。它亦指組織內成員所使用的技術：例如，實現組織活動所利用到的桌子椅子、黑板、電梯，及其他任何事物。

2.環境（milieu）是組織的社會面向。這幾乎包括與組織成員有關的任何事物。例如，組織內有多少人以及他們的特性是什麼。這可能包括組織成員的人種與種族、教師的薪水層次、學生的社經地位、教師的學歷水準、學校內成人與學生的士氣與動機、工作滿意的層次，以及其他一大堆的特性。

3.社會系統（social system）指該機構的組織與行政結構。它

包括：學校如何被組織起來、作決定的方式及有誰參與作決定、人們溝通的型式（誰對誰說，以及說什麼），以及有那些工作小組等等。

4.文化（culture）指組織成員的價值、信念系統、規範、與思考方式的特徵。它是「我們在此處理事情的方式」（the way we do things around here）。組織整體環境的這一個層面在本章後半部會再加以詳述。

如（圖5.1）所示，這四個面向是動態地關聯在一起，且一起形成了組織氣氛。在描畫（圖5.1）時，我以組織這個名詞來替代特吉瑞最先用的名詞社會系統，因為我覺得，組織這個名詞似乎比較能包括其所要描述的東西。許多氣氛的組織層面都源自於行政人員直接控制或強烈影響的因素，因此，我認為重要的是，行政人員應該瞭解到，其選擇組織組成的方式與組織所展現的氣氛彼此之間的緊密關係。社會系統，就某種方面而言，傳達一種對事物有些無法控制的自然法則之感覺，而組織這個名詞，似乎可以使得行政人員對建立這個法則的責任，所具有的影響力，能比較清楚的顯示出來。

然而，當代的思想在創造一個組織之特徵與氣氛之品質時，並不是將這四個面向的每一面向看做是同等重要。近來的研究在定義一個組織氣氛之特徵與品質時，多將注意力擺在組織文化的重要性之上。

組織文化的研究

曾經是組織研究之次要研究領域的組織文化研究，在1981至1982年的兩年之間就轉變成為研究的主要重心。這是一個極大的改變，主要是因為有兩本書的出版。第一本是威廉大內（William

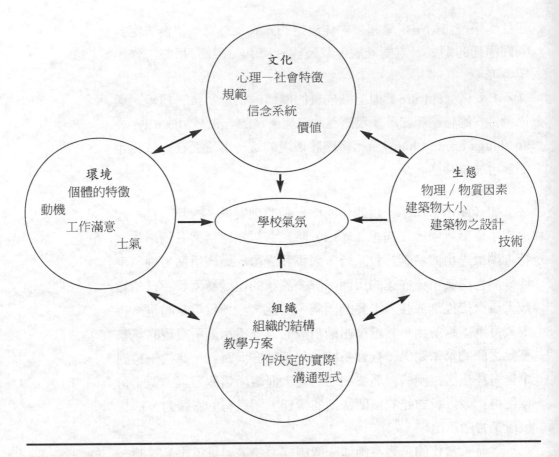

圖5.1 形成與塑造組織氣氛主要環境因素之間關係的互動模式

資料來源：Carolyn S. Anderson (1982). The search for school climate: A Review of the Research. *Review of Educational Research*, p.52. 原版作者已取得出版社(American Educational Research Association)的同意採用。

Ouchi）的《Z理論》（*Theory Z*），出版於1981年，且成為第一本由組織行為研究者所寫，而可以長期被列入非小說類最佳暢銷排行榜中的書籍。[11]這本書出版的時間是當美國公司經理人員開始聚集起來，想要找出其面對日本競爭所遭遇困難之解決方案時。大內是一位日裔美國人，他比較與對照這兩個國家所採用的管理

型態，他發現日本人的管理實際（management practices）與美國所應用的相當不同，而有些（不是全部，因為社會的差異）可以有效地在美國公司加以採用，且可以協助（公司）獲利。取自麥哥葛里格的X理論與Y理論之端倪，他將這種取向命名為Z理論，以作為一個新的替代方案。Z理論同意人力資源發展（human resource development, HRD）的主要假定：

> 在Z文化的所有價值中，對其成員（即它的員工）的承諾是最重要的…Z理論假定任何一位員工的生活都是一個整體，而不是一個具有雙重人格（Jekyll-Hyde personality）的人，亦即，員工不是從上午9點到下午5點為機器，而之前與之後的休息時間為人類（的動物）。Z理論認為人性化的工作條件不僅可以為公司提昇產量與利潤，同時亦會提高員工的自尊。…直到現在，美國的管理人員仍假定技術才可以提昇生產力，然而Z理論所呼籲的是，應將其注意力轉向（公司）組織世界的人際關係。[12]

西元1982年，另外一份研究報告亦出現在暢銷書的排行榜上，書名為《追求卓越》（*In Search of Excellence*），描述62個成功的美國企業公司所共同呈現的八個管理特徵。[13]有一個一致性的重點主題（theme）貫穿這八個特徵：那就是，這些公司有關價值與文化的力量（而非程序與控制系統），可以提供員工結合在一起的黏著力量、刺激對共同任務的承諾，以及激勵其成員的創造力與能量。這些價值通常不是正式地、或以書寫的方式加以傳遞，反倒是以故事、迷思、傳統，以及隱喻等形式瀰漫整個組織——而且這些公司亦有成員注意到這種組織文化：「這些績優的公司是「不怕不好意思的」（unashamed）故事蒐集者與訴說者，蒐集與訴說那些支持其基本信念的故事、傳統與迷思。例

如，Frito-Lay訴說著服務（第一）的故事，Johnson & Johnson談論著有關品質的故事，而3M則傳達創造革新的故事。」[14]

　　為何組織文化（的研究）在美國會停留在次要的研究領域這麼久呢？而又為何它會成為今日美國管理的主要關切議題呢？對第一個問題的其中一個答案是，組織中人的根基一直都被認為是軟的（soft），而技術則為硬的（hard），金錢也是硬的，組織結構、規則與法令、政策決定，這些在許多行政人員與管理者的字典中，是屬於硬的，那些可以測量、量化，及控制的是硬的。從這樣的觀點而言，組織的人性面是軟的，因此價值、信念、文化、與行為規範對完成所要完成的事而言，被廣泛地認為是較不重要、且較不具影響力。但大內指出，日本（現為美國商業界的競爭對手）的管理人員比美國的管理人員更重視組織文化——而這就是日本管理人員競爭優勢之處。同時彼特斯與瓦特門（Peters and Waterman），《追求卓越》乙書的作者，亦證明一些快速成長的美國公司對組織文化之發展亦同樣地給予關注。

　　另外，這些書與迪爾和甘乃迪（Terrence Deal and Allan Kennedy）同樣於1982出版的《企業文化：企業生活的儀典與儀式》（*Corporate Cultures: The Rites and Rituals of Corporate Life*）[15]一起，協助釐清什麼是文化的概念：文化是與組織成員、組織結構，以及控制系統彼此交互作用，所產生行為規範的共享價值與信念系統。它們以實際的詞句協助釐清下列概念：共享的價值（shared values）代表「什麼是重要的」（what is important）；信念（beliefs）指「我們所認為真實的」（what we think is true）；而行為規範（behavioral norms）則指「我們在此做事的方式」（how we do things around there）。由於許多運用這些觀念的公司之明顯成功，再加上這些觀念本身的釐清，組織文化的觀念突然之間乃對管理人員與行政人員具有實際之重要性（實用價值）。

如彼特斯和瓦特門所說的：「如今文化是最『軟』的東西，畢竟有誰會相信文化的主要分析家——亦即人類學家與社會學家呢？商人是當然不會相信的；然而，文化卻同時也是最『硬』的東西。」[16]

在面對經濟蕭條、解除規律、技術突飛猛進、外國競爭，以及經濟轉型與社會變遷這些情況，美國商業人士漸漸清楚地瞭解到，抑制革新與努力工作的組織文化，可能是適應不確定時代的最大阻礙物。教育行政人員亦無法免除這樣的教訓：他們面對愈來愈少的財政、不穩定的大眾支持、多樣化的相關人員且具相互衝突的利益，以及對組織無效能的強烈責罵，使他們開始注意到組織文化對教育組織的重要啟示。

組織文化與組織氣氛：比較與對照

文化與氣氛這兩個名詞均為抽象的概念，均處理這樣的事實，那就是組織成員的行為不僅受到最鄰近事件的誘發而已，同時亦受到與組織環境內不可觸摸的力量之交互作用的影響。如我將於以下更詳細加以解說的，文化指的是一個組織之行為規範、假定、與信念；而氣氛則指組織成員所具有能反應這些規範、假定與信念的知覺。

組織文化

儘管在文獻中可以發現許多有關組織文化的定義，但它們彼此之間的高度一致性，卻相對地使我們很容易就瞭解到什麼是文化、它如何與組織氣氛相關聯，以及其彼此的差異之處。組織文化是組織外在與內在問題之解決方案的實體，因為它們對組織的運作一直都有效，因此乃用來教導新成員，以作為他們對問題知覺、思考，以及感覺的正確方法。[17]

文化是要經過一段時間去發展的，而在發展的過程中，乃獲致較顯著的深層意義。因此，「這樣的解決方案最終將變成組織成員對事實的性質、眞理、時間、空間、人性、人類活動，與人際關係的基本假定——在此之後，這些解決方案將被組織成員認爲是理所當然，最後便不會去察覺，而深信不疑。」[18]因此，「文化可以被定義爲是那些將一個社區（a community）結合在一起的共享哲學、意識型態、價值、假定、信念、期望、態度，以及規範。」[19]在上述的定義中，社區是一個組織——例如，是一所學校——而所有這些相關聯的特質，會在教師、行政人員、及其他成員之間，針對如何達成決定與解決問題，亦即「我們在此做事的方式」，明顯或不明顯的產生共識。[20]

　　如迪爾（Terrence Deal）所指出的「文化定義的最核心——是這樣的觀念，那就是它是一種習得的潛意識（或半意識）思想型式，透過行爲加以反應與增強，且靜靜地、卻強有力地塑造人們的經驗。」[21]這一思想型式，亦即組織文化「爲組織帶來穩定性、助長確定性、強化秩序與可預測性，且創造意義。」[22]這樣的看法也導致一些較簡單（儘管與前述定義一致性極高）的常識性定義，例如，「（組織文化）是遊戲的規則；是確保組織團結之法規條文間看不見的意義」，[23]或者「文化包括一個團體之成員從其經驗得到的結論。一個組織的文化主要包括人們相信什麼是可行、有效的；而什麼則不可行、亦無效。」[24]

　　儘管人類學家與社會學家瞭解到，文化——不管是屬於一個較大的社會，或一個較小的組織——可以藉由觀察人們的行爲而推知，但它並不僅僅是那些行爲的研究而已。藉由行爲的觀察，我們可以發展對成員之知識系統、信念、習俗，以及習慣的瞭解——不管它是存在於一個較大的社會，或是一個較小的組織。因此，在研究組織文化時，我們可由藉由觀看人們所使用的人工飾

物與技術、傾聽他們的交談，並觀察他們的所作所為，用以發現組織成員們在為他們每天所經驗到的事件找尋意義時所使用到的思想、信念、與價值。因此，組織文化是探討一個組織獲致其價值與特質之泉源的研究。

◎組織文化定義的二大主題

有兩個主題（themes）持續地出現在文獻中，用以描述與定義組織文化：其中之一為「規範」（norms），另一則為「假定」（assumptions）。規範與假定已廣泛地被認為是組織文化的主要成份。

◇規範

組織文化影響（成員）行為的一個重要方式，是透過該社會系統內在化與增強的規範與標準而達成的。這被組織成員視為是「團體規範」，本身是一些「規定成員應如何作為，且可以成為一種陳述形式」的概念。[25]換言之，它們是「行為的準則，而且已被團體成員接受為是合法的。」[26]當然，雖然它們是不成文的規則（unwritten rules），但卻表現大多數成員認為要成為一個良好份子所應表現的適當行為之共享信念。[27]

◇假定

在這些行為規範深層之下的是一些假定，這些假定是這些規範與文化的其他層面所賴以建基的基石。這些假定涉及組織成員認定在世界上何為真、何為偽、那些是有意義的、那些是荒謬的，以及那些是可行的、那些是不可行的。我同意薛恩（Edgar Schein）的看法：這些不是價值，因為價值仍可被討論與辯論，而假定則是心照不宣的（tacit），非意識地被視為理所當然，很少被思考或談論，而且被接受為是真實的，且不可以磋商。[28]在組織內的文化規範── 非正式的、不成文的、但卻高度明顯、且強

有力地影響著人的行為──直接源自於這些深層的假定。

◎組織文化的確切定義

薛恩將組織文化描述為是由三個不同、但緊密關聯的概念所組成的。因此組織文化可以做如下的定義：

1.內外在問題的一些解決方案，因為這些解決方案對一個團體而言一直都有效，因此乃被用來教導其新進成員，以作為新進成員知覺、思考、與感覺所面對問題的正確方式。
2.這些解決方案終將成為成員對事實的性質、真理、時間、空間、人性、人類活動，和人際關係的基本假定。
3.一段時間之後，這些假定乃成為理所當然，且最後脫離了意識範圍之外。事實上，文化的力量是建基於這樣的事實，那就是它藉由一群被視為理所當然的潛意識與未被檢驗的假定加以運作。[29]

因此，文化是要經過一段時間加以發展的，而在發展的過程中，乃獲致顯著深層的意義。因此文化可被定義為是將一個社區結合在一起的共享哲學、意識型態、價值、假定、信念、期望、態度，以及規範。[30]學校被認為是具有這些相互關聯的特質，可以在教師、行政人員，與其他成員之間，針對如何達成決定與解決問題，亦即「我們在此做事的方式」，明顯或不明顯的產生共識。[31]正如大多數的組織文化定義一樣，這個定義將重心擺在一種習得的潛意識思想型式，透過行為加以反應與增強，且靜靜地、卻強有力地塑造人們的經驗。[32]

在薛恩的模式（如圖5.2）中，組織文化最明顯的展現是看得見、且可聽到的：這些是人工飾物（artifacts），例如，工具、建築物、藝術、技術，以及人類行為的型式，例如，演說。因為它

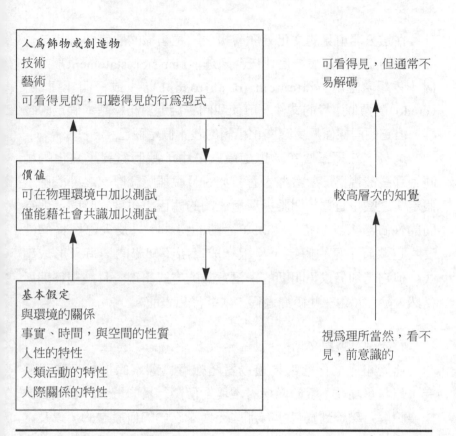

圖5.2 薛恩的文化層次模式

Edgar H. Schein, *Organizational Culture and Leadership* (San Francisco: Jossey-Bass, 1985), p.14 （圖1）。

們是看得見的，它們經常被以自然主義的實地研究方法（例如，觀察、訪問，和文件分析）加以探究。儘管這些展現相當容易看得見，但它們僅是文化本身的象徵而已。因此，要使我們所觀察的人為飾物和其行為有意義，我們就必須將其意義解碼，而這工作並不容易。

在這公開可見的文化外顯層級之下是組織的價值，有時包含在書寫的語言中，如一個「任務陳述」（mission statement）或一個「哲學陳述」（statement of philosophy），或一個「信條」（credo）。類似這樣的文件，可使我們更接近對組織基本假定的瞭解，但它們同樣僅是反應文化精髓的基本假定而已。

　　最後，在第三層次，也是最底層中，我們看到了文化的精髓：那些被視為理所當然、看不見、且脫離意識層次之外的基本假定。這些是有關於個體與環境之間的關係；事實、時間、與空間的性質；人性的特性；人類活動的特性；以及人際關係的性質。這些看不見的假定，是組織成員所不知覺的，可以形成型式，但它們卻仍以不明顯的、潛意識的方式出現、且被視為理所當然，除非藉由一些研究過程，才能浮出表面。

　　◎象徵符號與文化

　　儘管組織文化通常是透過對組織行為觀察的推論而加以研究，但其焦點並不限於僅探討環境對個體行為的影響。它擴展到想要瞭解這環境到底包括有那些元素、它們如何發展的，以及這些元素如何與其他元素相互關聯，以形成（影響）組織的專門字詞、文法、與句型等。因此，象徵符號（symbolism）的研究是組織文化研究的核心：儀式、迷思、儀典、和語言等，透過這些象徵符號，人的意義與價值可以一代一代確切地傳承下去。

　　一所學校的氣氛可能可以藉由參與者對組織之特性（組織內到底發生了什麼事）所持的知覺加以描述，但是這些知覺究竟如何發展、溝通、與傳遞的呢？學校成員可能會察覺到，學校常堅持於某些對成員的行為具有極深影響力的價值、頌揚特定的德性，且支持某些可描述的標準與行為實際。然而，這些價值、德性、標準、與行為實際是如何成為明顯可見，且傳達給成員呢？

組織究竟利用那些機制（mechanisms），以可預測及適當的方式影響和控制行為呢？在學校中（在社會中亦同），其答案就在於內在化的儀式與符號，瞭解儀式與符號是瞭解文化的關鍵。

舉例而言，在許多社會中，婚姻儀式包括了一些有力的符號，可以產生許多被認為是「對」或「適當」的行為（雖然不至於到非得如此遵守不可的行為）。這可能包括了決定結了婚以後的夫婦住那裡、其家庭成員如何扮演新的角色（例如，岳母），以及性別之間的分工等。因此婚姻制度乃藉由慶典與儀式加以象徵化，且傳遞給下一代，並傳遞了社會認為重要的價值。更甚者，這樣的傳遞所導致的行為可能對參與者而言僅是相當普通而且世俗，但是此傳遞過程所導致的行為，對於成員發展「何者為對或錯」，甚至「何者為可能」之知覺而言，卻影響很大。

同樣地，當人們加入一所典型的美國高中學校教職的行列時，亦同時伴隨著有許多義務與期望，有些則硬性地以每日班級作息〔即鈴聲作息（the bell schedule）〕（的機制）來要求，這樣的要求，幾乎在一天中的每一分每一秒強力地規定參與者誰應該在何處，及從事什麼工作。對許多教育人員而言，這樣的作息是學校文化中固有的一部分，以至於被認為是理所當然，毫無疑問地加以接受，也是定義學校本身一個重要的符號。這是高中的一個強有力的文化特徵，深深地影響到成員做什麼、認為什麼是有可能的，以及珍視學校生活中重要的部分。這種鈴聲作息是美國高中學校許多有力的文化符號之一，有助於創造學校的組織氣氛。

組織氣氛

組織氣氛探討個人對組織環境各層面的知覺（perceptions）例如，在其學校組織氣氛的先驅研究中，哈爾品與克羅夫特（Andrew Halpin and Don Croft）檢視了存在於小學的「領導與團

體行為之特性。」[33]為達成此目的，他們要求研究樣本（小學）學校教師描述其對於特定人際互動所持的知覺，這些知覺是由校長在組織層級之正式角色的人際互動、個別教師的人格特質、個別教師作為工作小組一員的社會需求，以及學校中這些教師團體特質所形成的士氣而造成。哈爾品與克羅夫特研究的一個主要結果是，藉由利用其二人所提出的問卷而測得的知覺，有關小學的學校組織氣氛就有可能被有系統地被加以評估。

滿意的概念通常與組織氣氛緊密關聯，易言之，組織參與者對組織環境的知覺是否會影響其滿意的程度呢？成員的知覺與滿意程度的關聯在研究氣氛的技術上仍不算具體明顯，而有許多研究乃直接探討成員對組織現況的知覺，與成員覺得應該有的預期狀態彼此之間可能的差距（discrepancies）。

組織氣氛的研究大大地依賴於成員知覺的探究，這導致問卷的普遍使用，在其中，填答者會直接地被問到其知覺。儘管訪問同樣亦可以成為一個有效的資料蒐集工具，但訪問的方法並未經常被使用，而問卷的發展卻相當快速。

早期的學校組織氣氛研究傾向於向成人蒐集資料，大部分是老師，偶而亦會向校長蒐集資料，近年來，學校氣氛的研究趨勢已轉向研究學生之知覺的方向，而非蒐集學校成人的知覺。

文化與氣氛的情感層面

一個組織的文化對於氣氛的發展有極大的影響力，因為組織文化（儘管它不容易觸摸）影響成員知覺事件，以及使事件有意義的方式，因此，很明顯的，文化對於成員的態度與情感具有影響力。康特爾（Rosabeth Moss Kanter）藉由報導其對高度成功與較不成功的美國公司之研究，使她能掌握到文化與氣氛的影響力。

她指出，高度表現的公司具有一種引以為傲的文化（a

culture of pride）及一種成功的氣氛（a climate of success）。她認為，引以為傲的文化指的是，「成員與組織之間存在有情感與價值的承諾；人們覺得他們『隸屬於』一個充滿意義的團體，且能透過其對團體所做的貢獻，而實現所被重視的價值。」[34]由於隸屬於具有成就記錄的良好組織那種引以為傲的情感〔（是團體成員的「一份子」（a member）而非僅是「員工」（an employee）而已）〕，個別成員的信心乃得以得到支持：這是一種組織將會支持創新的實際，且將持續表現良好的信心，而且亦是一種認為個體將在其組織工作領域中，能夠表現有效能與成功的信心。

康特爾的研究使她相信，引以為傲的文化廣泛地存在於具統整性的組織中，這些是強調企業整體（wholeness）的組織；積極考慮其所從事工作之廣泛啟示的組織；及追求多樣化，激勵挑戰傳統實際的組織。這些組織之所以會比較容易成功，是因為他們的文化助長了一種成功的氣氛。

相反地，康特爾將較不成功的組織描述為是支離破碎的。在支離破碎的組織（segmented organizations）中，成員甚至會覺得他們很難在他們自己小小的工作範圍之外，瞭解到組織正在進行什麼樣的工作；對於影響到整體組織之問題的瞭解就更少了。人們被加以區隔，階級分層阻絕了組織較大決定的參與，人們僅著重於他們直接投入的狹小活動。在這些組織中，人們會覺得他們很難對其組織引以為傲，因為他們真的對這個組織本身，及對它所從事的工作瞭解不多，因此，這樣的組織沒有辦法展現成功的氣氛。

多元文化

儘管一個特定的組織會有一個整體的組織文化，但許多組織仍有其他額外的工作場合的文化。換言之，在描述組織文化時，我們必須瞭解到組織的次級單位有其獨特性質的次級文化。舉例

而言，例如，一個學區包括：教育局行政機關、一所高級中學、一所初級中學，及許多所小學（的次級文化）。

在這個例子中，學區學校董事會與高層次的行政人員可能知道，以學區作為組織，這個學區有一個共享的理解、假定、與信念，反應於人的行為，且受到人的行為的增強——簡言之，這是一個組織文化——。但他們亦應瞭解到，每一所學校都將會有自己的文化。某一個特定學校的文化極有可能會反應學區組織文化的某些主要特徵，但同時亦會在某些方面具有差異，而且不同學校的文化也可能不同，尤有甚者，教育局極有可能會展現其自有的組織文化，且不同於任何學校的組織文化。

進一步說明上述的例子，我們來考慮此學區之高中的組織文化，以做為例子加以說明。如我所描述的，這個學校將會有一個整體的組織文化，亦會有組織內的工作場合文化。例如，學校訓育與諮商部門的諮商人員，可能會將他們的角色——及其部門的角色——解釋為是與學生之間具有支持與協助的關係，鼓勵學生在能力上能成長與成熟，以作有見解的生活決定，且愈能掌握其生活。在其工作中，這樣的諮商人員傾向於會強調必須與學生發展高度信任的關係，以產生開放的態度來處理問題。然而，跨過走廊，我們有可能會發現負責管理出席與學生紀律的單位，而且極有可能的是，在此單位的教職員會採用——不管什麼原因——一種共享的理解，那就是「嚴格」（toughness）與「公平」（fairness）是相隨，學校有責任確保學生達到標準，當他們無法做到時，應給予懲罰，而且不管誰受罰，都要做到正確無誤。我們可以接著（這樣的模式）指出，學校其他部門有可能亦會表現其自有的文化——在某些方面不同，但在其他方面，則反應出整體的學校文化。

多元文化可能存在於學區以及學校之事實並不令人感到意

外，因爲組織的次級單位與較大的組織本身一樣，亦進行許多文化塑造的工作。組織次級單位——例如，學校或學校之部門——經常是一群能夠分享（相同）興趣、目的、與價值之成員聚集的地方；它們是人們尋求面對面之團體社會支持的場合；而且它們亦助長那種讓事情完成的合作與分享的努力。次級單位的這些功能爲組織發展多元文化帶來動力，而非助長產生一種由上而下的單一組織文化。

事實上，很明顯的是，X理論的管理者，傾向於將組織文化視爲是在組織上層加以概念化，並透過權威線傳遞下去的方式加以管理。組織文化的這種發展取向——與傳統的組織觀念一致——是有問題的，因爲它無法改變人們的基本假定，而且亦很難藉由命令發佈而迫使人們接受基本假定。另一方面，Y理論的管理者比較能接受在組織之內存在有多元文化這樣的概念，組織內多元文化的發展，受到與人力資源發展相關的參與式管理方法之廣泛使用，而被加以助長。

在組織行爲的領域中，沒有比組織文化更依賴於社會系統的觀念。然而，很明顯的，組織文化已被認爲是引導與塑造參與者（成員）行爲的重要因素，這導致人與環境互動（person-environment interaction）的觀念乃因應而生。

團體規範

組織文化影響成員行爲的一個重要方式是，透過這個社會系統所內在化與增強的規範或標準而進行。這被組織成員視爲是「團體規範」（group norms），它們是「一種規定成員應如何作爲，且可以成爲一種陳述形式的概念。」[35]換言之，它們是「行爲的準則，且已被團體成員接受爲是合法的準則。」[36]團體通常以超過個人所能理解的普遍方式，行使壓力以使個體能順從團體規範。這些壓力通常被認爲是一種義務，規定個人必須依某種方

式行事；這種義務通常也以正向積極的方式加以展現，例如，當出現團體所贊同與想要增強的觀念與行為時，就會得到來自團體的支持。

特別是假如個別成員高度重視團體成員的尊重與接受，而且假如這個團體是相當具凝聚力時，那麼這種順從團體標準與期望的壓力，甚至可以影響一個人對於實體的知覺。他或她會傾向於以團體所持有的期望來「看待」事情。因此，個體與團體的互動，可以更深入地接觸較深層面，而非僅止於可觀察到的行為層面而已，換言之，它可以強烈地影響到個別成員的知覺、價值與態度等的發展。

人與環境的互動

任何有關組織文化的討論都建基於勒溫的研究，他主張為了瞭解人們的行為，我們必須考慮行為發生的整體情境。[37]「整體情境」（whole situation）這個名詞被定義為同時包括人與環境。因此。基本上，行為是個體與環境交互作用的一個函數，如我們所知道的$B=f(p \cdot e)$。依此而言，當我們將組織文化概念化時，我們必須將個體與組織環境當作是情境中相互補充的部分，密不可分。

團體（group）是環境中的一個重要部分，這是個體成為組織一份子的方式。弗漢德與吉爾默（Garlie Forehand and B. Von Haller Gilmer）指出，「行為是個體與環境互動的一個函數之假定已廣被接受」，但是「環境的觀念對心理學家而言卻很難以實證的方式加以處理。」[38]這其中部分的原因是因為正式的組織模式（例如，組織圖）僅提供整齊的、理性的圖形而已，但是人們通常並不以該模式所描繪的方式表現其所作作為，[39]另一方面，組織情境中的個體行為，不僅源自於個人的特徵而已，同時亦受其所處整體情境的影響。[40]

組織文化的（研究）取向協助我們瞭解到，與人們互動的環境包括的並不僅止於其所處的立即環境而已。瞭解一個組織文化很重要的一部分是，要瞭解其歷史及其傳統，因為處在其中的個體已被社會化必須接受這些歷史與傳統。因此，當人們與組織接觸時，看似不明顯但常出現的現象是，成員會對出自組織傳統的價值與期望產生瞭解與接受的現象。通常組織會施展足夠的正式與非正式的努力，透過社會化的過程，以傳達並增強這些價值與期望。

　　回到之前所提的例子，在許多美國高中裡，除了使用建基於卡內基教學單位（Carnegie Units of Instruction）的鈴聲時間表之外，其教師與行政人員很難找到以其他任何組織方式來將他們的工作加以概念化的例子。事實上，在美國高中的日常作息時間表中，使用「單位」作為建構課堂時間的傳統是相當具有歷史的，且因此被認為理所當然，甚至很少有老師知道到底卡內基教學單位是什麼，儘管它是老師專業實際最重要的影響因素之一。

　　卡內基單位是由「卡內基金會促進教學委員會」（Carnegie Foundation for the Advancement of Teaching）於1905年所發明的，以作為一種將高中教學標準化的方式之一，讓大學（或學院）對於入學申請者（高中生）所提出的成績單，在時間上能夠有一個比較容易的比較標準。它以前是（現在仍然是）時間的一種測量方式：120小時的教室教學時間。因此，一個學科的一個單位要求學生必須在教室出現120小時。這種規定對時間安排的啟示相當明顯：舉例而言，假如我們決定一種時間表，要將課堂時間設計為是每堂48分鐘，以讓學生在課堂與課堂之間有轉換教室的時間，那麼一個單位的課堂就必須在一年中上課150次（註：因為48分×150次=120小時），這樣的設計建立了傳統的課堂時間表的基礎，不僅對學生與教師的行為產生極大影響力，同時亦塑造

了他們對於學校是什麼，及應該如何等等的知覺，定義了什麼是可能及何者不可能，並指出什麼是對的，而什麼是錯的。

在美國的中等教育，這是一個極強固的傳統，通常與其品質及良好的專業實際相關聯，且持續地受到教師本身當年在高中當學生的經驗、受到其在大學的訓練，以及受到他們成為專業人員之經驗加以增強。這就是一個例子，說明了那些一直出現於組織文化，成為看不見、摸不著的環境力量，但卻可以塑造與形塑組織參與者的行為。卡內基單位的採用，證明了文化的人為飾物所展現的持續影響力，遠比他們最先預定的目的，更持續地影響組織（成員）的思想與行為。多年來，教育工作人員已開始懷疑那種「在教室所花時間的長短」，是衡量一個學生所學到的學習種類與品質最有用的指標。然而，因為受到法令的強制，卡內基單位仍是一個被尊重的標記，許多人仍將其與學校教學方案的品質相關聯，且88年來，仍是中等教育一個主要的全國品質標準之一。於1993年，「賓州教育董事會」（Pennsylvania State Board of Education）史無前例地，投票決定將於二十世紀之末廢除卡內基單位的使用，另外建立一些規定的學術目標讓學生來達成。然而，這樣的舉動——儘管受到卡內基基金會的贊同，表示可行——仍受到來自保守者，包括基督教組織的強烈反對，而這種改變的影響力能否超越賓州的界線，短時間之內仍令人懷疑。

在此所用的「傳統」這個名詞，並不一定只代表將舊的解決方案反覆地運用於新興的問題。有些組織會企圖嘗試創造所謂的新的文化傳統（new cultural traditions），以打破過去的習慣，強調原創性與創造性的價值，以為組織生活中所遭遇的問題找到新的解決方案。現有的例子如在汐谷（Silicom Valley）所新成立的企業電腦公司，及在其他地區強調大膽思考與創新的公司。蘋果電腦（Apple Computer）是常被引來作例證，說明其乃屬於建基

於這樣理念的公司。在本書撰寫時，公司已發展成為一個大型的公司，其文化已接受了原創者認為不適合的價值與基本假定，因此乃有這樣的疑慮產生出來，那就是，到底那種「舊」的公司文化能否再維持下去，或者它是否已超出其可用性，而必須以不同的文化傳統加以取代。

行為情境的觀念

巴可（Roger Barker）將環境具有極大的影響力，可以引發及塑造其成員的行為形式之觀念加以理論化。[41]事實上，根據他目前為大家所熟知的「生態心理學」（ecological psychology）的觀點而言，環境的影響力是如此的大，大到似乎可以蓋過許多組織成員的個別差異。其結果是，在特定的組織中，人們傾向於會表現出具有普遍性與獨特性的行為型式，而使我們將他們的行為看做是「屬於」這些特定團體。因此巴可指出，組織行為最好透過「行為情境」（behavior settings）的概念來加以瞭解，而行為情境指的是人們持續互動的整體複雜的物理與心理環境。

舉例而言，在一項探討高中規模大小與其學生行為關係的著名先驅研究中，巴可與格姆普（Roger Barker and Paul Gump）發現，學生參與課外學業課程與課外活動程度的高低，與學校規模的大小直接相關。[42]在類似的研究中，貝爾德（Leonard Baird）指出，學生的學業成就以及其參與課外活動的程度，不僅與學校規模大小有關，同時亦與學校所在社區之型式有關（例如，小城市、郊區、或大都市）。[43]在另外一個研究中，貝爾德發現學生在大學或學院的成功，與其所讀高中之規模大小相關較小，而與大學或學院本身的大小關聯較大。[44]

1970年代這一波「學校改革」與「學校革新」就很明顯的注意學校大小的規模：由「福特基金會」（Ford Foundation）所支助，而由科南特（James B. Conant）所領導的研究，使得美國開

始進行建造較大型的學校與學區。在當時，學校較大，被認爲較佳，因爲想像中它的財政經濟規模，可以使學校更多樣化、在資源上更豐富，且對學生能有更大的支持機會。然而到了1990年代中期，人們愈來愈察覺到擁有2,000到5,000位或更多學生的高中，常被認爲「是惡魔的工廠（Dickensian workhouses），製造出許多暴行、輟學、學業失敗與疏離」的地方，而「限制人數於約400人以下的學校，通常問題行爲較少、出席率較佳、畢業率較高，而且有時候會有較高的成績與測驗分數。」[45]爲了在學校中創造更能促進成長的行爲情境，美國一些城市──包括：紐約、費城、丹佛、芝加哥、與檀香山──均努力地嘗試不同的觀念，從簡單的在不同學校建築物創造規模較小的學校，到嘗試校中校（schools-within-a-school）的計畫。有些則試驗「委辦學校」（charter school）的觀念，讓這些想要革新的學校，能夠去除加諸於公立學校機構的法令與科層體制限制的負擔，而得到鼓勵與支持。

巴可的研究對於薩拉森（Seymour Sarason）有極大的影響，薩拉森所出版的書《學校文化與變革的問題》（*The culture of the school and the problem of change*）明白且具說服力地指出，在我們希望改變它們對學校成員行爲之影響前，我們必須要先找到改變活動型式、團體規範，以及代表美國高中一些日常生活特性的方式。[46]這些薩拉森稱爲「學校文化」的情境（milieu）不一定就必須是有計畫的，或刻意創造出來的；相反地，它傾向於是由下列方式所產生的一種現象：包括：學校成員的活動（例如，教學、聽課、根據課程表的動線）；環境中的物質實體（例如，圍牆、傢俱、黑板、遊戲場等）；以及可被觀察到的世俗規定（例如，每節課的長度、日常作息的型式，以及學校行事曆的型式等）。

這些活動、物質環境、與世俗的規定之互動的影響力，不但相當普遍及相對穩定，而且有極大的力量以塑造組織成員的行為。薩拉森曾擴展這樣的看法，企圖設計與創造新成立組織的情境，使其能產生有利於組織任務達成的一些行為。[47]

交互作用—影響系統

組織行為的一個中心概念是這一個組織的交互作用—影響系統（the interaction-influence system）。我們必須謹記在心的是，組織結構的基本功能乃在建立人際互動的型式，以達成任務（誰與誰接洽、以何種方式，以及處理何事）。因此，部門、小組、學校，與處室通常為正式的結構，而友誼團體、緊鄰的工作同仁，以及喝咖啡的團體則為非正式結構。人與人之間的交互作用，在組織日常任務的推動中，開始產生了與同仁的接觸，並建立了規範，這些規範則強有力地塑造著組織行為。

組織的交互作用—影響系統同時處理交互作用的結構（structure）與過程（processes）。此二者以一種不能被視為是獨立事件的動態方式相互依賴。就某方面而言，塑造工作團體組織行為的交互作用—影響型式，大約與引發及塑造個體行為的個人與環境的互動，具有異曲同工之妙。

交互作用—影響系統的互動過程包括：溝通、激勵、領導、目標訂定、作決定、協調、控制、與評鑑。這些互動對「組織」的影響方式（指影響組織的特徵與品質），對引發與塑造「人（成員）」的行為影響極大。因此，描述教育組織的組織文化之努力，就等於是描述組織交互作用—影響系統特徵的努力一樣。

描述與評估學校組織文化

組織文化的研究對傳統的研究者而言，出現了一些令人感到

困擾的問題，主要是因為文化的重要元素常是微妙的、看不見的、且對組織內部人員而言是如此的熟悉，好像是不証自明的（self-evident），而且，事實上亦不容易被察覺。蒐集、分類、與摘要像組織的重要歷史事件，以及其對現在行為的影響、組織英雄人物對現代思想的影響，以及組織傳統與迷思對組織的影響力等資料之工作，並沒有辦法像印刷問卷所蒐集的資料，與對其反應所做統計分析一樣井然有序。就像是大內、彼斯特與瓦特門、康特爾，以及笛爾與甘乃迪等人的研究所證實的，我們必須進入到組織：與其人員長談；找出他們所認為重要而必須談論的事物；聽到他們所使用的語言；且發現那些顯示其共同認同的假定、信念、與價值的符號。因為這樣，組織文化的學者傾向於利用質的研究方法，而非使用傳統的問卷型式的研究。這種現象已在教育研究的不同派別之間產生激烈的爭論，其主要爭論點是有關質的研究方法之認識論的價值，與那些長久以來被教育研究者慣用的、較傳統的（實驗或準實驗的）統計研究之認識論價值比較起來，何者價值較高。

組織文化與組織效能的關係

就效能（在組織指的是達成目標的程度）而言，不同的組織文化是否會產生不同的結果呢？這個問題並不容易回答：因為測量組織效能本身就是一個複雜的工作，而且許多管理人員所覺得必須以命令的方式來控制與指揮部屬之傳統需求，亦使得這個議題的討論加上了情緒性的色彩。

大體而言，上面所討論的那些被接受的研究傳統，以及證據法則，事實上是形成彼此爭論的焦點。在科學邏輯裏，長久以來

一直被大家所接受的是因果關係（cause-and-effect relationships），而像控制的實驗這種理性主義的研究設計，被認為是建立這種因果關係的最佳方式。當然，實驗研究要求實驗者要能控制研究的相關變項。

有許多在實驗室情境進行的嚴格控制的實驗研究，穩固了一些心理學的觀念，並讓組織研究者可用以將組織行為概念化。[48] 然而，在真實世界中，實際組織的研究常必須在無法採取類似控制的情境下進行。在此有一個類似的情境，那就是「吸煙會使人類導致癌症」之可能性的廣泛研究文獻，並不是由許多控制的實驗研究，證實吸煙是致癌的唯一因素。反倒是研究證據建議（不管多強烈）吸煙與人類致癌的發生之間有一因果關聯，這一般是源自於非實驗的研究（nonexperimental research），例如，調查研究（許多都是長期研究的設計），或對動物採取控制研究。一般而言，抽煙的事件與癌症的出現之間有一強烈的關聯，使得許多人可以接受一種因果關係的存在。然而，若以科學的證據法則來看，這並不是證據，因此我們可以認為，直到完全控制的實驗產生前，其因果關係並無法確切地被接受。

組織文化與組織效能之間的關聯與上面的敘述一樣：完全控制變項的實驗研究並不多，因此，這個議題的討論必須僅止於指出重要變項之間的關聯而已。也因此，無疑地，有許多組織行為的學者會藉由主張他們已提昇定義與描述組織文化變項上的技術，或有時則小心地建議一種可能的關係，用以避開上述（因果關係）的問題。

因與果

賴克特（Rensis Likert）企圖建立組織表現與組織內在特徵之關聯性。他的分析指出，一個組織的表現是由一個因果關係的

三環鍊所決定的。

此鍊的第一個環結由原因變項（causal variables）所組成，是由行政層級所控制的。因此行政（管理）可以選擇組織結構的設計（機械的或有機的、科層體制的或彈性的），同樣的，行政亦可以選擇領導型式（例如，團隊合作式的或指揮式的、問題解決的或遵照規則的）。在可以選擇的備選方案中，行政層級所做的選擇，對於組織管理系統之特性（亦即系統一、二、三、或四）的決定，極具關鍵性與影響力。這些被視爲是造成組織交互作用——影響系統——換言之，即其文化——，因而使組織能夠擁有其本身所擁有的特性。

中介變項（intervening variables）直接伴隨著上述這些原因變項（亦即，行政所作的決定）而來（大部分是被影響而來）。因此激勵、溝通及其他組織運作的重要功能乃跟著被決定了。

結果變項（end-result variables）測量一個組織的成功，當然主要是視其內部運作的特性與品質而定。

這樣的分析，非常符合近來在美國高中所作質的研究的報告——例如，塞色（Theodore Sizer）的《賀瑞斯的妥協》（*Horace's Compromise*）[49]，博依爾（Ernest Boyer）的《高中》（*High School*），[50]以及古德蘭（John Goodland）的《一個稱作學校的地方》（*A Place Called School*）[51]——以及其他在企業界所作的研究——例如，《追求卓越》（*In Search of Excellence*）、《Z理論》、《企業文化》（*Corporate Cultures*），以及《變革大師》（*The Change Masters*）。如前文所討論的康特爾（Rosabeth Moss Kanter）在其最近的研究所指出的，革新型的公司具有這樣的特色，那就是擁有一種引以爲傲的文化及一種成功的氣氛，其組織規範支持成功導向的努力——而這些文化與氣氛的發展，端視領導者於組織日常生活中引發的價值而定。

學校效能的測量問題

　　任何想要研究教育組織之組織文化（不管如何描述與測量）與組織效能之關係的努力，必然會面對效能層面評量困難的問題。這個問題要求我們必須面對學校組織效能指標的訂定，以及測量它們的方法等問題。無疑地，近年來這個問題已接受到愈來愈多的注意力了。

　　就研究的術語而言，這是處理有關一組一組變項（variables）的問題，組織氣氛及學校其他內部的特徵（例如，領導型態、溝通程序、激勵力量）是自變項（independent variables）的一些例子。其他自變項包括學校成為一個組織所具有的情境特徵。這當然包括類似例如，社區的經濟狀況、社會─文化傳統、政治權力結構、與人口基本資料背景等。通常的現象是，這兩類的自變項看起來像是高度互動，但事實上卻很少有人去發現這種互動的可能性。例如，有關於學校所具有的情境變項如何影響學校交互作用─影響系統的特徵，我們所能掌握的具體證據並不多。在此我們必須切記，學校是一個開放的系統，隨時會與其外在環境互動，並適切回應，雖然組織文化將焦點擺在學校的內部安排，但這些學校的內部安排，就某種程度而言，仍反應學校大環境所具有的特性。

　　依變項（dependent variables）指的是學校效能的指標。這些可以大致區分為客觀的指標（objective indicators）與主觀的指標（subjective indicators）二組。成就的測量（例如，測驗分數）及一些行為的測量（例如，輟學率、缺席率等）通常可以客觀地加以數量化。但是，往往我們亦會利用學校效能的主觀測量，這些包括學校公眾（school's publics）對學校表現的評定，以及對學校表現調查的態度等。

近來有一個極複雜的研究企圖想要「瞭解」（get at）這個問題的複雜性，這是由布魯克歐博（Wilbur Brookover）及其同僚在美國密西根州所做的研究，利用一個密西根州2,226所小學隨機樣本所從事的研究，其依變項，亦即所測量的效能，就是四年級學生在密西根評量方案的標準測驗（the Standardized Michigan Assessment Program）所得的平均成就分數。

該研究的主要獨立變項（自變項）是學校氣氛的測量，並依下面所發展出來的定義加以測量：

> 學校氣氛包括一個由團體成員所定義與知覺的變項合成體。這些因素可以概括地被認為是不同成員所持有的社會系統規範與期望，為團體成員所知覺，且傳達給其他團體成員。[52]

這些研究者（布魯克歐博及其同僚）指出，許多以前的這類研究都採用兒童的社經地位（socioeconomic status, SES），或學校的種族組成作為組織氣氛的替代物。其中對教育人員而言較熟悉的是著名的「柯爾曼報告」（the Coleman report）[53]，以及簡克斯（Christopher Jencks）有關學校教育不平等的研究。[54]然而在上述布魯克歐博及其同僚的研究中，研究者們則選擇設計一個工具，以直接測量被研究學校的組織氣氛，組織氣氛的變項主要是學校規範與期望的測量，相當恰當地，這些研究者將此稱為是「學生的學業無用感」（the Student Sense of Academic Futility）。因此，這個研究的主要自變項是：1.學校層級的平均社經地位；2.學校的種族組合（亦即白人學生的比例）；以及3.學校氣氛。

在為他們的研究發現進行評論時，這些研究者說：「從本研究所獲得的第一個結論是，學校社會環境的某些層面明確地對學校的學業成就具有影響力。」[55]儘管不同學校之間的成就水準差

異頗大，但是這些學校學生的社經地位與種族組成比例僅能解釋一小部分比例的變異（variance）而已，其關鍵的變項（強烈地與學生成就的客觀評量相關）是學校的社會氣氛（在此研究中它是測量學生的學術無用的知覺程度）。

這些研究者下結論指出，至少氣氛的這個概念已清楚地與學校成就相關聯：

假如我們將本研究的這些發現應用在學校的反種族隔離（註：即黑白合校）的議題上（the school desegregation issue），我們似乎可以下結論說，種族或社經地位的反種族隔離二者，都無法自動地產生較高的學校成就。假如不利的社會—心理氣氛（通常是實施種族隔離以及低社經地位學校特有的特徵），持續地瀰漫於反種族隔離的貧窮與弱勢學生身上，那麼反種族隔離的措施並不見得會實質地影響學生的成就。假如與貧窮及弱勢（學生）相關的社會—心理氣氛能夠配合反種族隔離而改善，那麼較高的學業成就才有可能達成。[56]

學校文化與成果之間的緊密關係，亦受到一項探討倫敦12所市區學校的研究之強力支持，[57]這個研究探討下列研究問題：

1.小孩在學校的經驗有任何的效果嗎？
2.小孩就讀那一所學校有關係嗎？
3.如果是這樣的話（假如有關係的話），那麼學校的那些特徵是影響的關鍵呢？

當然第一個研究問題是由一些在美國所進行的研究所引發的，因為這些研究已提出到學校就讀有何真正效果的嚴肅問題

（例如，柯爾曼與簡克斯的研究），第二及第三個研究問題則明確地處理此處所討論的因果關係的問題。

　　為了測量學校的成果，上述研究者們乃利用下列依變項：1.學生行為；2.學生出席率；3.公立學校的定期考試結果。首先，這個研究指出，不同中學的學生行為、出席率，與學業成就差異頗大。其次，這些差異並不是由學生的社經地位或種族差異所解釋：明顯的是，在某些學校學生的行為表現及成就會比其他學校來得好。第三，學生行為與表現的這些差異

　　並不是因為學校規模大小、建築物的年限、或可利用的空間等類似的物理因素；亦不是因為行政狀況或組織（例如，結構）的廣泛差異而造成。儘管學校最初的（物質）條件是較不具希望且較不被人所喜愛的，且處於不同行政安排的情境中，它仍極有可能達成好的成果，…學校成果之差異有系統地與其成為社會機構的特徵有關。[58]

　　在這些特徵中，主要的特徵（亦即自變項）是：1.教師在工作中所表現的行為；2.加諸於學業表現的關注；3.學生表現成功被獎勵的機會；以及4.學生承擔責任的程度。研究者們指出所有的這些因素都開放給教職員們加以修正，而非受到外在的限制所固定。簡言之，這個研究強烈地建議，組織文化〔他們稱為是「民風」（ethos）〕是學生行為與成就的一個關鍵因素。而且，就像賴克特所指出的，這些研究者亦認為組織文化是控制在那些組織管理成員的手上（註：亦即，組織管理成員有能力透過學校行政實際改變組織文化。）

　　愛玻斯坦（Joyce Epstein）曾報導其對學校的研究成果，這些研究主要描述學生對學校滿意程度的一般知覺、其對學校功課的承諾，以及他們對教師所持的態度。[59]整體來看，這些是愛玻

斯坦所認為的，由學生所知覺的學校生活品質的描述，當然，對這些知覺的描述，會進一步地被用來與學生在組織內成為參與者的行為相關聯。為了進行這樣的研究，愛玻斯坦發展了一個包括27個題目的問卷，並經效度考驗，設計用以在不同學校層級（亦即小學、初中與高中）加以使用。

摩斯（Rudolf Moos）同時報導了美國中等學校與大學院校的大規模研究結果，支持了文獻中愈來愈多的證據，那就是學生的學習與發展，深受組織文化特徵的影響。[60]在研究大約10,000位中等學校的學生，散佈於超過500個以上的教室之後，使他一方面能夠定義出在教室內那些助長學業成就的組織文化特徵，另一方面，也讓他可以找出那些引發壓力、隔離學生，以及因而抑制學習的教室組織文化特徵。他測量不同教室間在下列幾種情境影響力的變異情形：1.對於競爭的強調；2.對於規則的強調；3.教師所表現的支持行為；4.革新活動的程度，這些是自變項。摩斯接著將這些測量的結果與下列依變項的評量結合，探討其彼此之間的關聯，例如，1.學生的缺席率；2.所得成績等第；3.學生對於學習的滿意情形；學生對於教師的滿意情形。

在大學院校的研究方面，摩斯探討225個生活團體（例如，男女混合與單一性別的宿舍，社團及聯誼會等），約10,000位學生。利用調查問卷，他測量這些團體的一些獨特特性，例如，1.對於智育的重視；2.社會活動；以及3.團體的凝聚力。之後，他乃嘗試評估這些變項對下列依變項的影響，例如，1.學生的自我觀念；2.個人的興趣與價值；3.對未來的希望；以及4.成就等。

基本而言，摩斯發現，在這些中等學校教室與大學院校居住安排的教育情境中，學生的學習與發展深受個人—環境互動的特性與品質的影響。其研究較有趣的一個觀點是，他企圖要證明組織文化與人們的行為，不僅受到團體的交互作用—影響系統的影

響而已，亦受到環境中其他因素，例如，房間的設計、活動的安排，以及建築的外觀設計所影響。從他的觀點而言，我們對於組織文化因果關係的知識，使我們可以藉由控制重要的變項（例如，競爭、智育，以及正式結構），創造與管理特定的學習環境。而這反過來將有助於我們有能力將學生安置於最適合其需求的情境——使他們覺得最舒服、最容易成功的情境。他最後指出，這些是相當有用的實際知識，可讓我們用於發展有用的行政政策與教學實際，有效解決學生冷漠、疏離、缺席，以及輟學等等問題。

描述與評估學校組織氣氛

　　為了描述與評估一個學校的氣氛，我們必須要：1.發展清晰概念，以瞭解在交互作用－影響系統中，那些是能夠決定氣氛的關鍵因素；2.產生一些蒐集資料的方法，以描述那些因素（通常是一個紙筆填答的問卷）；以及3.一些程序，一些可以分析資料、且最後可以呈現結果告知我們的程序。

　　有關不同種類組織的組織氣氛之描述與評估方式的詳細記載，可在文獻中找到。但大部分的文獻是可以放棄不用的，因為它們大部分均為直覺的研究，很少注意到氣氛本身特性的清晰與系統性概念，無法發展資料蒐集與資料分析的程序。這樣的敘述至少可以讓我們放棄被用於不同組織情境的許多發展良好的科學取向，從太空船的工作團隊到大學組織；從戰俘營到大型公司的員工。因為我們現在的焦點是在教育，因此只有專門處理教育組織的氣氛評估技巧才在此加以討論。以下是下述三個氣氛評估技術之所以被包括在此討論的規準：

　　1.此技術所建基的理論基礎所做的貢獻，可以幫助我們瞭解

組織氣氛本身。

2.此技術眞正被用於教育研究的相對頻率。

3.此技術的科學特性。

組織氣氛描述問卷

隨著1962年發表的研究報告《學校的組織氣氛》（*The Organizational Climate of Schools*），[61]哈爾品與克羅夫特（Andrew W. Halpin & Don B. Croft）乃將組織氣氛的觀念介紹給教育人員。因爲從定義而言，組織氣氛是組織成員所經驗的，因此他們認爲這些成員的知覺（perceptions）是資料的一個有效來源。儘管有人可能會爭辯說，知覺本身並不是「實體」（reality）的客觀反應（而可能會受到主觀因素的影響），但此處的關鍵是，不管組織成員經驗的知覺如何，這才是所要描述的實體，組織氣氛描述的目的是想要獲得其知覺的客觀描述。因此，哈爾品與克羅夫特嘗試從教師身上找到他們普遍同意的，可以描述學校氣氛的關鍵因素。我們必須記住的是，在哈爾品與克羅夫特從事研究的年代，組織文化的概念仍尙未爲人所知。而現在我們已知道，組織氣氛是研究組織成員對那些可能反應組織文化之組織環境因素的知覺。

最後，他們定義出兩組因素，其中一組因素包括四個因素，描述教師對其成爲一個團隊的知覺：

◇親密（intimacy）：學校教師之間的社會凝聚力程度。

◇疏離程度（disengagement）：教師投入與承諾於達成學校目標的程度。

◇士氣（espirit）：團隊所表現的明顯士氣。

◇阻礙（hindrance）：教師認爲組織的規則、文書工作與

「行政瑣事」阻礙其工作的程度。

另外一組氣氛的因素是教師們對校長的集體知覺：

◇推力（thrust）：校長樹立勤奮工作模範的動態行為。
◇關懷（consideration）：教師所知覺的校長對待教師尊重
　　與人文關懷的程度。
◇疏離（aloofness）：校長被描述維持社會距離的程度（例
　　如，冷漠與有距離或溫暖與友善）。
◇強調成果（production emphasis）：校長試圖讓教師努力
　　工作的程度（例如，嚴格視導、具指示性、要求成果）。

哈爾品與克羅夫特的重要發現是（基於在71所郊區小學研究
所獲得的原始資料），教師對其成為一個人群社會團體的描述，
與教師對校長的知覺相關聯，且具有一致的型式。舉例而言，有
些學校──具有一個封閉的氣氛（closed climate）──就出現這樣
的教師知覺：教師傾向於不太投入其工作，他們一起工作的情形
並不理想，以及他們成為一個團隊的成就並不大等等。在這類學
校的校長被教師認為是無法有效領導他們、對他們的工作產生許
多阻礙，以及並不太關注教師們的個人福利。教師從其工作中得
到極少的滿足、士氣低落、而且教師傾向於擁有極高的離職率。
校長被視為是疏離與無人情的，而且傾向於會催促教師要辛勤工
作。這樣的校長比較強調法則、通常是武斷的、而且通常是「依
法行事」（goes by the book）──保持良好的記錄，且小心謹慎地
公佈報告。這樣的校長被教師認為是投入極少的個人動力在工作
上，面對教師所遭遇到的阻礙與困擾，無法提供具創新與不一樣
的方式，以降低其阻礙與困擾，而且通常從哲學上將學校問題歸
因於外在的因素，是他或她無法控制的。

利用OCDQ，哈爾品與克羅夫特定義了一系列的氣氛型式，從「封閉的」（如前所述）到開放的氣氛（open climate），當然開放與封閉的氣氛的學校相當不一樣。開放氣氛學校的教師傾向於將校長的行為視為是從容自如的，是校長個人人格與正式角色的真誠融合。像這樣的校長工作很有活力，對教師表現關切，甚至憐憫，但卻仍然很能夠領導、控制與指揮他們；他或她並不特別地疏離或有距離，似乎知道如何遵守規則與律令，但將對教師的阻礙降至最低，而且校長亦不太覺得需要對教師嚴格視導，但卻可以全部掌握。在這樣的領導下，教師可以從工作中得到相當程度的滿意，而且亦充份地被激勵，可以克服大部分的困難與挫折。教師們以成為學校的一分子而驕傲，對忙碌的工作、規則律令、與行政瑣事並不覺得很大的負擔，而且有足夠的誘因想要解決他們自己的問題，並保持學校組織的正常運作。

對OCDQ的評論

組織氣氛描述問卷（Organizational Climate Description Questionnaire, OCDQ）的組織氣氛觀念提供我們一些有用的方式，以檢視與描述學校交互作用─影響系統的層面（特別是在小學階段，因為它們的組織結構比較簡單）。然而，它的因素結構是從一個嚴謹的演繹推論過程發展而來（而不是從學校的實證研究累積而成），而且，事實上，自從它最初的問卷發展出來以後，就很少根據實際的研究經驗，建立其有效性，或根據經驗加以修改。因此，本問卷測量目的的有用性已多少受到限制，而新近的取向──一直處於測試與修訂的持續過程──則漸被廣泛使用。

組織氣氛索引

史騰（George C. Stern）另外發展了一種不同的取向，以描

述與測量組織氣氛。史騰瞭解組織氣氛所建基的基本立論基礎（rationale）是直接從勒溫主義者（Lewinian）的觀點而來，這個觀點認為組織中的個體與團體，必須從其與環境互動的情境中加以瞭解，亦即B=f（p·e），根據這樣的觀點，行為同時與個人和環境有關，因此想要評估一個特定組織的氣氛，必須同時測量個人的特質與環境的特徵。

史騰是一位心理學家，他發現人的人格與機構的性格彼此之間頗為類似，因此他乃參考更早以前的墨瑞（Henry A. Murray）之研究成果，墨瑞曾發展需求－壓力（need-press）的觀念，並認為它會塑造人的人格。[62]墨瑞主張人格是需求（內在與外在）及壓力（大約與會導致我們產生適應行為的環境壓力相當）彼此動態交互作用的產物。[63]史騰設計了兩份問卷工具，以決定史騰心中覺得會影響高等教育機構氣氛發展的需求－壓力因素：這二份問卷包括：活動索引（Activities Index, AI），用以評估個人的需求結構；以及學院特質索引（College Characteristics Index, CCI），用以探討組織成員所經驗到的組織壓力。[64]

多年以來，這兩份問卷已被用於很多校園之中，協助研究人員們評估這些高等教育機構的組織氣氛。在不同的高等教育機構中——例如，包括：宗教學院、州立大學、博雅藝術學院、師範學院等——可以發現，許多差異可藉由可測量的因素加以觀察，例如，教職員與設備設施、成就水準、學生的抱負、學生自由與負責任的程度、學術性氣氛，以及校園的社會生活。在這之中，其中以智性的壓力（intellectual press）的程度，似乎對於學院機構之間差異的解釋，顯得特別具有價值。

史騰與斯坦霍夫（Carl Steinhoff）後來發展了CCI的修訂版，稱之為組織氣氛索引（Organizational Climate Index, OCI），可用於學校及其他組織，於1965年，這份問卷首先被用於紐約州

西拉庫斯市（Syracuse, New York）公立學校的研究。[65]OCI在使用時，是呈現一些適合學校情境的陳述句給教師，而教師們則被要求要指出這些陳述句可否應用於他們的學校（以對或錯表示之）。根據在許多學校之研究所獲得的資料之分析結果，乃導致了OCI的6個因素的形成，茲敘述這六個因素如下：

因素1：智性氣氛（Intellectual Climate）：在這個因素得分較高的學校中，成員會知覺其環境為有助於人性、藝術、與科學之學術興趣的提昇。教職員與物理建築被視為是對他們這些興趣具有助長作用，而其一般的工作氣氛則具有智性活動與追求智識成長的特徵。

因素2：成就標準（Achievement Standards）：在這個因素得分較高的環境中，成員會知覺到對個人成就達成高標準的強調。工作被成功地加以達成，且高層次的動機與能量亦維持住。質量均佳的工作會得到肯定，而成員亦被期望能達最高的成就水準。

因素3：個人尊嚴（或支持性）（Personal Dignity or Supportiveness）：在此層面得分較高的組織會尊重個人的篤實（integrity），並提供一個具支持性的環境，儘量符合教師的需求，其工作環境傳達一種講求公平與開放的感覺。

因素4：組織效能（Organizational Effectiveness）：在此因素得分較高的學校，擁有能夠鼓勵與助長工作有效表現的環境。工作的方案均能計畫與組織良好，而成員有效地一起工作，以達成組織目標。

因素5：秩序性（Orderliness）：在此因素得高分者表示強調組織結構與程序的秩序性。組織追求整齊一致，教師被要求要遵從個人儀表與組織意象的既定規範。組織設定一些程序，教師則被期望要遵從這些程序規定。

因素6：衝動控制（Impulse Control）：在此因素得高分者，代表工作環境中有很多限制與組織的約束。在此環境中，教師很少有機會作個人的表達，亦很少有任何因一時情緒衝動所驅使的行為形式。

學校在發展壓力層面（the development press dimension）得分較高者，其組織環境的特徵是，強調智性與人際活動。一般而言，這樣的環境是有著智性的刺激、維持成就的高標準、並支持個人的表達機會，這樣的學校亦傾向於激勵成員，關懷成員的個人需求，而且接受（事實上是鼓勵）極大範圍的成員行為型式。

學校在控制壓力層面（control-press dimension），亦即任務效能（task effectiveness）的得分，是其在因素4與5得分之和。在控制壓力得分較高的學校，其內部環境的特徵是，強調秩序性與結構。規則與完成事情的管道（程序）在這類的學校中相當重要，而構成適當行為的觀念傾向於會是清楚明確、狹窄、且一再被強調。簡言之，具如此環境的學校比較傾向於是任務取向的（task oriented）而非人員導向的（people oriented）

總而言之，利用史騰—斯坦霍夫組織氣氛索引（OCI）來描述一所學校組織氣氛的兩個主要層面是，「發展壓力」與「控制壓力」，此二者的結合可用以描述組織氣氛。因為OCI已被應用於一些學校的研究，因此已發展出具規範性的資料，有助於解釋特定學校得分所代表的意義。很明顯地，具有較高的發展壓力之學校（亦即符合教師的智性認知的需求，以及他們的社會—情緒需求的學校），其成員常具有極大的自由以行使創造力，並實現其動機需求。另一方面，強調控制的學校（例如，強調法則、嚴格視導、指示性的領導），其環境則提供較少的機會讓教師成長與發展為成熟的專業人員。

對OCI的評論

儘管在教育組織中，史騰的心理環境需求－壓力理論，並未像OCDQ一樣，受到那些關心公立學校教育的人那樣歡迎，但它仍被用於一些研究之中。早期影響它受歡迎程度的一個阻礙是問卷本身的長度與複雜性（完整的OCI版本曾經高達300題），另一個阻礙則是資料分析與解釋程序的相對複雜性。然而，自從1975年起，OCI就有了一個簡短的型式，可以簡單地被使用。這個型式的問卷可以以手算計分，而且有關小學、初中、高中、鄉村、郊區、與都市學校之常模亦建立公布，使用起來相當簡單。

在需求－壓力取向的許多優點中，其中幾個優點是：它是建基在發展良好的一個組織氣氛堅強概念之上，以及它有一個詳細慎重研究的長久歷史，產生評量工具，且已經小心地進行效度與信度的考驗了。也因為如此，OCI是一個有力的評量工具，產生了相對而言極豐富且精細的資料，可用以分析個別學校的組織氣氛。同時，它亦能產生規範性的資料，是研究一群學校所必須的（例如，研究學區中的學校、或研究投入於某一個實驗計畫的所有學校）。

除此而外，OCI似乎可被廣泛應地用於許多種類的教育組織之中——例如，小學、中等學校及學院，[66]市區及郊區的學校。不同版本的OCI問卷使它可以從學生、成人及教師等不同人身上獲得有用的資料。

四個管理系統

在廣泛地研究組織氣氛之後，賴克特乃定義了四個管理系統。每一系統都以組織氣氛與領導行為加以描述，並以組織特徵加以評量。系統一稱為剝削－權威式（或懲罰－權威式）（exploitive-authoritative or punitive-authoritarian），如（圖5.3）所示，它是建基於古典的管理觀念，是一種X理論觀點的激勵觀

系統一：剝削－權威式

激勵力量	溝通型式
著重恐懼、對金錢的需求，以及追求地位的動機，忽略那些會抵銷前述所強調之動機的動機力量。敵對的態度，對上諂媚，對下傲慢。不信任的情形普遍，除了上層人員外，很少有負責任的感覺。對工作、同僚、視導人員，與組織均感不滿意。	很少的上行溝通，很少的平行溝通，有一些下行溝通，不過被部屬所懷疑，扭曲與欺騙的現象很普遍。
交互作用－影響過程	作決定過程
沒有合作式的團隊工作，很少有相互影響力，只有適度的向下影響現象，但通常被高估了。	在上層作下決定，基於部分與不正確的資訊，對成員的動機很少有幫助，建基於個人基礎作決定，不鼓勵團隊工作。
目標訂定過程	控制過程
發佈命令，表面上的接受，但暗地裡卻抗拒。	只有上層的控制，控制的資料常被扭曲與偽造，非正式組織存在，對抗正式的組織，降低了真正的控制。

圖5.3　賴克特的四個管理系統

資料來源：David G. Bowers, *Systems of Organization: Management of the Human Resource* (Ann Arbor: University of Michigan Press, 1976), pp. 104-5.

點，及一種指示性的領導型式。系統二是仁慈－權威（或父慈權威）（benevolent-authoritative or paternalistic-authoritarian）。它強調領導者與部屬之間的一種一對一的關係，並且處於一種在工作

系統二：仁慈－權威式

激勵力量	溝通型式
著重對金錢的需求、自我動機，如追求地位與權力的動機，有時則為恐懼的動機。那些未著重的動機通常會抵銷所強調的動機，有時會增強它們，態度有時敵對，有時喜愛組織，對上諂媚，對下傲慢，對同僚競爭敵對。管理人員通常覺得有責任達成目標，但其他下層人員則無。對工作、同僚、視導人員，以及對組織感覺不滿意到覺得有中等程度的滿意。	很少的上行溝通，很少的平行溝通，大量的下行溝通，部屬有點混合的感覺（有些相信，有些不相信），些許的扭曲與過濾現象。
交互作用－影響過程	作決定過程
有很少的合作式團隊工作，除了藉由非正式的方法之外，很少有向上影響的現象，中等程度的向下影響。	在上層作下決定，有一些有關實施的決定在最低層完成，基於中等程度的正確與適當資訊，對成員的動機，很少有幫助，大部分建基於個人的決定方式，不鼓勵團隊工作。
目標訂定過程	控制過程
發布命令，可能會有些許機會可供評論，表面上接受，但通常是暗地裡抗拒。	大部分為上層控制，控制的資料通常是不完全與不正確的。非正式組織通常是存在的，常常運作與抗拒正式組織，部份降低真正的控制。

續圖5.3

激勵力量	溝通型式
著重對金錢的需求、自我動機，以及其他個體內在的主要動機。激勵力量通常會彼此相互增強。態度通常是喜愛的，大部分的成員均覺負有責任。對工作、同僚、視導人員，及組織覺得有中等程度的滿意。	上行與下行溝通通常都不錯，平行溝通則爲尙可到好的程度，有些許的傾向會過濾或扭曲資訊。

交互作用—影響過程	作決定過程
中等程度數量的合作式團隊工作，中等程度的向上影響，中等程度到極可觀程度的向下影響。	廣泛的政策在上層作成，比較特定的決定則在較低層級作成，基於相當正確與適當的資訊，對於成員的動機有些許助益，有一些以團隊爲基礎所作的決定。

目標訂定過程	控制過程
在部屬討論後，訂定目標或發布命令，通常是表面上與實際上均接受目標，但有時會有暗地裡的抗拒。	主要爲上層控制，但有些許授權到較低層級。非正式組織有可能會存在，部分抗拒正式組織，部分降低眞正的控制。

續圖5.3

　　事物上彼此相互隔離的環境中。系統三稱爲諮商式（consultative），強調一種較多參與的領導型式，在其中，領導者傾向於在決定的過程中，個別地詢問成員的意見。系統四是參與式或團體互動模式（participative model or group interactive model）的組織系統，利用Y理論的人性運作觀念，並在所有關鍵的組織

系統四：參與式團體

激勵力量	溝通型式
著重所有的動機，但卻不包括恐懼，包括來自於團體過程的激勵力量。激勵力量彼此相互增強，態度相當地喜愛，信任感普遍，所有層級的成員均覺負有相當的責任，對所有層面均相當滿意。	所有方向的訊息流通都很順暢與正確，就實際而言，沒有扭曲或過濾的必要。
交互作用—影響過程	**作決定過程**
大量的合作式團隊工作，極可觀的向上、向下，及平行的眞正影響。	組織的所有層級均有作決定的現象，且由重疊性的團體相聯結，建基於完全與正確的資訊。大部分基於團體作決的方式，鼓勵團隊一起工作。
目標訂定過程	**控制過程**
目標是藉由團體參與而建立，除非是緊急狀況除外。對目標的全部接受，表面上與實際上均如此。	廣佈的、眞實的，爲控制的運作負有責任，非正式與正式組織完全相同，眞正的控制不會有所減損。

續圖5.3

過程中強調團隊互動的重要性。

　　如賴克特所發現的：

　　我們的學校之交互作用—影響網絡通常都無法有建設性地
　　處理學校的內部問題與衝突，更不用說是處理來自於外在

的衝突。而且，學校目前的作決定結構所要求的互動型式，通常只會加重衝突而已，而非有建設性地解決問題。

舉例而言，學校的教職員會議幾乎都是利用類似議會的（表決）程序，迫使產生一種系統二的輸贏態勢。在小團體使用的系統性的、有秩序的問題解決方式，並未被用於（亦無法發生於）較大的會議中……，令人困擾的是，我們發現到，「羅勃的秩序法則」（Robert's Rules of Order）以非比尋常的能力，將誠摯、有智慧的人們之互動，轉變成為痛苦的、情緒性的，以及一種輸贏的對立態勢。[67]

他進一步指出，在五十人到一百人的教職員會議中，不太有可能會有創造性的問題解決，因為不同部門的成員，會透過類似議會的策略性行動加以競爭，到最後，很少人會對最後決定要採取的行動，產生真正的承諾感。

鮑爾斯（David Bowers）在討論賴克特對此問題的看法時指出，對一個組織而言，其開始的第一步是，瞭解組織目前在各種特徵的現況，鮑爾斯說道：

一個組織並不僅是一個物質建築或其設備而已，它不是各種職務的一種排列，亦不是填滿這些職位的人之集合，它不是工作任務或技術性運作的一個結果而已。確切地說，組織包括了所有的這些事物，但它更包括一些基礎性的東西。組織的基本建構單位是面對面的團體，這包括視導人員及其直屬部屬們。組織基本上大部分是由團體（groups）的結構所組成，且由具有重疊身份的成員加以聯結在一起，形成一個金字塔的結構，使工作任務可以流通運作。[68]

因此，組織可以概念化爲是一個大致像金字塔的結構。其基本單位是面對面的工作團隊（the face-to-face work group）：成員之間及與視導人員經常地在工作中互動（溝通、影響、激勵）。這些團隊互動的例子有學科主任與在此學科中的老師、圖書館負責人與圖書館員及助理、學年主任與班級老師（homeroom teachers）等等。這樣的團體之特色爲：1.規模小到可以允許有效團體過程的發展，助長個體的參與，以及2.親密到可以有效實現任務，並作下有創造性的決定。爲了使這樣團體可以有效地協調，必須注重其內外之間的有效溝通：換言之，其主要工作小組必須有效聯結在一起。賴克特特別指出，將這些小組有效地向上聯結是相當重要的，如此可以使組織金字塔的較低層，具備與上層互動的能力，以及影響上層結構的能力。

　　假如一位視導人員（或管理者）想要成功地履行其視導功能時，那麼向上行使影響的能力是相當重要的。為了有效領導其負責的工作小組，一位視導人員必須要有能力影響自己的老板（直屬上司），亦即，它必須同時善於扮演一個視導者與一位部屬的角色。[69]

　　因此，基本上，每一位視導人員或管理者同時是兩個面對面小組的成員：一個是他或她負責的小組（扮演視導者或管理者的角色）；另一則爲他或她必須（在別人的領導下）負責的小組（身爲部屬）。整個組織就是由這樣有計畫的小組所組成，重疊（overlap）在一起，而由具有雙重身份，扮演雙重角色，位於重疊小組的成員將組織聯結在一起。這些成員在小組之間就扮演「聯結別針」（linking pins）的角色——這一種角色要求他們必須在組織的層級之間，以及整個組織內助長溝通、作決定、與其他影響過程。

當然這樣的結構對於美國的學校教育而言並非是全新的理念。例如，傳統的高中校長內閣（cabinet）通常會包括聯結學科部門與內閣的部門主任，依此類推，高中校長亦通常是整個學區團隊（通常亦稱為一個內閣）的成員之一，包括：其他的校長、學區教育局教育行政人員，以及教育局長。接著，教育局長聯結教育局長的內閣與學區董事會（見圖5.4）。賴克特建議：1.像這樣的組織系統可以擴展、並精心設計到包括整個學區組織的所有層面（包括小學）[70]；2.最重要的，賴克特曾描述像這樣的組織如何能協助發展一個更具功能性的交互作用─影響系統：這不是一個傳統的、指示性的、向下導向業務幕僚系統的觀念，而是一種自由溝通與影響、向上、向下及所有方向地傳遞整個組織，在組織的所有層級中，均展現一種團體工作的取向，以解決問題。

　　總而言之，「一個組織交互作用─影響系統的效能，及這個系統處理困難問題的能力，取決於這個組織所包含之工作小組的效能，以及其所提供的多重聯結（multiple linkage）之程度。」[71]因此，顧及結構之間的動態相互依賴性（例如，相互聯結與相互重疊的小組團體），以及相互影響系統（例如，具指示性的或合作式的），讓我們必須考慮到作決定的參與議題。如果有人想要試圖發展一個具合作性的交互作用─影響系統，他就必須注意發展一種領導或行政型式，是足以發展部屬支持這一取向的能力與動機。換言之，我們必須嘗試使組織從系統一朝向系統四而移動。（註：賴克特的觀念）這亦符合本書第四章所討論的主要動機取向的理念（亦即，馬斯洛、波特與羅洛、赫茲柏格，以及其他學者）。

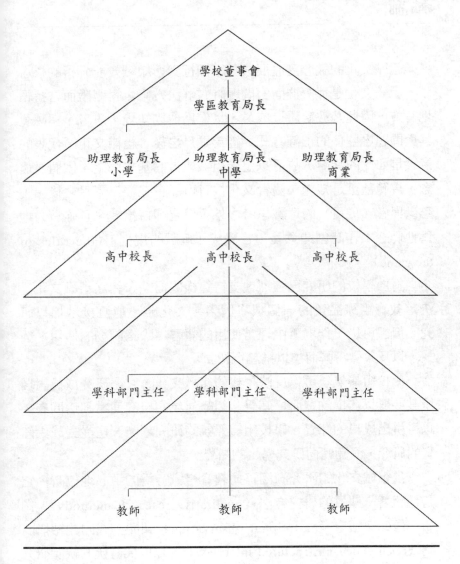

圖5.4 聯結別針的概念應用於中等規模學區的作決定結構

結論

　　組織文化的觀念已發展成爲組織行爲與組織效能分析的核心了。組織文化是那一群面對問題時的解決方案，對團體而言持續地有效，因此乃教給新進成員，以作爲他們知覺、思考、與感覺其與問題之關係的正確方式。經年累月之後，組織文化所代表的意義是如此的深層，故可以定義組織成員的基本假定、價值、信念、規範甚至是知覺。儘管文化很有可能會在經年累月之後，脫離參與者（成員）的意識思考之外，但它卻持續地、且強有力地爲他們在工作時創造意義，且變成「遊戲的規則」（the rules of the game）。

　　對於學校的研究已強烈地支持這樣的信念，認爲組織文化是決定教育組織品質的一個根本因素。文化雖不能直接地加以研究，但卻可從工作場所中經常使用的語言、人爲飾物的使用、儀式，以及象徵符號而加以推論得知。

　　學校組織氣氛可以反映學校的組織文化，它是研究成員對環境某些難以觸摸的層面之知覺。組織氣氛的研究通常利用問卷，以導引出成員的知覺。學校組織氣氛的研究趨勢，已從對成人知覺的研究，漸漸轉向研究學生的知覺。

　　當組織文化的研究漸漸移向教育組織行爲的中心地位時，它乃伴隨著一些質的研究方法（qualitative research methods），例如，像參與觀察（participant observation）與開放式的非結構訪問（open-ended unstructured interviews），以取代傳統的統計研究方法。質的研究方法之利用，使研究者可以對學校組織文化產生豐富的、詳細的「深度」描述，而這些是解釋學校眞正發生事務所必須的資料。儘管這種質的研究方法之使用在研究組織行爲方

面，與傳統的統計方法比較起來仍相對較晚近，它們則是源自於人類學、社會學，以及教育行政等領域長久受人尊敬的研究傳統。質的研究方法（例如，人種誌研究法）建基於非常清楚的研究特性，與傳統的理性主義的觀念差異頗大，它們強調遵守觀察的程序法則及嚴謹，與傳統的量的研究方法不相同，但卻同樣清晰明確。

　　大部分有關組織文化的研究，不管是在公司組織或是在教育組織進行的，都會想要與組織的效能建立相關。其中有許多研究描述公司的表現（以市場佔有率、銷售量，以及獲利率表示之）與公司內的組織文化彼此之關係。在教育上亦有類似的研究支持上述關係的存在。但大體而言，很明顯地，想要在學校教育建立這種因果關係的努力，受到教育組織極度的複雜性，以及學校教育不同成員，對決定何為高度表現標準之混淆與模糊性兩大因素的阻礙。

　　愈來愈多且愈具體的實證研究證據，源自於學校及其他教育組織的嚴謹研究指出，這些教育組織的效能（以學生的學習與發展表示之）深受組織文化的品質與特徵所影響。不會感到意外的是，研究的結果指出，那些強調支持性、開放溝通、通力合作、重視智性，以及獎勵成就與成功之學校，比起那些強調競爭、限制性與拘束感、規則與標準作業程序，及獎勵順從一致性的學校而言，表現更好（以學生的學業成就、出席率、輟學率、挫折感，以及疏離感表示之）。而且，藉由釐清其所涉的關鍵因素，源自於這些研究所主張的觀念已使得有目的地計畫與管理組織文化的行動，成為可能且具實用性。然而，在今日大眾對學校及學校系統愈來愈喪失信心，且愈來愈要求對表現負起績效責任的年代，想要過度強調上述這些研究成果對教育行政實際的啟示，事實上是相當困難的。

建議讀物

Deal, Terrence E., and Kent D. Peterson. *The Principal's Role in Shaping School Culture*. Washington, DC: U.S. Department of Education, Office of Educational Research and Improvement, 1990.
儘管有些學術研究者仍爭論，我們可不可以、或應不應該刻意地改變學校文化，但鑑於愈來愈多的證據指出文化對於引發組織行為之改變的重要性，使得實務工作人員傾向於認為，其議題已經不是到底能不能或應不應改變學校文化的問題了，而是到底要如何加以進行。本書以簡單的詞句討論要如何進行學校文化的改變，並針對「如何塑造一個有效能的文化」提供讀者一個極佳的方案。

Levine, Sarah L., *Promoting Adult Growth in Schools: The Promise of Professional Development*. Boston: Allyn and Bacon. 1989.
本書首先檢視學校教師的專業生活，並指出先前研究的發現：教師的教學生活是彼此孤立隔離的、抑制個人的專業成長與發展，也因此其生活是不滿意的、且徒勞無功，而且，這些現象不可避免地就反映在學校的效能上。然而，萊文接著討論到學校校長及其他成員如何作為，以改變上述的情況，並發展學校成為一個可以助長成員成長發展的環境。本書包括了許多有用且實際的建議。

Lieberman, Ann, ed., *Building a professional Culture in Schools*. New York: Teachers College Press, 1988.
請注意本書的書名用的是「專業文化」（professional culture）而不是「組織文化」。這不是偶然的：它反映了這樣的信念，那就

是學校應發展一種獨特種類的文化。這是一本很有趣、易讀的書，在其中有一些現在已相當著名的作者，包括：實際行動者、研究者、學術人員，以及工會人員等，提倡各種不同觀點，以發展學校成為更能同僚專業互享的地方，而教師可以比以前承擔更多的領導責任。

Lutz, Frank W., and Laurence Iannaccone, *Understanding Educational Organizations: A Field Study Approach.* Columbus, OH: Charles E. Merrill Publishing Company, 1969.
這兩位在教育行政質的研究長久歷史的先鋒——特別以其在學校權力運用的研究著名——在本書描述了質的研究之理論、研究方法，以及在此領域所用的程序。對於未曾利用田野研究方法探討學校文化的讀者，本書是一本極完善的入門書籍。

Ott, J. Steven, *The Organizational Culture Perspective.* Pacific Grove, CA: Brooks/Cole Publishing Company, 1989.
一本內容極為廣泛的教科書，本書提供了現有組織文化理論與研究易讀易懂的成果。儘管它主要是介紹企業的文化，且包括了許多來自商業與工業界的例子，教育工作者仍會發現本書是一本極有用的參考來源，可闡明組織文化的概念，並可應用於教育情境中。

Sarason, Seymour B., *The Culture of the School and the Problem of Change.* Boston: Allyn and Bacon, 1971.
基於他在學校的廣泛經驗，作者在此一古典的小冊子中，針對學校提供了一個極敏銳且深入的描述，指出學校如何「真正地」被組成，以及其對於發展有效的方法，以助長學校改變所具有的啟示。本書是一本極容易讀的書，是一個利用文化的概念作為學校

組織分析的獨特例子。

註釋

1. Alfred J. Marrow, David G. Bowers, and Stanley E. Seashore, *Management by Participation* (New York: Harper & Row, Publishers, 1967).

2. Terrence E. Deal, "Cultural Change: Opportunity, Silent Killer or Metamorphosis?" (unpublished paper, no date).

3. Chester I. Barnard, *Functions of the Executive* (Boston: Harvard University Press, 1938).

4. Philip Selznick, *TVA and the Grass Roots* (Berkeley: University of California Press, 1949).

5. Marshall W. Meyer and associates, eds., *Environments and Organizations* (San Francisco: Jossey-Bass, 1978).

6. Andrew W. Halpin and Don B. Croft, *The Organizational Climate of Schools* (Chicago: Midwest Administration Center, The University of Chicago, 1962).

7. Bernard Clark, "The Organizational Saga in Higher Education," in *Managing Change in Educational Organizations*, J. Victor Baldridge and Terrence E. Deal, eds. (Berkeley, CA: McCutchan, 1975).

8. Michael Rutter, Barbara Maughan, Peter Mortimore, and Jane Ouston, with Alan Smith, *Fifteen Thousand Hours: Secondary Schools and Their Effects on Children* (Cambridge, MA: Harvard

University Press, 1979).

9. Deal, "Cultural Change," p. 6.

10. Renato Tagiuri, "The Concept of Organizational Climate," in Renato Tagiuri and George H. Litwin, eds., *Organizational Climate: Exploration of a Concept* (Boston: Harvard University, Division of Research, Graduate School of Business Administration, 1968). 亦見於Carolyn S. Anderson, "The Search for School Climate: A Review of the Research." *Review of Educational Research*, 52 (Fall 1982), 368-420, 及Cecil Miskel and Rodney Ogawa, "Work Motivation, Job Satisfaction, and Climate," in Norman J. Boyan, ed., *Handbook of Research on Educational Administration* (New York: Longman, 1988).

11. William Ouchi, *Theory Z: How American Business Can Meet the Japanese Challenge* (Reading, MA: Addison-Wesley,1981).

12. 同上註，頁165。

13. Thomas J. Peters and Robert H. Waterman, Jr., *In Search of Excellence: Lessons from America's Best-Run Companies* (New York: Harper & Row, Publishers, 1982).

14. 同上註，頁282。

15. Terrence E. Deal and Allan A. Kennedy, *Corporate Cultures: The Rites and Rituals of Corporate Life* (Reading, MA: Addison-Wesley, 1982).

16. Peters and Waterman, *In Search of Excellence*, p. 319.

17. Edhar H. Schein,"How Culture Forms, Develops, and Changes." in *Gaining Control of the Corporate Culture*, Ralph H. Kilmann, Mary J. Saxton, Roy Serpa, and associates (San Francisco: Jossey-Bass, 1985), pp. 19-20.

18.同上註，頁20。

19.Ralph H. Kilmann, Mary J. Saxton, and Roy Serpa, "Five Key Issues in Understanding and Changing Culture," in Kilmann and others, *Gaining Control of the Corporate Culture*, p. 5.

20.同上註。

21.Terrence E. Deal, "Cultural Change: Opportunity. Silent Killer, or Metamorphosis?" in *Gaining Control of the Corporate Culture*, （未出版文章的修正版） p. 301.

22.同上註。

23.Ralph H. Kilmann. "Five Steps for Closing Culture-Gaps," in Kilmann and others, *Gaining Control of the Corporate Culture*, p. 352.

24.Alan L. Wilkins and Kerry J. Patterson, "You Can't Get There from Here: What Will Make Culture Projects Fail," in Kilmann and others, *Gaining Control of the Corporate Culture*, p. 267.

25.George C. Homans, *The Human Group* (New York: Harcourt, Brace, & World, 1950), p. 123.

26.A. Paul Haire, *Handbook of Small Group Research* (New York: The Free Press, 1962), p. 24.

27.A. R. Cohen and others, *Effective Behavior in Organizations*, 3rd ed. (Homewood, IL: Richard D. Irwin, 1984), p. 62.

28.Schein, "How Culture Forms, Develops, and Changes," in Kilmann and others. *Gaining Control of the Corporate Culture*, p. 21.

29.同上註，頁19~20。

30.Ralph H. Kilmann. Mary J. Saxton, and Roy Serpa, "Five Key Issues in Understanding and Changing Culture," in Kilmann and others, *Gaining Control of the Corporate Culture*, p. 5.

31.同上註。

32.Terrence E. Deal, "Cultural Change: Opportunity, Silent Killer, or Metamorphosis?" in Kilmann and others, *Gaining Control of the Corporate Culture*, p. 301.

33.Halpin and Croft, *The Organizational Climate of Schools*.

34.Rosabeth Moss Kanter, *The Change Masters: Innovation and Entrepreneurship in the American Corporation* (New York: Simon & Schuster, 1983), p. 149.

35.George C. Homans, *The Human Group* (New York: Harcourt, Brace, & World, 1950), p. 123.

36.Haire, *Handbook of Small Group Research*, p. 24.

37.Kurt Lewin. *Principles of Topological Psychology* (New York: McGraw-Hill Book Company, 1936).

38.Garlie A. Forehand and B. Von Haller Gilmer, "Environmental Variations in Studies of Organizational Behavior," Psychological Bulletin, 62, no.6 (December 1964), 361-82.

39.James G. March and Herbert A. Simon, *Organizations*(New York: John Wiley & Sons, 1959).

40.Renato Tagiuri, ed., *Research Needs in Executive Selection* (Boston: Harvard University, Graduate School of Business Administration, 1961).

41.Roger G. Barker 於*Ecological Psychology: Concepts and Methods for Studying the Environment of Human Behavior* (Stanford, CA：Stanford University Press, 1968)一文中曾描述組織情境的理論，以及研究這些情境的方法。

42.Roger G. Barker and Paul V. Gump, eds., *Big School, Small*

School (Stanford, CA: Stanford University Press, 1964).

43. Leonard L. Baird, "Big School, Small School: A Critical Examination of the Hypothesis," *Journal of Educational Psychology*. 60 (1969), 253-60.

44. Leonard L. Baird, "The Relation of Vocational Interest to Life Goals, Self-Ratings of Ability and Personality Traits, and Potential for Achievement," *Journal of Educational Measurement*, 7(1970), 233-39.

45. Susan Chira, "Is Smaller Better? Educators Now Say Yes for High School," *New York Times*, Wednesday, July 14, 1993, p. A1.

46. Seymour B. Sarason, *The Culture of the School and the Problem of Change* (Boston: Allyn and Bacon, 1971).

47. Seymour B. Sarason, *The Creation of Settings and Future Societies* (San Francisco: Jossey-Bass, 1972).

48. 此領域在Marvin D. Dunnette, ed., *Handbook of Industrial and Organizational Psychology* (Chicago: Rand McNally & Company, 1976). 一書中有完整描述。

49. Theodore R. Sizer, *Horace's Compromise: The Dilemma of the American High School* (Boston: Houghton Mifflin, 1984).

50. Ernest L. Boyer, *High School: A Report on Secondary Education in America* (New York: Harper & Row, Publishers, 1983).

51. John I. Goodlad, *A Place Called School: Prospects for the Future* (St. Louis: McGraw-Hill, 1983).

52. Wilbur B. Brookover and other, "Elementary School Social Climate and School Achievement," *American Educational Research Journal*, 15, no. 2 (Spring 1978), 302.

53. James, S. Coleman and other, *Equality of Educational*

Opportunity (Washington, DC: Government Printing Office, 1966).

54. Christopher Jencks and others, *Inequality* (New York: Basic Books, Publishers, 1972).

55. Brookover and others, "Elementary School Social Climate and School Achievement," p. 316.

56. 同上註，頁317。

57. Rutter and others, Fifteen Thousand Hours.

58. 同上註，頁178。

59. Joyce L. Epstein, ed., *The Quality of School Life* (Lexington, MA:D.C. Heath and Company, 1984).

60. Rudolf H. Moos, *Evaluating Educational Environments* (Palo Alto, CA: Consulting Psychologists Press, 1979).

61. Andrew W. Halpin and Don B. Croft, *The Organizational Climate of Schools* (U.S.O.E. Research Project, Contract no. SAE 543-8639, August 1962).

62. Henry A. Murray and others, *Explorations in Personality* (New York: Oxford University Press, 1938), p. 124.

63. 想要充分瞭解史騰在此領域的廣泛研究，請見於George G. Stern, *People in Context: Measuring Person-Environment Congruence in Education and Industry* (New York: John Wiley & Sons, 1970).

64. George G. Stern, "Characteristics of Intellectual Climate in College Environments," *Harvard Educational Review.* 31 (Winter 1963), 5-41.

65. Carl R. Steinhoff, *Organizational Climate in a Public School System* (U.S.O.E. Cooperative Research Program, Contract no.

OE-4-255, Project no. S-083, Syracuse University, New York, 1965).

66. 例如，見於Carl R. Steinhoff and Lloyd Bishop, "Factors Differentiating Preparation Programs in Educational Administration: U.C.E.A. Study of Student Organizational Environment," *Educational Administration Quarterly,* 10(1974), 35-50; 及Lloyd Bishop and Carl R. Steinhoff, "Organizational Characteristics of Administrative Training Programs: Professors and Their Work Environments," *Journal of Educational Administration*, 13(1975), 54-61.

67. Rensis Likert and Jane Gibson Likert, *New Ways of Managing Conflict* (New York: McGraw-Hill Book Company. 1976), pp. 218-19.

68. David G. Bowers, *Systems of Organization: Management of the Human Resource* (Ann Arbor: University of Michigan Press, 1976), pp. 2-3.

69. Rensis Likert, *New Patterns of Management* (New York: McGraw-Hill Book Company, 1961), p. 144.

70. Likert and Likert, *New Ways of Managing Conflict*, 第十二章。

71. Likert, *New Patterns of Management*, p. 181。

領導

本章簡介

在組織行爲中，「領導」一直是一個令人著迷的研究主題，卻同時也是一個難以捉摸的概念，單是其定義，就有數百種以上。有一項調查指出，在不同文獻中對領導的概念有超過350個之多。[1]沒有任一定義可以讓所有人滿意，不過，許多定義都同意下列兩件事：

1. 領導是在團體中才會有的功能：只有兩人或兩人以上互動的過程才會出現。
2. 領導者有意地要去影響別人的行爲。

因此，任何有關領導的概念都要考量透過社會互動來對別人施加影響力的因素。要瞭解領導，我們就必須探究這其中牽涉到的社會互動的本質與品質，而重心則在於權力：權力的形式以及權力如何被行使？

領導者的權力

不少單一議題團體（譬如，種族團體、性別團體）以及在組織中位居下層的人員常視教育組織爲一壓抑性組織，亦即對少數族群、弱勢團體或低下階層施加壓迫的組織。在這樣的背景下，許多人均畏畏縮縮地以輕蔑的態度承認權力是領導的一部分。的確，在教育組織中談權力，就令人感覺到權力是在對下層壓抑。譬如，有一群對學校中的領導進行個案研究的學者就避免使用領導這個字眼，因爲他們認爲此字眼已經被渲染成帶有惡性的階層

壓迫的意味。於是他們改用「分配性領導」（distributive leadership），因為他們認為此字眼「強調過程，而非權力」。[2]

但是，人們必須瞭解到，居於領導地位者一定是較有權力的人，因為權力是基本的動力，以便將團體中不同的人糾合在一起，發起某一行動，維持此一行動，最終目的則在透過共同合作的方式把意志具體實現。[3]領導者不可能既領導又缺乏權力。而權力的運用並不必然即是壓迫，事實上，如以本文所探討的領導來說，權力的運用並不會導致壓迫。請讓我再進一步解釋。

影響別人可以透過不同的權力來達成，而權力的來源並不相同。要瞭解領導就必須要知道領導者的權力和命令者的權力之間的差異。此二者常被混淆在一起，其差別則在於權力的來源不同。

領導與命令的差別

在組織的不同層級中佔有不同職位的人，都在運用其既有的權威（vested authority），也就是合法的命令權，依據合法的權力而享有之權威，習慣上就賦予那些位在組織的不同階層的在職者的身上，譬如，學院院長、局長或校長。由於職務上的法定權力是由更高階層的組織所賦予的，因此，下層單位不能對此權力加以控制，甚且是必須完全服從。在實務上，美國的教育組織很少見到這種絕對權力的運用。這種權力若是被使用，則常被視為是壓迫。舉例來說，美國的教師工會之成立，擺明就是要介入和限制這種絕對權力被學校委員會和學區行政人員濫用。而教師工會這一招也的確有效。

另一方面，領導者的權力是從屬者自願賦予的。藉著雙方的同意，從屬者接受領導者的影響和指示，不管同意的達成是透過正式或非正式的方式。領導者並非在操控職務上賦予的權力，而

是行使從屬者自願委託的權力。為什麼從屬者要委託權力給領導者呢？通常，也是最有可能的原因是從屬者認同領導者的觀念；從屬者分享領導者的價值和信念；以及在領導者和從屬者追求共同的理想及所需要資源而卻和他人起衝突的時候，從屬者相信領導者可以完全代表他們的利益。

要瞭解在職者的權力和領導者的權力之間差異的關鍵在於誰控制了權力。從屬者可以撤回他們自願給予領導者的支持，他們也可以根據他們的意願增加支持，進而增加領導者的權力。舉例來說，一般承認黑人民權運動領袖金博士（Rev. Dr. Martin Luther King）是二十世紀最有力的領導人之一，但就合法的權威來說，他並沒有實質的權力可以命令其從屬者做事。然而，金博士卻擁有非凡力量可以影響從屬者的行為，最終可以影響國家的進程。

金博士真正擁有的是他的觀念，也就是一系列的價值和信念，以及對一個較佳、較公正而且較重視道德的完美未來的清楚願景。這也是金博士的從屬者所殷殷期盼的，因此他們藉著強力的支持賦予他權力。所以，金博士是位有力人士。他能動員大量具有共同目的的人，並推動重大的社會改革，但他卻不是位壓迫者。他從對甘地（Mohandas Gandhi）的研究中學得許多關於領導的東西。甘地無疑是領導的箇中翹楚，他的畢生工作足以做為領導效能的典範，尤其是在1947年以不流血的抗爭方式，成功的反抗根深蒂固的殖民主義勢力的壓迫。

職務上的權力，例如，教育局長或學校校長的權力，是提供給階層中的在上位者合法的權威，至少是賦予他們強力統治或強制性力量的可能性。但這並不是領導，而是上級的支配（superordination）。我們必須辨別上級支配和領導之間的不同：

上級支配的權力來源是既有的權威；而領導的權力來源是
委託的權威。當權力是存在於制度中，在上位者便擁有既
有的權威，而且下層階級根據其不可變更的角色任務，對
上層階級負有服從的義務。

當權力是握在從屬者手中，權威是經由委託而付予領導者
的，而且從屬者同意與領導者合作…此一決定…從屬者得
加以改變。上層階級可以合法地強迫下層階級；而領導者
只能由從屬者的衷心信賴中才能獲得具正當性的領導地
位。上層階級和下層階級的關係是強制的；而從屬者和領
導者間的關係則是自願的。[4]

權力的定義

一般而言，權力被視爲是影響他人的能力，[5]不同的權力種類
可用來發揮不同的影響力。對權力的描述，典型上最常被接受的
有五個權力種類，或者說是五個權力來源：[6]

◇獎賞的權力（reward power）：控制著獎賞，促使他人服
從權力掌握者的意願。
◇強制的權力（coercive power）：控有懲罰的力量，促使他
人避免遭到懲罰。
◇專家的權力（expert power）：擁有他人所希望獲得的知
識，促使他人服從權力掌握者，以期獲取知識或受益。
◇合法的權力（legitimate power）：在一個組織中因佔有職
位而擁有的權威，此權威被他人認可爲合法要求服從的權力。
◇參照的權力（referent power）：當權力擁有者的個人魅

力、或觀念和信念爲他人所激賞時，他們不只會想藉機和權力擁有者接近，也會想模倣他而變得更像他。

因此，權力的行使是權力擁有者和他人之間的一種交互關係。一個人擁有權力不僅僅是當他控制了獎賞或懲罰的資源的時候，例如，握有金錢或者是能讓從屬者獲取更多權力（例如，參與決定），[7]當這一個人對組織未來發展前景的理念使人感到鼓舞，令人接受進而想成爲組織一員的時候，此人也是擁有權力。

領導者權力的大小端視權力來源的範圍而定。僅擁有單一權力來源的領導者，其影響力當然不如擁有多種權力來源的領導者。特別是在教師工會的出現和教師憲法保障的擴張解釋之後，許多校長認爲他們的領導權力遭到消減，因爲控制教師酬賞的權力被削減，所以強制教師服從的職務上的權力也明顯的減少了。事實上，校長的強制權力被消減反而增加了領導的需要。有力的學校領導者仍然能夠獲取權力來源：

◇雖然校長控制教師聘任、分派、給薪、長期聘任和升級的權力遭到嚴重的抑制，但是這些只是代表了部分的獎賞權力，而且這些權力和領導權力沒有太大干係。許多教師覺得校長的協助行爲是非常有助益的，如果其行爲是不帶有判斷意味的、支持的、合作的和關注的，而且是遵循自我發展的傳統。[8]當他們覺得校長的行爲有相當助益時，他們會增加給予校長的支持，而校長的領導權力也自然而然的提昇了。

◇教師仍然承認組織中職務上的權威，因爲他們重視此一組織。他們對組織階層中職務在位者的合法權力仍然表現出相當的服從。

◇教師通常會厭惡或拒斥自認爲是教學專家且要求教師事先提呈教學計畫並要交由他事先核准的校長；也不喜歡校長以技術

專家的干涉性方式對所觀察的教學做出判斷性的批評。然而，教師喜歡對教師之新觀念能給予支持的校長。當校長善於運用共同合作的方式去辨明和解決彼此的問題時，教師即易於認可校長的能力，並認為校長是有能力的領導者。這種方法符合馬斯洛的高層次動機概念，對教師而言是有助益的，而且可以增進個人的自我成長。

◇校長如果擁有為他人所接受且希望分享的新穎觀念── 對未來的願景──那麼他就是在構築參照的權力。教師欣賞的校長是能夠清楚且有條理地表達其願景，能夠激發熱情以及能夠聚合他人加入形塑和發展上述觀念的對話之中的校長。

領導的定義

雖然領導者的確是在運用不同種類的權力，但是領導者和從屬者所致力追求的不只是領導者的目標，還包括從屬者的重要目標。因此，「領導指的是…當懷有特定目的的個人，在與他人相競爭或衝突的狀況下，集結制度的、政治的、心理的和其他的資源，以激發和滿足從屬者的動機。」這是目前為止對領導的最佳定義。[9]

職務上的權力和從屬者自願給予領導者的權威，這兩種權力不盡然是相互排斥的。一位大學的學院院長對續聘和長期聘任的決定可以有相當程度的合法影響力，然而他同時也可以擁有來自學院教授們強力支持的權力。誰控制了權力授與的實驗顯示：失去學院教授們支持的院長，即使職務上的權力未受到消減，他對從屬者的影響力和推動事務的能力也會大大的降低。美國總統的權力同時結合了職務上的權力和支持者自願給予的權力。舉例來說，水門事件爆發之後，尼克森（Richard Nixon）個人威信的崩

潰和總統職務的法定權力沒有什麼關係，但如果失去從屬者的支持，他也沒有立場保有總統的職務。

二因素領導理論被拋棄

幾年前曾經是領導研究主流的形式化理論路線目前大都已經被放棄了。取而代之的是，伯恩斯（Burns）之啟發性見解使人對領導產生新的理解，而且也取得了主流地位。伯恩斯之前的研究，大多數是由目前在職的教育行政人員所進行的，通常這些研究會從二個面向去定義領導者的行為：

◇其一是領導者對完成工作的強調，此種行為通常被稱之為倡導行為，著重在工作的結構化，包括界定領導者和工作小組成員之間的關係，確認要履行的任務，努力建立明確的組織模式、溝通管道和程序，安排行事曆，以及分派責任歸屬。此種行為也常被稱之為生產導向或是任務導向。

◇另一面向是領導者對於發展領導者和從屬者之間的友善、相互信任、尊重和體貼關係的強調。[10]此種行為通常被稱之為對人的體諒或關注，或是關懷行為。

貝斯（Bernard Bass）認為領導者要不就是「從屬者取向」，即強調對人的關注，要不就是「任務取向」，即強調完成任務的規則和程序：

> 任務取向的領導者建立架構、提供資訊、決定什麼是應該做的、公布規則、對服從者承諾給予獎賞、對違背規則者則表示將施以懲罰。從屬者取向的領導者則希望自從屬者

得到忠告、意見和訊息，並且和從屬者確認或分享決定。
…任務取向的領導者利用其權力取得他人對其決定的服
從。從屬者取向的領導者則在其授權範圍內，鼓勵從屬者
參與應該做什麼的決定。[11]

此二面向的理論是將領導視為兩種行為的混合，而領導者的
效能端視能否於不同情境中選擇適當的行為組合而定。一般人會
傾向於兩種行為取向中的一種，而較忽略另一種。實際上，領導
者不可能只有這兩種行為取向中的一種，而沒有另一種行為，至
少在美國的學校是如此。單一領導行為的概念已不為學術界所接
受，研究領導的學者中想駁斥此一概念者，經常會報導他們找不
到總是任務取向或總是人員取向的領導者。

領導的二因素研究非常強調領導的型式。例如，一般常聽見
抱怨過去的教育領導者過於強調領導行為的任務或管理面向，而
忽略體諒的面向。前者屬專制的領導型式，後者屬民主的領導型
式。因此，不同領導者的領導型式可以劃分為專制或民主的、任
務取向或人員取向的、命令式或合作式的。領導者會根據其個性
和工作的情境選擇適合他的領導型式。這些都是想要把對領導的
研究化約成科學，這也正是其弱點之所在。今日的教育界已快速
的認知到，領導不能被化約為公式或規則，而是必須隨著忙碌、
複雜和矛盾的組織中的人物之變化和混亂，而加以改變與因應
的。

我們要謹記在心的是：

◇對於領導的瞭解，在人類的各領域中正在經歷一場劇大的
變動，而不是只在學校之內。我們還需要從商業、工業、軍事和
教育界的傑出領導者的身上學習。

◇改變的方向是脫離過去認為權力和權威是由上而下執行的

領導概念，轉而朝向發展領導者對從屬者的尊重和關注，以及將從屬者視為改善組織的知識、創造力和活力的來源——這些有力的資源是以往只專注於階層控制的領導者所未曾開發的。

領導即一種與從屬者的關係

當我們試圖領導別人的時候，我們就成為那些人所處環境中的一部分，也因而成為組織行為「公式」$B = f(p \cdot e)$ 中的一部分。領導者因此不僅僅關注所欲使用的領導型式和技術，同時也要關注其和從屬者之間關係的品質和種類。領導不是一個人對他人做了什麼，也不是對待別人的行為方式，而是和他人共事並藉由他們完成組織目標。

領導者和其他權威角色不同之處在於領導者和從屬者之間的獨特關係。領導者對從屬者的關係表現在：

◇增進從屬者間的團結一致，以共同分享組織未來發展的願景和實現的方法。
◇激發從屬者個人的努力，使之致力於美好願景的實現。
◇編組工作環境，使預定的目標成為組織的中心價值。
◇協助從屬者在實現願景過程中所必須做的工作。

領導者如何辦到這些事呢？首先，這必須視領導者對領導抱持什麼樣的看法，換言之，即根據領導者和從屬者之間關係的特性和品質而定。對領導的看法是源自於領導者的基本假定，包括領導者對人與世界的看法，其中當然也包括了文化信念和價值觀。

根據麥哥葛里格的概念，接受X理論對從屬者之假定的人，容易視領導爲傳統老闆監督工廠或商店中的一群不良幫派份子：發號施令、詳加查核和不斷鞭策，以推動事務的進行。接受Y理論對從屬者之假定的人，對領導的看法則偏向於和他人合作以達成組織目標和完成組織任務，分享工作的熱情，提供解決問題的協助，以及支持和鼓勵。在今日的美國，支持X理論假設的教育人員通常會以溫和行爲加以僞裝，如第二章關於動機中所述，如此一來就不會顯現出他們的無情和不民主。領導者的X理論溫和行爲會引發一些嚴重的倫理道德問題。這一點容後再述。

　　瞭解領導的關鍵在於瞭解對從屬者的人性本質的看法，以及領導者與從屬者的關係。例如，十五世紀的馬基維利（Niccolo Machiavelli）對人性本質的假定表現在他對一位統治階級的年青人提出的建議中。馬基維利的論文《君王論》（*The Prince*）曾一度被列爲教育行政的必讀之作，今日也仍爲人所稱頌。其中告訴我們，對那些居於支配階層的社會菁英而言，握有繼承得來的職位上的權力，領導的行使必須是殘酷無情的運用職務上的權力，爲方便達到領導者個人的企圖，可以採用狡詐和欺瞞的手段，並且對他人採漠不關心的態度。

　　馬基維利的領導觀點目前仍廣爲人所接受，雖然他的觀點總是以謹愼的字眼迂迴的表達，而且也常以X理論中的溫和行爲加以掩飾，以便合理的配合當前民主的需求。其核心的觀點爲，領導主要是由對他人的命令和控制所構成的。譬如，請看下列一段由公司的管理階層說出來想給眾多讀者閱讀的話：

　　領導者之所以能成為領導者，只有在他有從屬者的時候。如果我們要下屬去做某些事，而他們沒有做，那麼，很顯然的他們並沒有服從我們的領導。相同的，如果我們要求完成某些事，無論他們如何進行，而他們沒有完成，那

麼，他們同樣也沒有服從我們的領導。我們要成為領導者必須達成兩件事：我們可以要求某些行動和要求某些結果。我們的要求達成多少，就是領導成功與否的指標。

從屬者之所以成為從屬者，只有在他依領導者的要求而行事的時候。…我們都是社會的創造物，因此我們都想要取悅老闆…工作是為了老闆而做的。我們的成長是為了父母，學習是為了老師，求勝是為了教練。即使是一個最獨立的人，他的工作也只是送給老闆的禮物。[12]

上述文字反映了許多說話者對從屬者人性本質的認定，以及領導者與從屬者之間的關係。另一方面，下一段話從現代軍事的觀點闡述了對領導的不同假定：

當你在戰鬥中擔任領導時，你領導的是一群人。我曾經見到稱職的領導者站在一排士兵前，所見到的就是一排士兵。但是偉大的領導者站在一排士兵前，所見的是44個個體，每一個個體都是滿懷著希望、熱情、想要存活和想要把事情做好。[13]

這裡呈現的是與韋伯著作中對科層體制所描述的人性本質截然不同的觀點。韋伯的著作最初是在二十世紀初期問世，但卻是在二次大戰後英譯本出現才為美國人所知悉。

對人性本質的理解是重要的關鍵

在本世紀之交，大型企業的出現促使歐洲社會的轉變。韋伯察覺舊有的貴族政治不能提供今日快速擴張的政府、商業和工業

組織中所需要的新領導方式。為了取代諸如韋伯時代德國的貴族和馬基維利時代的君王等的社會特權階級所承繼的絕對權力，以及為了拒絕在全世界各地興起的現代工業、商業和政府組織中使用傳統的專制管理，韋伯支持成立由專責部門構成有紀律、有秩序的組織，此一組織呈現階層的安排方式，合法的權力以及權威是由上至下逐級遞減。韋伯給予這樣的組織一個名稱：科層體制。[14]

相對於專制管理，科層組織的「法則」立基於明文訂定的規則、標準的運作程序、書面檔案、指揮系統，以及接受上級和下級的層級關係的概念。這是一個理性的、合乎邏輯的、沒有人性的、形式的、可預測的和有系統的組織結構，同時也反映了對組織中的人的本質和需求的信念：科層理論通常認為人類的行為是由馬斯洛所言較低的需求層次所引發，重視薪水報酬、工作穩定不失業，以及升遷的需求。

韋伯的著作對科層體制的建立和維持，以及成為世界上最普遍和可信的組織概念，有著巨大的影響。然而，在大學教授科層組織的優點的人很少瞭解，甚至並不知道身為社會學家和神學家的韋伯也撰寫了新教的工作倫理，並視之為人性本質的特徵。韋伯堅信，同時也使當時許多人堅信，新教隱含著某些優於非新教文化的根本倫理道德信條，並表現在工作界中，即所謂的新教工作倫理。因此，韋伯實際上是把科層體制視為落實新教對人性本質的觀點於工作世界之中，兩者是密不可分的。

我們現在再把對領導的討論帶回到組織行為的概念 $B = f(p \cdot e)$ 這個公式中。在行使領導時，領導者有許多的選擇可以影響組織環境的本質和品質。個人的選擇一方面視其對欲採行的行為的理解而定，另一方面是視其受到該組織環境的影響而定。舉例而言，如果你認為馬基維利懂現代教育組織的實際狀況，那

麼你就會覺得他對領導的建議頗吸引人而且似乎蠻實用。另一方面，如果你認為最好視學校為科層體制，那麼你就會盡最大力量締造一個科層體制的工作環境。

然而，如果你認同Y理論中對人的看法，那麼你會試圖創造一種能引發和支持較高動機和較多努力的組織環境，以使人員在工作中獲得滿足。這樣的環境可以增進成長，不但促使組織成員個人的成長與發展，也促成組織本身的成長與發展。換言之，即一種不斷提昇能力的健康狀態，以辨明和解決變動不居的世界中的問題。此種組織環境中的重要部分之一即是領導。這是因為科層組織在不斷變動的世界脈絡下缺乏組織發展的內在動力，專制組織當然也是如此。

科層理論的領導觀點

一般傳統科層體制中的職務在位者在行使領導時，易於效法獨行俠。

獨行俠，一位很顯眼的、戴著面具的角色，騎著白馬到處解決難題與紛爭。這種征服性領導者的模式——有點神秘、豁達卻又冷漠——真是隨處可見。想像其背景：無助且沒有組織的鎮民受到一些壞蛋所威脅。只有一位忠誠助手協助的獨行俠在緊要的關頭趕至，憑著勇氣和機智，以快速、聰明和堅定的手段制伏壞蛋，留下一顆銀色子彈做為解決問題的象徵，最後在暮色的餘暉中揚長而去。感激的鎮民猜測著誰是蒙面獨行俠，期望他能留下。但是他終究是離開了，鎮民仍過著凡俗的日子，也沒有學得更聰明或是準備好解決下次的大問題。當再次遇到重大危機時，他們只會期待如閃電般馬蹄聲的響起，然後他們敬愛的英雄會在

最後一刻解救他們。[15]

　　因此，鎮民或是我們所探討的學校人員並沒有學到任何經驗，以為未來解決問題做較佳的準備，他們也沒有受獨行俠的影響而興起改善問題解決技巧的動機：問題在當時是解決了，但學校沒有由經驗中增進問題解決的能力。從領導者的角度來看，獨行俠的表現顯然很好，但仍會受到批評，因為他並沒有使鎮民學習到更佳的因應問題之道。

　　相對的，當代對領導的看法是主張領導者不是僅做為權力的掌握者和科層體制的管理者，而是要以同時改變領導者和從屬者的方式來和從屬者共事的。如此一來，從屬者的工作能力久而久之就會變得比原先的能力好。這種領導的觀點被稱之為「轉型領導」。[16]

轉型領導

　　「轉型」的領導概念是由伯恩斯（James MacGregor Burns）[17]在其獲得普立茲獎的著作中所提出，之後直接影響了許多學者的看法。伯恩斯的見解隨後由貝斯（Bernard Bass）[18]加以進一步的發展和闡述。後來，這些見解又被學者用做研究的基礎，例如，研究公司領導人的班尼斯（Warren Bernis）[19]、康特爾（Rosabeth Moss Kanter）[20]和羅斯納（Judy B. Rosener）[21]等。而在最近，薩傑歐瓦尼[22]（Thomas Sergiovanni）則使用轉型領導的概念提出對學校改革的批評。

轉型領導與交易型領導的比較與對照

　　伯恩斯分析的核心是利用「轉型」領導的概念與傳統交易型領導來進行比較與對照。在解釋過領導和純粹用權力以掌控他人這二者之間的差別後，伯恩斯接著解釋領導有兩種不同的基本型式。最常用的領導型式中，領導者和從屬者的關係是建立在領導者和從屬者之間的交換報酬之上。交易型的教育領導者可藉由提供工作、安全、長期聘任和有利的考評等等，以交換從屬者對領導者的支持、合作和服從。

　　相對的，「轉型領導者期望引起從屬者的潛在動機、希望滿足從屬者較高的需求和促使從屬者全心投入。轉型領導的結果是一種相互刺激和進步的關係，這種關係可以使從屬者變成領導者，以及使領導者變成道德家。」[23]如此就進一步促成第三種更高級的領導：即「道德領導」的概念，此一概念在1990年代吸引了教育界的注目。

道德領導

　　道德領導的概念包含三個相關的理念：

　　第一，領導者和被領導者之間不只是權力的關係，也是一種彼此之間需求、期望和價值的真心分享。這種分享的真心與否可以由從屬者的參與是否為從屬者本身意願的選擇結果來加以判定。

　　第二，從屬者有回應領導者提議的自由：從屬者能就其所知選擇要追隨的人，並且瞭解追隨的原因。轉型領導的概念意味著從屬者自願涉入領導的過程之中，這一點我稍後會進一步說明。從屬者自願賦予領導者權力和權威，而且可以隨時收回其所授與

領導者的權力和權威。因此，在轉型領導的最高層次（即道德領導），從屬者必能接觸到做為領導者的其他替代人選，並知道所有可能採用的選擇性方案和計畫。

第三，在領導者和從屬者磋商協定時，領導者有責任要向從屬者清楚地陳述其承諾和代表。「因此，道德領導不僅僅是傳道、表示虔誠或堅持社會服從。道德領導是源自於，也回歸到從屬者的基本需求、期望和價值。」[24]在此意義下，道德領導是截然不同於由行政人員握有掌控權時的領導，那種領導，行政人員只是想利用表面的參與來和從屬者建立關係，而非真心讓從屬者參與領導的過程。

領導的層次

轉型領導的概念有很清楚的層次之別：

◇最低的運作層次中權力的行使是為了強制從屬者服從，這其實不算是領導。
◇領導的初級層次是交易型領導，領導者與從屬者經由交易談判，以達成一起工作的「合約」。
◇領導的較高層次是轉型領導，領導者和從屬者一起致力於透過共享的期望和價值而凝聚成的共同目標的落實。
◇領導的最高層次是道德領導，此種領導需要激發人與人之間的情感，例如，共享的任務、共同的目標意識和共享的價值等，並且與日常生活聯結在一起，以激發更多的心力投入。

成長和發展的過程

轉型領導中不同層次的提昇是藉由促進從屬者較高層級的內在動機，接著提供從屬者和領導者機會，使其有效領導的能力能夠成長和發展。因此，轉型領導者會激發從屬者的抱負，觸動他們的內在動機，活化他們心理和情緒的力量，並且使他們熱烈的參與工作。這種領導不只獲得從屬者的服從，同時也引發他們個人的努力，讓他們視工作的目標爲自身的目標，也就是將之視爲個人自願全心投入的機會。如此一來便使得領導者和從屬者的角色轉型，實際上他們變得相互依賴，[25]他們的期望、動機和價值在彼此之間爲達成目標的努力中，逐漸合而爲一。柏恩斯的焦點是放在政治領導，而非教育領導，他用甘地做爲轉型領導和道德領導的範例，有人可能也會聯想到金博士的領導。但是這樣的領導不侷限在世界舞台上有偉大事蹟人物的身上。許多不同運動的教練，從橄欖球到網球，都在工作中展現了有效的領導。的確，在談及許多組織的領導時，運動教練是常被用來做爲比喻的。許多認同柏恩斯的領導概念的人都曾述及，轉型領導的概念是可以很容易的被應用到非政治的領域，例如，教育和商業。愈來愈多的文獻中也指出，高效能學校中人們的行爲是合乎轉型領導的。

若一個組織能透過本身內在的能力去偵測問題並加以解決而獲得不斷成長，那麼在這種組織中工作的人，他所得到的工作經驗亦能促使他不斷獲得成功。有上述特徵的學校會被教師視爲成功和有效的工作場所。舉例來說，許多研究告訴我們，教師經常因爲成功和有效的教學而提昇動機，羅堤（Dan Lortie）的著名研究——學校教師，[26]便是一例。由此而得的結論是，學校教育的領導者應該力圖培養一種文化，這種文化能夠增進教學和提昇成功教學的可能性，激發教師努力的熱情，獎賞和支持成功的教

學，並且宣揚教學乃是學校生活中心價值的理念。這樣的學校可能有著強調教學重要性的歷史、教學成就可做為他人之典範的著名教師和表彰教師教學和成就的典禮。這些也可能是該組織內的各個階層所強調的明顯特徵。因此，行使領導權的人可以和教師共同合作，並且經由教師來改變學校文化，以及在此一歷程中改變領導者和教師彼此間對待的方式。一般咸信，這一改變的手段，能為人們帶來比現況更好、更令人期待、更引人注目、和更有人性的未來。

領導與願景

領導者想和從屬者分享的願景是多方面的事物，此願景會隨著價值的改變、新的發展方向、印證或駁斥領導者和從屬者世界觀之事件的發生而被修正或有新的闡述。的確，領導者的主要活動包括不斷的對未來願景的動態做陳述；根據新生的事件、觀念和信念對願景加以修正；以及重申「我們處於何種狀態和欲往何處發展」的願景。而此一願景必須符合組織成員們的意向和決定。但是在這不斷重複的活動中，領導者的願景會不斷的提昇，指向新的方向，要求進步，以及說明如何達成目標。在政治和社會運動中充滿了戲劇化的實例：邱吉爾首相在二次大戰面臨幾乎確定的失敗時，對著英國人民吶喊：「我們應該繼續戰鬥」；林肯總統的蓋茨堡演說（Gettysburg Address）發出震憾人心的激勵之語；還有金博士的不朽願景：「我有一個夢」。教育領導者少有機會去運用這種動人的天生本事和個人的魅力，然而他們必須隨時準備好陳述其個人對組織的願景和發出對日常工作的激勵之語。

持續陳述和討論願景，其目的是為了支持和發展組織文化發展中最重要的因素：構築共享的認知、信念和價值的網絡，以結

合成員彼此的凝聚力。在科層組織中，這些認知、信念和價值很少受到檢視和討論，很少加以明白揭示或公開，也很少受到挑戰。的確，在一般組織中幾乎沒有透過語言的方式談論這些，而專業會議中費時的討論細節經常排除了這種對話。如此一來，組織文化的規範就是全然的避免了這類的對話。

推動組織願景或任務上的共識，其目的在理想上是追求最可能實現的共識，多半是指對未來的新狀態或較佳狀態的共識。這種願景的聲明是沒有辦法在一次的協商中就可以變得明確，而是必須以更清楚的方式反覆進行。有時候，甚至一個字或詞的差異就會引起始料未及的效果，使得聲明必須重新加以謹慎的改寫。有時候，所聲明的願景中的某些方面不爲組織某些成員所接受，因此就必須要妥協。但是在整個歷程中，領導者始終不能改變的是要支持能變得更好的事：較高的運作水準、動機和投入心力的增進，以及能不斷使組織比原來更完美的改變。要記住的重點是，組織願景的持續討論是一項關鍵性的對話，經由此對話使得領導者和從屬者共同致力於能結合其共同目標的歷程之中。授權予教師無疑是一項有力的推進器。藉著參與永無止境的創造歷程，以及維持和促進未來學校願景的發展，教師本身涉入自我發展和成長的歷程。而且，因爲這個歷程是開放的、持續的和合作的，校長也會進行個人的自我發展和成長。換言之，這個歷程吸引了領導者和其他人的加入，最後協助領導者本身願景的形成和精確化。

這一持續性的對話過程迫使人們去重新檢討原先引導工作行爲的認知、信念和價值，然後根據反省結果和新出現的事實去加以重新確認或修正這些認知、信念和價值。此歷程被稱之爲反省的實踐（reflective practice）。許多人相信，如果一個人想要繼續不斷的發展和改善其專業的實踐，而且不想停滯不前或逐漸變得

脫節的話，這個歷程是必須的。

究竟是誰的願景？

當學校改革籲求的是領導而非科層體制的命令時，學校應該從由上而下的階層管理轉變成為合作式的、參與式的領導型式。因為新的組織型式會促進和鼓勵位於組織較低階層人員的積極參與，這種組織常被指稱為由下而上的組織。在這種組織中，將組織的參與者結合在一起並促使他們形成共同意向的黏著劑是一個迥然有別的未來學校願景。然而，這究竟是誰的願景呢？

科層體制的官僚認為，位於高階層的菁英尤其有資格去建立組織的目標和決定達到組織目標的方法。菁英在這樣做的時候可以選擇要不要諮詢位於組織較低階層中的人員。相反的，領導者認為位於組織較低階層中的人員所擁有關於組織的可貴知識、好點子和見解應該成為組織願景的必要成份。

領導者認為領導的能力是遍佈於組織之中，而且常在參與者表達新點子、挑戰傳統實務，以及在協同合作的群體中表達其綜合的想法時顯露出來。這也顯示出領導者為什麼要授權其他人全力參與學校願景的塑造的歷程的重要性了。但是領導不是旁觀的活動，換言之，領導者不是被動的做壁上觀，任由他人提出發展方向和形塑組織的未來。

領導者不只是催化他人的想法、鼓勵和增進參與，而且還要擁有自己深思熟慮過的未來願景和對發展方向的看法。領導者在有關於「我們處於何種狀態和欲往何處發展」的對話中必須要表達一些重要的意見，這些意見可以激發抱負和提昇他人對其工作可以達成和應該達成的境界，推動他們踴躍的投入構築組織更美好的未來。但是領導也不是個人秀。在發展學校願景的歷程中，領導者的角色除了提供觀念和參與討論之外，還要重視鼓勵他人

加入未來方向的持續對話之中。

　　我們必須謹記，從定義上來說，轉型領導牽涉到聚集和其他群體有衝突的資源，包括人力和知性的資源，以「激發、促進和滿足他人的動機」。[27]如此一來，願景的構築通常不會是個平靜的歷程，而是時常會和一群群相異的世界觀、相異的性情、相異的理解程度、相異的期盼與抱負以及想在未來採用不同教學方法的人起衝突。所以舉例來說，學校校長必須有自己一套經過深思熟慮的主張，能夠以毫不遲疑且令人信服的方式提出來與教師們討論，當然校長必須避免自行提出一份自己早準備好的學校目標與任務、聲明，要求教師照章通過。

　　或許在授權給教師去推動和修改學校願景或任務的歷程時，領導者更重要的事情是讓教師知道此事之重要性以及教師是可以著手進行此事的。傳統上，學校一直不是成員可輕易分享合作關係的地方，這種合作關係對於領導以及教師的授權予能（teacher empowerment）是很重要的。學校的領導者因此必須堅定地表示他個人對促進合作和與成員共享領導的意願，也就是將學校文化的規範從傳統的方式轉移到共同合作方式的意願。進行這種學校文化規範的轉移，把協同合作的精神落實到日常校務中，以減低傳統以來學校教學中的隔離狀態的過程必然是漸進的，因為教師已由經驗中學到以小心謹慎和自我保護的態度去談論他們的教學工作。在傳統的學校中，教師很少看到彼此展現教學技巧，很少以認真的態度討論教學方法，而在教職員會議中多半是處理次要的例行事務，幾乎不會去處理教室中教學這方面的問題。

操縱和授權予能

在最近有關學校改革的文獻中，教育行政人員最為人詬病的缺失是表面上擴大教師參與，其實是操縱。透過迂迴的手段，這些行政人員令從屬者追求行政人員所想要的目標，而表面上看起來卻像是從屬者的意向。經由這種操縱，權力掌握者仍可維持其權力，從屬者卻被誘導成相信如此的安排是適切且合法的。譬如說，深深受到傳統學校教育方式社會化的教師——從五歲的年紀時就開始了——通常會認定校長和教育局長所具有的階級權力是生活中不可避免的，也是合法的。一個置個人觀點於一旁的老師向校長說：「好吧！告訴我，你要我做什麼，我會盡力完成的。」是件稀鬆平常的事。

批判理論

一群認同批評理論的教育學者對上述缺失特別敏感且有意見。批判理論是一種社會批判論，認為社會中一群人所進行的制度化的宰制——無論是文化的、種族或性別的——常常也獲得被宰制者本身的支持，因為被宰制者相信制度實際上是反映出他們的最大利益。批判理論者認為，這是權力掌握者藉由意義的操縱，使菁英階級的價值和信念得到合法地位而達成的。由此觀點看來，有些信奉馬克思主義的批判理論者指出，資本主義社會的勞工受到有權力的資本階級的宰制而不自知，這是因為經由控制媒體、教育、有組織的宗教和其他社會制度，權力掌握者可以有系統的誘導勞工階級相信，資本階級的價值和信念是合法的，而且是代表勞工的最大利益。

批判理論常常被用來分析存在於現今美國教育中，對弱勢族

群、婦女、窮人和其他社會階級的宰制。[28]批判理論也常常被用來研究正式的學校領導者，例如，校長，和教師之間的關係。當有些學校領導者命令教師要遵從組織目標，或接受組織文化中特定的觀點時，其他的學校領導者則可能是利用比較巧妙的方式取得教師的服從。然而，在1980年代中期，教師開始認為真正參與學校事務是一件好事，但過去卻一直沒有做。在1986年，卡內基教育和經濟論壇建議賦與教師「在學校決定上有更多的發言權」，[29]教師的授權予能就成了學校教育中，不斷被提出來的最流行專門用語。

授權予能的一個重要層面是提供教師機會，使能積極的、公開的和無懼的參與形塑學校願景的無終止歷程。當這樣做的時候，會出現柏恩斯轉型領導中三個重要的現象：

◇藉著學校願景的規劃中貢獻知識、見解和觀念，教師積極地參與了領導的持續性動態歷程。
◇教師對塑造學校未來的價值觀，會感覺到是自身的一部分，也因而感到有義務為此而奉獻。
◇藉著個人積極的參與和在獲致成果之前的努力付出，可以讓教師增加對學校的使命與任務更深更廣的認知，並明瞭他們的日常工作和該使命與任務之間的關聯。

領導的歷程和掌握權力的領導者對從屬者的巧妙操縱是截然不同的。領導的歷程會觸動教師的內在動機，包括：期望、信念和價值，並且藉著扣緊教師的日常工作和組織的任務，以提昇教師在學校中工作的意義與重要性。因此，轉型領導必然要授權予教師。

領導與管理

　　改革派堅稱美國學校所需要的是領導，而不「僅是管理」。這不只意味著管理和領導的差別，而且兩者是互不相容的。這一觀點從「人們管理的是事而非人，而領導的是人而非事」這樣的事實裡即可知道。例如，我們是管理財務、存貨和計畫，但我們是領導一群人。此外，管理和領導有本質上的差別，所以有人堅稱兩者是互不相容的。例如，班尼斯（Warren Bennis）和納勒斯（Burt Nanus）告訴我們，「管理者是正確的處理事情（do things right），而領導者是做正確的事情（do the right thing）」。[30]有人將目前美國缺乏教育領導怪罪於商學院和教育學院長久以來所倡導的管理秘訣，也就是只教導管理者注意組織結構、角色和間接的溝通方式，卻忽略人們的想法、情緒，以及防止別人直接介入領導工作。結果是，管理專業化的焦點偏離了學校的實務，即教學，而將領導概念化成為強調規則、計畫、管理控制和運作程序。

　　上述的情形常常在某些人的言詞表露出來，例如，把學校教育、教學與「教育服務的傳遞」相混淆的人，或是以商人在談論貨物配銷，或以速食餐廳經理在談論他們那一行業的本質時的那種冷淡態度來討論處理學校教育事務的人。因此，我們時常在學校中看到：

> 強調正確地處理事情，卻忘記了要做正確的事情。所以在學校裡，改善計畫取代了改善成果（指著重提出計畫，卻不著重真正成果的改善）。教師教學評鑑的分數取代了良好的教學。在職進修學分的多寡取代了實際教學的改變。訓

導的規定取代了學生的紀律。領導的型式取代了目的和實質。意氣相投取代了同事情誼。合作取代了全心投入。服從取代了成果。[31]

無須質疑的，從1945到1985年，當美國公立學校明顯的朝向科層體制化的期間，所強調的是科層體制的領導概念，也就是今日所謂的管理。毫無疑問的，這種短淺的觀點必須加以矯正，各層級的教育機構其實都非常需要領導。但是我們要小心，不要用攻擊管理來取代領導。

教育領導者，甚至所有的領導者，都必須有管理的能力。加納（John Gardner）講得很好，領導者必須經常分配資源、處理預算和組織一切事務，以使成員進行實現組織願景所必須的工作。[32]因此，他下結論說，如果要實現組織的願景的話，領導者必須是有技巧的管理者，以處理組織內部日常的俗務。

無庸爭辯的，學校大部分仍然是採科層體制的組織形式，甚至更不屑地說，是以工廠做爲組織的模式。無疑的，大多數的教育行政人員主要仍是以例行事務管理的觀點來看待他們的工作。顯然地，強調管理就使得學校中領導的發展容易受到阻撓。因此，美國學校一般需要更多更好的領導。但是，若據此而主張校長應該成爲領導者而非管理者亦是錯誤之舉，因爲校長應該是兩者兼具的。

授權予能和領導

近來關於領導的研究和著作[33]強化了管理和領導的差別。管理者能以不同的方式拉大家一起來參與決策，但領導者所做的不止於此：領導者能夠「創造和傳達一個可以激勵從屬者的願景」。[34]所以，教育行政曾經被視爲上位階層利用其所掌控的計畫

和決定權來控制教師的行為，然而新興的教育行政概念則是著重在發展一個可以引起從屬者參與、激勵從屬者和促進其努力的願景。這個較美好的未來學校願景能夠改變教師和校長的關係，例如，使之團結一致進而分擔達成願景所需的工作。這也就是為什麼未來願景成為學校領導中的重要元素的原因。

欲創造此一共享的願景必須要位在上級的管理階層把傳統以來握有的權力和組織的一般成員分享，以及創造一種團隊共同努力合作所需的信任和開放溝通的環境。管理階層握有的權力包括了：有關組織的訊息、自由地參與決定的權利和承認從屬者是組織的利害關係人的合法性地位等。這也就是要授權予教師、父母、學生及其他人等的基礎，這些人原本是被排除在參與組織決策的過程之外的。

一個道德或倫理的問題

授權予能以改善組織成效不是個新的看法，它曾經受到廣泛的討論，1970年代在高舉著組織發展的旗幟之下，也曾有限度的實施。當時是用「權力分享」（power sharing）來代替今日所謂的「授權予能」。的確，組織發展運動的經驗提供我們豐富的知識，以用來瞭解實行授權予能概念的技巧，包括訓練組織成員分享做決定和發展信任與開放態度的技巧，以創造不斷成長的組織文化。但是，組織發展運動的失敗是由於職務在位者拒絕放棄既有的權力去和他人分享。結果許多職務上權力的擁有者和其下屬玩起X理論中的溫和遊戲，職務在位者利用不同的參與方式——舉行會議、呼籲成員要開放和誠實、使用參與的口號等，另一方面則狡黠的確定沒有被下屬分享掉任何重要的權力。

今日這種馬基維利式的操縱被認為構成了嚴重的道德或倫理

問題，許多人關心這一情況的普遍程度，尤其是在教育界。由於擁有職權者持續的規避授權予能的議題，美國組織中生活的品質在過去二、三十年來不斷下滑。許多人希望我們現在能邁入一個新的時代，在此時代中，只要學校想恢復生機，領導中的授權予能就毫不含糊地要被保留下來。擁有職權者努力地附和時代新趨勢，打著合作的口號，卻用馬基維利式的奸詐手腕，表面上是改變了領導的方式，實際上卻仍保持原有的權力關係，長期來看只會阻礙領導，甚至進一步威脅教育組織。

領導者行為的實用指南

在學校組織的概念從科層體制的管理，好不容易終於轉變為轉型領導的時候，領導者究竟應有什麼改變呢？如果在科層組織中，握有權限者傾向於指示他人和自己下決策，再叫別人去執行，那麼非科層組織中的領導者要做什麼呢？為了回答這些實際的問題，首先我們必須正視自己是如何看待我們所要領導的人的本質。

領導的實用觀點

美國從二十世紀以來，關於領導的理解，有二個持續在擴張的趨勢：

◇逐漸的承認和接受組織成員乃是組織相當可貴的資源——他們有豐富的觀念、知識、創造力和令人驚奇的活力——這些資源在追求為成員所接受認同的組織目標時，是隨時可用的。

◇逐漸的承認命令和強制型式的領導較無效能，相對的，發
　　展一個可以激勵成員動機、關懷和授權給成員的組織環境
　　的領導型式則較有效能。

　　如先前所述，例如，在討論西方電器公司的研究時，這些觀
念不是產生於學術界，也不是新近的產品。而是當傳統領導方式
逐漸出現缺失，「新」的觀念就被接納為改進領導的核心要項，
以用來改善組織的表現。轉型領導的基本概念為眾人所知已達數
十年之久，但是一直受到想維持其宰制權的管理者和行政人員的
駁斥、忽視或破壞。到了最近，傳統權力支配管理的不良影響漸
為人所瞭解，也被發現不適用於日常組織生活的「真實世界」，
傳統管理技巧才遭到強烈的挑戰。

斯肯蘭計畫

　　較早將「新」觀念應用到工業組織的是1930年代開始發展的
斯肯蘭計畫（Scanlon Plan），此一計畫曾遭到普遍的忽略，直到
現在又再度受到重視。在美國鋼鐵廠現實艱困的世界中，斯肯蘭
（Joseph N. Scanlon）被公認為工業組織中運用「新」觀念重塑組
織實務的先驅。今日工業組織中廣泛使用的「斯肯蘭計畫」就是
為了重塑組織實務的目的。這項計畫的形成歷史很有趣，值得在
此簡要說明，因為它和今日美國教育的情況極為相仿。

　　斯肯蘭計畫起源於1930年代一家鋼鐵廠，斯肯蘭在這家鋼鐵
廠中工作，同是也是位工會主管。當時的日子是很艱困的：經濟
大恐慌四處蔓延，廠中設備過時，市場萎縮造成激烈的競爭，利
潤下跌、員工到處在找尋能提供較佳的待遇和較佳工作條件的處
所。結果，公司慎重考慮要退出鋼鐵界。斯肯蘭瞭解到，如果公
司和工會繼續維持他們傳統的敵對態勢，工廠將會關閉，而每個

人都是輸家。

斯肯蘭一定是位傑出的協商人物，因為他說服了公司、國際工會和勞工同事們嘗試一種新的、大膽的、合作的方式去解決問題。這個計畫很簡單：工會不會立即要求提高工資，而會等到工廠生產力改善到足可支付時，資方再提加薪計畫；在此同時，勞資雙方通力合作共謀提高生產力。「一旦勞工同意加入合作，他們對工作進程的認識和改善運作的建議會大大的降低成本、減少浪費、改善效能以及改善品質。數個月之後，勞工和資方間的合作有了結果。公司的繼續經營獲得了保證，員工獲得了加薪和工作條件的改善。」[35]

這是一個成功的故事，而斯肯蘭不久就和一些職員進入美國鋼鐵工會（United Steelworkers Union）。他在那裡工作的數年，嘗試改良和散播工會與資方合作的理念以取代工會與資方對立的傳統看法。最後他成了麻省理工學院的教授。在其任教職期間，斯肯蘭計畫在許多公司實行，尤其是在中西部，而該計畫的理論也不斷的被修正和改善。

斯肯蘭計畫若應用到特定組織，會出現不同的形式，而不變的是

斯肯蘭計畫的前提假設是人們喜好在各種環境下完全的表達自己的意見，包括在工作環境中。而當他們真正的表達出自己的意見，他們對別人和自己所屬的團體便會具有建設性並表示積極性的支持……如此看來，其基本哲學就是讓所有組織成員儘可能地參與組織的活動，並從他們的參與中獲得公平的報酬。管理學中的原則，包括鼓勵人們認同自己的工作團體，鼓勵人們儘量的參與，以及不斷強調公平的報酬等，都是斯肯蘭計畫的哲學的應用。[36]

令人難過的是，大多數的公司經理和教育行政人員對於這些領導的觀念頂多是嘴巴上說說而已。許多人仍抱持排拒的態度，而繼續使用他們所擁有的組織特權，對領導學的「偉人」理論奉行不渝。有些人會問：「教育要如何向商業界學習？商業制度所帶來的是借貸的弊案、垃圾債券、無止盡的貪婪、秘密的軍事採購合約和惡名昭彰的幕後政治關說。」其他人問：「商業界可以教學校什麼呢？企業倒閉到處都有、大量的解雇員工、提供工作機會給外國、不設法使工廠有盈利卻加以關閉、利用出售資產所得作為盈利來騙人。這些都和學校沒有相關。」這些都是事實，但還有許多企業是成功的，而且其成功常是因為使用開明的領導型式。

服務領導

請思考一位康乃狄克州成功的企業家所認為的領導的假定：

> 領導者的角色是服務者的角色。領導是在支持其員工並幫他們清除障礙，領導是在充滿理解和愛的環境下才會出現的。你要讓員工感到他們在各方面對他們自己的命運有完全的控制權。專制是不能被容忍的。想要以傳統方式來管理的上司會被其部屬當做頭皮屑一般的清掉。[37]

上述的這種領導和通用電器公司的威屈（John Welch）可是完全不同的典型。威屈為了節省成本而大量解雇員工，最後空留下公司的建築物。然而，如果我們慎選楷模的話，我們可以從體貼的企業領導者身上學得許多有用的東西。

在邁向總統之漫漫長路上，柯林頓（Bill Clinton）曾認真地思考領導的意義以及一些人物說過的關於領導的令人深省的話。

他深受迪普離（Max De Pree）的影響。迪普離是一家製造高級辦公傢俱的知名公司的第二代領導人。許多年前這家公司曾實行斯肯蘭計畫，企圖發展信任、合作以及一種充滿關注和授權予能的文化做為盈利公司的要素。由於該計畫的成功使公司經常成為商學院教授研究的對象，企圖發現其成功的「秘訣」。最後迪普離寫了幾本小小的書。這些書平實、簡要且直接的傳達了迪普離的領導觀和他的具體實踐。

迪普離的想法是環繞著領導者是服務者的信念。[38]他總結他自己的觀點如下：「今日的領導者把過多的精力浪費在例行事務和訂定規則手冊，浪費在科層體制和無意義的量化，其實，一個領導者的特權就是去享受那些工作中的複雜性、不確定性的和多樣性。但是要真正成為一位領導者，意味著有機會使那些願意被領導的人的生活意義能夠有所不同。」[39]

領導與性別差異

從大約1990年開始[40]，關於成功的女性領導者的行為模式是否和成功的男性領導者行為模式一致的爭論愈演愈烈。傳統的看法此持肯定的態度：位於組織較低階層的女性表現得「像是女性」，但是為了成功的扮演領導角色，女性必須效法同為領導階層的男性的思考和行為模式。在對456位女性的公司經理進行研究後，羅斯納（Judy B. Rosener）指出上述的看法是不正確的，事實上女性的領導模式與男性是截然不同的。

為了進行調查研究，羅斯納不只寄問卷給女經理，也要求被調查者提供一位與其公司性質相似且職務相似的男性。隨後，她也寄上一份長達八頁的相同問卷給這些男性。她指出，男性傾向

於使用「命令型式」——愛好個人權力、以邏輯線性的方式思考和做決定、發布命令、認為人們行為的動機是為了個人的利益（指獲得權力和金錢）；女性的領導型式則比較個人化、分享資訊、對他人的情緒較敏感、提倡授權予能，並且以吸引員工對組織理想的認同做為努力的動機。在羅斯納發表研究的同時，海齊生（Sally Helgesen）撰寫了《女性的優點》（*The Female Advantage*）一書，宣稱相同的觀察結果，並且進一步聲明女性的行為不只是異於男性，甚且更加有效能。這兩份報告在教育文獻中也常被人所引用。[41]自此之後，關於領導者的行為模式的不同是源於個人人格或性別的爭辯，仍在持續加溫與擴展之中。

女性主義對此議題的研究是起源於1982年出版且影響深遠的吉利甘（Carol Gilligan）的一本書，即《不同的聲音：心理學理論和女性發展》[42]（*In a Different Voice: Psychological Theory and Women's Development*）。這本書透過系統化的研究取得結構化訪談的資料，廣泛的影響女性心理學的後續發展和當代女性主義對組織行為的觀點。出現於這本書中的重要人物是一群兒童，包括傑克和艾咪，都是聰明而能清楚表達其想法的11歲小孩。

吉利甘提供傑克和艾咪著名的海因茲兩難情境，這是一個常被心理學家用來獲得人們的想法和理由的道德兩難問題。兩難情境為：海因茲是是窮人，當他發現他沒有能力買藥來醫治他病危的妻子時，他應該怎麼辦？這兩個孩子的答案完全不同。傑克認為海因茲應該偷取藥品，如果被捕，再說服法官相信他所做的事情是正當的。另一方面，艾咪認為他應該設法借錢，或者可能的話和藥劑師商量他的困境，看看是否有解決的辦法。根據許多訪談和觀察的例證，吉利甘的結論是，男性和女性傾向於以不同的方式看待和思考這個世界：心理有性別上的差異，因此有女性心理學的存在。當然，這個研究的重要推論是性別在決定一個人的

世界觀和如何對其遭遇做出反應上是最具影響力的因素。

這一個觀點和先前所討論而且較爲人所接受的觀念，即人的行爲基本上是受性情所影響，兩者是互相衝突的。這樣的概念是基於容格和布里格斯（Katheryn Briggs）的研究，並且主張性情是起源於四項和人的身體一樣是天生而不能改變的特徵。[43]這四項特徵爲：內向—外向、感覺—直覺、思考—感情，以及知覺—判斷。不同特徵的組合形成不同的性情，無關乎性別。

關於領導的文獻，無論是商業或教育方面，最近大量的描述女性領導者的行爲和男性之間的差異。差異的原因被歸因爲性別，而非人格特性。例如，羅斯納曾描述女性的公司領導人是採用「互動的領導」，鼓勵他人的參與，與其分享權力和資訊，使他們融入團體之中，使他們感到重要，引發他們對於工作的最大熱情和和期待。相對的，她也指出，男性的公司領導人傾向於採用「傳統命令和控制的領導」型式，這種領導型式在過去對男性領導人而言相當管用。[44]羅斯納的報告強烈的吸引了一些人的注目，這些人相信女性直覺的運用參與式的、授權予能的領導行爲，這些行爲是許多現代組織所需要的，卻是男性所無法做到的。然而，我們也不能忽略羅斯納在其文章近結尾時所說的一段話：

將參與式的、授權予能的領導行爲和女性直接聯結在一起是錯誤的。我們知道女性可以採取傳統的領導模式而升到高階主管，以及類似男性般的掌握權力。確實是有些女性偏好這樣的領導型式。我們也從調查發現中得知，有些男性使用轉型領導的型式。[45]

因此，羅斯納並沒有宣稱女性具有一些「天生的」能力以參與式的、授權予能的方式進行領導，而男性則沒有這些能力。她

重申參與式的、授權予能的領導型式在公司中實行是非常有效的，並且引用許多例證指出女性直覺上就喜好採用這種領導型式。羅斯納承認「有些」男性會採用轉型領導型式後，就迴避了男女之間行為的差異是否為「男女內在的生物天性所造成的天生而且是無可避免的結果」[46]的這一問題。換句話說，就某種程度而言，領導型式確實有性別之差異，但是他們的差異也可能是由於非生物性因素，例如，在我們的文化中，男性和女性接受了不同的社會化方式。

無疑的，瞭解領導中性別所扮演的角色議題成了1990年代左右最熱門的話題，而且未來也將繼續下去。

女性主義學者對於更深入的瞭解男性和女性處理領導的不同方式已經做出相當的貢獻。女性主義學者也闡述了轉型領導者的行為很適用於教育組織，並將取代傳統的命令和控制行為。

結論

領導的目標是在組織中建立人力資本：改變領導者和從屬者之間的關係，藉由組織的目的和共享的價值引發參與者的活力和動機。轉型領導是奠基於一個信念，即組織的成員就是豐富的資源，包括：觀念、知識、創造力和活力，只有藉著創造能夠促進、關注和授權給成員的組織環境，成員的力量才能完全的發揮。轉型的領導者非常瞭解，領導不是命令和強制，而是鼓勵從屬者的持續成長和發展。這是教與學的歷程。

成人的學習者，例如，教師，當他們自己成為學習的積極參與者的時候，當他們對自己未來的工作形塑新觀念的時候，當他們積極的與工作團隊對其工作進行重要決定的時候，都會有強烈

的動機去學習新的方法。要推動組織從傳統交易型領導變成轉型
領導，需要發展一個新的歷程，藉由此一連續不斷的歷程，教師
可以學習積極參與團體工作和合作所需的新角色和新技巧。這種
轉型團體的建構歷程必須包含建立領導者和從屬者之間，以及團
隊成員間的高度信任。因此，轉型的領導者需瞭解到，領導是一
個成長和發展的無止盡歷程——一個在組織中建立人力資本的無
止盡歷程。

建議讀物

Bennis, Warren, and Burt Nanus, *Leaders: The Strategies for Taking
Charge*. New York: Harper & Row, 1985.
班尼斯（Bennis）和勒那斯（Nanus）鎖定幾位美國商界知名的
成功領導者，研究他們的生涯，並且與他們及其同僚討論。成果
雖然不豐，對領導的理解卻有莫大的助益。如果你是教育界的一
員，而且對向私人企業去學習領導有直覺的厭惡的話，你應該試
試本書，此書對將成為領導者的教育人士有許多啟示。在這本清
楚易懂、以研究為基礎的書中，班尼斯將其做為學者、大學教授
與行政人員以及公司顧問的卓越成就背景也納入書中。

Burns, James MacGregor, *Leadership*. New York: Harper & Row,
1978.
本書曾獲得普立茲獎而且具有高度可讀性，其中清楚解釋了當代
對於領導的理解。本書的目的在於闡明政治領導的兩難，因此列
舉了許多偉大政治領袖的實例。然而，本書給予教育人士的啟示
是清楚而容易理解的。高度推薦本書不僅僅是因為其學術價值，

其開放的、直接的寫作方式使得本書的觀念容易理解也是原因。

Deal, Terrence E. and Kent D. Peterson, *The Leadership Paradox: Balancing Logic and Artistry in Schools*. San Francisco: Jossey-Bass, 1994.
本書提供一種學校領導的方法，結合管理與領導以發展可以支持教與學的組織文化過程。

De Pree, Max, *Leadership Is an Art*. New York: Doubleday, 1989.
在柯林頓總統擔任阿肯色州州長同時競選總統的時候，本書給予他許多啓示。迪普離（De Pree）領導赫爾曼・米勒公司，該公司是密西根高級辦公傢俱的製造商，名列美國前500大製造商之一。這家公司曾在1952年實施斯肯蘭計畫，由於計畫的成功至今仍持續使用中。迪普離認爲，領導的藝術是以最有效和人性化的方式來解放人們，使他們做他們需要做的事。因此，領導者是從屬者的「僕人」，把阻擋從屬者做好份內工作的障礙加以排除。簡而言之，眞正的領導者能使從屬者實現其全部的潛能。一般認爲由Robert Greenleaf所提出的「服務領導」（servant leadership）概念，在經過柯林頓總統和培洛特（Ross Perot）的宣揚之後，大大的受到歡迎。

Gardner, John W., *On Leadership*. New York: The Free Press, 1990.
加納（Gardner）是位非凡的人物，而本書也是值得高度推薦的非凡之作。加納有罕見的經歷背景，從知名學府的學術生涯到在白宮中擔任具有影響力的職務（包括：美國衛生、教育暨福利部的部長），到擔任許多大企業的董事。融合實用的經驗和學術的知識，加納對領導的問題和時機有犀利的洞察。不像一般充滿專門術語因而難以閱讀的文獻，從加納作品淺顯、實際和直接的文字

中可以看出其深邃的智慧。

Helgesen, Sally, *The Female Advantage: Women's Ways of Leadership*. New York: Doubleday Currency, 1990.
這本流行甚廣的書主張，男性傾向於以線性方式思考、偏向科層組織、爲自己追求權力、厭惡模稜兩可並且以目標爲取向；而女性傾向於以整體關聯性的方式思考而非直線性思考、強調人類互動過程而非科層體制、對個人權力較無興趣、較能夠忍受模稜兩可並且以歷程爲取向。海齊生（Helgesen）相信，其結果是，男性和女性在思考和組織行爲上有顯著的差異──這種差異使得女性做爲領導者具有決定性的優勢。

Houzes, James M., and Barry Z. Posner, *Credibility: How Leaders Gain and Lose It, Why People Demand It*. San Francisco: Jossey-Bass, 1993.
在經年累月的研究領導人物（採用問卷調查、個案研究和訪談等方式），以及和主要企業的領導者討論之後，這兩位資深學者做出的結論是，定義領導關係的基石是可靠性（credibility），而可靠性的要素爲領導者和從屬者之間的信任。作者在本書中描述，成功的領導者如何經由關注人類的議題，例如，誠實、對多樣性的敏感度、對團體的需求和發展與培養希望，來發展他們與其從屬者之間的信任關係。

Powell, Gary, *Women and Men in Management*. Newbury Park, CA: Sage Publications, 1988.
本文獻討論的是領導中性別間的論爭，在詳細的檢視關於此一主題之已發表研究後發現，男性和女性在類似職務上的組織行爲沒有太大的性別差異。Powell相信，錯誤的研究方法是造成女性主

義者宣稱領導存在著性別差異的主因，而且男性與女性領導行為的天生差異事實上並不存在。

Rosener, Judy B., The Ways Women Lead, *Harvard Business Reviews*, 68(6), November-December 1990, pp. 119-25.
在研究456位女性商業界主管之後，羅斯納（Rosener）指出，她們的行為與類似職務上的男性領導者截然不同。作者發現男性強調命令與控制型式（理性的做決定、下命令、訴諸從屬者個人的利益），而女性傾向於「互動式」的工作（分享訊息和權力、提倡授權予能、藉由組織理想和共同的未來願景引起人們的動機）。許多女性覺得本文頗有吸引力，但本文具有高度爭議性，因為其研究設計和研究方法有所缺失，而且屢遭批評。

Sergiovanni, Thomas J., *Moral Leadership: Getting to the Heart of School Improvement*. San Francisco: Jossey-Bass, 1992.
本書中，資深作者薩傑歐瓦尼（Sergiovanni）不同於現代理論家，嘗試「重新發現領導的意義」，強調直覺、情緒、價值、個人夢想以及他堅稱的「心靈景象」（mindscapes）在領導過程中所扮演的角色。對他而言，「領導的精髓和一個人所相信、所重視、所夢想以及所致力的——個人夢想密切相關。」（頁7）換言之，領導就是所有能引起個體動機和促使其與他人分享較美好的未來願景的事物。而且，薩傑歐瓦尼在本書中主張領導必須是義務的——照我的解釋是，對願景和工作之帶有道德心的努力，而非只是意圖滿足個人本身的利益。

註釋

1. Warren Bennis and Burt Nanus, *Leaders: The Strategies for Taking Charge* (New York: Harper & Row, 1985).

2. Paul Thurston, Renee Clift, and Marshall Schacht, "Preparing Leaders for Change-Oriented Schools." *Phi Delta Kappan*, 75 (November 1993), 262.

3. Bennis and Nanus, *Leaders: The Strategies for Taking Charge*, p. 15.

4. Jacob W. Getzels, "Theory and Research on Leadership: Some Comments and Some Alternatives," in *Leadership: The Science and the Art Today*, eds. Luvern L. Cunningham and William J. Gephart (Itasca, IL: F.E. Peacock, 1973), pp. 40-41. Emphasis in the original.

5. Meryl Reis Louis "Putting Executive Action in Context: An Alternative View of Power," in *Executive Power*, eds. Suresh Srivastva and others (San Francisco: Josscy-Bass, 1986), p. 111.

6. 本段係改寫自John R. P. French and Bertram Raven, "The Bases of Social Power," in *Studies in Social Power, ed. Dorwin Cartwright* (Ann Arbor: Institute for Social Research, University of Michigan, 1959). 許多後來的作者嘗試加以擴展以符合他們自己的目的,但法蘭屈(French)和雷文(Raven)的研究仍是最重要的。

7. W. Warner Burke, "Leadership as Empowering Others," in *Executive Power*, eds. Suresh Srivastva and others (San Francisco: Jossey-Bass, 1986), pp. 56-57.

8.David C. McClelland, *Power: The Inner Experience* (New York: Irvington, 1975), p. 18.

9.James MacGregor Burns, *Leadership* (New York: Harper & Row, 1978), p. 18.

10.Andrew W. Halpin, *Theory and Research in Administration* (New York: Macmillan, 1966), p. 86.

11.Bernard M. Bass, ed., *Stogdill's Handbook of Leadership: A Survey of Theory and Research, rev. & exp. ed.* (New York: Free Press, 1981).

12.David Keirsey and Marilyn Bates, *Please Understand Me: Character and Temperament Types* (Del Mar, CA: Prometheus Nemesis Book Company, 1984), p. 129. Emphasis in the original.

13.General H. Norman Schwartzkopf引用於*U.S. News and World Report*, Vol. 110, May 27, 1991 (20), p. 36.

14.科層體制的英文 "bureaucracy" 係源自於法文的bureaucratie。在法文中，bureau意指辦公室、機關。字尾係源自於希臘文的kratie，意指治理。因此，就字面上的意義而言，科層體制即指機關分門別類、層級分工、依規則辦事之意。

15.David Bradford and Allan Cohen, *Managing for Excellence: Developing High Performance in Contemporary Organizations* (New York: John Wiley & Sons, 1984), p. 26.

16.柏恩斯首先使用轉型（transforming）這一術語，在後來的文獻中，則被用來包含轉型中的（transformational）和可轉型的（transformative）。

17.Burns, *Leadership*.

18.Bernard Bass, *Leadership and Performance Beyond Expectations* (New York: Free Press, 1985).

19. Bennis and Nanus, *Leaders: The Strategies for Taking Charge.*

20. Rosabeth Moss Kanter, *The Change Masters: Innovation and Entrepreneurship in the American Corporation* (New York: Simon & Schuster, 1983).

21. Judy B. Rosener, "Ways Women Lead," *Harvard Business Review*, November-December 1990, 119-25.

22. Thomas J. Sergiovanni, *Moral Leadership: Getting to the Heart of School Reform* (San Francisco: Jossey-Bass, 1992).

23. Burns, *Leadership*, p. 4.

24. 同上註。

25. 同上註，p. 21.

26. Dan C. Lortie, *Schoolteacher: A Sociological Study* (Chicago: University of Chicago Press, 1975).

27. Burns, *Leadership*, p. 18.

28. 關於批判理論的教育文獻數量頗豐，而且還在增加中。舉例來說，見Gary L. Anderson, "Toward a Critical Constructivist Approach to School Administration: Invisibility, Legitimation, and the Study of Non-Events," *Educational Administration Quarterly*, 26 (1990), 1, 38-59; William Foster, *Paradigms and Promises: New Approaches to Educational Administration* (Buffalo: Prometheus Books, 1986); Peter Watkins, "Leadership, Power, and Symbols in Educational Administration," in *Critical Perspectives on Educational Leadership*, ed. John Smyth (Philadelphia: The Falmer Press, 1989), pp. 9-37.

29. Carnegie Forum on Education and the Economy, *A Nation Prepared: Teachers for the 21st Century* (New York: The Forum, 1986), p. 24.

30.Bennis and Nanus, *Leaders: The Strategies for Taking Charge.*

31.Sergiovanni, *Moral Leadership: Getting to the Heart of School Improvement*, p. 4.

32.John W. Gardner, *On Leadership* (New York: The Free Press, 1989).

33.James MacGregor Burns, *Leadership* (New York: Harper & Row 1978)與Bennis and Nanus, *Leaders: The Strategies for Taking Charge.*

34.Warren H. Schmidt and Jerome P. Finnegan, *The Race Without a Finish Line: America's Quest for Total Quality* (San Francisco: Jossey-Bass, 1992), p. 22.

35.Carl R. Frost, John H. Wakeley, and Robert A. Ruh, *The Scanlon Plan for Organization Development: Identity, Participation, and Equity* (East Lansing MI: Michigan State University Press, 1974), p. 2.

36.同上註，p. 1.

37.John Naisbett and Patricia Aburdene, *Re-inventing the Corporation* (New York: Warner, 1985).

38.Max De Pree, *Leadership Is an Art* (New York: Doubleday, 1989), p. 10.

39.同上註，p. 18-19.

40.許多人將1990年Judy B. Rosener在Harvard Business Review所發表的文章視爲傳統信念終結的象徵以及新見解的開端，傳統信念認爲成功的女性領導者傾向於效法男性的行爲。而新見解爲，成功的女性領導者的行爲模式事實上是不同於男性的。

41.舉例來說，見Charol Shakeshaft, *Women in Educational Administration* (Newbury Park: Sage Press, 1987).

42.Carol Gilligan, *In a Different Voice: Psychological Theory and Women's Development* (Cambridge, MA: Harvard University Press, 1982).

43.Keirsey and Bates, *Please Understand Me*, p. 2.

44.Rosener, "Ways Women Lead," p. 125.

45.同上註。

46.Sandra Lipsitz Bem, *The Lenses of Gender: Transforming the Debate on Sexual Inequality* (New Haven, CT: Yale University Press, 1993), p. 2.

組織衝突

本章簡介

　　因爲教育組織存在的主要目的是在促進人類的合作行爲，以達成個別所無法達成的目標，因此它們的組織理想在規範上都強調合作（cooperation）、和諧，以及同心協力（collaboration）。現行有關學校的文獻通常會強調類似授權予能（empowerment）、參與，以及同心協力等可察覺的美德，而較少提及競爭及衝突。然而「衝突的潛在力卻充斥在人類的各種關係之中，而這種潛在力一方面是組織健康的動力，另一方面亦可能是破壞的力量——沒有任何一個人類的團體是完全和諧的——因爲這樣的團體將會是在過程與結構上空空蕩蕩的（empty of process and structure）」。[1]因爲衝突遍及所有的人類經驗，因此它是教育組織行爲的一個重要層面。

　　衝突甚至可以發生在個體之內（所謂的個人內在衝突）（intrapersonal conflict），以趨避衝突（approach-avoidance conflict）爲代表，指的是個人在想要達成的兩個不相容的目標之間，感到左右爲難的普遍情境。這種情境通常會導致壓力感，而且常常有行爲上的表現（例如，猶豫不決），甚至有生理上的徵兆（例如，高血壓、潰瘍）。衝突存在於整個社會經驗之中——在個人之間、團體之間，以及在整個社會與文化之間。

　　衝突可以發生於個人或社會單位之內；這是個人內在或組織內在（intragroup）〔當然或許國內（intranational）〕的衝突。衝突亦可以發生在二個或二個以上之人員或社會單位之間：所謂的人際間（interpersonal）、團體間，或國際間的衝突。在本章中，我不企圖想要處理衝突的廣泛及普遍現象，我會侷限在討論有關組織生活的衝突—組織衝突（organizational conflict）〔亦即，組

織內的衝突（intraorganizational conflict）〕。更明白地說，這涉及（組織內的）人際衝突及團體之間的衝突。

組織衝突的性質

在傳統的科層體制理論中，衝突的存在被視爲是組織內出現問題的證據：不是管理未能妥適計畫，就是（或是）未能充分運用控制（的力量）。從人群關係的觀點而言，衝突被以相當消極的眼光來看待，被視爲是未能在組織內發展適當規範的證據。

因此，傳統的行政理論一直強烈地偏好一種平穩運作的組織理想，這種組織的特徵是和諧、團結、協調、有效率，以及秩序。人群關係的擁護者可以設法透過愉快的、意氣相投的工作團體（congenial work groups）來達成這個目標；而擁護古典理論的學者認爲，可能經由控制及嚴密的組織結構來實現這個理想。但是二者都傾向於支持這樣的概念，認爲衝突是具有破壞性的，是一些應該避免的東西。

在有關組織研究的文獻中，其中一個重要的發展就是重新檢討上述這些觀點，以導致一些更有用的看法。

衝突的定義

在大量的科學性研究的文獻中，人們對於任何一個特定的「衝突」定義並未有共識。[2]然而，一般都贊同，對任何衝突而言，都有兩個關鍵的事物：1.分歧的（或明顯分歧的）觀點，以及2.這些觀點的不相容性。

因此多依奇（Morton Deutsch）曾簡要地認爲：「衝突存在

於當不相容的活動發生時。」[3]但是這種不相容性卻產生了一個難題，因為衝突變成是「追求不相容，或至少看起來不相容的目的，因此其中一方的獲益是犧牲另一方為代價而得來的。」[4]如此我們面對一種古典的、零和的（zero-sum）、勝負的（win-lose）情境，這對組織生活是潛在的具有負向功能，每個人均努力儘量避免輸掉，而輸的人則試著成為勝利者。儘管一項衝突可能起因於實質的（substantive）（亦即「衝突根源於任務的實質內容」），[5]但它很容易轉變成為情感的（affective）（亦即，「衝突根源於人際關係…之情緒的與情感的層面」）。[6]這種情感的涉入是組織衝突的重要特徵，並可定義為是「積極地追求自我喜好的結果，假如達成（這些結果）的話，就會排除另一方達成其喜好的結果（的可能性），因此（彼此）會產生敵意。」[7]

將行為科學的知識應用於現代組織的重心正是在此：亦即，在組織內管理衝突，以使敵意可以避免或減少。這不是敵意的管理；而是管理衝突，以減少或去除從衝突而生的敵意。

衝突不同於攻擊

組織衝突一方面與它所伴隨的敵意截然不同，另一方面亦與具破壞性的攻擊（attacks）不同，把它們同等看待是一個嚴重的錯誤。博耳登（Kenneth Boulding）主張我們應區分「具惡意的敵意」（malevolent hostility）與「不具惡意的敵意」（nonmalevolent hostility）。[8]具惡意的敵意目的在傷害或毀壞另一個人或團體的地位，而不顧一切，包括攻擊者本身可能發生的後果。反之，不具惡意的敵意有可能毀壞他人的地位，但通常是為了提昇攻擊者的地位而行動的。具惡意的敵意之特徵是通常會利用某些事件作為攻擊的依據，但事實上該事件本身除了是作為攻擊者傷害對手的工具外，對攻擊者而言並不重要。

具惡意的敵意會反過來引起「惡毒的攻擊」（nefarious attacks）。[9]它們的特徵是：1.對人而不對事；2.使用滿懷憎恨的言詞；3.使用武斷的陳述而非問問題；4.不理會新的資訊或論證，堅持固定的觀點；以及5.利用情緒性的字眼。

　　這種攻擊（不論具惡意的、惡毒的，或其它的）與衝突的正當表達之間的重要差別，就在於它們背後的動機，雖然通常這些動機是不容易辨識的。儘管相當多的（而且通常是強有力的）衝突可能會因下列事件而爆發，諸如：改善學校表現、學校系統內廢除種族隔離的方式，或者如何爲教學而將學生分組等，但衝突的團體亦有可能會被本質上具建設性的目標所激發，其關鍵在於所涉團體是想要與此系統一起努力工作，或者它們是被一個想要破壞它的欲望所激勵。

　　舉例而言，班尼斯（Warren Bennis）曾指述過，在紐約州立大學水牛城校區（the State University of New York, Buffalo）學生不安定事件時，他如何長期辛苦地運用他那第三團體促進者的高度技巧，處理學生佔據校園的事件。但事件的最後是，這些努力一點都起不了什麼作用。如今回顧，班尼斯才理解到，他當時並不是眞正（單純）地處在一個兩個團體衝突之管理的情境中，[10]因爲學生們就某種程度而言，已相當有組織了，學生們深深地涉入一系列的政治目標，而這些政治目標與大學行政人員所抱持的教育目標毫無關係。在這樣的例子中，衝突僅是被用來達成小心掩飾之目標的工具而已。事實上，學生的抗議與言詞通常都是具惡意的，它們不大想要達成協議。

　　任何一位公共教育的行政人員都必須對此類問題具備敏感性，而且必須認清那些爲達成破壞之目的而生的攻擊，[11]與本質上是具有建設性觀點的強烈表達（雖然有時是強烈分歧，且可能不受人喜愛），彼此之間的主要差異。

現行的衝突觀

　　現在組織內的衝突常被視為是無法避免的、屬組織所具有的（endemic）、而且通常是合法的。這是因為處於人類社會系統中的個人與團體是相互依賴的，而且不斷涉入定義與再定義這種相互依賴的性質與範圍的動態歷程。在這社會歷程的動力學中，重要的是，環境本身亦不斷在改變，因此，像巴納德（Chester Barnard）所指出的：「在一多變的環境中，伴隨於自由意志之觀念的」[12]是具有磋商、壓力、與衝突等特徵的社會組型（social patterns）。

　　此外，在任何一個領導良好的組織中，亦都會有衝突存在，因為，就像我們在前一章所說的一樣，領導者必須安排並組織與他人相互衝突的資源。從定義上來看，領導者安排資源（包括：人員、金錢、時間、設備，以及材料），以達成新目標，因為教育組織僅具有有限的可用資源，因此無可避免地將會爭論有關如何使用資源的概念：如何使用時間、如何邀請人員參與、如何使用經費，以及如何安排設備等等。因此，當領導現象出現時，組織內的成員將在其正常的組織生活中，經驗到衝突。如此，其中心議題並非是組織衝突是否出現，亦非是它出現的強度，其中心議題是，在組織內衝突被有效管理的程度如何。

組織衝突的影響

　　因為經常起自於衝突的強有力的敵意，對於組織成員的行為可以有一種具破壞性的影響力，所以「組織衝突的影響」（effects of organizational conflict）這個主題相當重要。來自於敵意的心理上的退縮（psychological withdrawal）──例如，疏離、冷淡，與漠不關心──是深深影響組織運作的一種常見的徵兆。生理上

的退縮（physical withdrawal）── 例如，缺席、怠惰，與離職──是那些被「軟式的」（soft）行政管理措施寵壞的老師一種對學校衝突常見的反應，但卻常常被誤認爲僅是懶惰（laziness）而已。公開的敵意或具攻擊性的行爲── 包括：員工抗議行動（job action）、財物破壞，以及輕微的財物竊取── 於那些身處「難以應付」（too hard to handle）或「全然失望」（totally frustrating）衝突情境的老師們，這並不是陌生的反應。

事實上，輕微地說，教育組織內衝突行爲的後果是爲人所不喜歡的。衝突的無效管理（例如，對於「攻擊」的嚴厲懲罰政策、藉口說要嚴格實施磋商後之契約而要求嚴格，以及強調教師與行政人員之間的敵對關係等），可能（而且常常會）導致一個使情境更惡化的氣氛，而且極有可能會發展一種向下旋轉的漸增挫折感、愈來愈壞的組織氣氛，以及漸增的破壞性，就像（圖7.1）所示的一樣。很顯然地，遭受這種症候群（syndrome）的組織，其健康狀態會傾向於下降。相反地，衝突的有效管理（例如，把它看做是一個待解決的問題、強調組織生活的同心協力合作本質等），可以導致成果豐碩的成果，並隨著時間而增進組織健康的狀態，如（圖7.2）所示。

在此要特別強調的觀點是，衝突本身既不是好；亦不是壞。以價值來衡量的話，它是中性的。它對於組織及組織成員行爲的影響如何，端視衝突被看待（處理）的方式而定。

（評斷的）規準：組織表現

決定組織衝突是好是壞，或者是具功能或功能不良的，我們需要明確指出判斷時所用的規準爲何。有些人── 許多是具有「人道主義者的」（humanistic）偏見── 根本就認爲衝突是令人厭惡的，只要發現衝突就予以消除。另外有些人則擔心衝突通常所

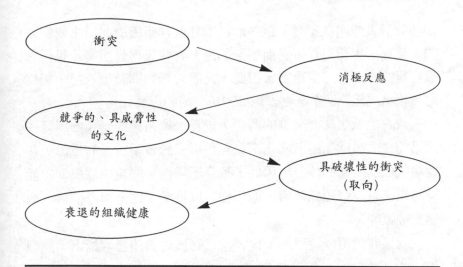

圖7.1 一個無效的衝突—反應—氣氛症候群（conflict-response-climate syndrome）導致一個較低層次的組織健康狀態

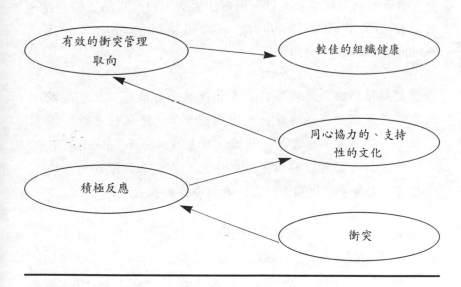

圖7.2 一個有效的衝突—反應—氣氛症候群導致一個較佳的組織健康狀態

加諸於個人的內在壓力。這些看法本身並非組織層面所主要關心的。畢竟，人們可以留意而牢記的是，有些人喜愛衝突，覺得它蠻好玩的，而且追求衝突，因此，此處討論的問題重心是，衝突對於組織成為一個系統之表現能力所造成的影響如何。

教育組織生產力衡量的問題，以及學校系統或學校內部條件之適切性（也就是組織文化、交互作用－影響系統）的爭論，在此再次成為問題的核心。因此，教育組織衝突的功能性或非功能性結果，可以以組織健康、適切性，以及穩定性來加以描述，最容易被瞭解。

就像我們可以發現的一樣，當代動機理論清楚地指出，挑戰性、重要性，以及解決問題的需求性，是工作可以使人覺得有趣、樂在其中，以及感覺受到激勵的重要特徵。同樣的，就如同眾所周知的一樣，參與式領導的觀念必須依賴這樣的信念，那就是，深信組織中有許多人具有很好的構想，以及高品質的意見，足以使組織作出更佳的決定。依照這樣的看法，湯馬士（Kenneth Thomas）發現：

> 分歧觀點的匯集通常可以產生較高品質的構想。分歧的觀點傾向建基於不同的證據、不同的考量、不同的見識，以及不同的參考架構之上。因此，歧見（disagreements）有可能使個人面對以前所忽略的因素，並協助他獲致一個統整自己的考量與他人立場之更具綜合性的觀點。[13]

最後，愈來愈多的理由相信（同時基於研究與專家的意見），衝突可以導致人們尋求更有效能的處理方式，結果獲致較佳的組織功能（例如，凝聚力、明確的關係、較清楚的問題解決程序等）。[14]當廣泛地談到（人類）社會時，多依奇（Deutsch）發現：

團體內的衝突通常會協助活化現存的規範；或者有助於新規範的產生。從此觀點而言，社會衝突是社會面對新情境時，為產生適當規範而進行調適的機制。一個具彈性的社會可以從衝突而獲益，因為藉由協助創造及修正規範這樣的行為，可以使處於變遷條件中的社會，有把握保持其繼續（存在）性。[15]

他接著提出警告，認為壓制衝突的僵化系統會掩蓋一個相當有用的警告訊號，因此將使災難性破壞的危險提高到最大的極限。

我們反覆地在國內及國際間大大小小的事件中，目睹到這種觀點的睿智。在美國的教育工作者同樣亦會發現上述的觀察好像就在身邊發生一樣，因為被壓制的敵意，通常會在認為已除去或避免衝突而處於長期挫折的組織中，可怕地爆發出來了。

儘管有些真正瞭解衝突的人會倡導在組織生活中，謹慎小心地利用衝突；但有些人則仍提議應試圖去除或避免衝突。此處的立場是，藉由衝突管理觀念的應用，其目的一方面在於減小其具破壞性的潛在力，另一方面則在使衝突成為具生產力、具創造力、且儘可能有所助益。

組織衝突的動力學

敵意

許多人說：他們不喜歡衝突，儘可能避免衝突，而且甚至怕衝突。瞭解這個事實相當重要，因為它將導致一種最不具生產

力、且最普遍的衝突管理取向——否認與逃避（denial and avoidance）。因此，指出衝突情節的後果（aftermath）常比衝突本身更麻煩這樣的事實，並不算是芝麻小事。管理不佳的組織衝突可以在團體之間產生敵意（hostility），而這更可導致憎恨、報復和敵對。

衝突管理的任何取向之主要目標是想要減少或降低（亦即管理）起自於衝突的敵意。但是（最佳）介入的時間與地點是在衝突發生之前，而非之後。組織成員若能學會早在衝突發生、需要解決之前公開地說出衝突、討論什麼是衝突，以及討論那些可用以鼓勵（是鼓勵沒錯）說出衝突的技巧，而對每個人而言都是有效的且有所助益，是相當重要的。

儘管許多作家已列出一長列導致（組織）衝突的原因，龐蒂（Louis Pondy）把大多數的原因分成三種基本型式的潛藏衝突（latent conflict）：

1.當組織資源不足以滿足次級單位工作的需求時，就會有為稀少資源而生的競爭（competition for scarce resources）（例如，預算分配、分派教學職位、空間或設備等）。

2.當一方試圖控制「屬於」另一方的活動時（且第二者試圖排除這樣的「介入」時），這是自主權（autonomy）的問題〔例如，保衛某人的「勢力範圍」（turf）〕。

3.當組織中的二團體必須一起工作，但卻無法同意如何做時，其衝突來源就是目標分歧（goal divergence）（例如，校長與特殊教育的負責人對於如何解決回歸主流的問題有不同意見時）。[16]

權變的觀點

這些潛藏的衝突來源是不可能從組織生活消失的，因此，發展一種支持具生產性的方式以進行衝突管理的文化對組織而言是重要的。[17]因為衝突的發生有許多原因——甚至如上面已經過分類或分組，其原因仍很多——所以很顯然的，沒有一種管理衝突的最佳方式。正如湯馬士和班尼斯（John Thomas and Warren Bennis）所指出的：

> 一個有效的派典會包含一種所謂的「情境的」或「權變的」架構，是一種反映在現行組織理論的許多推理與實證研究的觀點。此觀點主要強調（對情境的）診斷，並強調以下的假定，亦即我們若採用一套「普遍的」可適用的原則與方針，用以影響變革或管理衝突，就是一種「自我毀滅」（self-defeating）。[18]

有兩個涉及衝突的觀念常被用來作為組織診斷的根基：一個是試圖瞭解發生於衝突過程中所有事件的內在動力學；另一個則試圖分析建構衝突的外在影響力。

衝突的過程觀點

雙方之間的衝突，常會以一種相對有順序的一連串事件加以展開——除非有其他事件介入——其順序傾向於會在許多的情節（episode）中重複出現。每一情節都相當動態，任何一方的行為都扮演激起另一方反應的刺激物；而且，針對每一個情節而言，都會有部分（細節）已被前有情節所塑造。

這個過程的一個模式是由湯馬士所提出（見圖7.3）。其中一

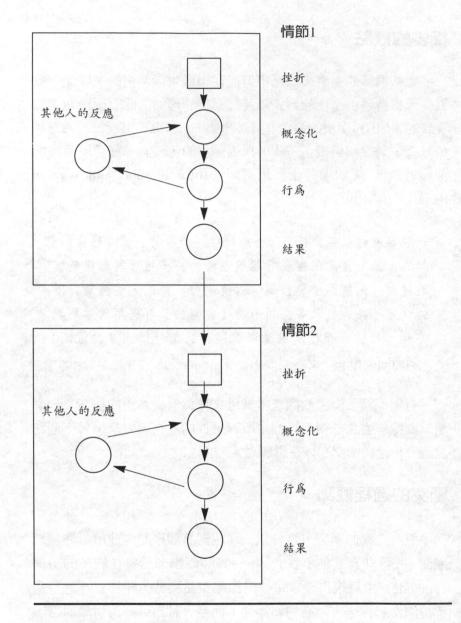

情節1

挫折

概念化

其他人的反應

行為

結果

情節2

挫折

概念化

其他人的反應

行為

結果

圖7.3 雙方衝突情節的過程模式
資料來源：Kenneth Thomas, "Conflict and Conflict Management," 在 *Handbook of Industrial and Organizational Psychology*, Marvin D. Dunnette 主編(Chicago: Rand McNally & Company, 1976), p. 895.

個情節是由一方的行動（例如，拒絕要求、降低身分、意見不一致、或侮辱）引起另一方的挫折（frustration）所激發。這會造成參與者將衝突的性質加以概念化（conceptualize）——通常是一個高度主觀的過程。在這過程中，個體會提出其定義與處理在衝突中所察覺事件的方式。事實上——像布雷克、謝帕德和墨頓（Robert Blake, Herbert Shepard and Jane Mouton）的實驗研究清楚指出——此一定義問題與尋求替代反應的步驟，常被衝突的雙方視為是一種簡單的勝負問題。那些有別於贏輸的替代方案很容易就被忽視掉。[19]跟隨著這個步驟之後是企圖解決衝突的行為（behavior）。就像湯馬士所認為的，瞭解這一個行為所考慮的內容是一個相當複雜的問題，但它必然會包括下述二個主要元素的混合：1.參與者滿足他人立場的願望（合作—不合作）。2.參與者滿足自我立場的願望（堅持—不堅持）。[20]當然，接著的是雙方的互動（interaction）；當然這是過程中一個相當動態的階段，它可以演變成衝突的升高或降低，取決於類似像彼此建立的信賴層次、所持有的偏見及自行應驗的預言、參與者之間競爭的程度，以及彼此的開放與敏感性等因素。這些互動的結果（outcomes）——一個衝突情節的最後階段——不僅僅只是一些實質事件的協議而已，亦包括殘餘的情緒（residual emotions）（例如，挫折、敵意、信任——不管增加或降低）。這些結果對於一個衝突情節的後果具有潛在的長期影響力，特別是這些結果會影響未來的情節發展。

在評論「後果是一連串情節的一部分」這樣的說法時，龐蒂指出：

假如衝突能很明智地加以解決，使所有的參與者都能滿足，那麼可能可以產生一個更具合作關係的基礎；或者參

與者為了追求一個更有秩序的關係過程中，有可能著重於前所未知覺與未處理的潛藏衝突，且加以處理。反之，假如衝突僅是加以壓制，而未加以解決，那麼衝突的潛藏條件有可能會惡化，並以一種更嚴重的形式加以爆發⋯這種衝突情節的遺產⋯被稱為是「衝突的後果」（conflict aftermath）。[21]

衝突的結構觀點

儘管衝突的過程取向視衝突為一種事件的連續（sequence of events），結構的觀點傾向於用影響行為之條件（conditions that influence behavior）的角度來看衝突。例如，每一組織都有規則與程序（明文規定的與不是明文規定的、正式的與非正式的），以管理行為（例如，誰向誰報告，以及報告什麼）。規則與程序藉著具體規定如何進行、何時進行，以及誰應負怎樣的責任等議題，通常可以用以避免或管理衝突。當然規則與程序亦有可能會因為不具功用，而導致或惡化衝突，例如，當規則與程序產生了僵化及令人厭煩之反覆不止的行為，且不允許有例外事件（權宜措施）的發生時〔就是典型的科層體制的「類目僵化」（hardening of the categories）〕，就會產生衝突或使衝突惡化。

常常發生的情況是，規則與程序以過於複雜的過程，解決原本以直接（溝通）磋商即可解決的簡單衝突。結果，規則與程序事實上是製造了衝突。舉例而言，在一個學區中，有一位小學校長發現，該校某種紙張的申請，被負責日常事務的助理教育局長辦公室的行政人員刪掉了許多，當這位校長與行政助理聯繫，想要解決問題時，她得到的答案是，她的申訴必須先經小學教育局長助理（的批准），再由他將申訴轉到負責日常事務的助理局長

等等。不用說，這樣的程序與法則，一定會發生許多衝突，浪費掉許多時間，而所需的紙張最後也會到達學校──但卻在下一個年度才到達。在這個例子中，我所要呈現的重點是，做出小小決定以及磋商一些不同的意見簡單的調整，就可以影響到組織衝突的發生與否。

另一個結構性的影響因素是，組織內部的人，特別指的是他們的人格傾向，如他們對於權威的態度，以及他們回應別人所用方式的範圍與彈性等，例如，在遴選新的成員時，許多學區和學校常常喜愛那些看似可以融入（學校特質）的候選人，而非那些會增加成員多樣化的人選。

另一影響組織衝突的發生與性質的結構因素是組織的社會規範：亦即社會壓力，例如，「起而爭取」（to stand up and fight）或「不要危及組織安定」（not to rock the boat）等規範。「撫平摩擦」及「反對公開挑戰和詢問」之組織文化的產生，會讓組織很難去發現和面對衝突。同樣的，當「保守秘密」和「有限制的溝通」成為組織的規範時，組織將很難察覺是否有潛藏的衝突存在，更不用說規劃處理衝突的方式了。許多教育組織的行政人員本能地瞭解這一點，因此規定愈少利用書面溝通愈好，愈少召集人員開會愈好，而且，當會議必須召開時，一定要嚴格控制議程，使開口討論「製造問題」的「危險」降至最低。

因此，塑造組織衝突的結構因素，受到組織本身的結構因素所影響。如李克特夫婦（Likerts）所說：

（一個組織的）成功將受其各部門之間達成合作協調，而不是敵意衝突的能力所影響，亦受其激起差異性，再利用有效的問題解決，導致具創意且可接受解決方案的能力所影響，建基於傳統組織理論的組織，缺乏有效處理因合法價

值加諸其身的新要求所生衝突的能力，壓制性的行動會帶來代價很高的對抗性反應。[22]

理所當然的，李克特夫婦提倡組織應透過系統四的領導（System 4 leadership），以發展一種更具回應性的交互作用—影響系統，發展一個更具支持性的氣氛，忽視階層體制身份，並利用共識達成有效（雙贏）的問題解決。

衝突的開放系統觀點

到目前為止，我一直僅以教育組織內部功能的角度來討論組織衝突，而這大體上亦將繼續是本章的焦點。然而，重要的是，永遠不要忘卻這些組織是開放系統的觀點，它們與環境會產生交互作用，而且許多系統內所發生的事情，都反應出外在環境所生的改變。

從衝突的角度而言，一個很好的例子是，美國國會於一九七五年十一月二十九日通過並簽署成為法案的P.L. 94-142（公法94-142）。這是一個權力── 強制改變策略的一個典型例子，而且可能是促使美國所有層級公共學校教育更多衝突的一個事件，其影響力遠超過從約20年前的布朗（Brown）廢除種族隔離決定（1954年）以來的任何事件。在其最高層級上，它激起了具衝突性的憲法議題：亦即憲法第十條增修條文的規定與公法94-142的規定相互衝突。憲法第十條增修條文規定教育是一項州的職責和地方管轄的事情；而P.L. 94-142的觀點，主張該法是聯邦政府責任的運用，以確保對那些未被服務（或得不到充分服務）的殘障者機會均等的完整公民權的保障。

然而，此法亦因此而到處引起衝突，從華盛頓到美國最偏遠的學校教室。例如，它試圖藉著命令學校必須邀請父母在個別化

教學計畫和正式的上訴過程中扮演參與的角色，以重新定義教師控制教學與相關決定的特權。父母——原本僅限於參與諮詢角色的局外人——突然之間變成局內人之一，而且在與教師的關係之上具有新的權威。

因為外在要求希能增加教師教室決定控制的動力，在數量與範圍上仍持續增加，因此遲至一九九○年代，學校有效處理上述來自於大環境加諸其身之衝突的能力仍不明確。然而，這是一個明確且不模糊的例証，說明衝突——大致上涉及學校與學校系統的內在功能——如何藉由外在系統急遽的改變，而加諸在學校身上。

格里芬及羅斯提特（Gerald Griffin and David Rostetter）曾思考科林斯（Randall Collins）處理強制與衝突的五個強制力之假設，可能可以拿來解釋上述情境，[23]正如他們所指出的：

1. 強制（coercion）會導致避免被強制的強烈努力。
2. 假如用以反抗的資源可得到的話，那麼越多的強制，所引起的反抗攻擊就愈多。
3. 假如用以反抗的資源不可得（不易得到），但逃離的機會存在的話，則強制使用愈多，離開情境的傾向就會愈高。
4. 假如反抗的資源與逃離的機會都不可得，或者假如情境中有其他更強的值得留下來的誘因（物質獎勵或潛在權力）的話，那麼強制使用愈多，則完全順從那些「必須避免被強制的」命令的傾向就愈高。
5. 假如反抗的資源與逃離的機會不存在的話，則盲目的順從和消極的抗拒的傾向（就會增高）。[24]

從這個觀點而言，強制在組織內導致一種「衝突－敵對－抵抗」（conflict-hostility-resistance）的症候群，截然不同於有效能

組織那種合作的、具創造性的、與問題解決的文化。上述聯邦政府基於傳統學校組織觀念的舉動，只有時間可以決定其最後的影響力如何。

組織衝突的解決取向

當衝突產生時，所涉雙方最本能的反應是採取一種策略——以其決心加以支持——以求取勝利。對大多數的人而言，這個事實本身代表著另一方將失敗。

> 對抗、沒有商量餘地的要求，以及最後通牒已成為日常慣例，做為處理根深蒂固之衝突的方式。其中一方〔甲方〕匯集其所有力量，以壓制另一方去做他〔甲方〕想要他做的事情。彼此的對抗來自於雙方持有絕不改變的立場，而且企圖動用所有的權力以求獲勝。贏—輸的策略被用在許多不同的情境，例如，公民權力的爭鬥、市區暴動、學生示威和靜坐、國際衝突、工會—管理階層的爭議、次年預算的公聽會、部門間的爭論…，或者是專業成員與門外漢的董事會之間的爭論等。25

這種衝突管理的重點是其贏—輸導向，以及其處理事情的方式。在以下節次中，首先，我們必須先瞭解這種衝突贏—輸取向的動力學與後果；其次，再看還有那些替代方案可供選擇。

衝突的贏—輸（解決）導向

衝突的贏—輸動力學及其組織行為的後果早為人所熟知。在

1950和1960年代，團體動力學家（group dynamicists）曾對團體衝突的現象進行廣泛的研究——包括：實驗研究以及實地觀察研究（請見第一章有關團體動力學與人際關係的討論）。[26]

布雷克（Blake）、謝帕德（Shepard）、和墨頓（Mouton）認為：「贏一輸導向有一個基本特徵是，競爭的雙方視他們的利益是相互排斥的，不可能妥協，其中一方必須以另一方的失敗爲代價以取得勝利，…（而且）根據理由以說服一方的希望已不存在。」[27]衝突的雙方深深地相信僅能以下列三種方式之一解決事情：1.權力鬥爭；2.第三者的介入，而介入的第三者擁有比他們更大的某種權力（這可以包括輿論或道德上的勸告）；或3.命運。

此種取向的後果有兩方面：

1. **在衝突雙方之間**：敵對加深、仇恨升起、找到一個相互可接受解決方案的希望漸漸消失，而當這種希望存在時，尋找這樣一個解決方案的努力亦會終止。
2. **在所涉團體之內**：當成員團結一致準備應戰時，士氣高漲。意見的差異、懷疑主義，以及對領導或「施政方針」的挑戰，都會被成員所厭惡；因此成員被迫支持所作的決定、必須遵從、「贊成」以及對團體忠誠，否則就必須（被迫）離開該團體。領導現象很快集中到一小群人身上，他們通常是較具強迫性並且較激進的一群。因此，意見的多樣性、高品質意見的追尋，以及成員廣泛參與以發展具創造性的反應等現象，均被此團體所消滅或壓制。如此不僅使團體在衝突本身的立場更加強硬不可變，而且，更重要的，亦造成此團體在衝突終止之後，無法有效運作。[28]

有關衝突的實驗研究[29]明白顯示，個體與團體的知覺常深深

地涉入衝突——通常的情況是當事件開展時，知覺就已扭曲。而「知覺是行為的關鍵，人們看待事情的方式，決定其未來行動的方式，假如他們的知覺已扭曲，那麼這些扭曲亦會反應在他們的行為之上。」[30]因此，衝突的經驗會對判斷有不利的影響：人們會傾向於變成（對自己或對自己一方）盲目的忠誠、對其他團體的成員產生敵意，而且不止否定他們的觀念，亦否定他們的價值。對方敵對的領導者——之前被認為是成熟且有能力的人——現在被認為是不負責任且無能的人。事實上，甚至認知能力亦受到（衝突經驗的）影響：在研擬衝突可能的解決方案時，很難（或根本不可能）發現「對方」所提方案的優點，甚至當對方所提的方案與自己的想法有實質的一致性時，亦不容易發現其優點。因此，協議的可能性被排除。「任何」對自己團體立場質疑的跡象；或任何對他方所提方案表示贊同的舉動，都被相關人員視為是放棄（或讓步）。此時，取得勝利變成唯一的目標。當人們愈來愈接受追求團體「勝利」的盲目驅力時，他們「看到」替代方案、維持客觀，以及試圖全盤瞭解之後再作判斷的能力，都會受到嚴重的扭曲。

從衝突的過程模式的觀點而言（如前所述），贏—輸是將衝突概念化的一種方式，且從衝突事件開展時，提出衝突所涉雙方交互作用的可預測行為模式。但必須明白提出的是，其後果並不僅限於衝突本身的情形與特徵而已，涉及衝突的每一團體，均深受衝突後果的影響。通常的情況是，贏與輸團體之間的敵意會加深，而其後續的事件有可能會跟著發生。

通常輸的一方將會拒絕他們的領導者；很有可能這個團體會及時地重新檢討這個失敗事件到底那裏做錯了，而且開始準備下一次能表現好些。強烈的情緒反應（憤慨——甚至憎恨——和焦慮）很有可能持續地扭曲團體的運作，降低支持自我更新和創造性問

題解決氣氛發展的可能性。因此，輸—贏的衝突解決方式，傾向於造就長期功能不佳的行為，導致組織氣氛、表現和整體組織健康下降的螺旋（a downward spiral）。所以，衝突管理的主要考量是，設法尋求更有效的方式，以將衝突概念化成為更有效能行為的根基。

衝突的權變（解決）取向

管理的權變取向建基於這樣的概念，認為診斷情境以作為行動的根基是必須的。在處理衝突時，權變的觀點主張沒有一種最佳的管理方式可以適用於所有情境，但在特定的情境之下，卻存在有管理衝突的最佳方式。因此，衝突管理的一個重要面向是考慮：1.衝突管理的替代方案，以及2.每一替代方案預期能最有效能的情境種類，（其判定標準是該替代方案）不僅要能處理重要的關鍵問題，而且必須以一種可以強化該組織的方式進行。

診斷衝突

首先，證實到底衝突是在雙方之間「確實」存在，或者僅僅是「好像」（對雙方來說）存在而已，是有助益的。其判定的規準是看看雙方追求的目標是否真的是不相容的（incompatible）。

通常的情況是，雙方看似正在醞釀的一個衝突，事實上是一項誤解。我們若能瞭解如上所述知覺扭曲的問題，就可以瞭解到，其實誤解可以藉由明確的目標設定以及改善的溝通加以解決。要如此做，通常需要訓練個人及團體一些技巧，例如，團體目標設定和優先順序化，以及溝通技巧（例如，傾聽、尋求回饋以檢視收訊者的知覺、運用多重溝通管道）等。

然而，假如一項衝突「確實」存在（亦即雙方確實有不相容

的目標）時，我們就必須在許多現有的替代方案中，選擇一種能最有效處理的方式。其基本原則是，一種贏－輸的取向往往是最沒有效的，而一種雙贏（win-win）的取向——雙方都贏一些（雖然不一定相等）——往往是最具生產力的。

同心協力（collaboration）是雙方努力共同定義問題，然後投入相互問題解決的一個過程。作爲處理衝突的一個模式，同心協力首先要求涉入的兩方必須積極地想要嘗試利用它（將安排時間並努力參與合作）。同心協力的過程亦要求1.涉入的人們必須擁有在團體中溝通與工作的技巧，且2.有效地配合支持開放、信任和坦誠態度的氣氛，用以界定與解決問題。

當（解決問題的）意志存在，但技巧尚未發展的情境下，可邀請一位促進者（facilitator）進入，以協助團體學習所需的技巧，且投入此同心協力的合作過程（儘管促進者並不涉入決定的實質內容，僅僅參與作決定的過程而已）。這是一種衝突管理的最高雙贏層次，因爲如此將帶給團體新的技巧以及新的理解，可用於未來問題的處理。當然這算是一種組織發展〔組織自我更新（organizational self-renewal）〕的型式。問題解決的同心協力取向之最大特徵是那種健全的「所有權」意識，以及那種用其他取向無法獲致的對解決方案之承諾。用賴克特夫婦的名詞表示，它就是系統四的管理，而布雷克、謝帕德及墨頓則稱之爲（9，9）型（的管理方式）。

談判（bargaining）、妥協，以及其他化解差異的型式，與同心協力式的問題解決方式有些相似的部分：1.雙方必須願意投入於問題解決的過程之中（雖然有時是法令要求必須如此做的）；2.必須有些朝向同心協力的舉動（儘管這通常僅限於協商者的舉動而已）；以及3.其過程基本上是和順的，而且不與組織利益相衝突。如將談判提昇到爲調解及／或仲裁（mediation and/or arbitration）的層次，外來的「第三者」就與同心協力過程中扮演團體過程促進者的角色相當不同：他或她確實有權力作判斷，並強加決定於衝突雙方身上。談判確實想要在雙方之間發展一種長期的關係，並提供雙方未來問題解決的機制，但談判並不是一種（等同於）同心協力的取向：因為它認定雙方基本上是敵對的，並可能利用資訊作為一種達成策略性目的的權力型式。

在這種典型的談判／妥協情境中，任何一方都不是贏家，但也沒有一方是輸家。儘管「談判」這個名詞自動地讓人聯想到（被用於）勞資關係，但事實上談判過程也廣泛地被應用在組織之內，以解決問題。例如，當兩位行政人員協議要解決他們單位之間的問題時，他們有系統地利用磋商與妥協等技術是相當正常的現象，假如磋商陷入僵局，他們有可能將問題交給直屬長官調停解決（這是所謂的官僚模式衝突管理的一個普遍特徵）。

迴避（avoidance）（放棄或退縮、平和的共存、漠不關心）亦常被利用於處理衝突。當潛藏的衝突不太有可能真正地被解決時（接受吧），或當問題對雙方而言，並非重要到必須花時間與能源加以解決時，迴避是有用的。就像布雷克及其同僚所指出的，迴避可以是一種「停火」（cease-fire）的形式。在此形式中，涉入長期爭鬥的雙方決定仍然保持接觸，而且依然固守他們的立場，但卻不陷入與對方戰鬥的情境之中。[31]針對潛藏衝突而採用的不同迴避反應的一個有趣結果是，雖然衝突可以避免，但彼此的協議亦無法達成。因此，儘管仇恨的後果可以避免，但最根本的問題並未被處理，所以，其潛藏的衝突──具有危險的潛在性──依然存在，隨時都有可能明顯地爆發出來。

權力鬥爭（power struggle）當然是任一方求取勝利，而不管他方後果的努力。在這種情境下，儘管衝突本身可能被視為是對組織有些許有利的潛在性（或者至少是無破壞性的），但這種處

理衝突的模式卻幾乎普遍地被認爲是具破壞性的，（因爲）它是典型的贏—輸情境。

衝突診斷的權變取向

對衝突管理者而言，衝突診斷的一個重要面向是，確知涉入衝突的每一方將衝突情境概念化的方式爲何？

湯馬士（Kenneth Thomas）主張，在衝突情境中，普遍的現象是一般人常會強調一方願意與另一方合作的程度，而忽視第二個關鍵因素：亦即，這一方滿足他或她自己所關切的事務。[32]因此，他認爲，有二個關鍵的行爲層面決定了一個人如何將衝突概念化的方式：

1. 合作性（cooperativeness）：指一個人想要滿足他人所關心事務的程度。
2. 堅持性（assertiveness）：指一個人想要滿足自己所關心事務的程度。

此二者被視爲是獨立的層面，如（圖7.4）所示。因此當雙方將衝突概念化以診斷衝突時，其議題變成不再僅是合作或「表現得專業」而已：此時合作可被視爲是不折不扣的自我需求的一種犧牲。

按照這樣的分析，湯馬士指出五種可用於將衝突概念化的主要取向，以及與這些取向相互關聯的行爲如下：

1. 競爭的（competitive）行爲是尋求滿足自己所關心事務的

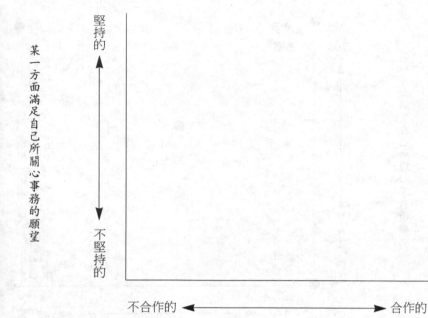

某一方面滿足自己所關心事務的願望

堅持的

不堅持的

不合作的 ← → 合作的

某一方面滿足他方所關心事務的願望

圖7.4 在衝突中，堅持性與合作性是獨立的層面

根據肯尼斯・湯馬士（Kenneth Thomas），"Conflict and Conflict Management"，載於 *Handbook of Industrial and Organizational Psychology*，馬文・鄧尼特（Marvin D. Dunnette）主編，（Chicago: Rand McNally & Company, 1976），頁900。

行為，若需要的話，可以犧牲他人。如（圖7.5）所示，它是一種高競爭—高不合作的導向。其效果是對情境的主宰現象（例如，在不講情面的契約磋商中，事事不讓步，而任何的便宜都想佔盡）。它是傳統的贏—輸的衝突觀點。

2. 迴避的（avoidant）（不堅持的—不合作的）行為通常以冷漠、退縮、和漠不關心加以表現。這並不表示沒有衝突，而是它已被概念化為是不必處理的事務。因此，潛藏的衝

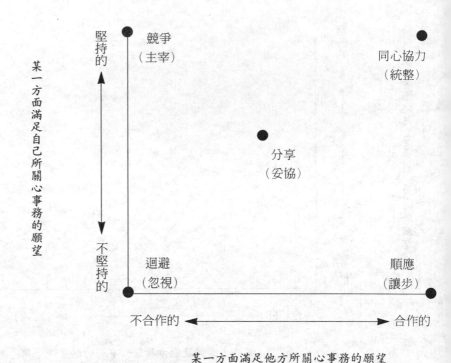

堅持的 競爭 （主宰）

同心協力 （統整）

某一方面滿足自己所關心事務的願望

分享 （妥協）

不堅持的 迴避 （忽視）

順應 （讓步）

不合作的 ←――――――→ 合作的

某一方面滿足他方所關心事務的願望

圖7.5　與堅持性及合作性相關聯的五種面對衝突的導向

根據肯尼斯‧湯馬士（Kenneth Thomas），"Conflict and Conflict Management"，載於 *Handbook of Industrial and Organizational Psychology*，馬文‧鄧尼特（Marvin D. Dunnette）主編，（Chicago: Rand McNally & Company, 1976），頁900。

突仍在，而且有可能在不同的時間被看成是不同的事務。

3.順應（accommodation）（高合作性－低堅持性）是以讓步（appeasement）為代表：其中一方關心注意他人所關心的事務，而忽略他或她自己所關心的事務。此導向，可以與即使犧牲自己的利益，亦要維持一種工作關係的欲望相關聯。

4.分享的（sharing）導向（中度堅持性─中度合作性）通常
　導致妥協（以物易物、化解差異、討價還價）。

5.衝突的同心協力（collaborative）導向（高堅持─高合作）
　透過相互問題解決，導致同時高度滿足雙方所關注事務的
　努力。其衝突解決方案是雙方願望一種真正的統整。其觀
　念就是雙贏。

　這種衝突分析的取向，有助於評估在衝突管理時，哪些策略
可能會是最有用的〔例如，談判、權力（運用）、或同心協力〕。
其目標當然是讓衝突管理對組織越具生產性越好，同時更降低其
具破壞性的後果。因此，重要的是去考慮產自於衝突後果的潛在
性長期影響。

　例如，迴避與讓步有可能是蠻吸引人的反應，因為，就短期
而言，這兩個策略可能可以去除尋求真正解決方案的困難，而
且，因為此二策略要求組織最少的能量、時間，和資源，故有其
附加的好處。然而它們並未解決導致衝突的問題，亦未發展組織
有效處理衝突的能力。

　談判確實可以協助組織發展處理衝突的內部能力，但是談判
並不是設計用以產生最佳的解決方案：在討價還價的過程中，任
何一方均無法完全地滿足，而且很有可能是那些技巧較多、較不
顧情面的人，可以比對方獲取更多的東西。談判基本上是一種敵
對的過程，談判會利用「詭計」（dirty tricks）（假如不是完全地
狡詐的話）與狡猾的巧計，來獲取利益。而這些技巧通常會產生
憎恨與不信任，此二者在組織生活中都是不具功能性的態度。

　競爭性的贏─輸權力競賽與同心協力的問題解決策略，則要
求最多的能量、時間和資源。每一模式在本質上所產生的不同後
果已如上述。因為贏─輸權力鬥爭的後果與長期影響，大家都知

道是不具功能性的，而同心協力的後果與長期影響則具功能性，因此關心提昇組織表現的人，大都會選擇同心協力的模式——只要可行——作爲最想要的衝突概念化的模式，而把競爭視爲是最不想要的模式。

由於迴避與讓步，事實上是衝突的「不」管理（nonmanagement），所以我們僅剩下三個處理衝突的基本策略：亦即同心協力、談判、或權力（運用）。（圖7.6）概述每一策略的重要特徵，亦顯示談判如何同時併入同心協力與權力策略的特定特徵。從這方面而言，談判扮演權力策略與同心協力的橋樑，使其可能（雖然差「必然」還很遠）在一段時間之後把組織過程從贏－輸的權力鬥爭，移向雙贏的同心協力問題解決。

結論

本章針對組織內雙方衝突的角度，簡要地討論組織衝突的議題。衝突曾被視爲是組織失敗的信號，但現在已漸被當作是人類社會系統一種正常與合法的面向。因此，衝突不僅是無法避免的，而且，與傳統觀點相左的是，它亦可以藉由刺激創造性的問題解決方案，而成爲一個有助益的功能。

組織衝突究竟是具破壞性的或具建設性的，大多視其如何被管理而定。有智謀的學校行政人員，利用熟練的技巧或快速的權力運作，以阻止或結束衝突，這樣的時代已經過去了。健全的組織——其特徵是具有發展良好的問題解決機制，和一個同心協力的氣氛——是有能力用一種同心協力的方式界定衝突且處理它，如此可以使組織更強壯，而且發展更好，而不會被敵意所削弱或毀損。

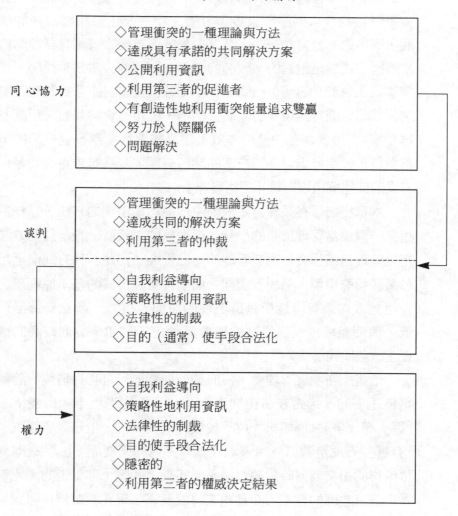

策略之間的關係

同心協力

◇管理衝突的一種理論與方法
◇達成具有承諾的共同解決方案
◇公開利用資訊
◇利用第三者的促進者
◇有創造性地利用衝突能量追求雙贏
◇努力於人際關係
◇問題解決

談判

◇管理衝突的一種理論與方法
◇達成共同的解決方案
◇利用第三者的仲裁

◇自我利益導向
◇策略性地利用資訊
◇法律性的制裁
◇目的（通常）使手段合法化

權力

◇自我利益導向
◇策略性地利用資訊
◇法律性的制裁
◇目的使手段合法化
◇隱密的
◇利用第三者的權威決定結果

圖7.6 衝突管理策略之間的關係

引自布魯克林・德爾 (C. Brooklyn Derr), *Managing Organizational Conflict: When to Use Collaboration, Bargaining and Power Approaches*, Montrey, CA: Naval Postgraduate School, 1975, p. 12。

學區與學校處理衝突的方式，向來深受那些被請求提出忠告或第三團體介入的顧問人員所影響。特別是由於集體談判的擴展，學區愈來愈常向一些人請求忠告，而這些人被訓練且被制約地將衝突視爲是敵對的、戰鬥的（例如，這些人常常是律師、專業談判人員和仲裁者），而較不常詢問那些被訓練且被制約將衝突視爲是組織行爲現象的人們（例如，應用社會科學家、組織心理學家）。這樣做往往產生本質上是具破壞性，以及贏一輸的策略與技巧，而且通常亦與方案的玷污有關，認爲尋求更有效替代方案的問題解決取向爲「不切實際」。

　　本章提出了在某種特定情境中一種診斷衝突的方法，以作爲選擇一個適當管理策略的根基。很顯然的，沒有一種最佳的方法用以管理組織衝突。衝突管理的方法很多，而每一種方式僅適用於某些特殊情境，然而，選擇一個衝突管理方式的基本原則是，運用此取向最有可能使具破壞性的層面（例如，敵意）降至最低，而使組織成長與發展的機會最大化（例如，發展較高的信任、改善問題解決）。

　　最後，在衝突管理中，沒有任何一個階段是比對情境的診斷更爲重要的。通常在將衝突概念化或分析的過程中，常混淆了「因」與「果」。例如，一位學校教育局長詢問一位諮詢顧問說：「有哪些方式是我可以用來處理本學區內的衝突呢？」當被問到他所指的衝突爲何時，教育局長回答說：「呃，你知道的，此學區之前有教師的罷工，而且罷工得很厲害，現在教師們已回到工作崗位，但卻到處充滿不好的感覺，你知道的『敵意』，我們有必要採取一些措施，但問題是該做什麼呢？」就像我曾解釋過的，雖然敵意是衝突的一個重要面向，但必須謹記在心的是，敵意本身並不能描述衝突，敵意是一種情緒反應，而且通常是衝突情節的部分結果或後果。但是嘗試改變敵對的感覺，可能僅是處

理衝突的徵兆而非處理原因，假如我們無法正確地診斷衝突，並處理其原因的話，那麼衝突會以潛藏的形式繼續存在，且會在以後特定的時間顯現出來。

建議讀物

Beckhard, Richard, "The Confrontation Meeting" *Harvard Business Reviews*, 45 (March-April 1967), 149-55.
描述「一種可以讓一個全面管理的團體，統合組織的所有層級，以快速檢視組織健康的活動，而且——在時間考慮下——設定行動計畫以加以改善」（p. 149）。提供一個特別的單日會議的議程設計，可用於處理危機的壓力，協助團體：診斷情境、同心協力地設定目標與優先順序、發展一個行動計畫，以及以長程及短程為基礎實施該計畫。

Blake, Robert R., Herbert A. Shepard, and Jane S. Mouton, *Managing Intergroup Conflict in Industry*. Houston, TX: Gulf Publishing Company, 1964.
此一小本、具可讀性的書籍，已成為衝突文獻的經典之作。利用實驗性的研究成果以及作者自己本身的實際經驗，本書解說了組織衝突的許多卓見，且現已被廣為接受。本書內含一個簡明的權變分析。

Derr, C. Brooklyn, *Managing Organizational Conflict: When to use Collaboration, Bargaining and Power Approaches*. Monterey, CA: Naval Postgraduate School, 1975.

主張一個權變的取向（以管理組織衝突）。指出同心協力、談判，和權力取向，在某些情況下，適用於組織衝突的管理，作者解釋如何診斷不同情境的變數。本書也討論了在不同情況下，每一策略的優缺點。

Likert, Rensis, and Jane Gibson Likert, *New Ways of Managing Conflict*, New York: McGraw-Hill Book Company, 1976.
在分析漸增的組織衝突之原因後，本書敘述如何用系統4（「雙贏」）的問題解決策略，取代通常讓衝突的一方遭受挫折痛苦的「贏一輸」取向之過程。本書是一本極獨特、實用，及技術性書籍，而且部分可以應用於學校之中，對於實務工作者應有所助益

Wynn, Richard, *Administrative Response to Conflict*, Pittsburgh: Tri-State Area School Study Council, School of Education, University of Pittsburgh, 1972.
在此僅僅二十三頁的手冊中，作者企圖為學校教育局長、學校董事會委員，以及其他公立學校工作者精選出組織衝突的現有觀念，以成為實用的建議。強調組織氣氛不是讓組織傾向於偏好具生產力的衝突；就是偏向於不具生產力的衝突，而且行政人員的行政型態與價值會影響此氣氛的走向。

註釋

1.James MacGregor Burns, *Leadership* (New York: Harper & Row, 1978), p. 37.
2.Kenneth Thomas, "Conflict and Conflict Management," in

Handbook of Industrial and Organizational Psychology, ed.
Marvin D. Dunnette (Chicago: Rand McNally & Company, 1976),
p. 890.

3. Morton Deutsch, *The Resolution of Conflict: Constructive and Destructive Processes* (New Haven: Yale University Press, 1973), p. 10.

4. Bernard Berelson and Gary A. Steiner, *Human Behavior: An Inventory of Scientific Findings* (New York: Harcourt Brace Jovanovich, Inc., 1964), p. 588.

5. H. Guetzkow and J. Cyr, "An Analysis of Conflict in Decision-making Groups," *Human Relations*, 7(1954), 369.

6. 同上註。

7. Rensis Likert and Jane Gibson Likert, *New Ways of Managing Conflict* (New York: McGraw-Hill Book Company, 1976), p. 7.作了特別的強調。

8. Kenneth E. Boulding, *Conflict and Defense: A General Theory* (New York: Harper & Brothers, Publishers, 1962), pp. 152-53.

9. Richard Wynn, *Administrative Response to Conflict* (Pittsburgh: Tri-State Area School Study Council, 1972), pp. 7-8.

10. Warren G. Bennis, *The Learning Ivory Tower* (San Francisco: Jossey-Bass, 1973).

11. 如何處理「邪惡的攻擊」的建議，請見於Wynn, *Administrative Response to Conflict.*

12. Chester I. Barnard, *The Functions of the Executive* (Cambridge, MA: Harvard University Press, 1938), p. 36.

13. Thomas, "Conflict and Conflict Management," p. 891.

14. 此研究（沒有一個是在學校中的）已由Thomas在 "Conflict and

Conflict Management" 中摘要。

15. Deutsch, *The Resolution of Conflict*, p. 9.

16. Louis R. Pondy, "Organizational Conflict: Concepts and Models, *Administrative Science Quarterly*, 12 (September 1967), 296-320.

17. 此領域的作者目前大都用「衝突管理」這個名詞，意指一個接續的組織過程，在此過程中可以啓發及支持組織發展。對許多人來說，「衝突解決」帶有尋求最後、具結論性的解決方案之意，且甚至將終止潛藏的衝突——一件不太可能達成的事。

18. John M. Thomas and Warren G. Bennis, *Management of Change and Conflict* (Baltimore: Penguin Books, 1972), p.20.

19. Robert R. Blake, Herbert A. Shepard, and Jane S. Mouton, *Managing Intergroup Conflict in Industry* (Houston, TX: Gulf Publishing Company, 1964).

20. Thomas, "Conflict and Conflict Management," p. 900.

21. Pondy, "Organizational Conflict."

22. Likert and Likert, *New Ways of Managing Conflict*, p. 7.

23. Randall Collins, *Conflict Sociology: Toward an Explanatory Science* (New York: Academic Press, 1975).

24. Gerald Griffin and David Rostetter, "A Conflict Theory Perspective for Viewing Certain Problems Associated with Public Law 94-142", (paper presented at the American Educational Research Association, Atlanta, GA, March 1978), p. 4.

25. Likert and Likert, *New Ways of Managing Conflict*, p.59.

26. 此部分的研究文獻很多，而且很精彩，例如，見於Muzafir Sherif and Carolyn W. Sherif, *Groups in Harmony and Tension*

(New York: Harper & brothers, Publisher, 1953); Muzafir Sherif and others, *Intergroup Conflict and Cooperation: The Robbers Cave Experiment* (Norman: Institute of Group Relations, University of Oklahoma Book Exchange, 1961); Morton Deutsh, "The Effects of Cooperation and Competition upon Group Process: An Experimental Study," *American Psychologist*, 4 (1949), 263-64; 及同樣是Deutsch所寫*The Resolution of Conflict.*

27. Blake, Shepard, and Mouton, *Managing Intergroup Conflict*, p. 18.

28. Likert and Likert, *New Ways of Managing Conflict*, p. 61.

29. 例如，上述所提Deutsch, Blake, and Sherif的研究。

30. Likert and Likert, *New Ways of Managing Conflict*.

31. Blake, Shepard, and Mouton, *Managing Intergroup Conflict*, p. 63.

32. Thomas, "Conflict and Conflict Management."

第**8**章

作決定

本章簡介

　　自本世紀中葉以來，作決定一直被廣泛認為是組織和行政管理的核心。例如，在1950年的劃時代的著作中，賽蒙（Herbert Simon）評論說：「行政學的一般理論必須包括可以保證作正確決定的組織原理。」[1]到1959年，格里斐斯（Daniel E. Griffiths）提出了行政即是作決定的理論。[2]他主張，第一，組織的結構是由其決定過程的性質所決定的；第二，個人在組織中的層級地位，與在決定過程中所行使的控制直接相關；第三，一個行政人員的效能，與其必須親自作決定的數目成反比。

　　格里斐斯的理論多年來在教育界有很大的影響力，它強調兩個重要概念：1.行政人員的任務就是努力使適當的決定過程，在組織中處於應有的位置，和2.由於這樣的過程處於應有的位置，有效的行政人員相對來說較少自己作決定，雖然那些決定對組織的影響上可能是特別有效的。就此而言，行政人員的影響力更在於確實地創造和監督組織作決定的過程，透過這些過程，任何繁忙複雜的組織所需要作的決定，是由組織所作成的而非由個人作大量的決定。

　　然而，當時賽蒙、格里斐斯，以及其同事思考著藉由將邏輯一數學的方法運用到教育問題的解決，而使作決定合理化、有邏輯、系統化、與完美，那時有很多人相信賽蒙等人的看法，至今仍有許多人願意相信。然而，隨著時間的流逝，很明顯地，在多數尖銳的教育問題中，有許多是曖昧不明、多面向、且複雜的，這些問題不能單純地變成演算式（algorithms），寄望於填塞各種量化的資料，而作出最適宜的教育決定。事實上，自從18世紀中葉以來，對於人類在貿易及教育上組織生活的複雜性，嚴厲地限

制了這種作決定取向在多種組織中的有效性，已漸能瞭解。當然，在1970年代，由於美國人對於其工業及教育組織，與世界上其它國家相比，頗為遲緩的情形的瞭解程度，有戲劇性地提昇，因此產生一種明顯的趨勢，也就是更有效地使用參與作決定的方法。

個人的與組織的作決定

這裡提出有關作決定的許多討論的一個重要課題：就是個人的與組織的作決定問題。一方面，普遍地期望在行政管理職位上的許多人，就個人而言將是「有決定性的」（be decisive）。這種期望的含義一點兒也不明確，但經常意味著迅速地、不遲疑或不拖泥帶水，以及清楚地、最不模稜兩可地作決定。它也經常隱含著，個人傾向於作出符合某種可接受的、品質標準的決定：例如，所作的決定具有豐富的訊息，以及在道德上是可接受的。因此，關於作行政決定的討論常常集中在被解釋為「作決定者」個人自己的行為。

另一方面，因為行政被定義為和別人一起工作，並靠著它們來實現組織目標，因此考慮組織（而不僅僅是個人）處理作決定問題的機制是很重要的。根據這種觀點，問題開始轉成在作成與執行組織決定過程中，組織的「行動」（或「行為」），而不是在行政辦公室裡個人的特殊行為。對組織的許多客戶來說（例如，學生和家長），在作決定過程中，行政人員的個人角色是模糊不清的，也或許是不相關的，但組織的「行為」卻是最接近的和高度相關的。就此而言——雖然行政人員可能被認為是有牽連的——重大作決定的功能都是組織的。

一所大學的情境證明了這一點，在大學裡暖氣系統不斷地故障，教室長期不整潔，學生座椅也年久失修。當春天來到時，校園進行一項大手筆的計畫，栽花種樹，並在樹木間設立雕像來美化校園，此時學生們感到十分訝異。當然，這項作法會激起學生們的強烈抗議，諸如「這所大學出了什麼毛病？它顯然不關心教室所發生的事，所在乎的只是遊客在外表所看到的！」當然，這表示不管那些可能被涉入的人，這所大學組織作決定的過程一定出了問題。

本章有關作決定的討論，承認行政人員個人作決定的方式是重要的，因為它產生各種方法，使組織成為一個實體，忙於無窮盡的確認問題、構思問題、和發現解決問題方法的過程中。在行政辦公室裡，人們個別的作決定表現出像組織行為那樣的重要，主要是因為它在影響組織本身作決定的過程時，不可避免地會影響到其他人的行為。

這種強調行政人員對應用於組織中決定過程的性質和品質的責任，是與當代關於行政人員是組織文化發展的主要行動者的觀點大致相符，也就是說，決定的實行與其說是某一特定組織（例如，學校那種地方）所固有的環境的結果，不如說它們是當權者（即行政人員）應該如何作決定的抉擇。這些抉擇與行政人員所持對某些問題的假設有密切的關係，這些問題現在已經為讀者所熟知，例如：

◇什麼激勵著工作中的人們。
◇在工作場所運用領導時，合作與指揮的相對價值。
◇資訊向上、向下、與貫穿整個組織全部流程的願望。
◇維持組織控制與紀律的最佳方式。
◇在作決定時，納入組織中所有層級人員的價值。

作決定的合理性

　　對當代組織作決定的方法，即使是初步的瞭解，也需要簡要考慮某些方式，在這些方式中，我們已經學會思考上述的事情。我們生活在西方世界，當思考諸如作決定的概念時，往往應用和接受邏輯、理性與科學。這大致反映了在我們文化中，有關我們「應該」著手作決定方式的假設，這些假設已經成爲我們思考這類事情的核心。

　　自從宗教改革以來的三百年間，西方思想史和文化史一直是由科學、技術、與工業的興起所支配。科學思想極爲強調邏輯理性，實際上已經在我們的文化制度中根深蒂固。因此，在尋求對我們的經驗解釋時，我們習慣於尊重邏輯實證論的理性——簡言之，我們強烈地傾向於把對所有各種問題的解決方法，都視爲需要應用「工程學」（engineering）的方法。

　　這一點反映在韋伯對科層體制組織的分析當中。泰勒的研究摘述了這一點，他使科學的原理與方法適用於工作場所的「人體工學」（human engineering）形式，企圖創立一種能夠應用於組織中日常問題的管理科學。泰勒稱之爲科學管理（scientific management），而且正如雪恩（Donald A. Schon）所指出的：「泰勒把管理人看成是工作的設計者，績效的控制者和監督者…（透過這些角色尋求）產出最佳效率的產品來。」[3]

　　管理的概念作爲一種科學在本世紀前半葉穩健地成長，但是第二次世界大戰刺激了它的極大發展。這是由於三個與爭論相關連的因素：

◇極爲強調科學與技術在贏得這場爭論中的角色。

◇作業研究（operations research）與系統理論的發展。這些包括將數學模擬的理性邏輯應用於解決複雜的問題，範圍從如何減少海運遭受潛艇攻擊的損失，到如何提高飛機轟炸的效果。

◇管理全球性衝突所需要的規模空前龐大的組織工作。

　　第二次世界大戰後的年代，是一個極為樂觀和充滿活力的時代，因為工商業迅速轉向開發現成市場，這些市場的繁榮是由於戰時到處匱乏數年的結果。對科學和技術的信心急速發展，與科學相關的理性的、邏輯的方法在得到承認與享有聲望方面蒸蒸日上。把戰爭期間的「曼哈頓計畫」（Manhattan Project）作為構思與解決問題的模式加以參考，已經成為老生常談：「畢竟，如果我們能夠製造一顆原子彈，我們應該能夠解決這個問題。」「基於新科學知識的產生能夠用於創造財富、實現國家目標、改善人類生活，及解決社會問題的主張」，[4]政府用於研究的經費如波濤洶湧般地達到新高潮。

　　俄國在1957年秋天發射了第一顆人造衛星，但似乎可以確定對此一消息的重要性的注意並沒有落後。美國使用一連串強調將數學和科學的邏輯應用於問題的解決，作為回應。在甘迺迪總統的領導下，美國開始進行一個大規模的開發新太空技術的計畫。不久之後，美國教育的基礎結構本身，發現必須參與滿足這個太空計畫對科學家和數學家，以及受過訓練的管理人員的需要，以便把這些學科的概念應用於複雜組織的挑戰。新的激勵口號是：「假如我們能把一個人送上月球，那為什麼我們不能解決這個問題呢？」當然，這意味著國家航空暨太空總署（NASA）——從一開始在艾森豪總統主持下——已經發展並顯示了一個複雜決定模式的效能，這種決定能夠適用於所有各種社會的與技術的問題。

在第二次世界大戰後的年代，另一個類似的模式——被廣泛地稱讚和仿效——是由醫學界提出的。該模式強調臨床－實驗的研究作為知識的基礎。

醫學研究中心，及其附設醫學院和教學醫院，成為其他職業渴望的制度典範。這裡是基礎科學的堅實基地，以及使自身適合於執行不斷變化中的研究成果的專業。其他專業——希望達到某些醫學效能和聲望——企圖迎頭趕上其研究與教學機構、其研究與臨床角色層次的連結，以及把基礎性和應用性研究與實務相連接的系統。醫學和工程學模式的聲望及明顯的成功，對社會科學產生了巨大的吸引力。在諸如教育的領域…甚至連專門用語之中，…很多關係到測量、控制的實驗、應用科學、實驗室和診療室，它對那些典範的崇敬是很明顯的。[5]

理性的決定模式

因此，作決定的學習者試圖透過對決定過程的分析，而嘗試去發展、並幫助行政人員精熟作更高品質決定的科學，這並不令人驚訝。賽蒙是在這一方面，早期和非常重要的貢獻者。

賽蒙的分析，界定了在作決定過程中三個主要的階段。首先是情報活動（intelligence activity）。從第二次世界大戰對戰後思想的影響來看，賽蒙使用軍事人員用得相當多的「情報」（intelligence）一詞並不令人驚訝：尋找一種環境來顯示需要某種決定的某些情況。第二個階段是設計活動（design activity）：用以想像、發展和分析行動的各種不同作法的過程。賽蒙的分析中，第三個階段是抉擇活動（choice activity），也就是從被考慮

的各種方案中，實際選擇一種行動方案的過程。[6]

　　賽蒙作爲崇高偉大的學者，以及被許多著名的大企業聘爲顧問的受歡迎程度，促成了他對於作決定的先驅研究方法被廣泛地接受，該研究方法現在已成爲經典性研究。許多想追隨他的人作成了大量文獻，致力於把他的概念化加以改進，通常是藉由詳細闡述決定過程中所發現的許多步驟，努力把他的概念化加以改進，因此，人們看到了有關作決定的大量文獻中，提出了許多模式。實際上，所有這些模式都結合了賽蒙研究所提出的兩個基本假設：一個假設認爲作決定是一種具有內在邏輯的有秩序的、理性的過程；另一個假設認爲這個過程中的各步驟，彼此以一種有秩序的、合邏輯的、繼續的流動著（有人稱之爲「線性邏輯」linear logic）。這樣的模式及它們所根據的這些假設，在行政人員的訓練中變得很重要，而且一直以各種有計畫的、有系統的方式，被廣泛地應用於「眞實世界」的組織，期能提昇這些組織的績效。

　　杜拉克（Peter F. Drucker）是一位最重要的組織學者，他的思想從1960年代到1980年代在企業界有非常大的影響力，他將作決定分爲以下幾個步驟：

1.界定問題。
2.分析問題。
3.發展可能的解決方案。
4.決定最好的解決方案。
5.將決定轉化爲有效的行動。[7]

　　這種公式被視爲幫助行政人員去構成決定，使決定更有系統，成爲一種變通方案，以取代在忙碌的組織生活中，對川流不息的事件作直覺的、也許是任意的、「無意識的反應」（knee-jerk responses）。杜拉克的模式──非常地詳盡細緻──，被普遍地應用在美國企業和政府組織中，也被許多人認爲是行政思想的基本邏輯。

然而，正當許多模式激增，以及在組織中安置這些模式的努力獲得強化時，在學者的理論概念與行政人員的實際做法之間普遍的差異也是顯而易見的。因此，爲了改進決定模式而作了進一步的工作，例如，人們注意到，決定通常並不因爲一個決定或者在執行某一決定的行動上而終止。在「眞實世界」中，作決定通常是一個反覆的、持續的過程，因而，一個決定的結果提供新的資訊，以作爲其他決定的基礎。因此，在某些過程模式增加「回饋迴路」（feedback loops），以確保決定的結果會受到考慮，就如同未來的決定受到仔細考慮一樣。

承認決定過程的這種循環性質，最終將促使這一學科的某些學習者放棄傳統的步驟表和線性流程圖，而贊成循環論證。回饋迴路的概念與決定過程的循環概念，都說明了有關作決定文獻中，常見的兩項進一步的假設：1.作決定是一個反覆循環的過程，在一段時間中繼續進行，以提供最佳行動的連續近似值，以及2.達到最佳決定是作決定的中心目標。

然而，長期以來，顯然組織中的成員往往並非鍥而不捨地、與無所不用其極地尋求達成組織目標的最好方法。唯有當組織的績效似乎逐漸低於某些「可接受的水準」（acceptable level）時，組織成員將致力於作決定的程序，以尋求做事的各種可能途徑。這種績效的「可接受水準」通常不是績效可能達到的最高水準；而是足以適應這個組織對現實與價值觀的知覺的那種水準。[8] 此外，一旦組織中的成員感到需要尋求某些做事的可能方法時，他們往往尋求一種行動的過程，這種過程被認爲足以減輕對行動的需求。也就是說，它往往作一個決定，這個決定將減緩其最接近

的問題，但不大可能把握時機，作為向著某種最佳水準的績效發展的機會。組織中這種廣泛流行的趨勢稱為滿足（satisficing）。

作決定合理性的限制

正如我已經解釋過的，關於作決定的大量學術性文獻——組織的與個人的——代表了學者揭露和描述在決定過程中，一向由他們所假定的邏輯的多種努力。根據這些努力，已經發展出許多決定過程的「模式」。通常假定這些模式能夠用來促進行政人員對這種邏輯的學習，以便將它應用到工作上去。許多人——當這些假設實際上不構成挑戰時，包括實際的教育行政人員、立法人員和校董會成員——往往堅持這樣的信念，即這些努力更精確地應用於實務，對提高組織績效來說是不可或缺的。

然而，模稜兩可和不確定性是教育行政人員「真實世界」的主要特徵。組織及其目標、技術、與環境已經變得如此複雜，因此難以將因果、行動與結果連結在一起。例如，教育組織的經濟、社會和政治環境之善變的性質，使它很難用任何確定性去預測未來事件的進程。這種狀態無論如何不只侷限於教育組織：在組織生活的所有形式中，它是有迫切意義的狀態。這使得研究者近年來，更細心地重新檢視組織生活，並在這個過程中，對關於作決定的邏輯與理性的舊假設提出了疑問。

理論與實際之間的差距

學者們通常藉由教給行政人員將作決定之理性的、邏輯的模式應用到他們的工作中，以求提高行政人員的績效。在教育領域

中，一個較好的例子見於一本訓練手冊，稱為《決定如何作決定：在學校中作決定》（*Deciding How to Decide: Decision Making in School*）。[9] 該手冊目的在為組成和提出一個在職訓練班奠定基礎，以教給行政人員何時與如何使其他人參與作決定，它基本上是伯倫姆和耶頓權變模式有條理的介紹，該模式明確指出當代領導的中心議題乃是作決定過程中的參與。這項議題經常與充滿價值的論證相混淆，把一成不變、指導性的行政方式所具有的相對優點，與較具諮商性的行政方式形成對比。即使是傑出的杜拉克，偶而也會錯誤地把「民主的管理」、「參與的民主」、「寬容性」，與透過命令作成決定、造成成功假相的獨裁式、專制式的管理相互對照。[10] 很明顯地，現代組織的複雜性需要在作決定的過程中，就情境的權變因素，著眼於效能的可能性。在一些情境中，獨裁式的領導方式可能是最有效的，而在其他情境中，要得到最大效能必須使用高度參與的方法。就像伯倫姆和耶頓的看法，領導者的問題是分析每一種情境中的權變因素，然後以最有效的方式表現出來。

伯倫姆和耶頓嘗試詳加說明領導者「應該」怎樣表現，以使明確的權變因素看來是有效的。伯倫姆和耶頓的模式並非規範性的，但它可以被描述為規範性的模式，因為該模式試圖將適當的領導者行為，與明確的權變因素連結在一起。[11]

五種領導方式

伯倫姆和耶頓發展出以下五種領導方式的分類學：

獨裁式的過程：

AI.領導者（管理人員、行政人員）運用所有可用的訊息來作

決定。

AII.領導者從團體成員獲得必要的訊息，然後作成決定。在得到訊息的過程中，領導者有可能告訴成員是什麼問題，也有可能不告知。

諮商式的過程：

CI.領導者以一對一的方式，與團體的相關成員分享問題，而個別地得到其想法與建議，並非將成員湊成一個團體；然後領導者作成決定。

CII.領導者在會議上，與團體的成員分享問題，然後作成決定。

團體的過程：

GII.領導者在團體的會議上擔任主席，與團體分享問題，並幫助團體在團體的決定上達成共識。領導者可能提供訊息和表達意見，但並不試圖「推銷」特定的決定，或運用秘密的方法來操縱團體。

請注意，伯倫姆和耶頓已經用行為的術語來描述這些領導方式（例如，「領導者決定」或「領導者與團體分享問題」），而非用一般的術語（例如，「指導型方式」或「參與型方式」）。這並不意味著一種領導方式比其它的方式具有更高的價值；必須在明確情境中，就行為的「運作」來提出該項議題。

七項情境議題

情境的分析從對下列問題「是」或「否」的回答開始：

A.該問題具有品質的要求嗎？一種品質可能是時間：這項決定沒有時間與他人商量，必須現在作出決定嗎？其它有關品質的因素可能是刺激團隊發展、或是透過參與使成員瞭解訊息的願望。

B.領導者是否有足夠的訊息來作成良好的決定？

C.問題是否結構化？

D.為了執行決定，其他人是否必須要接受這項決定？

E.如果領導者獨自作成決定，其他人接受該項決定的確定性如何？

F.其他人知道藉由解決這個問題，而能達成的組織目標嗎？

G.較受青睞的問題解決方法是否會造成團體其它成員間的衝突？

決定－過程流程圖

回答了排列在決定－過程流程圖（圖8.1）上，七個問題中每一個問題的「是」與「否」，領導者能夠很快地診斷出情境的權變因素。正如流程圖所示，有可能以這種方法界定十四種問題形式，且當人們隨著流程圖從左到右時，解決每個問題的較佳方法就變得很明顯了。

針對一個特定的難題，第一個問題是「該問題具有品質的要求嗎？」事實上，這個問題是「一個決定是否比另一個決定較佳或更合理？」假如不是，問題B與C是無關緊要的，人們隨著流程

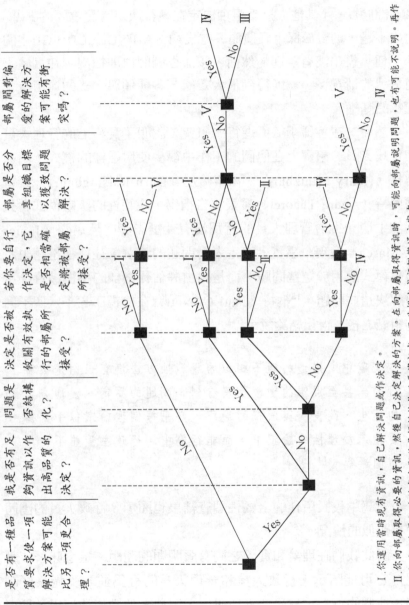

部屬間對偏愛的解決方案可能有衝突嗎？　部屬是否分享組織目標以獲致問題解決？　若你要自行作決定，它是否相當確定被部屬所接受？　決定是否被執行有關的部屬所接受？　問題是否結構化？　我是否有足夠資訊以作出高品質的決定？　是否有一種品質要求使解決方案可能比另一方一項更合理？

I. 你運用當時現有資訊，自己解決問題或自己作決定。

II. 你向部屬取得必要的資訊，然後自己決定解決的方案。在向部屬取得資訊時，可能向部屬說明問題，也有可能不說明。再作決定時，部屬扮演的角色純然是提供給你必要資訊者，而非提出或評鑑變通方案者。

III. 你個別地與相關的部屬分享問題，取得他們的意見與建議，而不把他們集合成一個團體。然後你作成決定，而不把他們集合成一個團體。然後你作成決定，這決定可能反映部屬的影響力，也可能無法反映。

IV. 你與整體部屬分享問題，並集體地得到他們的意見與建議。然後你作成決定，這決定可能反映部屬的影響力，也可能無法反映。

V. 你與整體部屬分享問題，並一起提出與評鑑各種變通方案，且尋求在問題解決上獲致共識。你的角色很像一位主席，你並不嘗試影響整體團體採用「你的」解決方案，你寧願接受並執行獲得整體支持解決問題任何方案。

圖8.1 伯倫姆和耶頓的規範性領導模式

引自盧森斯《組織行為》，第二版（紐約：麥格羅—希爾圖書公司，1997年版，第458頁）

圖到問題D，「其他人接受這項決定在執行決定時是重要的嗎？」假如不是，則對於採用五種領導方式AI、AII、CI、CII、GII中的哪一種，幾乎沒有差別。然而，該流程圖明白地指出，在具體、可描述的情況下，為能得到最大效能，各種領導方式的運用有了邏輯的基礎。

然而，在各種組織所進行的研究，說明了實務上的管理人員與行政人員，事實上在他們的工作中很少使用這樣的模式。明茲博格（Henry Mintzburg）、雷辛哈尼（Duru Raisinghani）、與習爾麗特（Andre Theoret）發表報告指出，規範性的決定模式對公司的中層和上層管理人員的行為沒有什麼影響。[12] 馬齊（James G. March）發現，事實上決定者對問題的瞭解，往往不是藉由將邏輯模式應用於這些問題，而是藉由評估什麼樣的選擇被實際用來解決這些問題。[13]納特（Paul C. Nutt）在檢視了七十八個不同的組織之後，得出結論說：

> 在文獻中所描述的極不相似的規範性方法沒有一個是被實行的，甚至混雜的變數都沒看到…問題的界定、變通方案的產生、改良、與選擇的過程，幾乎每個理論家似乎都需要植基於理性的論證中，而非行為中。行政主管並不使用這個過程。[14]

對高中校長所作的全國性調查結果也顯示，行政人員的團體中有類似的情況。[15]

因此我們在理論和實際之間有著明顯的差距。這意味著什麼呢？它可能暗示，行政人員和管理人員的行為並未受過良好訓練，他們的行為曾為研究者所研究，因此，他們無法使用各種可資利用的決定模式。一個似乎同樣合理的解釋是，在學術文獻中所擁護的作決定模式，是起源於有關行政工作性質的假設，這些

假設並沒有反映工作中行政人員實際遭遇到的狀況，這使我們去思考一項研究應能描述管理人員和行政人員的行為，就如同它在工作上實際發生的情形一樣。

管理與行政工作的性質

在1973年，明茲博格發表了研究報告，該研究在觀察了五個組織的最高主管的日常工作後，詳細地描述與記錄他們的活動。[16]這些行為被記錄的主管人員是：一家顧問公司的經理、一家工業公司的董事長、一家醫院的經理、一個消費品公司的經理，以及一個市郊學區的教育局長。這項研究明顯地揭示出，第一，主管人員的工作是非常多元的，且需要多方面的技能；第二，壓力似乎是工作中所固有的。更具體地說，明茲博格從他的觀察中，發展出五個命題：

1. 行政人員與管理人員承擔大量的工作，而且是以一種毫不鬆懈的步調進行。他們每天出席許多排定的會議，及許多臨時性的協商和折衝；處理大量的郵件和公文，以及接許多電話。在工作中幾乎沒有任何真正的休息。

2. 行政人員在進行工作時，在數量龐大的決定中的每一個決定所投入的時間可以說是短促的，而且這些決定往往集中在具體的、意義明確的爭論與問題。重要的和瑣細的活動彼此以一種沒有計畫的、順其自然的方式交叉重疊，必須迅速地從一個話題轉移到另一個話題。與延長時間的例行性會議相交替，與人們有許多簡短的接觸，還有其他排入日程表的活動（諸如：桌上的工作、電話、臨時性的會議和巡視）。

3. 行政人員比較喜歡處理意義明確的和非例行性的積極問題

。例行的訊息（諸如一再出現的報告）被置於較低的優先次序，而「新鮮的」訊息（即使是性質不確定的訊息）則被置於較高的優先次序。

4.語言溝通是很受歡迎的。（根據明茲博格最早的研究，它佔用主管人員四分之三以上的時間，以及他們三分之二以上的活動。）

5.管理人員與三個主要的團體保持工作的聯繫：上級、部屬和局外人。[17]

這個研究提出了行政人員作決定的許多方式，特別是在行政人員的工作中，為什麼幾乎沒有人使用正式的決定模式。行政人員平日工作的節奏，包含一種喚起行為的驅力，這種方式不大可能進入愛好沈思學者的頭腦中，這些學者思考著他們設法在這種情境中發現的邏輯。正如明茲博格所指出的：

> 管理一個組織的工作可以被描寫成是繁重的。在一天要做的或者管理人員選定要做的工作的數量是相當多的，而且步調是毫不鬆懈的。下班以後，最高主管（也許還有許多其他的管理人員）似乎既不能從認可其職位權力和地位的環境中逃脫，也不能避開自己的頭腦，這個頭腦一直經過良好的訓練持續地去尋找新的資訊。[18]

為什麼管理人員要保持這樣的步調和這樣的工作負擔呢？明茲博格認為這是因為工作本來就是開放式的與模糊不清的：

> 管理人員必須始終與時俱進，從來不能確定什麼時候他已經成功，從來也不確定何時會因為某種失誤而遭組織責備。結果，管理人員是感覺全神貫注的人，他從來不能忘

記他的工作，也從來沒有享有知道他已無事須作的快樂，
即使是暫時的。不論他從事的是哪種管理工作，他始終帶
著揮之不去的疑神疑鬼，也許所能貢獻的只是一點點。[19]

　　在對他所研究的行政人員進行觀察的時候，明茲博格發展了
一種技術，要求在一天裡頻繁地記錄下代碼符號，以描述在許多
短暫的時間架構中所觀察到的行為。最後，根據統計，這些代碼
項目減少了、並加以排列，以便對整個觀察進行期間，所發生的
可以觀察到的行為提出一種詳細的量化描述。

　　應用「明茲博格法」的許多研究，已經檢驗了諸如學區教育
局長和校長之類教育行政人員工作上的行為。[20] 這些研究事實上
已經證實明茲博格的主張可適用於學校行政人員的研究。這些行
政人員以一種緊湊的步調長時間地工作。他們工作的特徵就是許
多簡短的互動、大部分是語言的溝通。會議、電話、和公文，幾
乎佔去了他們從清晨進入辦公室起，到下午或晚上離開辦公室為
止的每一分鐘。

　　對於明茲博格使用「緊湊的步調」（unrelenting pace）一詞，
需要做一些澄清。人們可能聯想到裝配作業線上工人的影像，在
他們的工作崗位上，受到降臨在作業線上之永不停息的、永無變
化的、無情的工作的驅使。這似乎並非明茲博格在描述管理人員
工作時所指的事項。在管理人員的工作情境中，時間變成一個重
要的資源。然而，與教師的情境不同，對行政人員來說，時間是
一種流動的資源，而不是一種限定的資源。

　　對教師而言，重要的時間約束（例如，學年、學日、鈴聲時
間，以及諸如公共汽車時刻表和午餐時刻表等固定的約束）明顯
地限制其能做或不能做什麼。另一方面，行政人員可能—— 而且
經常—— 有相當多的行動自由，當對他們適合的時候，他們就會

改變工作的步調。他們可以用額外的時間去仔細考慮某些不太重要的問題，如果他們願意的話，也可以設法藉由對別的事情作一系列快速的決定來節省時間。或者，希望這樣做的行政人員，可以改變對時間資源的利用，把工作延長到晚上，把工作週延長到週末，以及把工作年延長到暑期和節慶假日。當然，許多教育行政人員普遍是如此做的。因此，這種「緊湊的步調」並非一種完全沒有變化的步調，根據這種步調，所要做的工作特點是在於從來不會完成，而且始終還有更多的工作要做。人們從來不知道什麼時候工作可以完成。

行政工作的這些特徵，連同教育系統內固有的模稜兩可——以及由學校和學校系統不明確的目標和優先事項、評鑑行政績效不確定的方法，以及由各個選區選民團體所行使的有爭議的優先選擇權——給教育行政人員相當大的壓力。一個結果以及一個附帶的壓力來源，是他們——與其他領域的行政人員一樣——很少停止思考他們的工作。[21]

行政人員如何思考

最近的研究顯示，研究組織和組織中行政人員行為的學者，在思路中產生混淆的一個根源，可能就在於學術人士與行政人員往往以不同的方式來思考行政工作。本章開頭所描述的作決定模式，都是受到某種信念所制約的人的產物，這個信念認為高度邏輯的、線性的思維——有時稱為「科學思維」（scientific thinking）——是在作決定的過程中，一種探究問題與尋求變通方案的最適合方式。這樣的觀察者，主要是學者型的人物，往往期待著看到行政人員使用與他們自己十分雷同的做事方式來表現。也就是說，他們主張：「思考可由長時間沉思一些事件的形式看出，在這期間管理人員獨自坐著，沒有行動，試圖從事實中作邏輯推

論。由於觀察者看不到許多諸如此類的事件，他們便得出管理人員不作很多思考的結論。」[22]事實上，為行政人員所舉辦的許多強調所謂作決定模式的在職訓練，只是按照反省性思考的正規方法訓練行政人員的一種努力。作為這種訓練基礎的假設，就是認為藉由改進行政人員邏輯的、反省的思考的技巧，就能改進他們的決定行為。

但是，為什麼研究者指出，觀察到行政人員很少有機會，像科學家那樣經常地進行反省性的思考——在一個寧靜的地方，冷靜地深思熟慮問題而想出可行的方案？魏克（Karl Weick）提出三種可能的解釋。第一，他們確實在思考，但不是在他們工作的時候：「他們在家裡、在飛機上、在盥洗室、在週末思考——因此，研究者沒有看到管理人員在思考的原因，就在於當觀察者在周圍時，管理人員並沒有思考。」[23] 第二種可能性是，事實上管理人員沒有思考，因為他們熟練地預測未來，已經把不確定性減到相當的程度，以致他們幾乎沒有碰到為難的或手足無措的情境。魏克所提出的第三種可能性（這是他認為最有可能的一種）是，管理人員始終在思考，但是研究者沒有看到這樣的事實，因為當研究者在尋找顯示反省性思考的事件時，管理人員正從事非常不同的思考過程。也就是說，思考是不可分離地納入管理和行政的行動中，而且是與管理和行政的行動同時發生的。

因此，當行政人員巡視、閱讀、談話、視導和會見其他人時，所有這些活動都包含著思考，而且事實上這些是行政人員思考的方式。魏克解釋說：「連貫的意念是思維的本質，能夠在頭腦以外形成和管理，相對而言，幾乎沒有來自頭腦的幫助。這就是管理人員思考的方法，而且也是當我們用反省做為他們的工作包含多少思考的指標時，我們所以產生誤解的原因。」[24]因此，當行政人員根據注意、意向、控制而採取行動時，他們所進行的

大多數思考是包含在他們行動之中；也就是說，他們專注於將要發生的事情，把命令強加於他們的行動之上，並且當他們的表現偏離可接受的標準時，將糾正他們的表現。[25]

在考慮行政人員思考他們工作的方式時，重要的是要記住，藉以完成工作的組織環境，其特點就在於模糊性、不確定性和無秩序，也就是說，一言以蔽之：零亂。需要決定的情境通常是流動的，因此，甚至在事實之後也很難加以分析；這些情境有許多解釋的方式，經常是相互衝突的；而且（正如以下將要更充分的解釋）這些情境經常不是可以清楚地劃定界線和加以標記的。在日常的行動流程中，行政人員通常忙於與他人作簡短的、自發的、面對面的、和語言的溝通。換言之，行政人員不斷地「救火」（fighting fires）。但是

> 救火，管理人員始終這樣做，並不一定是呆子或傻瓜。消防活動似乎是無意識的活動，因為我們把科學的活動作為理想的情況而加以比較，因為我們認為思考是一種個別的活動，當人們把火熄掉後這種活動也就停止了，因為我們假定人們唯一思考的時間是當人們做出獨特的決定或者解決了明確的問題時…因為我們堅持檢查事物，如同這些事物是依序發生的，而非同時發生。[26]

這個觀點隱含著一個重要的議題：在傳統的意義上，行政學是否，或者可能成為一門科學？或者說它是不是一門藝術或一門技藝（craft）？有許多人繼續追求這樣的觀點，認為行政是管理科學在組織問題上的運用（很像工程學是物理學和數學在其他多種真實世界問題上的運用），正如同本世紀早期所想像的那樣。當然，持有這些觀點的人往往強調在組織決定中技術理性的發展。然而，其他人──瞭解人類組織的極其複雜性，以及在組織

普遍見到的不確定性、不穩定性、與獨特性——承認在組織文化的傳統和價值觀的脈絡中，具有直覺判斷力和技能、具有均衡與適切意識的重要性。像韋克一樣，雪恩發現管理人員的思維與他們的工作所要求的行動有密切關係，他評論說：

> 管理人員在行動中確實進行反省。有時，當反省是由不確定性所引起時，管理人員說：事實上，「這真令人迷惑；我如何能夠理解呢？」有時，當一種機會意識引發反省時，管理人員問：「我能對此作什麼呢？」有時，當管理人員因為他自己的直覺認識的成功而感到驚訝時，他自問：「我實際上在作什麼呢？」[27]

因此，雪恩說明「藝術」這個名詞在描述行政時，具有雙重意義：以直覺的方法瞭解情境，以及一種在行動的情況下，當一個人遇到的事件與他（或她）的直覺理解不一致時，這一個人所從事的反省。

讀者應該小心的加以注意，在這種討論中我們正談論訓練有素的直覺（trained intuition）[28]。重點就在於我們能夠學會——透過正式的教育以及進入組織文化的社會化——「看到」整個有機的複雜系統，以及我們也能接受訓練（正如我們普遍接受的那樣）以看到這個整體的一些個別部分。這個重要的觀點對某些觀察者來說是難以接受的，也許是基於兩個主要的理由。一個理由是長期以來西方文化一直非常強調的技術理性的強大傳統中，把複雜現象分解成較為簡單、可以量化的各個部分的邏輯，在我們的許多人中一直是根深蒂固的。這似乎是非常敏感的、非常「正確」的，以致對複雜問題的整體論方法覺得是懷疑的。關於大腦的左、右半球的功能的最新研究對我們此處的瞭解也是重要的。與大腦左半球有關的一種意識的方式，通常被描述成分析的、理性

的、連續的、聚斂的、邏輯的、客觀的、和線性的。另一種方式和大腦右半球有關，具有直覺的、整體的、型態識別的、藝術的、主觀的、與非邏輯的特徵。無疑地，在教育上重點一直放在訓練左腦的功能，強調邏輯─實證的作決定方法。假如我們想改進我們運用大腦右半球的功能在作決定時，很可能我們也必須要改進訓練策略。[29]

　　因此，人們爭論說行政人員始終在思考，他們的思考是緊密地圍繞著他們所採取的行動（決定）的，而且每天的思考幾乎從不代表一連串的步驟。這表示作決定的正式模式是與每天的行政思考幾乎沒有關係，而且試圖執行這些模式，就會與行政人員經驗的「眞實世界」背道而馳。在眞實世界裡，問題情境都是整體上地體驗，並且通常在決定模式中所看到的各步驟都被同時而非逐次地加以考慮。這種觀點指出，對整體思想上的強調──試圖瞭解教育組織的複雜性、相互連貫性、含糊性、和不確定性──比起過去提出的線性和步驟模式來說，在作決定中可能是更富有成果的。

組織文化對作決定的影響

　　本書的前面部分，討論過組織文化的概念，將它視為是瞭解組織行為（例如，作決定）的核心。組織文化包括：在某一工作團體中發展出來的規範、由這個組織所倡導的優勢的價值觀、引導有關員工與支持者團體的組織政策哲學，以及人們在彼此互動的方式上明顯的感覺。因此，它清楚地涉及到組織成員所共享的假設和信念。這些東西匯集在一起，以極重要的方式界定了這個組織本身：它為什麼存在，它是如何生存的，它是關於什麼的。這些價值觀念和基本信念，在發展並成為組織生活方式一部分的過程中，勢必變成一致地──幾乎毫無疑問地──確立為「我們在

此做事的方式」。它們以這種方式形成了一種對世界的看法，認為組織成員帶來問題與作決定。談到思考過程中的「直覺」，組織文化在形成直覺中扮演重要角色，根據這種直覺，構成組織文化實質的那些假設和信念，大多被參與者認為是當然的。在教育組織中尤其是如此，因為在教育組織中工作的人們，經過長年對組織的投入，而被這個組織的價值觀和中心信念普遍地高度社會化。

讓我們試想中小學和高等教育機構中，專業人員的教育和工作經驗吧。這些人大多在五歲或（最多）六歲入學，除了短暫缺席（諸如服兵役或撫養孩子）外，一直留在教育組織內，事實上持續到性格形成的整個時期，以及他們後來使自己成為社會上完全成熟的成年人。結果他們強烈地傾向於「接受」（bought into）教育和教育組織的價值觀，而且身為這些組織中的專業人員，又高度地投入於他們的核心價值觀、主要信念、與目標。在這個完全接受組織的社會化的長期過程中——先是中小學生，後是大學生，最後是專業人員——在教育組織中工作的那些人，強烈地傾向於接受為獲得成功的「遊戲規則」，以及為了成為可被接受的成員所必須知道的「習俗」（the ropes）。[30]

換言之，這些個人成為一個團隊的成員，具有分享共同經驗的漫長經歷。這些分享的經驗在某一個時期，導致創立一種對這個世界、及其在世界中的定位的分享的觀點。[31]這種分享的觀點，使得組織中的人把平凡無奇和不平常的事項，化為有意義的事情，將符號和儀式賦予意義，並對於如何以適當的方式，處理顯而易見的行動，來分享彼此共同的理解。這樣的感覺被魏克描述成瞭解組織中的人們，如何把可靠性歸因於由他們的經驗所構成的詮釋。[32]這種彼此分享觀點在某一段時間發展起來，在這段時間，參與者忙於分享觀點的許許多多的溝通、檢驗、與精煉，

直到最後它被認爲是長時間有效的、而很少再想到或談論到它：它被認爲是理所當然的。[33]這就構成了組織文化的發展。文化大多決定了人們如何眞正地認知和瞭解這個世界；這種概念掌握了在工作場所，形成思想的微妙的、無從捉摸的、無形的，基本上是無意識的力量。[34]

　　明茲博格的分析，得到教育組織許多研究的支持，說明行政人員在反省性的思考上幾乎沒花多少時間：他們是主動的，他們花很多時間在溝通，溝通時的中斷是很頻繁的，而且他們幾乎沒有獨自處在平和及寧靜中的機會。但是，正如雪恩及魏克所指出的，那並不必然表示行政人員不在思考：它代表著他們的思考是與他們工作上的行動密切地結合在一起的。

　　但是，難道他們的思考只是隨機的嗎？也許適合於與他們交談的最後一個人，或是所出現的最後一個危機嗎？可能不是。組織文化是一個強而有力的環境，它反映了過去的經驗，加以總結，並萃取精華成爲單純的東西，以有助於解釋組織中極爲複雜的世界。在這個意義上，這個組織——學校、大學——可能被理解爲一個思想主體，[35]這個思想主體在某一個時期內已經逐漸發展，並且指導行政人員瞭解發生什麼事，以及如何去應付它。這個思想主體包括一連串高度複雜的巧思、矛盾、和相互競爭的眞理：它反映了行政人員世界的複雜性和巧妙的平衡。透過諸如強加決定模式之類的單純化過程來減少這種複雜性，這種努力可能不是十分可行的。因此，就此而言，組織的文化代表了重大的思考優先於行動，而且在行政人員作決定的行爲中是內在的。

　　因此，組織文化形成與塑造思想的角色和力量，以及在組織中作決定的人們，無論如何並非一個新概念。然而，只在最近幾年，它才引起組織分析家與行政實務者的廣泛與認眞地注意，而成爲一種改善組織作決定的方法。

彌合理論與實際間的差距

對於試圖在作決定時，實行這些較新概念的行政人員來說，理論的與研究的文獻中提供什麼指導呢？一個回答是，在選擇某種行政方式運用於實務時，人們需要檢驗關於什麼是最有效的行政實務方法的假設。讓我們簡要地審視本書中所提出的一些重要觀點，如何在這個關頭上匯集在一起，也看看在行政作決定上，這些觀點引導我們往何處去。

行政學被定義爲與人們一起工作並藉由人們以達成組織的目標。長期以來，人們接受了行政的功能是計畫、組織、領導、協調、與控制。但是，貫穿本世紀一直令人費解的問題是，什麼是實現這些功能最有效的方法？正如我已描述的，有幾種相互衝突的研究行政措施的方法：古典的方法和人力資源方法在當今競爭的分析系統中，是主要的角逐者，人們用這些方法來解釋行政措施。除了有些行政人員在其專業工作中，選擇去追求一種無意識的、折衷的進程之外，行政人員必須在決定如何從事其專業工作時，從這些競爭的分析系統中作個選擇。行政人員所作的選擇，大多是繫於有關組織及組織中人員性質的假設。

實用的理論

按阿吉里斯（Chris Argyris）和雪恩的說法，形成人們專業實務基礎的假設構成了一種實用的理論。但我們並非總是實行我們所宣揚的東西：一個人在決定要作什麼時所實際運用的實務理論，並非總是明顯的、清晰的、與周延地論證。事實上，由已知的人類弱點看來，我們經常擁戴一種理論，但事實上卻按照另一

種也許是相互衝突的理論來做事。因此,我們經常見到行政人員用語言表現他們對於某些價值觀的承諾,因為這些價值觀支持教育組織中正在改進的工作生活的品質,但卻從事著被涉及的角色認為是與這種改進恰好相反的行動。因此,作為個體的我們——常常是開通的和有明確目的的——用行動表達了數十年來,在組織和形成組織理論特徵的人之間這種對立思想的衝突。

人力資源發展

在這兩種主要的衝突分析系統間競爭的歷史上,有一種型態存在。本世紀的歷史中,在教育組織分析上,古典(或科層體制的)方法已逐漸失去了可靠性,至少當學校和大學的組織問題一直在加深,甚至於當科層體制運用於解決問題的努力形成和增加時。同時,由於更複雜的研究被推向前進,人力資源研究方法的可靠性和有用性穩定的成長,而且那種型態似乎很可能持續到可預見的未來。這種型態在本書中已經討論過的大量研究文獻中是顯而易見的。稱為人力資源發展(HRD)。人力資源發展是以麥克葛里格(D. McGregor)、馬斯洛(A. Maslow)、赫茲柏格(F. Herzberg)、阿吉里斯(C. Argyris)、賴克特(R. Likert)、馬齊(J. March)、魏克(K. Weick)、和大內(W. Ouchi)等學者們彼此重疊理論與概念為基礎。

麥克葛里格描述了行政人員往往堅持的關於人及其對工作態度的兩種衝突的假設:X理論,相信人們是懶惰的,如果可能的話他們會逃避工作;而Y理論,相信人們追求責任並想進行滿意的工作。這些概念現在已被很多行政人員完全地瞭解。

馬斯洛的動機概念是以非常優先的需求層次為基礎,其中,已滿足的需求並不被認為是激勵人的,只有尚未滿足的需求能成

為激勵因素。

赫茲柏格的研究界定了「保持」因素，例如，補償和工作條件並不是激勵因素，但它們是使諸如工作本身的成就引起的滿足，和工作中的自主性等激勵因素有效的必要因素。

賴克特構思了四種管理方式（系統一～系統四），每一種都採用了不同的領導方式、動機、與衝突管理，就組織文化而論已經得到可預知的結果，就組織效能而論也有最終的成果。進一步來說，或許更加重要，賴克特指出行政人員──他有選擇自由，決定選擇何種管理哲學，如何進行溝通，以及如何在組織中作成決定──對於組織內文化的發展負有主要的責任。

伯倫姆與耶頓藉著表示行政人員是組織中，控制作決定的主要行動者，而這種控制是由行政人員選擇使用決定的方式來行使的看法，強烈支持賴克特的觀點。

阿吉里斯的研究，強調在組織目標與在組織中工作的人的人性需求之間，發展更大的和諧與一致性的必要性，而這需要用更多參與的方式來取代指導性的行政方式。

馬齊指出，含糊性與不確定性構成了組織中各種事物之自然狀態的特點，而非行政人員根據傳統在組織中設法尋找的可預測性與秩序的型態。因此，各種問題、解決方案、參與者、與作抉擇的機會川流不息地環繞著，偶爾也產生決定，儘管很少是以正規的理性決定模式、也就是那種按部就班的方式來作成。

魏克清楚地說明，學校教學活動的特徵就在於鬆散結合，而非古典理論所假定的，在組織中出現緊密的層級制的因果連結。這種鬆散的連結，不僅對管理方法的傳統假設表示質疑，而且也對於學校能夠如何管理，以減少學校中如此常見的僵化與無效能問題，開創新的願景。

大內和其它人──包括：迪爾（T. Deal）、康特爾（R. M.

Kanter）、薛恩（E. Schein）和梅耶（M. W. Meyer）──已經解釋了在組織中，有各種應用行政控制的方式。雖然傳統的科層體制的層級制度是一種方法，而且經常被認為是唯一的方法，但事實上，組織在其歷史中的各種文化規範，是行政人員對其他人運用影響力的一個特別有利的手段。他們進一步說明一些組織文化在實行人力資源發展的動機、領導、衝突管理、作決定、和變革等概念上，比其他組織文化更加有效。

關於組織的這些人力資源發展觀點，提供了形成行政實務基礎的一組假設，而明顯成為古典觀點的另類選擇。然而，對組織選擇採用古典科層體制觀點的那些人，仍繼續努力地前進，透過增加使用規則與嚴密監視以減少模糊性，透過更多的計畫、增強對目標的明確性，以及加緊層級的控制來爭取更大的邏輯性可預測性；而當代管理上最好的思想則強調開發參與者內在動機和能力，同時承認無秩序和缺少邏輯性經常是有效組織的普通特徵。整體而言，人力資源發展的假設構成一種作決定的理論，其中最重要的就是各種參與式的方法。最近，它日漸被稱為對他人的授權予能。

參與決定

作決定有許多部分是圍繞在參與解決問題與作決定的問題上。參與被界定為團體情境中，一個人心智和情緒的投入，在該情境中，鼓勵個人對團體目標有所貢獻，並分擔團體目標的責任。[36]

在這個意義上，參與是「心智和情緒的投入」；這是對於決定的「所有權」（ownership）（或「接受」buying into）的觀念。

它是真正的自我投入，而不僅僅是呈現與「透過一些動作」而已。這樣的投入是激勵參與者的動機，因此，也是其本身的活力、創造性、和主動精神的解放。這就是同意（consent）與參與的區別所在，同意是對某些議題表決或是批准議案的主要特徵。[37]這種自我的投入，這種「所有權」的意識，也鼓勵人們為組織的效能而接受更大的責任。在「接受」團體的目標和決定時，個人就把本身看成與注視這些目標和決定能順利地帶來好結果時，有著利害關係。接下來又刺激團隊工作的發展，成為有效組織的特徵。

參與決定的運用有兩個主要的潛在利益：1.作成較好的決定，以及2.提昇組織參與者的成長與發展（例如，更多地分享目標、經過改進的動機、溝通、團體過程技能的較佳發展）。在教育組織中，作為執行參與過程的實務上的指導，特別要牢記三個因素：1.需要明確的決策過程、2.等待解決問題或等待作決定的問題的性質，以及3.在這過程中包含人的規準。

參與決定及授權予能

參與決定需要權力與影響力從兩種來源的交互作用：行政人員的權力與影響力，以及組織中其他人的權力與影響力。在教育組織中，「其他人」一般是指教職員、學生、與（或）社區成員。當組織被概念化為傳統的科層體制時，強調由上而下、階層體系權力的運用，行政人員的權力通常被視為與其他人相互衝突。事實上，在這種觀點中，行政人員往往把培養權力、或可能時擴張權力，以及限制其他人的權力與影響力看成是重要的。另一方面，加入工會的老師把抗拒行政人員權力的擴張，以及擴大本身的權力看成是重要的。當參與者回應傳統的價值觀與信念

時，這些都是組織中建立與維持控制作決定的重要因素。

對組織與行政採取傳統觀點的行政人員，可能把組織中參與決定的管理看成是一種衝突管理的方法。在傳統的組織，其特徵在於老闆—員工的關係，那種關係現在我們往往看成與老舊的「工廠模式」一樣，也就是行政人員的權力與影響力支配決定的過程，其他成員幾乎沒有能力影響事情的方向。就像譚尼榜（Tannenbaum）與施密特（Schmidt）在圖8.2所描述的，這是行政人員決定作什麼，與對其他人溝通決定俾利實行的情境。但你將注意到，在可能行為的層面上，這只是一個開始，伴隨而來的是行政人員可能選擇承認其他人的權力，並在過程中運用影響力。這是學校中授權他人概念的基礎。

就像譚尼榜與施密特所看的，下一步也就是增加成員的自由度來影響可能發生的決定，當所作的決定宣佈將被執行時，行政人員會尋求成員認可與「接受」該項決定。這經常需要對成員「推銷」（selling）新的觀念。就如圖8.2所顯現的，行政人員具有其它選擇的範圍，在該範圍中，成員在過程中的角色可能被擴大，他們在決定的權力上有所增加。例如，參照該圖，我們可以看到可能的級數（progression）：

◇第一，在決定作成後，允許成員問問題。
◇接著，在與成員討論後、行政人員作最後決定之前，提供一個易於作可能改變的暫時性決定。
◇其次，呈現問題給成員，而且只有在與成員討論、獲得其觀點之後，才作決定。
◇最後，直到組織具有以高度協同與合作的方式，作出許多最重要決定的可能性等等。

傳統的組織，很明顯的是階層體系，決定如何作決定的過程

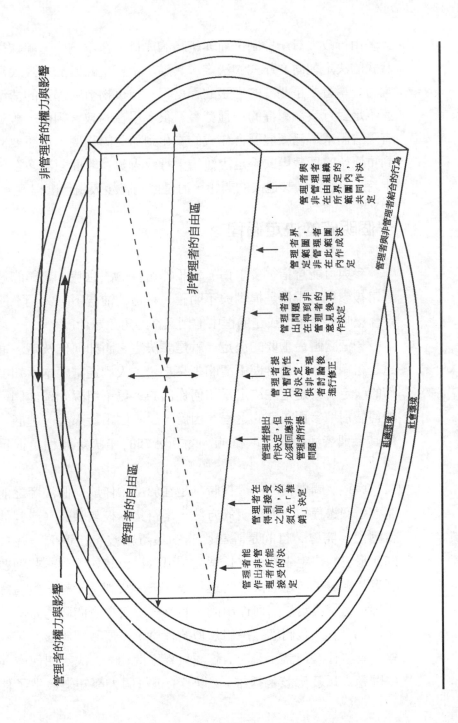

圖8.2 在可能行為的範圍內，領導的方式是明顯的。

引自譯尼梯與施密特，〈如何選擇一種領導等類型〉。載於《哈佛商業評論》，第51期（1973年5-6月），第167頁。

大多由行政人員所控制，而非組織的成員。在本例中，組織從獨裁式的決定朝向合作式的決定，其進步主要是歸因於行政人員把權力分享看成是雙贏的主張的程度，一種事物令人滿意的情況，而不是對行政領導權的一種威脅。很多現在的教育組織，雖然仍有階層體系，已經發展合作式的文化到如此的程度，而想要回復到更原始的獨裁模式將是困難的：行政人員並非面對許多在作決定時，是否涉入其他人的問題，而是他們將涉入到什麼程度。

一個明確的決定過程

參與可能意指很多事情。當不能適當地注意時，參與的過程經常被參與者視爲是模糊與不明確。在這種情況下，人們不能確定什麼時候參與，或在過程中他們適當的角色是什麼。

一個團體最重要的決定，就是要決定它將如何作決定。通常這是組織生活中最含糊不清的事實之一：人們通常根本不知道誰作的決定，或是這些決定是如何作出的，更不用說知道他們可能如何個別地參與決定的過程。因此，對一個組織來說，發展一套爲其參與者所接受、明確的、眾所皆知的作決定過程是很重要的。

與這個問題格鬥的最佳時刻是在於必須作成一個決定之前。開啓這個過程的一種說明的方法，是召集學校教職員（或其他工作團體）開會，目的是評論團體的最新績效。在選取一些具體的、最近的決定事件後，這個團體可以提出諸如下列一些問題來評定其經驗：作這個決定的過程是什麼？我們是不是一致同意我們知道這個決定是如何作出的？我們對解決這個問題的方法感覺如何？下一次我們應該採用類似的程序，或是我們應該作某些改變？有些什麼建議用來：1.確認與界定問題、2.決定如何處理這些問題（以及應該包括誰），以及3.讓每個人都知道發生了什麼

事？

　　這些簡單的步驟可以開始把注意力集中在界定和處理問題方法的重要性——集中於團體過程。爲能成功，它必須同時強調在團體中，發展一種支持公開溝通、強調揭示和解決團體成員差異性所需要的技能的組織氣氛。

　　讀者們想尋求更具體的建議和忠告，以發展組織中明確的決定過程，可能會發現參閱下列著作是有用的：

Bradford, Leland P., *Making Meetings Work: A Guide for Leaders and Group Members*. La Jolla, CA: University Associates, 1976.
這位大師指出——在其他許多事情之中——如何把情感冷漠與漠不關心轉成投入和關心，如何建設性地使用衝突，以及如何作成一項決定。

Doyle, Michel, and David Straus, *How to Make Meeting Work.* Chicago: Playboy Press, 1976.
明確的「自己動手作」手冊，指出如何應用參與決定的概念，使會議更有生產力。是成員發展的一本好書。

Dunsing, Richard J., *You and I Have Simply Got to Stop Meeting This Way*. New York: AMACOM, 1977.
強調需要根據對你的情境的具體需求作詳細分析，使你的方法適合會議的要求。

Likert, Rensis, and Jane Gibson Likert, "Integrative Goals and Consensus in Problem Solving," in *New Ways of Managing Conflict*. New York: McGraw-Hill Book Company, 1976.
精彩的短文清楚地討論共識的性質，及其對團體問題解決的重要

性。

Schindler-Rainman, Eva, and Ronald Lippitt, with Jack Cole, *Taking Your Meeting out of the Doldrums*. La Jolla, CA: University Associates, 1975.
為確保會議是有生產性和刺激性的，而提出了豐富詳盡的建議。

Schmuck, Richard A., "Developing Collaborative Decision-Making: The Importance of Trusting, Strong and Skillful Leaders," *Educational Technology*, 12, no. 10 (October 1972), 43-47.
這本期刊的全部論題是針對學校內的組織發展。

Schmuck, Richard A., Philip J. Runkel, Janet H. Arends, and Richard I. Arends, *The Second Handbook of Organizational Development in Schools*. Palo Alto, Ca: Mayfield Publishing Company, 1977.
（見第9章建議閱讀書目的註解）

Smith, Carole E., *Better Meetings: A Handbook for Trainers of Policy Councils and Other Decision-Making Groups*. Atlanta: Humanics Press, 1975.
為召集學校教職員和社區人士會議共同參與作決定的必讀書。

誰界定問題？

很多人可能主張，當一個人沈思於融入其他人於創造一個明確的團體決定過程時，必須面對一個更根本的問題─誰來決定問題？該問題需要合作解決或作決定。就如同已說過多次，作決定

時，最重要的項一步驟是界定問題。誰界定問題，事實上他就控制作決定的過程。

　　心中有如此認識，當你再看施密特與譚尼榜的模式時，你將會注意到，在團體參與的最低水準中，行政人員不只決定問題是什麼，而且也決定瞭解決的方式。然而，當一個人增加自由區，讓其他人能參與決定的過程──也就是當一個人增加團體的授權予能──一個核心的要素是誰來界定問題？在參與的最低水準，行政人員往往不只界定問題，也界定解決的方式。對其他人朝向更大的授權予能的趨勢是明顯的，由於行政人員往往在界定問題時，把解決問題的選擇權開放給其他人。在參與的最高水準中，行政人員與其他的參與者融入在一種更眞實的合作過程中，首先，在問題本身的定義上彼此同意，其次，共同決定如何處理問題。

突現的和離散的問題

　　參與決定之所以突出，主要是因爲它往往比能力高強的個人作出更高品質的決定。但是某些種類的問題最好由專家個人來解決，而另一些種類的問題最好由團體來解決。因此，爲了達到決定可能的最高品質，有必要分析情境。事實上，一個具有高度技巧團體的指標之一，乃是團體成員能夠進行這種分析，因此知道這個團體應該嘗試去解決什麼樣的問題，以及知道哪些問題應交給適合的專家來處理。

　　有些問題具有下列的特徵：1.問題的各要素相對說來是不模糊的、確定的，而且常常可以量化的；2.問題的各要素是比較容易區分的；3.解決這個問題的方法需要一種行動的邏輯順序，這種順序是一個人可能很容易實行的；和4.全部問題的界線是比較容易分辨的。這類問題可以稱之爲離散的（discrete）問題，而且

最好由一位專家個人就可以妥善的加以解決。

　　有些問題是非常不同的：1.問題的各要素相對說來是模糊的、不確定的，而且不容易量化的；2.問題的各要素都是動態地相互盤繞的，以致很難根據客觀的標準（事實上，求得測量值可能是困難的）把它們區分開來；3.問題的解決需要很多人持續地協調與互動；和4.問題的層面和本質在作決定時，不能被完全瞭解，但是在某個時期中，當解決問題的反覆過程致使這個問題顯露出來時，會取得更好的視野。解決這類問題的最高品質似乎是從一群人而來，這些人（a）位居最好的職位上，他們之中具有解決這個問題所必須的知識，和（b）在決定做完之後，他們會參與執行這個決定。

　　學區中一個典型的離散問題是處理學校用品。這個包含統一採購、庫存、與分發用品給學校的種種問題，相對來說是明確的，可以由一位專家安排成一個邏輯的順序。事實上，當與熟練的企業管理人員比較時── 跟企業管理人員對預算、契約法、採購程序、與變動不定的學校用品市場的精確知識來比── 一群學區行政人員試圖解決這個問題，以合理的價格到合適的地方及時得到合適的用品，很可能是盲人騎瞎馬的事情。同樣地，安排最經濟最有效的校車路線，通常是一個離散的問題。數學模型和電腦模擬的應用── 在大學區裡現在已經比較普遍，必須運用一些專家，這些專家具有掌握所有問題層面必備的技術技能和方法。

　　另一方面，公立教育中的政策論題經常是突現的問題。例如，執行能力本位教育（competency-based education）的問題，清楚地符合有關突現問題的描述。學區行政人員常常面臨的課題，是在「我們應該如何執行已經交給我們的這個決定？」的層面上，而非在「我們應該執行它嗎？」這樣的意義上。

　　正如每一位教育工作者所瞭解的，能力本位教育的概念涉及

到動態的相互關係中，學校事業的許多方面，而且，甚至是為了瞭解這個問題，這個系統中許多人的專門化知識必然以高度協調的方式對準這個問題。因此，一個從事這項努力的決定，將要求許多人投入這項計畫、持續地密切合作、和溝通的自由流動，並承認當這個問題的範圍和含意改變的明顯的時候，成功將取決於一種反覆作決定的過程。

在日常的行政實務中，遇到的問題很多都是突現的，就像這個問題一樣。事實上，當教育變得更複雜的時候，許多問題藉由專家把解決問題的辦法傳達給其他人去執行，這樣的情況似乎越來越少了。合適的解決方法，需要在許多集合和分享資料的個人中，進行自由公開的溝通。在發展一種有資料根據的判斷，以判定若干可行的辦法中，何者可能是最好的過程中，密切的合作是衡量和評估資料所必要的。為了保持合作——合作是作決定反覆過程的基礎——對執行解決方案的全力投入是必要的。

誰應該參與？

有關參與決定，一個通常犯的錯誤假設是試圖在每一個決定中讓每個人都參與。顯然，這既不是實際的，也不是令人滿意的。布里奇斯（Edwin Bridges）提出兩項確認各種決定的法則，根據這樣的法則，教師的參與是適合的：

1.相關性（relevance）的檢定。「當教師在這項決定中的個人利害關係高的時候」，布里奇斯說，「它們對參與的興趣也應該是高的。」[38]明顯符合這項檢定的問題，關切教學方法、教材、學科、課程、與教學的準備工作。

2.專門知識（expertise）的檢定。對教師來說，與這項決定有利害關係是不夠的；如果他或她的參與是重要的，那麼教師就

必須要有能力作出有效的貢獻。例如，在處理體育系的計畫課表時，英語教師根據所學和經驗，可能幾乎或根本幫不上忙。

我再補充一點，有重要的第三個檢定標準，以決定哪些問題是應該向教師諮詢的：

3.權限（jurisdiction）的檢定。學校是在層級制的基礎上組織起來的；個別的學校和教職員只有對於那些指定給他們的決定領域有裁判權，不是經過設計便是遺漏。問題可能與教師相關聯，教師也可能有必要的專門知識，但是——是對是錯——他們可能沒有裁判權。在參與作這個團體無法執行的那些決定時，所導致的挫折至少像單純地不參與一樣的大。

個人參與的意願

另一項實際的考慮是，他們個人本身是否希望參與作一項決定。時間的要求與個人的興趣，不可避免地要求組織中的每一個人，建立（雖然或許是不明確的）自己的時間和精力的某些優先項目。巴納德（C. Barnard）指出，某些人對某些事情非常沒有興趣：巴氏把這樣的情況說成是落入個人的冷漠區（Zone of Indifference）。[39]當然，試圖讓教師積極參與他們實際上不關心的事，當然會招致各種形式的抵抗。例如，校長們通常或在一個有限的基礎上（例如，只限於參與表達看法與意見），或是在低層次的問題上（把重要的決定留給他們自己）尋求教師的參與。難怪教師們經常對這種參與漠不關心。

在有些作決定的領域中，教師在一段長久的時間裡，具有極大的個人興趣：事實上，這個區域可稱之為敏感區（Zone of

Sensitivity）。[40] 這些問題代表「個人的利害關係」，可能包括諸如教學工作分配與專業績效評量等等。當處理屬於教職員敏感區的問題時，當然要以作決定的團體—過程的方式，進行高度的參與。校長利用這種參與時，會提高他或她的權威。

第三類的問題是教師們在某些事情上有利害關係，但不足以使他們以個人的身份給予特別的關心。這些屬於矛盾心理區（Zone of Ambivalence）。[41]例如，對在職的每一個人來說，可能難以關心準備一個專業會議日的議程，或排定會議程序表。因此，為了避免教師們不必要的消極情緒，因為他們感到已經承受著行政人員不必要的官僚式要求的過重負擔，由於有這類問題，所以教師的參與必須有所選擇。為了有效，這種參與應該是有限制的（例如，有一個小的代表團體處理這個問題，或者當問題的處理作成決定時，必定要讓每個人瞭解情況。）

雖然無疑地有好幾群論題存在，教師們對此可能是敏感的、有矛盾心理的、或是漠不關心的，但不可能單純地採取這些推論：某些評定應該是每一個情境診斷的一部分。當團體較小時，有可能經由討論來作這件事。在處理更大團體時，使用紙筆調查表作為診斷工具可能是有用的。歐文斯（Robert G. Owens）和劉易斯（Edward Lewis）在一所大規模的高級中學所用的一種上述的方法，顯示出在某些論題參與上的興趣，可能是與教師的某些特性有關。例如，在同一所學校任教的有經驗教師與無經驗教師，對於參與處理具體課題上的觀點可能是不一樣的。[42]因此，歐文斯和劉易斯指出，試用教師在學習諸如學校的政策和規章、他們將要教的課程，以及視導評鑑他們工作的一些程序上，具有更大的興趣。資深教師更關心維持學校的傳統，以及有關他們參與學校主要決定的論題。

團隊行政

當最近許多注意力置於校內的合作行為時，學區的行政也已被視為是重要的，它通常被稱為團隊行政。團隊行政的概念界定是指參與決定。鄧肯（Robert Duncan）簡明的敘述：「團隊行政是單純地指——在事實之前——在目標設定、作決定、與問題解決過程中，所有行政層級的真正參與。」[43]同樣地，一個州的校長聯誼會指出：

> 取代由教育局長作出、並透過各層級下達到最後執行層級的那種單方面的決定，這種新形式需要團隊的方法來作決定，為所有行政和視導人員提供一種機會…以對這個過程有所貢獻…作為校長參與的某種回報，教育局長必須願意表示他對團體過程的信任；他必須使各種個人參與，以使他們感到是所作決定的一部分…他必須瞭解如果校長把自己看成是一個行政團隊的成員的話，這種類型的參與是絕對必要的。[44]

麥克涅里（Harold McNally）得出結論說：「行政團隊是由教育董事會和教育局長正式組成的團體，包括中央辦公室和中間層級的行政－視導人員，明確地說明對參與學校系統的決定，負有責任和權威。」[45]

行政團隊用於參與決定的技術是相當多樣的，通常有五種方法。從最少參與到最大參與，它們是：[46]

1.討論。也許是最簡單層次的參與，對某個問題的討論被廣泛地使用，以確定團隊的成員們瞭解這個問題，而且必須作出有

關這個問題的決定。當參與限於討論時，由行政人員作決定，但行政人員希望其他成員接受這個決定，會比在討論之前，就把這個決定傳達給成員們的情況下更容易些。

2.尋求資料。這種參與的技術不只是討論；也包括行政人員獲得資料，以幫助作出更理性、更有邏輯的決定。

這些參與的方式，對屬於參與者冷漠區的決定來說是最有用的；這些所涉及的決定對他們來說，大概不會是有重大利益的問題，而每一個實際的決定都是由行政人員作成的。在這些層級上涉及其他人的根本目的是：1.幫助行政人員作較佳的決定，和2.在作決定時，提高該決定被團體接受的可能性。為了決定這些成員冷漠區以外的問題——以及為了讓成員積極地參與——將採用其他形式的參與：

3.民主的—集權者（democratic-centralist）。這種方法無疑是最普遍使用的程序，包括行政人員向團體成員提出問題，並尋求建議、反應和想法。行政人員將會作決定，但他們也將試圖在決定中，反映出團體成員的參與。

4.議會辯論家（parliamentarian）。當團隊的成員實際上作一項決定，但該決定看來似乎並非全無異議或獲得共識時，常常使用會議辯論家的方法。其主要優點是明確地提供少數人的意見、觀念和價值的衝突，以及當爭論、事實和價值觀改變時，及時轉變立場。其顯著缺點是造成了勝利者與失敗者。

5.參與者—決定（participant-determining）。這種程序的基本特徵是團體必須要達成共識。這種方法將在以下情況中應用：當問題被認為對團隊成員非常重要時，和當似乎很可能達成共識時。因為共識可以被看成是壓力，參與者—決定的方法可能不會

經常被使用。然而，當成功地使用它時，它是一種有力的作決定程序。

參與需要高度的技巧

在執行參與決定的方法上，持續存在、而被承認的問題之一，是有必要提供參與者團體過程技巧的訓練，該技巧在達成有效合作上有其必要。在作決定本身具有合作的意向是不夠的。此外，只有行政人員熟練參與的方法也不夠：必須使所有的參與者瞭解並知道如何有效地扮演他們的角色。

一般經常被假定每一位受過教育的成人，知道如何、並做好會議的參與。這種假定可能是一項錯誤，尤其是如果一個人在組織作決定的過程中，尋求發展合作的、協同的參與。而當決定的重要性增加，以及決定的結果對涉及的人們生活的影響逐漸擴大時，該項錯誤就變得更加嚴重。最好的情況下，教育組織中的參與決定，是使用合作的團體方法，然而，在學校以外，我們較大的社會通常強調競爭的團體方法。例如，每當有會議時，我們經常不假思索地認為作決定的最佳方式是投票，事實上，投票是一項高度競爭的過程，一些人因此成為勝利者，其他人則是失敗者。投票的方式在我們民主政治制度下，可能是非常適合的，但在組織的決定上，通常並不適合，因為在組織決定的目標上，既非求勝也非妥協，而是建立共識與授權予能，並非分辨輸贏，而是追求雙贏。

到現在，在大學有關培養教師及行政人員的課程上，實際上仍欠缺合作團隊技巧的教學與練習。因此，為能投入與發展教育上的參與決定，對作決定的團體而言，對於在職訓練及技術診斷的足夠支持是相當重要的，藉以幫助成員砥礪與精煉本身的技

巧，成爲有效的團體成員。建立信任、衝突管理、問題解決、與開放溝通，都是屬於重要技巧的領域，而合作團體的成員需要持續地支持。有一些訓練與技能的發展可以透過講述與研習完成，但第三者的協商是必要的─其中團體能在工作上的運作得到公平的回饋，並在過程中反應他們自己的經驗。

作決定的典範

在組織作決定中，混亂可能是一種非常眞實的危險。除非參與者瞭解組織正使用何種程序以作成決定，以及在這種程序中，他們自己的角色和功能將會是什麼，否則原屬於「民主的」或參與式作決定的優點將會無效。有人說學校決定過程中的模糊性多少是一個優點，但是爲這種可能的論點找到研究上的支持將是困難的。除了要知道人們如何參與作決定，也就是他們的角色和功能是什麼之外，他們還必須知道參與的恰當時機。

當組織朝向作成決定移動時，參與者瞭解決定過程中的規律性步驟也是很重要的。這些步驟可以用圖來表示，且在如此做的時候，要作某些關鍵性的選擇就比較容易掌握了。

一項擬作決定典範的輪廓可能與圖8.3相類似，該圖顯示在達成一項決定時，所包含的四個步驟：1.界定問題、2.確認可能的變通方案、3.預測每一種合理的變通方案所產生的影響，和4.選擇要遵循的變通方案。[47]在圖8.3中，這四個步驟是沿著時間的層面，藉由數字加以界定的。在實際上，個別的行政人員及其成員可能運用其它系列的步驟，或許加以不同的標記；這個建議的典範很容易適用於任何決定行爲的結果。沿著行爲的層面，對於誰將發揮每一種必要的決定功能，必須加以抉擇。途中的虛線表示

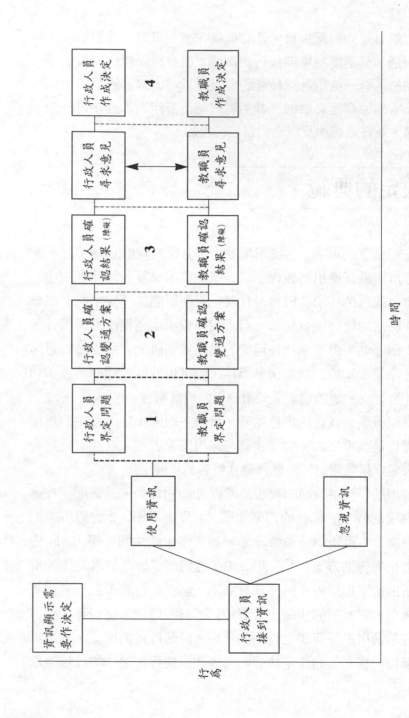

圖8.3 在學校中分享作決定的典範

行政人員可以決定的行動上的抉擇：使成員參與任何一個步驟或所有的步驟——或者實際上根本不讓成員參與。

　　換言之，當行政人員接獲（或者瞭解到）需要一項決定的訊息時，這種抉擇是明確的：該行政人員可以使用或者忽視這個訊息。如果決定者選擇根據訊息採取行動，那麼他或她在理論上，可以著手1.界定這個問題，或是2.把這個資訊傳給成員、並要他們來界定問題。從那時起，作決定的過程可以包含著決定者所期望的任何一種參與的組合。行政人員可以單獨處理這個過程的每一個層面，或是運用成員參與的任何一種形式。但是，我們必須記住，行政人員對參與的開始並無壟斷權。參與決定的概念必須所有成員都能利用各種途徑，來開創決定的過程。

結論

　　簡化組織的作決定，並使其更合乎理性的願望，已經產生許多的決定模式，每一種模式都尋求顯示組織生活的秩序與邏輯。然而，一個老生常談的困惑就在於，不是經常看到行政人員——甚至在經過訓練之後——在工作中使用這樣的模式，或者花較長的時間在反省性的思考上。近年來的研究得出如下的瞭解：1.教育組織和行政工作都遠比以往的看法要複雜得多；2.行政人員在作決定之前的思考方式，與學者和研究者有極大的不同。在組織的世界中，事件很少按純粹的順序產生，在某一時間發生一件事的情形則更少。而行政人員通常遇到混沌不清的情況，其中許多事情都同時展開，學校的各種目標與價值觀可能是相互衝突的，而真理可能有若干形式，然而，對決定的需要無可避免地，以一種緊繃的步調向前推進。

此外，許多組織的問題在必須作出決定的時刻，都不能被正確地瞭解。它們可能被描述爲突現的問題。這就是說這些問題往往是模糊不清、難以界定，而且解決這些問題所需要的資料分散在許多人身上。並且，經過一段時間、連續接近的過程，在處理突現問題上，導致診斷與解決上的反覆。

在這些模糊性與不確定性的情況下——這是教育組織先天的特性——教育上組織決定的趨勢，朝向授權教師與其他成員更完全參與重要決定的方向。這種趨勢不只是一種組織的反應，試圖安撫長期以來深感疏離，以及被階層組織中傳統由上而下作決定過程所壓迫的個人。該趨勢主要是試圖藉由引入主要人員更多的知識與經驗，以改善決定的品質，該人員是最接近學校核心事業的行動：教學。同時，透過參與決定的授權予能，往往更能符合個人的內在動機需求，與強化提昇組織文化品質的途徑，而這些是傳統決定方法所無法配合的。

從傳統的方法轉移到參與的方法，需要行政人員發展對權力的新的瞭解，以及行政智慧的新意義。傳統上，一般相信在組織中，只能得到如此多的權力，而聰明的領導者將會儲存與培養所有可能的權力。因此，授權教師與其他成員參與決定可能會被行政人員視爲失去權力，把權力讓給他人。另一方面，現代能授權的行政人員瞭解到，一個人藉由與他人分享權力而得到權力，因爲在合作的努力中，將會增加團體所得到的權力。

試圖與他人分享權力，並增加參與決定本身並不足以確保成功。如此的努力必須伴隨著對持續的技術訓練與協商的支持，以幫助所有的參與者、行政人員、與其他人精熟團體過程的技巧，而該技巧是爲能使授權予能成功所必要的。他們也必須伴隨著具體、眾所周知過程的發展，透過這樣的過程，一個人得以參與合作式的過程。

建議讀物

Bolman, Lee G., and Terrence E. Deal, "Applying the Human Resource Approach," in *Modern Approaches to Understanding and Managing Organizations*. San Francisco: Jossey-Bass, 1984.
描述人力資源發展（HRD）取向對決定的基礎，以及在實際上運用時的實際考慮。包括參與的方法、組織的民主、及組織發展的討論。

Cunningham, W. G., "Decision Making," in *Systematic Planning for Educational Change*, Palo Alto, CA: Mayfield Publishing Company, 1982.
根據傳統的邏輯線性模式，一個正式決定程序的較佳討論。具有描述決定樹分析的特色，在處理離散問題時非常有效。

Kanter, Rosabeth Moss, "Dilemmas of Participation," in *The Change Masters: Innovation and Entrepreneurship in the American Corporation*. New York: Simon & Schuster, 1983.
如同名稱所指出的，本章在探討行政人員所面對的問題與明顯的兩難，並尋求執行參與決定的方法，與處理這些問題的途徑。

Wynn, Richard, and Charles W. Guditus, *Team Management: Leadership by Consensus*, Columbus, OH: Charles E. Merrill Publishing Company, 1984.
對於在教育組織中，需要執行參與管理詳細的、實際的指引之讀者而言，是一項極佳的資源。

註釋

1. Herbert A. Simon, *Administrative Behavior* (New York: Macmillan, 1950), p. 1.
2. Daniel E. Griffiths, *Administrative Theory* (New York: Appleton-Century-Crofts, 1959), p. 89
3. Donald A. Schon, *The Reflective Practitioner: How Professionals Think in Action* (New York: Basic Books), p. 237.
4. Ibid., p. 39.
5. Ibid.
6. Herbert A. Simon, *The New Science of Management Decision* (New York: Harper & Row, 1960), p. 2.
7. Peter F. Drucker, *Management: Tasks, Responsibilities, and Practices* (New York: Harper & Row, 1974). pp. 19-20.
8. James G. March and Herbert A. Simon, *Organizations* (New York: John Wiley & Sons, 1958).
9. *Deciding How to Decide: Decision Making in Schools.* Project Leadership Presenter's Guide prepared by the Research-Based Training for School Administrators Project (Eugene: Center for Educational Policy and Management, College of Education, University of Oregon, 1983).
10. Drucker, *Management*, pp. 264-65.
11. Victor H. Vroom and Philip W. Yetton, *Leadership and Decisionmaking* (Pittsburgh: University of Pittsburgh Press, 1973).
12. Henry Mintzberg, Duru Raisinghani, and Andre Theoret, "The

Structure of 'Unstructured' Decision Processes." *Administrative Science Quarterly*, 21 (June 1976), 246-75.

13. James G. March, "Footnotes to Organizational Change," *Administrative Science Quarterly*, 26 (December 1981), 563-77.

14. Paul C. Nutt, "Types of Organizational Decision Processes," *Administrative Science Quarterly*, 29 (September 1984), 446.

15. National Association of Secondary School Principals, *The Senior High School Principalship* (Reston, VA: National Association of Secondary School Principals, 1978)

16. Henry Mintzberg, *The Nature of Managerial Work* (New York: Harper & Row, 1973).

17. These five points are summarized from Mintzberg, *The Nature of Managerial Work*, pp. 28-48.

18. Ibid., p. 30.

19. Ibid.

20. For example see Van Cleve Morris, Robert L. Crowson, Emanuel Hurwitz, Jr., and Cynthia Porter-Gehrie, *The Urban Principal: Discretionary Decision-Making in a Large Educational Organization* (unpublished manuscript, University of Illinois at Chicago, 1981). This study was elaborated into a book by the same authors entitled *Principals in Action: The Reality of Managing Schools* (Columbus, OH: Charles E. Merrill Publishing Company, 1984). Also see Nancy J. Pitner, "Descriptive Study of the Everyday Activities of Suburban School Superintendents: The Management of Information" (unpublished doctoral dissertation, The Ohio State University, 1978).

21.Mintzberg, *The Nature of Managerial Work*; Sune Carlson, *Excutive Behavior: A study of the Work Load and the Working Methods of Managing Directors* (Stockholm: Strombergs, 1951); Pitner, "Descriptive Study of the Everyday Activities of Suburban School Superintendents"; William H. Whyte, Jr., "How Hard Do Executives Work?" *Fortune* (January 1948), 108-11.

22.Karl E. Weick, "Managerial Thought in the Context of Action," in *The Executive Mind*, ed. Suresh Srivastva (San Francisco: Jossey-Bass, 1983), p.222.

23.Ibid., pp. 222-23.

24.Ibid., p. 222. Emphasis in the original.

25.Ibid., pp. 226-27.

26.Ibid., p.236.

27.Schon, *The Reflective Practitioner*, pp. 240-41.

28. T. R. Blackburn, "Sensuous-Intellectual Complementarity in Science," *Science*, 172 (1971), 1003-1007.

29.Louis R. Pondy, "Union of Rationality and Intuition in Management Action," in *The Executive Mind*, ed. Suresh Srivasva (San Francisco: Jossey-Bass, 1983).

30.Edgar H. Schein, "Organizational Socialization and the Profession of Management," *Industrial Management Review*, 9 (1968), 115; John Van Manaan, "Breaking In: Socialization to Work," In *Handbok of Work, Organization and Society*, ed. Robert Dubin (Chicago: Rand McNally & Company, 1976); R. R. Ritti and G. R. Funkhouser, *The Ropes to Skip and the Ropes to Know* (Columbus, OH: Grid, 1982).

31.Edgar H. Schein, *Organizational Culture and Leadership* (San

Francisco: Jossey-Bass, 1985), p. 6.

32. Weick, "Managerial Thought."

33. Sehein, *Organizational Culture*, p. 7.

34. Terrence E. Deal, "Cultural Change: Opportunity, Silent Killer or Metamorphosis?" in *Gaining Control of the Corporate Culture*, eds. Ralph H. Kilmann, Mary J. Saxton, Roy Serpa and Associates (San Francisco: Jossey-Bass, 1985).

35. Karl E. Weick, "Cognitive Processes in Organizations," in *Research in Organizational Behavir*, Vol. 1, ed. Barry M. Staw (Greenwich, CT: JAI Press, 1979), pp. 41-74.

36. Kenneth Davis, *Human Behavior at Work: Human Relations and Organizational Behavior*, 4th ed. (New York: McGraw-Hill Book Company, 1972), p. 136.

37. Mary Parker Follett, "The Psychology of Consent and Participation," in *Dynamic Administration: The Collected Papers of Mary Parker Follett*, ed. Henry C. Metcalf and Lyndall Urwick (New York: Harper & Row, Publishers, 1941), pp. 210-12.

38. Edwin M. Bridges, "A Model for Shared Decision Making in the School Principalship," *Educational Administration Quarterly*, 3, no. 1(Winter 1967), 52.

39. Chester I. Barnard, *The Functions of the Executive* (Cambridge, MA: Harvard University Press, 1938).

40. Robert G. Owens and Edward Lewis, "Managing Participation in Organizational Decisions," *Group and Organization Studies*, 1 (1976), 56-66.

41. Ibid.

42.Ibid.

43.Robert Duncan, "Public Law 217 and the Administrative Team," *Indiana School Boards Association Journal*, 20 (1974), 10.

44.Ohio Department of Elementary School Principals, *The Administrative Team*, (1971), 2-3.

45.Harold J. McNally, "A Matter of Trust," *National Elementary Principal*, 53 no. 1 (November-December 1973), 23.

46.The five types of participation discussed here are from Edwin M. Bridges, "A Model for Shared Decision Making in the School Principalship," *Educational Administration Quarterly*, 3, no. 1 (Winter 1967), 52-59.

47.Ibid., p.53.

組織變革

本章簡介

　　計畫、控制、與引導社會變遷，是二十世紀所出現的主要概念之一。今天，全世界的人們普遍相信，社會不一定只限於當變遷中的價值觀與事件顯露出來時，才做出適合的反應，而是能夠有意識地引導變遷的力量，去適應預定的目標與社會的價值觀。一個相關的與同樣重要的趨勢──它激勵了社會變遷能夠成功地計畫和管理這一觀念──那就是強調一種逐一壯大的信念，也就是如果要實現我們每個人的長期目標，那麼在個人生活中有計畫的和控制的變革，就不僅是可能的，而且是必要的。

　　這個社會變遷的動態概念，是由兩個主要來源的理論與價值觀所刺激與形成：一個是馬克斯的政治和社會理論；另一個是主要在美國發展的、以經驗為基礎的社會科學。這種新興的概念對於教育機構和組織的影響一直是很特別的，因為它意味著要創造一個理想社會的歷程，需要創造一個和諧的教育制度。雖然對於教育制度的力量創造社會有某種爭議，但是有計畫的社會變遷是由和諧的教育制度來支持的，對此則爭議較少。

　　在本世紀初，普遍的看法強調社會變遷來自於世界上經濟和科技的轉變。然而，自本世紀中葉以來，在變遷過程中，對於動態的社會與文化價值觀的中心地位，給予越來越多的注意。例如，在二十世紀後半葉，教育顯然已被視為所有社會中，平等和公正的關鍵。就此而言，教育被推向政治世界的中心位置，因為有關什麼是公正、與何種社會價值觀是重要的決定，顯然是一個政治議題，而不僅僅是一個技術的、教育的問題。為能使教育制度反映出政治團體的意志，教育組織的變革，便不能僅由教育政策制訂者加以計畫和管理：規章的訂定必須能使所有相關社會團

體和諧的參與。

　　但是教育組織不僅被期望成為社會變遷的工具；當教育組織被期望為年輕一代應付不斷變化的世界做好準備時，教育組織也同時被期望去保存、並將傳統的價值觀傳遞給社會的年輕一代。因此，學校和其他教育組織必須面對的，不僅是變革，而且是穩定性與變革的統整。此外，許多渴望在學校內引起變革的觀察者，已經一再指出，在學校中事物的改變越多，這些事物保持不變的也越多。但是，正如邁爾斯（Matthew Miles）提醒我們的：

> 學校組織的許多方面，及其居民的價值取向，是建立在歷史和制度…基因型屬性的基礎之上。對學校而言，這些都是重要的；在面對學校混沌不明的使命，和學校來自家長與其他人的外部壓力所產生的弱點時，它們有助於保持連續性和平衡。因此，當具體的學校措施上的劇烈變動更有可能時，則接近各種預設和結構的中心部分，要實現變革將是更難於達成，這種說法是可能的。[1]

學校改革與變遷

　　很明顯地，學校改革運動——開始於1983年，《國家在危機》之中一書的公布[2]——已經成為全國最大、最持久、最一致的努力，以改變美國歷史上，有關公立學校的假定與結構的核心。自從開始以來，「國家一直在找尋改革與重建公立學校的神奇途徑。我們曾經嘗試——目前仍持續嘗試中——所有煉金的萬能藥，我們希望能夠把教育上如鉛一般無生氣的學校，轉換成像金一般

的學校。」[3] 數年來，有關學校改革的對話，已經隨著全面改革學校的大聲呼籲——例如，為公元2000年，重建教育、重創學校、重設教育目標——而產生相當的影響力。然而，在1990年代，美國的學校教育改變甚少，薩拉森（Seymour Sarason）思考著在面對幾年來改革的努力時，學校外表上的不可駕馭性，薩拉森也預測教育改革的失敗，[4] 除非變革本身的策略與戰術能夠改變。

　　薩拉森分析的本質是指學校似乎很難駕馭，只因為所選擇實行改革努力的策略與戰術，在深具意義地改變學校假定與結構的核心上——也就是改變組織文化——大部分是無效的。正如同我先前在本書所討論過的，組織行為的核心是權力，尤其是有關於權力假定的權力：特別是權力是否假定為個人在階層體制上職位的權威所授予或否定，或是假定為組織中每種職位、與所有階層的人相互合作所產生。因此，根據薩拉森所言，假如我們想要在學校內帶來重大的變革，我們必須與形成校內人們的假定與信念的文化的權力、激勵的權力、用來試圖領導的權力、參與作重要決定的權力，以及在校內產生組織行為的權力達成協議。

　　有關改革運動的策略與戰術是什麼？這些策略與戰術在達成改革上，一般而言，並無多大進步。薩拉森——是自1971年以來，對學校與變革最敏銳的觀察者之一——認為，這是因為學校改革通常避免處理學校中的權力關係，薩拉森把學校中權力關係的處理視為教育變革的中心議題。

權力關係與學校重建

　　在字義上，學校改革是指給予學校新的形式，[5] 也就是根本上地改變學校。這個觀念通常被稱為重建（restructuring）。但問題是學校如何能被重建？關鍵在於改變學校內的權力關係。我們如

何來完成這樣的變遷呢？州議會與學校董事會通常藉由命令嘗試改變權力關係。例如，州議會可能規定——有許多州已經規定——州內的每個學區須在某一特定日期以前，開始實施學校本位管理；議員們可能會說，「我們已經作了重大的變革。我們已經改變本州每一個學區的權力關係。」或學校的董事會可能規定——就像在芝加哥所作的——每個學校要設立社區委員會，而董事會的成員可能認為，「現在我們已經在校內事物如何進行的決定上，給予社區較大的權力，這將會為兒童的教育帶來較大的改變。」很明顯地，那些使用法令上階層權力的人，可以藉由命令，試圖以改變校內的權力關係而強制學校改變。

另一方面，學校——就像其它組織——可以由內部加以改變。例如，薩拉森在第六章討論他所贊成的斯肯蘭計畫（Scanlon Plan），作為在變遷過程中，一種以涵蓋組織中的每個人，而自動改變權力關係的方式。要注意的是，斯肯蘭計畫大部分被用在複雜的工商業組織，薩拉森指出，斯肯蘭計畫對於我們在教育組織中，完成組織變遷的思考上，有兩項主要的貢獻：

◇它使組織成為一個整體，而非這個部分或那個部分。
◇教育的原理本質上很明顯地，是在尋求提昇個體個人的與職業的發展。「我用教育這個字」，薩拉森解釋說「因為教育的目的在於擴展個人知識的成長，以及投入於他們個人的成長。」[6]

總之，薩拉森指出，從外而內、由上而下地改變教育組織顯然是可能的，而從內而外、由下而下地改變教育組織也是可能的。假如我們期望學校假定與結構核心的改變，而非僅是組織的正式官方方面的改變，那麼問題是兩者之中，哪種方法是更加有效的呢？

教育改革的目的

　　例如，哪幾種變遷是教育改革尋求在學校裏產生的呢？我們尋求改變的內在假定是什麼？經由修辭學上的分析，薩拉森列舉了五種最一致的目的，這五種目的構成了假定的內在核心主要的改變，而這些假定是很難產生的：

◇減少不同社會階級與種族背景之間孩童教育成就的鴻溝。
◇使學生體驗學校教育是他們自動被吸引的過程，而非被學生視為狹隘與單調的強迫過程。
◇使學生獲得知識與技能，這些知識與技能不只是機械式地學習或抽象地記憶，而對每個學生而言，所得到的知識與技能是與現在與未來的學習相互關聯，並給予個人現在與未來的目的。
◇激發對人類過去與現在成就的興趣與好奇。使學生想要瞭解現在如何包含過去——也就是使學生想要瞭解這是一種擴大他們自己認同的方式：個人的、社會的，以及身為公民的。
◇使學生熟悉生涯選擇的範圍，以及在工作快速變遷的世界中，學校教育如何與這些生涯選擇產生關聯。[7]

　　如果這些至少包含教育改革目的的實質部分，那麼改革運動的策略與戰術是什麼，一般而言，這些策略與戰術在達成改革上，並沒有很大的進步。為能回答這個問題，我們轉而簡要討論對我們有效的組織變遷的策略與戰術。

美國教育變革的傳統

在歷史上，美國教育的變遷大多被認為是一種「自然傳播」（natural diffusion）的歷程。也就是說，新觀念和新措施，以某種流行的方式產生，並且是以無計畫方式從一所學校傳佈到另一所學校，從一個學區傳佈到另一個學區。其結果是學校的變革非常緩慢：在1950年代晚期，莫特（Paul Mort）指出，一個新發明的教育措施要得以廣泛傳播，並被全國的學校所接受，大約需要五十年的時間，而且一般的學校比當時實行得最好的學校大約落後二十五年左右。[8]

自然傳播歷程

莫特指出這種無計畫的傳播歷程有一種型式：

教育的變革進展非常緩慢。當某種新構想預定要傳佈到所有的學校時，通常要經過十五年，才得以在百分之三的學校系統發現到該項新構想…在新措施的傳播達到百分之三時，其傳播速率會加快。再過二十年，在一個中等規模的州地區，幾乎可以完全普及。種種跡象顯示，遍及全國的傳播速率，並不會太慢。[9]

幼稚園的傳入與傳播足以說明這一點。在1873年——即私立幼稚園從德國傳入美國將近二十年之後，聖路易市建立了第一所公立的幼稚園學校。到1950年代中期以前，幼稚園教育已經穩固地以理想的教育專業型態建立起來，而諸如由聯邦補助的起頭計畫（Head Start），為幼稚園教育的發展，提供了強而有力的刺

激。然而，遲至1967-1968學年度（即在聖路易市傳入幼稚園之後的94年），全國只有百分之四十六的學區爲其兒童提供幼稚園教育。[10]

許多年來，莫特被認爲是美國研究教育變革的第一流學者。他研究的主要課題是，足夠的財政支持是決定學校系統在採用革新作法方面顯得落後多少的關鍵因素。莫特是哥倫比亞大學師範學院的教師和研究人員，多年來，在學術界中甚爲活躍。他留下一座知識寶庫和眾多富有奉獻精神的學生，這些學生強烈地影響了學校行政人員思考有關促進學校變革和創新的因素。主要是由於這種影響，每一個學生的平均教育支出，長期以來被認爲是學校採行教育革新時機的最可信賴的預測指標。

一般認爲，關於教育上成本—素質關係的系統性基礎，是在1936年由莫特和康乃爾（Francis Cornell）對賓夕法尼亞州各學校的研究所建立的。[11]隨後出現了許多研究，探討教育支出與學校產出測量之間的關係，這些研究通常都支持一種不太令人驚訝的觀點，即高教育支出通常是與各種優越的學校產出的指標相提並論的。然而這項研究很早就指出了一個棘手的事實：對學區而言，雖有很高的學生平均成本，但仍可能有拙劣的學校。[12]自1938年以來，爲瞭解釋此一事實而進行了相當多的研究，其中有許多是在探討成本與素質關係的性質。莫特傾向於把這種關係視爲直線的（linear）：較多的金錢往往能確保較高的教育品質，而無收益遞減點（point of diminishing returns）。然而，自從1965年以後，對於某項可能性給予越來越多的關注，也就是教育上成本—素質的關係，事實上是成曲線的，而且有一個最適點，超過了這個點，多餘的教育支出並不會增加學校的產出。[13]

傳播的社會學觀點

雖然貧困的環境可能促使學校更致力於改善變革落後的說法是荒謬的，但是最近較多的研究強調社會結構對變革的量與進度的影響。例如，卡爾森（Richard O. Carlson）研究西維吉尼亞州一所學校採用新數學的進度和類型。[14]卡爾森指出。在該縣的社會結構中，學校教育局長的職位有可能在該學區內，就革新的量與進度進行合理的預測。當這位教育局長被其同事視為一位領導者，視為在其他教育局長中具有影響力，以及被視為能與許多教育局長溝通時，那麼他的學區往往能較早且徹底地進行革新。與現有關於成本——素質關係的多數研究相反，卡爾森並未發現革新與該學區財政支持水準間的對應關係。假如沒有其他因素的話，這樣的研究——而且卡爾森的研究只代表許多有關組織變革和創新的社會學研究中的一種——顯示，引用莫特的術語來說，經費的支出只是學校適應性的一種因素。在尚未明朗的限度內，它甚至可能不是主要的因素。

有計畫、有管理的傳播

支出經費的策略對學校變革的影響，可能更大於諸如按每位學生平均支出之傳統指數所能顯示的影響。在蘇聯史普尼克號人造衛星以後的年代裡，在公立學校中對變革形式作重大改變的一個較為壯觀和頗富盛名的努力，是1956年在麻省理工學院教授札赤賴爾斯（J. R. Zacharias）領導下，由「物理科學研究委員會」（PSSC）所進行的。[15]簡言之，物理科學研究委員會的小組想要改進美國高級中學物理科學的教學。重新訓練數以千計的教師，為所有大大小小的學區發展新課程，以及說服地方教育董事會購買全部所需要的教材和設備，用傳統的方法很可能費時五十年才

能完成。但是，在這個計畫開始後十年間，高級中學如果沒有開設PSSC課程，就被視爲是落後於時代潮流了。

這種不可思議地、快速地大規模採用新課程的活動，是根據一種包括三階段的策略來完成的：1.創設新課程。2.在高中科學教師中廣泛地與迅速地傳播新課程的知識。3.在地方學校中採用新課程。這項策略包含：運用許多新構想。除了儘可能地規避的地方學區之外，「物理科學研究委員會」小組還以各種新奇而有效的方式投資。首先，在兩年半之內花費四百五十萬美元，以聘用一個全時制的專業「小組」（team），在實際上發展並驗證了一套簡易而自足的課程「方案」（package）。這種「方案」包括：錄影下來的課程、教科書、教師指南、測驗，以及實驗室指南和儀器──一個完全統一的、統整的單元，它能圓滿地進入幾乎任何一所高中。其次，藉由參加研習，爲物理教師介紹新方法，使他們接受財務補助和津貼。每年爲了這個目的，全國大約辦理四十個研習。第三，提供和聯邦政府所提供的一樣多的基金（大部分透過國防教育法案），「物理科學研究委員會」小組勸說地方教育董事會爲他們的學校購置課程方案。

有計畫變革的三種策略

當代研究變革的方法中，是由致力於發展使我們能計畫、管理和控制變革的策略和手段所支配。在本書中，由琴（Robert Chin）提出的分類法可用來作爲討論的基礎。[16]正如我將要解釋的，琴所提出三種主要的「策略取向」（strategic orientations）在計畫和管理變革中是有用的：

1.經驗─理性的策略。
2.權力─強制的策略。

3.規範—再教育的策略。

經驗—理性的變革策略

　　無計畫傳播新觀念至學校的傳統歷程，已經被有計畫、有管理的傳播新觀念和新作法之策略快速取代。有很多研究已經致力於這些策略，這些研究把主要的注意力，集中在研究的發現與教育的實務之間更為密切的連結上。這種連結需要增進在研究者與實務者（研究的使用者與消費者）之間的溝通，使得它們之間傳統的、和輕蔑的隔閡，將由一種較有生產性的、合作性的（如果不是通力合作的話）關係來取代。

　　這種方法，把新知識的科學生產及其在日常活動中的應用，認為是教育中有計畫變革的關鍵，它被泛稱為知識的生產和應用（knowledge production and utilization, KPU）。有許多實施這種策略的模式已被提出和試驗，所有這些模式試圖發展成一種有秩序的歷程，使新知識從生產到它在實際的最終應用之間的各個相關步驟，具有清楚的次序性，其目的在於彌補理論與實務間的差距。要做到這一點，不只要描述這個歷程的功能和活動，而且必須指定某人（或某個機構）來執行這些功能和活動。

研究、發展、與傳播

　　實施變革的KPU概念的各種模式，以不同的名稱出現，視重要的步驟數目而定。例如，一種R和D模式認為某個人應該進行研究，而某個人應該從該項研究中，發展一些有用的產品。如同所有KPU模式，此處研究意指新知識的發明或發現，而不論它對當

前問題的適用性如何。在R和D的研究中，研究的品質和效度是最重要的，然而，這種模式承認，做研究的科學家並非總是把研究成果轉化為有用產品的人。

R和D的發展階段包括諸如解決設計問題、考慮在「真實世界」情況下的實用性，以及成本。發展基本上是指把研究轉化成實際使用的產品；其範圍從學校建築物到學生座位，從教科書到綜合性的課程內容，或從教學技巧到新型的美式足球頭盔。在自由企業的社會中，這一階段大多是營利公司的本分範圍，這些公司具有必要的財務資源和企業家的技能。

R、D和D的傳播（diffusion）階段被視為獨特的第三階段，它或多或少是R、D和D的「行銷」（marketing）活動。其目的在使新產品於合理的價位上，以吸引人的、和便於使用的形式，很快地被採用者獲得。

當然，最終目標是要把新觀念付諸使用。因此，有些人把採用（adoption）當作這個歷程的個別層面，甚至可能稱之為研究、發展、傳播和採用（R，D，D，A），以強調這一點。正如克拉克與顧巴（D. Clark & E. Guba）清楚地指出[17]，採用的過程並不單純。他們描述了一個三階段的歷程：1.試用（a trial），在試用期間，以某種有限的方式檢驗新產品；2.安置（installation），如果試用效果不錯，且結果一切順利，那麼這是一個精煉和適應地方狀況的歷程；3.制度化（institutionalization），係指該項革新成為這個系統不可或缺的一部分。制度化的測試就是去瞭解如果外在的支持和鼓勵被撤銷時，這項發明是否能繼續使用。（見圖9.1）

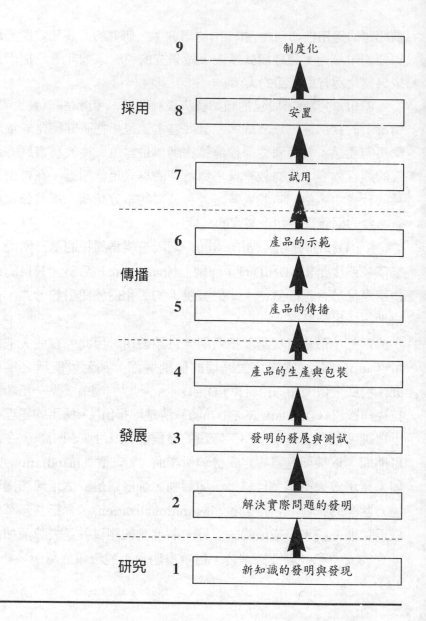

圖9.1 研究、發展、傳播和採用（R，D，D，A）的變革模式的概念

「農業模式」

美國有計畫的、有控制的改革農業的經驗，對於在教育上提倡各種KPU策略的人的思想所產生的影響，是很難過度強調的。鄉村社會學家很早就發現了這種歷程和連結，這種歷程與連結透過社會系統，促進嶄新與更良好的耕作方法得以迅速地傳佈開來。贈田大學（land grant university）網絡、農業試驗所、與普遍存在的縣級官員的發展，是推廣系統中幾個顯而易見的關鍵部分，這個推廣系統幫助農民在實務上，使用尚未證實的新知識，以增加生產並降低成本。當農業與公立學校就新知識與新技術被廣泛使用的速度做比較時，很快顯現出農業採用革新落後的時間，遠比學校少得多。因此，教育改革的KPU方式中，經常見到的模式確立與形式主義歷程的發展，很多都是在適合教育的範圍內，以複製「農業模式」（agricultural model）的努力為基礎的。

在1950年代後期開始，聯邦在這方面的活動大為增強，例如，1958年的「國防教育法案」（NDEA），促進了1960年代出現的革新課程「方案」的大量湧現。[18]1965年「初等和中等教育法案」（ESEA）第四條，為全國創立二十所地區教育實驗室，和十所「教育研究及發展中心」做了準備。在1960年代，「教育資源資訊中心」（ERIC）在聯邦支持下也產生了。這個由二十所資訊交流中心構成的全國性的工作網，以在教育上有用的形式，尋求促進研究與發展活動的快速溝通。1972年，專案成立了「國家教育研究院」（the National Institute of Education, NIE），其目的在促進可用來改進公立學校教育相關知識的研究、實驗、與傳播。1979年聯邦教育部的設立，得到許多人的強烈支持，這些人認為需要有這樣的機構，以便在教育的KPU方面，行使更大的命令、系統、與控制。因此，在二十五年中，國家在聯邦的領導之下，

朝著系統化奮力邁進，而且鼓舞了教育上有計畫的KPU，取代了過去傳統的、比較無計畫的、分散的、地方的和小規模的努力。

KPU變革方法的假設和含意

KPU的變革方法是以兩個重要的假設爲基礎：1.新知識（產品、技術）將被潛在的採用者視爲合乎需要的；2.採用者——是理性而合理的——將做合乎需要的事，因爲這是他們自己的自身利益。換言之，「這種信念是：好的觀念將被用來改進教育。」[19] 它作爲琴（Chin）已描述過的經驗——理性的變革策略的代表：就是說，新知識或新措施根據經驗證明是好的，因此，人們可以理性地期望它被採用。[20]這是一種完全適合西方科技文化的傳統與價值觀的策略。

爲了促進採用新觀念，必須以切實可行的方式傳遞給採用者。因此，當地醫生在診所裡開始給病人一種「新奇的藥」（wonder drug），而這種藥可以在簡便的容器中有效保存，使用說明書也允許以常見的器具很容易服用。漸漸地，學校被賦予比較完全的教學上的「傳遞系統」（delivery systems），這些系統設法爲教學提供綜合性的「課程方案」，這些「方案」必然也是建立在顯然是有效的概念之上，也是完全地滿足學校重大需要的。這些常常被稱爲革新（innovations），而且很注意學校在「安置」革新的種種困難。

「革新」一詞，在論述組織變革與穩定性的文獻中被誤用，因而已經嚴重貶損。有些人簡單地把它或多或少當作是「變革」的同義詞。例如，巴尼特（H. G. Barnett）提出：「革新是任何一種新思想、新行爲、或新事物，因爲其性質上是不同於現存的形式。」[21]但是當這種廣泛的推論被使用於組織變革時，並不能表達革新的本質。事實上，無法區分革新和組織變化

（organizational drift）：不可避免的、無計畫的、漸進的變革普遍存在於某一種文化的所有組織，這些組織的主要特徵就是變革。由於革新不斷地引入、試驗、使用和廢棄，在教育界中革新便帶有一種輕蔑的意味。

本書中，革新一詞用來指有計畫、新奇的、審慎的、明確的變革，這種變革試圖幫助這個組織：1.更有效地達成既定的目標，或2.實現新目標。概念的具體化是極其重要的：「教育上的革新…通常具有明確的、特定的、具體的特徵。」[22]因此，人們經常談到革新，乃是指在以下範圍內，能夠具體說明的某種事物：（a）概念、（b）一套操作程序，和（c）我們給予名稱的相關技術〔例如，磁性學校（magnet school）、變通教育（alternative education）、DISTAR閱讀計畫、個別地指導教學，和基本能力測驗〕。因此，並非所有的組織變革皆能被稱爲革新：事實上，正如我將加以簡單描述的，許多合乎需要的組織變革，不一定是此處所用的術語之字面上的革新意義。

然而，所要強調的重點是，諸如：KPU，R，D和D之類的經驗——理性變革策略，往往把焦點集中在革新上。有個概念是，良好的觀念是在校外發展的，而最後被安置在學校內。因此，對於傳播革新的問題，和在採用的學校中安置革新的問題給予很多關心。在安置的階段上，那些喜歡革新的人，將革新視爲根據經驗得到證明的，也將採用視爲理性；相反地，他們往往把學校階段上安置工作的阻礙當作是非理性的（如果不是無理性的話）。就這一點而言，經驗理性論者所關心的，不是廣義上的教育變革，而是促進採用過程的組織變革。

其它經驗—理性的策略

　　為了簡化這項討論，我已經把焦點集中在一種經驗—理性的策略上，也就是藉由建立傳播網絡和激勵應用研究，把基礎研究和實務連結起來。這象徵著涉及創立研究與發展中心，連結州教育廳與地區性教育實驗室，以及發展大學與學區的共同體（consortia）。其它經驗—理性變革策略包括：

人員選擇和替代

　　這項策略包括「清除無用的工作人員」（clearing out the dead-wood）（透過解雇、提前退休、改組、調動方式），以及改變檢定和聘用新人的標準。雖然1980年代，學校改革的許多擁護者倡導運用這種策略，但是許多行政人員面臨教師長期性短缺，而把這種策略認為是價值上有疑問的。

烏托邦的思考

　　未來學家為能改進對未來的預測，設法發展科學的技術。當然，他們的努力是建立在高度理性的前提上，也就是預測未來的技能有助於當前的決策。他們的經驗理性試圖思考未來可能存在的事物、可能的變通方案，以及應該能產生有計畫的努力的事物，以導引事件的過程，朝向某種合乎需要的目標，而不是接受任何可能發生的事物。

權力—強制的變革策略

　　權力—強制的變革方法在自願（或威脅）使用制裁（sanctions）以獲得採用者的順從方面，與經驗—理性的變革方法

有很大的不同。制裁通常是政治的、財政的或道德的。根據權力—強制的觀點，對於藉由行使權力以直接影響變革的能力來說，理性、推理、和人際關係都是次要的。

運用政治權力的一種方式，是獲得對政治機構的控制，這些政治機構制訂法律、發布行政命令，以及宣判司法決定。這些通常都伴隨著財政制裁，以提高其強制效力。在雜亂的立法、司法判決、政府的法令中——每一種都有對不順從的制裁——這種策略在美國的受歡迎是顯而易見的，它吸引了教育政策制訂者和學校行政人員的許多時間和注意。

琴（Robert Chin）和班尼（Kenneth Benne）將權力菁英的重構，描述爲帶來變革的另一項權力—強制的策略。[23]我們可以清楚地瞭解，我們的社會有一個權力結構，在該結構中，比較有限的團體具有影響變革的奇特權力，不論是促使事物發生，或是避免事物發生。不接受固定的與不可避免的既存權力結構，那麼改變權力結構是可能的。如果這樣做了——不論是權力移交給新手，或是比較公正地實行權力分配——就有可能達成新目標。

當然，少數民族以及婦女爲了在有關學校重要的決定團體——諸如：校董會、行政職位，和控制財政的委員會——中獲得代表性所作的努力，已經爲這一點作了很好的說明。其次，長期以來處於一種無權和依賴的地位上的教師聯合起來，爲改變他們與學校行政人員和董事會之間的權力關係，而引起變革的努力，也爲這一點作了說明。第三個說明是關心殘障教育的各團體的結合，已經產生一系列法律和司法判決，在教育決策某些重要領域內，劇烈地重整著權力結構。

第三種策略：組織的自我更新

經驗－理性與權力－強制的變革策略，二者具有兩種相同的假設：1.良好觀念的最佳發展是在這個組織之外；2.組織是外部變革力量的目標。這些策略隱含著這樣的觀念，即組織——當其完全自主而不加干涉時——一般強調穩定性重於強調變革，且通常都抗拒變革；因此，必須促使他們進行變革。無疑地，這兩種策略取向都是在特定的情況下才有效果。但是，在應付這些外部的變革力量上，藉由在某一期間內維持相當的穩定性，與擊敗強有力的經驗－理性與權力－強制的努力，教育組織無疑地已經顯現出相當大的彈性。1973年至1977年間，美國的蘭德公司（Rand Corporation）為美國教育總署所進行的研究，說明了這種挫折的性質和範圍。

聯邦支持教育變革計畫的蘭德研究

1975年在國家教育研究院（NIE）的一份出版品中，成功地表達了導致這項研究的關切，反映了國會當時普遍的心態：

> 過去十五年中，聯邦政府花費了十多億美元在研究與發展有關國家的教育問題，又花費數十億美元於對學校和學區的無條件援助。然而，問題依然難以處理，且重複的研究發現認為各種革新「並無顯著差異」，因此已經引起挫折，也就是有些人開始對學校進步的潛力感到失望。一種令人不安地熟悉的國家行為型態，正開始在教育上顯現出來。我們處在一個「能幹的」、「立竿見影的」社會。對一個問題的回答有一套計畫。如果這種計畫失敗，我們便嘗試另

一種計畫，而如果一整套的計畫失敗，我們便厭倦那個問題，而繼續前進到另一個更新的問題上。[24]

在瞭解上述情境的努力中，蘭德著手進行了一項由聯邦援助計畫的研究，該研究是在公立學校中，引進並且普及革新的經驗。它指出：「這些改革負責人的計畫，通常對學區提供暫時的聯邦援助作為『本錢』（seed money）。如果一項革新是成功的，那麼這個學區將會把這個使用其他資金來源的計畫的部分或全部加以吸收和推廣。」[25]（請回想本章前面關於革新的採用與制度化的討論，見圖9.1）

這項包含十八個州，對二百九十三個計畫進行一系列有關調查的研究，是由以下的聯邦計畫所贊助：

1.初等和中等教育法案（ESEA），第3條－革新計畫。
2.ESEA，第7條－雙語教學計畫。
3.職業教育法案，1968年修正案，D部分－示範性計畫。
4.閱讀權利計畫。

這項研究集中在兩個主要的論題：1.各種趨向於推動和不推動學校變革的策略和條件；和2.在聯邦「本錢」用完之後，推動或阻止革新制度化的（已被試驗和採用的）因素。[26]

雖然在此並不試圖總結這項龐大和複雜的研究，但是突出的研究成果是顯而易見的：即學區之間在採用和執行革新上，其成功程度的差異有很多解釋。1.並不是根據革新本身的性質，或是2.聯邦援助的金額，而很多是根據組織的特徵和地方學區與學校本身的管理加以解釋。例如：

在成功地執行革新的情況下，學區的特徵通常是…有一種

「問題解決」（problem-solving）的取向。也就是說，在得到聯邦的撥款之前，他們已經確定並經常開始解決這個問題了。相反地，執行革新的失敗是與「機會主義的」（opportunistic）取向相關聯的。這些學區完全是以恰巧可利用的資金來補足它們的預算。27

　　成功地執行革新計畫的學區，往往也顯示著其它的特徵：

◇它們往往拒絕毫無彈性的革新方案，這些革新方案不允許因應地方的條件。

◇它們非常強烈地參與發展自己當地的教材，而不是完全採用別處已經發展出的教材。

◇它們從事連續的計畫和再計畫，而不是只在計畫的開始進行「只有一次」（one-shot）的安排。

◇應計畫之需求、與應參與者所界定的範圍，這些學區持續進行人員的訓練，（而不是在一開始「只有一次的」訓練，或者由外來的「專家」所認定的訓練需求）。

◇給予計畫一貫的地方技術協助，而不是由外來的「專家」進行一兩天的訪問。

◇革新計畫得到學區和學校主要行政人員（例如，學區教育局長和校長）的強烈支持。

　　總之，這項研究強有力地支持了由應用行為科學家長期以來所持有的觀點：經驗—理性的和權力—強制的變革策略所瞄準的學校系統與學校的組織特徵，對於決定這些學校的效能及其變革能力是極重要的。

　　引用國家教育研究院（NIE）報告的話來說，生產力的增加基本上不是：

引入新的教學績效制度（accountability systems）、教導行
政人員改進採購方法、或利用優良技術加以解決的，而是
一個改進組織文化的問題（包括問題解決和作決定的結
構、變革的誘因、管理合作性計畫與實施的技能、相互支
持和溝通、相關訓練的機會等等。）[28]

　　這種地方學區和學校層次上的發展，被視爲是有效利用知識
的必要先決條件，不管這種知識如何產生、包裝、和傳播：

不論把知識和產品傳送給實務者的管道如何暢通，顯然，
這種產品的推廣是很慢的，也幾乎看不到成效，直到學校
和學區發展這種能力，致力於主動研究本身問題的解決方
案，使解決方案適應於它們各自的各種情境，且同樣重要
地，使它們本身的組織適應於經過選擇的解決方案的要
求。[29]

規範－再教育的策略

　　這些看法表達出由琴所提出的第三種主要的變革策略取向：
即規範－再教育（normative-reeducative）的策略。這種取向是以
對組織和組織中人們的瞭解爲基礎，它十分不同於經驗－理性的
或權力－強制的觀點通常所持有的取向，這些觀點本質上是古典
的或科層體制的，而且往往把組織視爲一個與人無關的創造物。
就此觀點而言，組織理論「處理人們對組織的反應，而不是在創
造中的組織中處理人們的活動。」[30]
　　另一方面，規範－再教育的變革策略主張，組織的互動影響
系統（態度、信念、和價值觀──換言之，就是文化）的規範，

可以透過組織中人們的合作行為，逐漸轉變成較有生產力的規範。哈爾品（A. Halpin）把這種現象描述成由一個封閉的氣氛轉變到一個比較開放的氣氛。根據史騰（G. Stern）的專門用語，這將會提高組織氣氛的發展壓力。賴克特（R. Likert）稱之為從系統一的管理型態移往系統四（見第5章）。

組織的健全

為能有效，在一段時間內組織必須完成三項基本的核心活動：

1.實現其目標。
2.內部自身的維持。
3.適應其環境。[31]

因此，這個組織必須是有效的、穩定的，還能夠作適當的變革。組織在完成這些事情的能力上是各不相同的；換言之，它們顯現出不同程度的組織健全（organizational health）。一個健全的組織「不僅能在其環境中生存，而且不斷地和適當地應付一段長期的歷程，並不斷發展和擴充其生存和應對的活動。雖然在某一天短期的運作上可能有效或無效，但是繼續生存、適當的應對與成長活動都會發生。」[32]

另一方面，不健全的組織總是無效的。它可能由一項「應急計畫」（crash program）在短期內有效地應付環境，而「應急計畫」是指一個集中的活動以應付一個特別有威脅性的情境，或其它「危機處理行政」（administration-by-crises）的方法。但最後這個不健全的組織，會變得越來越不能因應其環境。並不是增加其因應某一種情境的能力，而是這種能力會隨著時間而衰退，導

致變成機能障礙。

　　組織績效沒有單一的產出測量或時間標準，能夠提供對組織健全可靠的、精確的測量：一個主要的關切點就是這個組織因應變革和適應未來的持續能力。這種能力最好用時間的觀點來看待它。然而，組織的健全有一些比較具體的指標：

　　1.目標集中。這是指組織中的人們，對可達成和適當的組織目標瞭解與接受的程度。

　　2.溝通充分。這是指垂直的和平行的內部溝通，與環境的外部溝通，以及溝通的容易和便利（反之，相當數量的「噪音」和「曲解」，可能妨礙和擾亂溝通。）

　　3.最佳的權力均衡。這個層面的重要因素是合作對強制的問題。

　　4.人力資源利用。這是指有效使用人員，使他們—— 作為人——感到他們在工作中不斷成長與斷發展。

　　5.凝聚力。這是指參與者喜歡這個組織的程度，以及為了影響合作方式而想繼續留在組織內的程度。

　　6.士氣。這表現為幸福和滿足感。

　　7.革新精神。這是指設計新程序與新目標，去成長、發展，以及在某一期間內變得更具差異性的傾向。

　　8.自治。自治的組織不僅僅是「環境的工具」，被動地對外界刺激報以回應，而是在決定自己的行為時，往往與外界的要求調和一致。

　　9.適應。健全的組織應該能夠比環境更快地變革、矯正、與適應。

　　10.妥善地解決問題。這包括感覺和知覺問題、以及能以最小的代價永久解決問題的機制。[33]

組織的自我更新

組織在某一段時期會有衰退的傾向，變得無法維持，增加官僚式的僵化，以及試圖扶持傳統的經驗；當然，這是一種傳統的觀察結果。在一個以快速變遷為特徵的世界上，這類的組織往往被視為是不健全的，因為這些組織強調組織的維持而犧牲了持續適應性的需要，以符合其外部環境對變革的要求和期望。

1961年，賴克特首次詳盡地描述了組織的自我更新（organizational self-renewal）的概念。[34]他描述了管理組織的互動影響系統的方法，來激發創造性，促進組織中人們的成長，以及增進組織問題的解決。1969年，利比特（Gordon Lippitt）根據每個組織都有一個生命周期（出生期－青年期－成熟期），而其存在的每一階段都有不同的更新需求的觀點，詳細敘述了一種發展良好的探討更新過程的方法。[35]早在1967年，邁爾斯和萊克（Dale Lake）在教育發展合作計畫（the Cooperative Project for Educational Development）中，描述了這個概念在學校系統中的應用。[36]

組織的自我更新，主張不能把有效的變革強加給學校；而應該設法發展一種持續解決問題的內在能力。這種更新的過程包括逐漸增加的能力以：1.感覺和確定浮現中的問題；2.建立目標、目的與優先次序；3.提出有效的變通解決方案；4.執行一種挑選出來的變通方案。更新過程的結果是轉移學校文化，從強調傳統的慣例與官僚式的僵化，轉為積極支持另一種觀點的文化，該觀點認為在學校中擬訂計畫和實現變革所需要的知識，有很多是學校中的人員本身所擁有的。[37]此外，它承認，「最適宜的教育變革單位，乃是單一的學校，有其學生、教師、和校長——這些人每天都生活在其中——作為基本的參與者。」[38]

自我更新的學校具有三項基本的特性：第一，支持對變革的適應力與反應性的文化，這種文化支持開放的溝通，尤其是由下而上的溝通，並且把解決問題當作高度優先。第二，一套清晰的、明確的、眾所周知的程序，藉此參與者可以從事系統的、合作的解決問題的有秩序過程。第三，這樣的學校不是狹隘的機構，只依賴內部的力量、觀念、和資源來解決問題；相反地，這類學校知道何時和如何去尋求合適的觀念和資源，以用於解決自己的問題。[39]

組織發展

　　組織發展（OD）是學區和學校增加自我更新能力的主要過程。由於難以掌握這項複雜方法的全部本質以增進組織績效，因此一直以許多方式來為OD下定義。然而，在對美國和加拿大的學校作全面的研究之後，弗倫（M. Fullan）、邁爾斯（M. Miles）、與泰勒（Gib Taylor）在1978年提出了這個定義：

> 學區的組織發展，是在系統自我研究和改進上的一種前後一貫的、系統性計畫的、與持續的努力，明顯地集中於正式的和非正式的程序、歷程、規範或結構方面的變革，並且運用行為科學的概念。組織發展的目標包括個人的生活品質，以及提昇組織的功能與績效。[40]

　　在實務上，組織發展包括一群至少十個概念的過程特徵：

1. 組織發展的目標。
2. 系統的更新。
3. 一種系統的途徑。

4.以人為重點。

5.一種教育的策略。

6.從經驗中學習。

7.處理真實的問題。

8.一種有計畫的策略。

9.變革的負責人。

10.最高層行政的參與。

這十個組織發展的概念分別簡述如下：[41]

組織發展的目標

組織發展的主要目標是要提高組織本身的功能。要提高組織的生產力與效能，主要有賴於發展這個組織的能力，以作成關於本身事務較高品質的決定——決定影響其結構、其任務、其對技術的應用、其對人力資源的應用、及其目標。要達到這個目標的基本方法，是在組織內發展一種工作取向的文化，這種文化將在有關對人們、和對組織目標來說都重要的事情上，更有效地作決定，使這個組織的人們達到最大程度的參與。

雖然組織發展可能很成功地導致新方案或新課程的採用、組織的重建、或是對新目標的投入，但這些都不被認為是提高學校和學校系統效能的第一步。組織發展也沒有假定——就像某些人所推測的那樣——重大的組織變革，將起因於對增進個人或團體的親身或人際技巧的計畫之侷限性，不論這些計畫是否透過諮商、敏感性訓練、傳統教育、或其他任何方法。這可能不足以重大改變已建立的規範，這些規範形成了組織中與工作有關的行為：規則、期望、傳統、與習慣。

系統的更新

組織發展拒絕了一項觀念，那就是組織的衰退是不可避免的。從正面上來看，這種觀點是指組織能夠發展自我更新的特性、增加組織發展的能力、適應變遷，以及提昇達成目標的記錄。

系統自我更新的概念，並不是把組織看成無助地受到強加在組織上的緊急事件與變革，而是提昇倡導組織變革、加強對環境的影響能力，以及隨著時間，逐漸發展一種適應新狀況與解決新問題的能力。或許更重要的是它能逐漸發展一種目標感與方向感的能力。這是一種以逐漸增強的活力與富於想像的創造力爲特徵的激勵系統（energized system）。

自我更新的概念處在組織發展與組織改善之間差異的中心。其目標不僅僅是解決立即性的問題，以達到組織運作的一個新的「凍結」狀態。這個概念是把在一段持續的時間中，激發組織持續發展的條件、技能、歷程、與文化，維持在組織系統內。雖然，組織發展可能是由一個特別的事件——諸如創辦新學校或是面對社區的批評——引起的，但是這個事件的本身僅僅提供了行動的入口處。

如果組織發展的技術被用來發展對這個事件的回應，然後便中止了，而不是繼續和擴展，那麼這個計畫就根本不是組織發展，而是另一種零碎的變革努力，就像公立學校的特徵那樣。實行危機管理的概念被如此牢固地植入美國教育行政之中，以致於發展中的有計畫的、有系統的、持續不斷的方法，很可能已經成爲學校中執行變革的中心問題。

一種系統的途徑

組織發展是以組織是一個複雜的社會技術系統的概念爲基礎。當然，對組織的這種觀點強調組織系統的整體性，以及其構

成的各子系統：即人、結構、技術和任務之間動態的相互關係。

　　例如，學校是一個社會技術系統。當然它包括各子系統——科系、年級、非正式團體、團隊，和工作團體——這些子系統都維持在動態相互關係的穩定狀態中。學校也是更大系統的子系統——例如，在其中發揮功能的學區與社區。

　　正如我們已經敘述過的，對於那些關心執行組織變革的人而言，這種看法具有重要的含意；這些含意被轉化成下列重要的假設：

1.為了完成具有長期持續力的變革，人們必須改變整個系統，而不僅僅是其中的某些部分或子系統。

2.而且，因為各構成的子系統之間動態的相互關係與相互依賴，所以在某子系統上任何重大的變革，將會在其他的子系統上產生各種補償性或報復性的變革。

3.事件很少因孤立或由單一因而產生。組織的系統概念強調把事件當作相互關聯的力量、議題、問題、原因、現象、和需求的表現來處理的重要性。組織的世界被認為是複雜的系統，而把單一的因果關係歸於現象，或者，把事件當作孤立的意外事故來處理，都會妨礙我們對它們完全的理解。

4.組織系統並非由牆壁或隔膜加以界定，而是藉由既存的人類行為方式。這些方式不是靜態的，而是維持在持續的動態平衡中——正如勒溫的力場（force-field）分析概念所說明的。因此，行政人員所需要的關鍵性資料，是來自於對某一特定時刻特殊力場的分析，而不是來自於對過去或其他組織的概括性歷史資料的分析。

以人爲重點

組織發展主要關心的是組織中人的社會系統，而非任務、技術、或結構的層面。明確地說，重點集中在組織文化，這種組織文化的特點在於影響行爲的各種信念所構成的氣氛——諸如上下層級相互對待的方式、工作團體彼此間往來的方式，以及組織中的成員在確定組織的問題與尋求解決這些問題的辦法時所涉及的程度。態度、價值觀、情感、與溝通的公開，都是組織發展所特別關心的事。它關係到人們思考的內容、人們的溝通是如何地公開、人們如何處理衝突，以及在工作中他們的參與程度等問題，因爲這些人們所關心的事，有助於確定有多少工作要做，以及做得如何。那些學會把自己的想法藏於內心的人，在提出新觀點、或發出疑惑、或批判時謹言愼行，他們對於診斷組織問題並尋求解決辦法的組織能力幾乎是毫無貢獻的。很多學校的文化助長了這種行爲——把決定留待高層去作，而對因爲提出問題而「引起糾紛」的低層參與者則皺眉表示不悅。

通常，學校的文化審愼地建構組織行爲，以使得在重要的決定中，把開放、自由、和活潑的參與減少到最低程度——親眼目睹典型的教職員會議議程充斥著瑣事，或者教育局長在教職員前露面流於形式，盡是陳腔濫調。具有這種特徵的組織往往是比較沒有彈性的，對變革反映遲緩，而且在快速變遷的環境中採取防衛。

就組織發展的觀點而言，一個試圖提高其效能的組織所能利用的最大資源之一，就是它自己的成員。藉著鼓勵成員成爲投入的、熱心的參與者，而不是使他們具有無力感，而且被看不見的神秘力量所操縱，這個組織就能夠從它的成員中獲得不斷增強的力量、活力、與創造力。

一種教育的策略

　　組織發展試圖藉由教育，以各種重要的方式來改變組織中人們的行為，以激勵組織的自我更新。然而，就此而言，教育已經與傳統的在職教育概念幾乎沒有什麼關係，傳統的在職教育概念通常1.主要關心認知知識的獲得，和2.發生在一個典型的教室環境，強調學習者是一個依賴的知識接受者。

　　組織發展的教育策略和歷程，主要是集中在形成組織氣氛和組織文化的重要因素：動態的組織變項所構成的複雜網，深深地影響到人們對他們在組織中所扮演角色的感覺、他們對同事所發展出來的態度與期望，以及組織中個人和團體之間關係的品質。傳統上，這種種問題——涉入衝突、溝通障礙、懷疑與恐懼，以及組織效能上的問題——在組織中一直是謹慎迴避的：它們太「棘手」、太敏感以致不能妥善地處置。組織發展設法尋找的方法，不僅要面對上述的問題，這些問題是組織運作的核心，而且也要增加參與者的能力，以有生產性的方式來解決這些問題。因為係透過研究與學習的策略以改變組織的規範，因此，這是一種規範一再教育的策略。

從經驗中學習

　　「邊做邊學」（learning by doing）的概念應用到組織生活，是組織發展中學習的基礎。教育上的技巧十分強調透過兩步驟的，以經驗為基礎的歷程，培養組織行為方面的知識和技能。在這個歷程中，與工作有關的人們所構成的團體1.分享一種共同的經驗，然後2.也檢視該經驗，看看能從中學到什麼。

　　這可藉由在實驗室的訓練，受到相當控制的條件下來完成，例如，訓練團體（T-group）。它也可能是一種對現實生活經驗的研究，這種經驗是團體成員在組織中實際上相互分享的。但學習的基礎是團體的實際經驗，而不是假設的情境。鼓勵團體成員詢

問，提出有關團體運作的議題，以及提出從這個經驗中，所獲得的見解與學習。

　　主張用這種方式檢驗經驗的目的之一，是要在參與者中發展出一套長遠的技術和知識，這些技術和知識將使他們在一段持續的時間裡，不斷地從他們自己的經驗中學習並獲得好處。假如這個能發展成為組織中團體生活的一個重要部分，它就能成為合乎需要的自我更新歷程的有力要素。

處理真實的問題

　　組織發展被應用於組織之中，是為了處理既存的、急迫的問題。雖然這些問題通常不是這麼引人注目的，但在一些情況下，它們可能嚴重到足以威脅這個組織的生存。教育的歷程並不包含瞭解別人的問題，或者討論一般的情況，而是針對著特定的組織──這個組織具有使之成為獨一無二的特殊條件。

　　在學校內何種問題可能需要組織發展呢？試圖對範圍如此廣闊的可能性進行分類是不會有幫助的，但敘述一些典型的情境可能是有用的：

1. 快速變遷的條件──諸如一個主要學區的重組、或一個空泛的法院命令所造成的結果──可能加重「認同危機」（identity crisis）以及相當嚴重的組織混亂。
2. 領導的危機，例如，新任的教育局長發現他的主動創新幾乎沒有獲得什麼回應。
3. 低劣的組織效能（不管是怎麼測量的），必須用防衛姿態或尋找藉口以外的方式來解決。
4. 高度的衝突，不管是表現為激烈的爭吵和鬥毆，或是表現為從極度痛苦演變成冷漠。

當然，這種種問題常常是相互關聯的；開始檢驗和解決一個問題，很可能衍生其他問題，而這些問題在開始時並不被認爲是最應關切的問題。組織發展的概念和歷程的啓發式特徵，對組織的重要問題有很大的洞察力量。因此，在初期階段確定要繼續努力的問題，其主要標準在於這個問題是組織的參與者眞正關心的問題——他們感到對他們而言是很重要的問題，而不是只有某個人所關心的問題。

組織發展的努力應該從自我更新概念所提示的長遠意義上來加以檢視，以使得這個歷程從原來似乎是表面的問題開始，最終達到問題的核心。因此，組織發展並不是僅使用一次的方法，用來緩和某些有限的、界定上較狹隘的危機，過後便被廢棄。事實上，當組織發展的技術在行政人員和管理人員眼中變得更爲普遍與可敬時，這種關心正在增強，即對這種「應急性的」（Band-Aid）方法的需求（將組織發展認同於危機管理，而不是當作自我更新的發展），將會玷污更合乎道德的組織發展方法。

一種有計畫的策略

組織發展的另一個特徵——再次與其全部的系統方法一致——在於這種努力必須有系統地加以計畫。組織發展的技術包括一系列可能的活動和方法，但這些活動和方法本身並不構成組織發展。事實上，組織發展的一個明確的特徵在於它是有計畫變革的一種形式：是爲了確定目標以及爲實現目標而設計的一種策略。這個計畫必須是明確的：確定目標的母群體、建立時間表，以及提交完成計畫所必要的資源。這種計畫也必須特別地加以調整，以適合於組織的個別情況。

組織發展強調計畫的重要性並非意指嚴格的意思。事實上，如果這一種努力一開始就是成功的話，那麼參與者很可能隨著時間涉入愈深而要求修改與形成計畫。在計畫階段就爲此作好準備

是很重要的，以免這種努力只變成另一種在職教育計畫。然而，相反地，缺乏明確目的的計畫與貫徹到底的決心，便隨意引進組織發展技術的零碎內容，結果可能是弊多於利。

例如，人們已經注意到，一個組織著手進行組織發展的決定本身，可能會帶來一些組織上的進步：對有關的成員而言，它通常是一個信號，代表組織的文化正在改變，且行事的新觀念和新方法將會變得愈加具有可能性與真實性。顯然地，一項貿然執行的組織發展計畫，或者一項已經開始、且提昇希望的組織發展計畫突然中止（也許因為行政人員的膽怯，或是由於缺乏執行該計畫所需的足夠資源），可能導致可以理解的情感上的激烈反彈。

一個組織發展計畫是一件複雜的和微妙的事務；它包括範圍廣泛的可能的干預，這些干預處理潛在地敏感性問題。一位高水準的組織發展專家，常常藉著幫助行政人員開展一項實用的組織發展設計，使其適用於組織的特殊情況，來促進計畫的擬定和實施。一項組織發展計畫的設計，提供行政人員和行為科學家在一個共同的理想中，具有合作的極佳機會。

變革的負責人

組織發展的特點，在於有一位變革負責人的參與，至少在變革計畫的初期階段，變革的負責人扮演一種必要的與非常特殊的角色。事實上，組織發展——在目前我們所知道各種形式中——缺少一個有能力的變革負責人是不可能的。這個人可能在不同的組織中有各種正式職銜；無論如何，「顧問」（consultant）一詞，幾乎始終用在組織發展的實務者，是指幫助組織設計和實施組織發展計畫的專家。

顧問攸關組織發展的成敗，因此文獻中有相當大的一部分是用來描述其角色、功能、與專門的能力，及其與顧客組織之間關係的性質等等。

找到一位合適的顧問並與其建立有效的工作關係，很可能是行政人員在學校內，建立組織發展最重要的角色。實際上，對顧問協助的需求已經成爲在執行組織發展上，一些最棘手問題的根源。在最佳的情況下，有關顧問的問題也可能產生很多混亂：顧問的角色是什麼？受誰指揮？顧問在場對行政人員與教師之間的平常關係產生何種影響？這些是在組織發展工作中，通常出現的某些問題領域。當組織發展的顧問們企圖以各種適當的方式，形塑他們自己的角色時，這些問題成了他們本身相當多的研究和討論的主題。

　　一般而言，顧問既可能來自這個組織的外部（外部顧問），或來自這個組織內部（內部顧問）。在早期，組織發展計畫只依靠外部顧問。當然，外部顧問與這個組織的關係是暫時的，需要籌措額外的錢去支付顧問的酬勞。對這種情況的一個反應是努力去正確地訓練某些個人，使他們能發揮如同外部顧問那樣的功能；[42]通常，一旦這種職位已編列預算，就往往變成一種長期的制度化安排。未來幾年內，在學區裡這種內部變革負責人或顧問的角色，將會日趨明顯並被賦予正式化。然而，很可能不會完全排除對外部顧問的需求，以處理特別複雜與困難的變革問題。

　　對於沒有行爲科學顧問的直接幫助，而實施某些組織發展的重要活動，在發展過程上會受到一些限制。[43]然而，在組織發展的這個階段，顧問是個關鍵人物。在處理組織發展顧問的政策與行政問題上，留待本書稍後討論。

最高層行政的參與

　　從組織發展的社會系統取向，人們無可避免地必然得到一個結論，即人們不能以建設性方式去改變系統的一部分，而不會影響到該系統的其它部分。例如，管理階層不能設想要改變組織，卻不成爲這個歷程中的一部分。組織變革不是一個「我們」（行

政階層）改變「他們」（教師和其他部屬）的問題，或者甚至是改變「它」（組織是附屬於「我們」的某種實體）的問題。行政階層必須主動參與發展歷程，以確定這個組織系統的所有子系統，以動態的互動方式適當地連結在一起，這是確定逐漸增加地有效能組織的特徵之一。

　　就操作性的定義而言，組織發展承認組織是層級制的，而且將繼續如此。當部屬看到行政階層在提高組織效能的名義下，對組織進行某些措施的時候──行政人員除了作為觀察者外並不參與這些事情──部屬很可能非常小心謹慎而不會完全投入。另一方面，如果行政階層已經對這件事情感興趣，加以投入，並且以看得見的方式參與其中，那麼部屬就很容易把這項計畫視為可靠的，將激發起較高的動機而參與。在任何的組織中，部屬往往伸出高度敏感的觸角，以尋求可靠的徵兆，透過可能圍繞在所發佈的官方聲明而引起的一切干擾和吵鬧，看看行政高層認為什麼事情才是重要的。

　　一個大型市郊學區的情況說明了這一點。該學區位於一個高度工業化的社區，承受著與社會的和種族的問題有關的壓力和緊張，這在近年來已經成為老生常談。新的教育局長──年輕、聰明、口齒伶俐、體力充沛，在其它學區有份令人羨慕的記錄──一大早就把校長和其他主要的行政人員集合起來，組成一個團隊。由於有一個嶄新而更大的機會，在建立政策與處理全學區內的問題上，扮演決定性的角色，這個團隊很快地參與了重要的、全學區的問題，這些問題對每個學校來說有著重要的意義。不幸地，這個團隊很快陷入困境：爭吵爆發了，會議上達成的決議被團隊外的成員（經常包括學校董事會的成員）所達成的私下交易刪除了。某些成員根據其部門或學校的自身利益結成聯盟，當著這個團隊的面控制對議題的投票。許多校長──他們從前任教育

局長手中已經享有相當大的自主權，與代表他們個人的學校的校董會成員一起「玩弄手腕」（wheel-and-deal）——感覺到整個團隊的觀念完全是傷害他們的一種計畫。教育局長與這個團隊一起討論這些問題，且輕易地達成協議，認為應該求助於一位顧問，以幫助他們找到解決問題的辦法。

在一次試探性的會議期間，這位顧問為能與該小組一起工作建立了基礎。除了同意某些目標和某些運作方式外，也同意了某些基本的規則。由這位顧問提議，並且很快地獲得一致支持的一條規則規定是，這個小組的所有成員如果可能的話，必須參加每一次排定的訓練課程。這是一個能力很強、複雜的小組，而且在與這位顧問共同出席的幾次會議之中，得到一個普遍的感想，就是已經有真正的進步，因此訓練計畫應該持續下去。在那個決定之後的會議上，教育局長宣佈——由於一場預想不到危機的爆發——他在這個小組集會後不久，不得不倉促離去。

在下一次會議上，教育局長十分贊成這項訓練計畫，對此表達強烈的興趣，但是他必須匆匆離去，以應付另一個緊急情況。在隨後的會議上，三位校長——在禮貌性地寒暄之後——撤身匆匆離去，去處理他們學校的「緊急情況」。不用說，這位教育局長的團隊成員們相信，一旦最初的危機獲得減緩，這個訓練計畫就不再是最高優先的事項了，因此他們也依此加以應付了。

社會技術觀點

那些沒有體驗過參與型管理方法的人，常常認為這些方法是「軟性的」、「寬容的」，與組織結構、紀律、與權力的特性並不相容。然而，事實上所需要的是一種新的、更有效的管理方法：這種方法強調更能發揮功能的行政結構，與尋求更有效的組織行為。雖然新結構可能比過去的結構更具有彈性、更有適應性，但

這些結構並非模糊的或不明確的;在對與工作有關的更有效的行為進行描述和界定時,都將是清楚而精確的。

當行政人員在作決定時,面臨需要更多教職員參與,或設法使組織往更為「有機的」或自我更新的方向移動的時候,這是否意味著必須放棄系統、正常的程序、與控制呢?答案當然是否定的。事實上,這個完全相反的觀點是正確的:所需要的是提供一些組織結構,以提昇和促進更適合的決策模式的發展,並取代機械性組織所具有的那種僵硬的層級結構的特性。

組織系統發展的轉變,並不是脫離與傳統的組織結構觀點相關聯的清晰性、秩序、與控制,朝向一種不明確、無秩序的、自由放任的行政管理。行政上所謀求的是為任務分析、結構安排、技術的選擇和使用,以及在職人員之個人和團體的選擇和專業發展,奠定一個嶄新而更具作用的基礎。

當我們認識到技術的變遷與革新,在未來的學校組織變革中很可能扮演著日趨重要的角色時,這種觀念──它是一種社會技術取向──的合理性逐漸變得很明顯。行政人員的功能在於發展組織結構──清楚地規定諸如為完成目標所作的協調之必須善盡的責任──確定發展更合適的方式,以動態的、問題解決的方法,把人、技術、任務、和結構統整在一起。

力一場分析

人們如何才能分析組織的情境,以便進一步瞭解如何處理?力一場分析(force-field analysis)已被證明對研究者和行政人員而言,皆是一種有用的分析方法。[44]

基本上,這種方法把社會的或組織的現狀(status quo)視為一種均衡的狀態,該均衡狀態係起因於兩組對立力量之間的平衡。為變革而存在的力,有時稱為推動力(driving forces);以

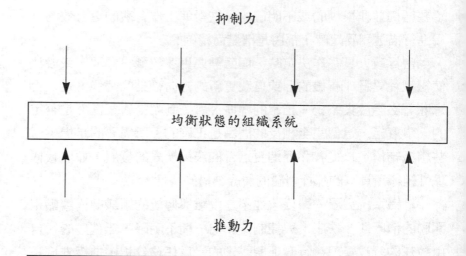

抑制力

均衡狀態的組織系統

推動力

圖9.2 均衡狀態的力場

及那些力維持不變的反抗力—— 有時稱爲抑制力（restraining forces）。當這些力場處於平衡狀態，如**圖9.2**所示，我們得到均衡，也就是沒有變化。顯然，當這些力之中的一個或另一個被排除或被削弱時，這種均衡便被破壞，而產生變革，就像**圖9.3**所顯示的。在一個非常簡單的層次上，這樣的不平衡可能由於新工作方法的引進、或是參與者獲得了新技能所引起。但是一個組織本質上是一個穩定的實體，通常具有均衡的特性；均衡的某種不平衡將引起再調整，再次導致組織的新均衡。這個簡單的概念在應用於大規模的組織時，會變得相當複雜。但是對於那些設法想進一步瞭解其組織，以便促進這個組織的變革或穩定性的行政人員而言，它也可能是一個很實用的幫助者。這種確定抑制力與推動力的分析歷程，其範圍從基本層次上的一個簡單方法，到相當複雜的技術。

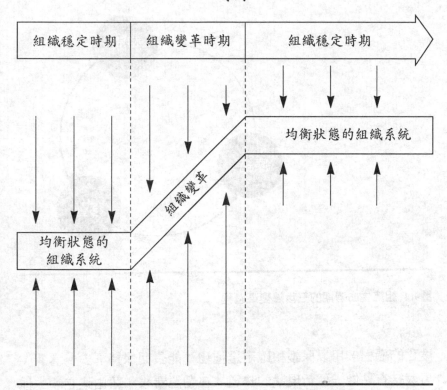

圖9-3　力場的不平衡引起組織的變革直到達成一種新的均衡

　　力一場分析的創立者勒溫，提出基本的三步驟的變革策略，
該策略的應用越來越普遍。其內容是指為能完成組織變革，首先
必須打破力場的均衡：也就是說組織必須被解凍（unfrozen）。一
旦這樣做了，就有可能引起變革的階段——把這個組織推進到一
個新水準。但是，沒有人比教育行政人員更瞭解，變革可能是何
等的脆弱，以及組織可能何等容易地回到老路上去。因此，在三
步驟的變革過程中，第三步是再凍結（refreezing）。這是一個制

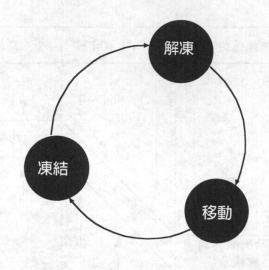

圖9.4 組織生命週期的三步驟變革過程

度化的過程,用以保護和確定這種變革能長期保持下去。當然,
再凍結有點像一種新現狀的味道;在勒溫看來,藉由建立「一種
相當於一個穩定的因果循環過程的組織體制」,能加入所需要的
適度的彈性。[45]對一個非常僵化和抗拒的組織而言,解凍可能是
一種受到高度創傷的經驗。但是,如圖9.4所示,為了能在某一時
間內獲得更大的組織彈性,它也可能成為這個組織生命周期的一
個正常部分。

　　力一場分析的價值是診斷性的:它允許為特定的行動計畫作
準備,以達成所要的變革。這種計畫的成功,大部分須視所察覺
的建議行動之結果的明確性而定。在四個主要的組織子系統——
任務、技術、結構、與人——之中,只有人的子系統才有能力對
不同情況作不同的反應。

偉大的文學和藝術充滿了對人們英雄事蹟的描寫，人們為諸如：愛、忠誠、勇氣、與責任之類的情感所感動。關於組織的許多文獻關注人們的冷漠、憤怒、挫折、憂慮，以及他們阻止這個組織實現目標的巨大力量。雖然行政人員必須深入地關切學校裡所要做的工作、組織的結構、和所用的技術，但這些都沒有抗拒計畫的行動能力。只有人的子系統才有這種能力。

但是，對行政人員而言，把對變革的任何形式的反對——不論是公開的排拒、冷寞、懷疑、或是任何形式——都視為是頑固的行為，這樣的觀點不是生產性的。如果行政人員把「增進的推動力」解釋為代表權威和權力的促進使用，讓人們支持變革計畫，則可以預料到結果將會是強烈的抗拒變革。壓力產生反壓力，且在學校情境中，行政人員的強制權是很有限的，用這種方法來打破力場的均衡大概是不可能的。最少可以預言，當壓力鬆弛時——正如同它最後必然的那樣——會出現一種趨勢，處在抑制力的壓力下，這個組織退回到它的老路上去。

在學校的情境中，將抑制力在變革過程中公開而合法，很可能更為有效。藉由創造一種文化，在此文化中情感可以表達而非祕密地潛藏，藉由公開溝通與尊重質疑和挑戰的權利，及藉由幫助那些反對變革勢力的人，以檢驗和處理引起他們抗拒的那些事情，很可能1.想要採取的行動所產生的預想不到的可能結果，將被運用在計畫的過程中，以及，或許更重要的是2.抗拒的程度將減少。

當反對有助於形成與塑造決定時，其觀點也會在過程中形成、塑造、與修正。為了獲得這種參與，就必須有一種發展的、提昇成長的組織文化存在，其特徵是：

1.在智力上、政治上、與美感上具激勵作用。

2.強調個別的與團體的成就。

3.重視個別的人格尊嚴。

4.以一種非判斷的方式接受不同的情感和觀念。

5.以解決問題爲取向，而不是以組織內小爭執的勝負爲取
　向。

　　建立有次序的問題解決過程，以提供那些將受變革影響者最大限度的參與，對於此處所提出的合作方法的發展而言，是必要的。雖然觀點是重要的，但是它必須伴隨有效的、明確的程序，才能使其可行，使其創造出所需要的氣氛，與確定決定的方式能被理解和行得通。組織文化的發展，以及爲培養公開、合作的決定所建立的團體技能，都需要明確的訓練和練習。這些事情並非只透過認知的理解和決定就能完成：它們需要新洞察力、新價值觀與投入，以及新團體過程技能的發展，而這些新的能力，在問題解決的情境中，有最佳的教與學的效果。

　　要記住的是一種新組織文化的創立——一種工作與解決問題的新環境——需要參與者對事件發展出新的與更有效的反應，並表現出不同於過去所作的。正如每一位教育工作者所深切瞭解的，這種人類角色扮演上的變遷，常常不是學習關於新的、更有效的做事方式的結果。在新的行爲可能在實務中獲得發展時，必須提供各種機會：總之，邊做邊學是必要的。目標是透過再教育，以發展新的和更有生產性工作取向的行爲規範。

　　當能夠維持新的、更有效的表現水準，而沒有強制、沒有不斷消耗行政資源、也沒有戒愼恐懼地使其繼續運作，那麼在一段時間後，組織中的變革很可能是穩定的和繼續存在的。實際上，這是一個務實的規準，行政人員可以藉此判斷變革是否已經「完成」。

一個適合的組織變革計畫必須考慮這些事實，也必須認清，以各種重要的方式改變組織的目標，就困難度與所需時間而言，都代表一種挑戰。沒有快速與簡易的解決方案，雖然可能從來也不乏那些宣稱擁有這種解決方案的人。何塞和布朗查德（Hersey & Blanchard）對這一點的忠告是非常合適的：

> 知識的變革是最容易做到的，接著就是態度上的變革。以情緒上的積極或消極方式而言，態度結構與知識結構是不同的。行為上的變革比前述兩個層級中的任何一種都更為困難，而且更花時間。但是團體或組織績效變革的實施可能是最為困難與最花時間的。[46]

組織發展效能的研究

在發表有關學校組織發展的一項主要研究時，弗倫、邁爾斯、與泰勒指出，很多所謂的組織發展計畫都是局部的、不完全的、短期的活動，欠缺成功所需要的計畫、活動範圍和持續努力，這一事實正是評估爲發展學校系統和學校的自我更新與問題解決能力之組織發展計畫的問題所在。[47]例如，在許多情況下，對教師進行幾天的「人際關係訓練」，或者聘請校外顧問講幾堂課，就不正確地貼上「組織發展計畫」（OD project）的標籤。這種努力常常侷限於企圖減少衝突，或者改善組織文化中令人不悅的方面，而很少或無意於深遠地影響組織的結構或決定的過程。由於這些原因，教育上組織發展活動的調查研究往往發現成功是不盡相同的；而那些在組織發展上成功的學區，一般都傾向於將

組織發展制度化並且維持一段時間。現在，許多學區有組織發展學校更新計畫，這些計畫在過去幾年中一直發揮著功能。

奧瑞岡大學教育政策與管理中心（CEPM）的朗扣（Philip Runkel）和席馬克（Richard Schmuck），曾在這一領域中進行最廣泛的研究和發展工作。他們在1967年開始工作，1974年發表了當時他們研究的發現。當評估組織發展在這個學區或學校是否已成功時，他們提醒人們不要相信關於變革的任何努力的表面文章：

> 我們找尋結果的經驗告訴我們，這些結果並不單純——當一位研究者聲稱一所或更多所學校已經「設置」或「採用」某種做事時特別的新方法時，科學雜誌的編輯們和資金的提供者，應該要求詳細的證明文件。一種新結構，諸如團隊教學（team teaching）能在一所學校中被設置或採用，這種方法的深度和多樣性是使人茫然的，且同樣的，一位校長採用各種方式用冗長的措辭掩蓋一個事實，即在他的學校內實際上根本沒有把握革新的機會。各種聲明莫過於「在某所學校裡前些年採用了團隊教學…」或者說「明年我們將在某某學校採用團隊教學…」從來不該毫不懷疑地相信這些聲明。[48]

他們有關學校組織發展的發現包括：

◇當學校教職員意識到對變革已準備妥當，並歡迎這個組織發展計畫時，成功是比較有可能的。
◇剛進入組織發展時，可能是這個計畫最關鍵的階段，而且需要一位熟練的、富有經驗的組織發展顧問，以避免隱藏的陷阱。

◇行政人員公開、主動的支持是成功的關鍵。

◇當學校內的教職員大體上同意目標時，組織發展對這樣的學校較可能是有幫助的。

◇一項組織發展計畫可以視爲由四個主要的階段所組成：開始、組織問題的診斷、制度化，與維持。

　　古德蘭（John Goodlad）自1940年代晚期以來，一直在公立學校中研究組織變革。他在目睹「以合乎需要的方式改變學校實務的有希望的革新，遭到連續挫敗」[49]之後，主持了一項五年期的研究發展計畫，探討在教育上個人與制度的更新問題。古德蘭一開始便指出，研究教育變革的傳統模式，是要操縱某些教學上的干預（諸如班級規模或教學方法），並在學生成果方面尋求改變。正如圖9.5所示，這樣的研究設計把學生的成果視爲依變項，而把教學（例如，方法與教材）視爲自變項。然而，古德蘭對引進和維持教學改革的困難所作的長期研究，使他瞭解到，「這種困難的解釋性論點…是學校的規律性，透過期望、讚許、與獎賞來維持某些作法。教師們以個人的力量，通常是無法成功地對抗這些規律性，或者是創造爲維持新措施所必須的全校性的結構與方法。」[50]這顯示出需要將注意力集中於整個學校文化；更進一步來說：「我們看到了構成學校文化的每一件事物——其正在使用的課程、書面的與非書面的規則、語言的和非語言的溝通、物理的性質、教育的規律性、校長的領導行爲，等等…」[51]這導致一種研究設計，其中學校文化是自變項，而1.教師的行爲與2.學生的成果兩者被視爲是從屬於那種文化的，然而在此同時，學生的成果被認爲是從屬於教師的行爲（見圖9.6）。

　　實際上，古德蘭認爲，雖然如圖9.7所示的關係可能正確地代表了學校「實體」的許多重要元素，這種設計在「眞實世界」

圖9.5 傳統模式對於影響及學習ends-means的關係在於將焦點集中於教學方法與學生成果

引自John I. Goodlad, *The Dynamics of Educational Change* (New York: McGraw-Hill Book Company, 1975), p. 113.

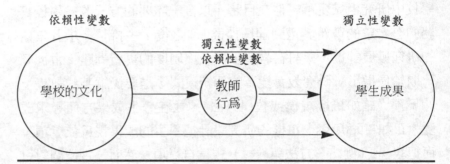

圖9.6 學習ends-means-effects關係與增進教學成效的範例

引自John I. Goodlad, *The Dynamics of Educational Change* (New York: McGraw-Hill Book Company, 1975), p. 113.

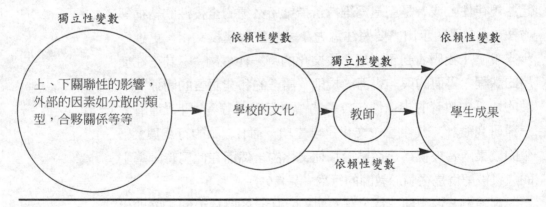

圖9.7 學校整體文化改善與落實範例

引自John I. Goodlad, *The Dynamics of Educational Change* (New York: McGraw-Hill Book Company, 1975), p. 114.

中，有關學校的實用研究仍是過於複雜的。因此，他選定了一項關於學校文化「起因」的研究，如（圖9.6）所示。

古德蘭研究的中心命題是，「整個學校都能夠且應該被視為能適應、與有能力改變的，而且當學校改變其文化特徵時，學校中的人員也會這樣做。」[52]此外，一項基本的假定是，為了獲得成功，一所經紀人學校必須展現內部的需求意識，亦即求變的希望。校長的實驗性參與就是要訓練學校教職員加入名為DDAE（對話、決定、行動、與評鑑）的四部曲，這個過程本質上就是一種組織發展的參與，其目的在於發展學校的自我更新。古德蘭著作的另一項重要特點是，把這個五年計畫的參加學校結合成一個「聯盟」，使其在實驗期間，彼此有一種相互支持與關愛的感覺。

就如古德蘭所提出的：

在高DDAE的學校裡，有較多的合作性教學計畫，在教師中有較多的友誼關係，以及在教師中有較多任務取向的溝通。教師在決定方面有較多的影響，特別是在影響學校成為整體單位方面。校長領導的品質較高，且校長的影響力較依賴其能力。高DDAE學校的校長，往往更能把教師對學校的影響視為一個希望得到的條件。這些學校把學校氣氛的指標排列在較高的地位上。相反地，在低DDAE的學校裡，有較多的自足的教室（self-contained classrooms）。教師的影響力只侷限於影響少數幾個人的範圍，而非學校整體，校長更容易把教師對全校性決定的影響認為是不受歡迎的。校長的影響力很可能是依賴其給予獎賞的身份地位與權力。[53]

高DDAE的特性，似乎是與一所具有持續成長和自我更新之

重大潛力的學校相關聯的。但是，一位到這種學校參觀的人，將難以在該所學校分離出一種革新來，因為

> ⋯大部分所倡議的是：大量使用視聽輔助器材，特別是同一時間由兩三個孩子自己使用；某些新課程器材，經過修改的、彈性的教室空間；混齡的或不分年級的小組和班級；在教學計畫中運用家長志願者；團隊計畫、教學、和評鑑。[54]

這種觀察是自我更新學校的特徵：它是一個成長與發展的組織，不只是因為與校外顧問就某種特定的革新達成某種協議，而且也是因為它不斷地從事系統的問題解決，並能夠從所有可用的技術中選出合適的技術。

戴明與全面品質管理

當代組織變革的思想是由戴明（W. E. Deming）的作品所支配，戴明的觀念改變了從1950年到1980年間日本的工業管理，而這些觀念在美國卻受到斷然地忽視與抗拒。在1980年代，戴明的觀念也開始改變美國的管理，而到了1990年代，一些美國的教育家開始注意到這些觀念。戴明的故事是真實地吸引人，而無法在如此的一本書中完全地說出。然而，他的觀念對任何一位有興趣於學校改革的人而言，乃是必要的知識。

對研究教育組織行為的學者來說，關於戴明組織變革的著作最迷人的是其中大部分並不是新的。戴明的天才，在於把很多有如細線的觀念，編織在一起成為連貫的織錦畫，而那些有如細線

的觀念，曾被一些組織的學者討論與倡導，但數十年來，卻遭到行政人員、立法者、有智的改革者，以及學校董事會成員的強烈忽視與抗拒。戴明的著作最原始的風貌，亦即他在日本開始使用的觀念，與在大量生產的工廠中，其產品品質的微妙統計分析的應用有關。但當時間經過以後，對他而言，統計分析所提供的有關產品缺點的知識，顯然本質上已經不足，即使在工廠裡為組織的運作帶來重要的、持續的進步。為了改變日本的工業組織，亦即從在1940年代的嘲諷到1980年代成為世界級的強國，戴明看出日本有必要擁抱現代有關組織行為的人力資源觀念。戴明很快地奉獻出他大部分的時間與注意力，去宣傳有關在工作場所合作的觀念：權力分享、激發分享組織願景的權力、轉型領導、雙贏的衝突管理、以及本書已經討論過的提昇成長的組織文化。因此，他成為參與管理、授權予能（empowerment）、與轉型領導強而有力的倡導者，而這些是組織致力於高品質工作的發展所必要的。這些都是美國的工業經理與教育行政者在1950年代、1960年代、1970年代期間，所嘲笑、所諷刺的觀念，而他們的對手日本卻熱切地抓住這些觀念，並運用它們去建立組織，而其產品的品質成為世界的新標準。

轉型變革

在1980年的6月24日，國家廣播公司電視台（NBC-TV）發表了一項「白皮書」的文件，以探討「假如日本能，為什麼我們不能？」的問題。那一年，美日之間貿易的不平衡，使得美國看來像是第三世界的國家：美國載運208億的原料到日本，諸如：木材、煤、廢金屬、非鐵金屬、穀種、及大豆等，而從日本進口307億的產品，諸如：汽車、電器用品、與加工的鋼鐵等。[55]這對未來美國工商業的蘊意真是令人擔心，而大部分國家廣播公司的

節目都致力於很平常的解釋而遺忘事實：所作的解釋是日本人能夠以低成本銷售便宜的美國產品的複製品，因為他們得到政府不當的補助、抄襲美國產品而非自行創新、與雇用低薪資的「奴工」（slave labor）。但節目最後的部分介紹非常新穎、且被訝異地證實是強而有力的：就是戴明自1950年開始，一直教給日本經理人的品質管理的觀念。為了作個說明，那個部分顯示出戴明如何幫助納夏公司（Nashua Corporation）的管理——一個小的無碳紙張產品的製造廠——在美國非常成功地應用那些相同的觀念。

福特汽車公司的一些高級主管那天晚上正巧收看國家廣播公司的節目，那時的福特公司遭受損失，正考慮撤出它在北美的業務，因為不良的銷售業績，導致該公司每年虧損數億美元。早在1987年，有一些曾經到日本學習他們成功秘密的人，聽到日本的行政主管讚美戴明教給他們的觀念。日本人對於這些受過良好教育、歷練豐富、高所得的美國公司主管直到那時才聽說戴明，感到不可思議。在與日本競爭時，福特公司渴望找到一條走出惡性循環的途徑，他們決定深究戴明的這些觀念。福特的總裁皮特生（D. E. Peterson）急切地邀請懷疑論者戴明與其公司一起工作。[56]

在1981年2月的一個下午，戴明與福特公司的領導者們在位於密西根的Dearborn的總部見面。該公司的領導者們一致希望戴明提出設置一些新的監測系統或控制過程的建議。令他們訝異的是，戴明對他們談公司的文化，以及領導者們所分享的公司未來願景。他繼續指出福特公司品質低落的問題並非工人們的錯：他估計福特公司惡名昭彰的產品品質低劣與低度可靠性，嚴重傷害銷售，其中85%應歸咎於公司的管理人。對這些有力的、富有的公司貴族而言，這真是令人震驚的說法。然而，戴明建議他們與在美國，曾經在公司中嘗試使用他的觀念的一些人討論。

在1981年5月15日，福特汽車公司的12位行政主管拜訪了納

夏公司。該公司的最高主管康威（W. Conway）對他們解釋，全面品質管理（TQM）——正如戴明已被瞭解的觀念——並不只是一些新的監測技術或增加的活動：它深入組織文化的核心，成為組織中每位參與者的基本操作原理。[57]這是一個全新的概念：組織藉由一種組織轉變為另一種新的、不一樣的組織而改變。全面品質管理可能被一些公司所採用——福特、全錄（Xerox）、紐約時報、Dow化學藥品、Proctor & Gamble，以及美國電話與電報公司——而他們之中也將使得戴明更有名氣，他們的成功為廣泛接受戴明的觀念而鋪路。

一些教育的評論家，特別是那些自認為是重要的理論家——認為戴明集中焦點於工業組織，也使用量的資料與統計分析——對於應用戴明的觀念到教育組織的想法因害怕而畏縮。這些教育的評論家把戴明的觀念，看成只是受到輕視的「工廠模式」（factory model）以新方法、新形式的泰勒主義（Taylorism）而復活。如此老套的批評遺漏了由戴明的著作所產生的中心思想，也就是組織轉化的概念，這個概念可能持續成為戴明對組織變革思想最大的遺產。

單純的變革有別於轉型的變革

組織通常被認為是比較穩定的系統，因適應變遷中的外在需求而改變。事實上，對組織卓越的傳統測量方式是適應性：組織認清與適應其環境變遷的程度如何？速度如何？因此而能維持其長期的穩定性。就此意義而言，組織的變革迄今乃是一件較為單純的事，也就是採用新技術、適應新的政治事實、與順從新的需求，而其內在核心則較無改變。例如，學校在過去幾年有很多適應性的變革，然而，其內部的活動卻自始至終維持一成不變。

這可以由過去幾年來，學校藉由改變年級組合而產生結構上

的變革加以說明：小學由1-8年級改為幼稚園到6年級；設立初級中學，後來成為中學；高中過去包含9-12年級，但現在很多學校是由10-12年級所組成。這樣的改變通常是由於學區中人口的轉移而產生，把壓力加諸在現有的學校設備。這些壓力能以最經濟的方式獲得減輕，也就是以新方式重新分配建築物之間學生的班級團體。這通常伴隨著一些教育原理的創新，使學區呈現出仔細地投入於計畫性的教育變革。經過所有的過程，內在的假定與結構——反映在諸如：教學、班級、課程學分、與課表——的改變即使有也很有限。

其它改變學校的努力被教育哲學更真正地激勵，並設法更根本地改變組織：一個人想著佔領教育人員數十年來的團隊教學、開放教室、修正課程並引進新課程、延長教閱讀方法的爭論、以及其它很多的變革，也導致學校本身極小的改變。這是因為這些都是較單純的變革，基本上是想幫助學校能在較大的社會中適應變遷。另一方面，戴明全面品質管理的觀念，試圖把組織改變成與從前非常不相同的組織。

> 不像引起單純的變遷，把組織改變成全面品質管理系統是更基本的…比較像毛毛蟲的變身與變色，而較不像變色龍的變色。不像變色龍，蝴蝶將保存它的色彩而不顧新環境。設定與單一變革、或一系列變革不同的轉變乃是持續的運動，其中組織所有的部分都同時朝向相同的目標而調整。58

戴明的簡要背景

在1939年，當戴明加入華盛頓的普查局（Census Bureau）

時，他已經是世界上著名的統計取樣專家。[59]他也很快成為國際上設計與進行普查方法的權威。在1947年，當麥克阿瑟當局*（MacArthur administration）決定進行普查，以評估戰爭摧毀日本的需求時，戴明被選派去監督該項計畫，這並不意外。在1950年，戴明人在日本，他瞭解部分日本的工業經理人想要提昇產品品質的強烈需求，因此，日本能在世界的市場上完成。

這是一個論題，戴明從他過去為西方電器（Western Electric）、AT&T的製造補助研究品質問題，以及和席瓦特（W. A. Shewart）在貝爾電話實驗室（Bell Telephone Laboratories）共事的幾年中，瞭解了很多。兩人中席瓦特較為年長，戴明視他為良師、益友、與同事。戴明編輯了席瓦特1931年的書，稱為《質觀的統計方法》（*Statistical Method from the Viewpoint of Quality*）。[60]因此，西方電器公司在1930到1940年期間**，成為世界上品質、可信度、以及耐久性的標準，這並不是一個突發事件。然而——這一點不應被教育人員所遺漏——席瓦特與戴明在品質上的合作「發現不只在工廠有良好的運用，且對電話的服務事業亦然。幾年來，美國的電話系統為世界上所羨慕，提供了別地方無與倫比的品質與服務的水準。」[61]

機伶的日本工業經理人開始要求戴明教他們如何提昇其產品品質，這並不意外。戴明開始教日本人一些統計取樣的高級技術，稱為「統計過程的控制」，透過這個過程，他們可以改進其品質的監測程序。只有多瞭解這一點，已經使得很多教育工作者很機警的注意到任何與戴明有關的事，尤其是那些主要關心學校

....

*杜魯門是當時美國的總統，但麥克阿瑟是佔領日本的指揮官。
**他們的合作在西方電器的霍桑研究中偶然地發生，而著名的西方電器實驗正在那裡進行，雖然當時席瓦特或戴明似乎不可能知道那些研究。

教育的人文層面者。然而，不久戴明認清統計取樣只是品質管理的一部分，而並非最重要的部分。他很快瞭解過去一直被忽略的是問題的人文層面，他很快地在這方面集中心力，最後使得戴明最大的貢獻在於瞭解組織的變革。在這個領域，教育工作者從戴明有關計畫與指導組織變革的部分，可以學到最多。

戴明研究的借鏡

改變組織是一個近乎總體的過程，不僅需要相當多的努力與創意，也需要那些組織中的高層權威者堅定的投入。其基本的過程是改變組織的文化——給予組織中每個人行為目的的基本假定、信念、與價值觀。這顯然是一項複雜與多面向的工作。簡要來說，如此的組織轉變係以一組概念為特徵。

全面品質的概念

從戴明的著作中，教育工作者所面臨的最困難的借鏡是一個人對品質的看法。過去戴明主要關心的是製造的產品，諸如汽車——與教育孩子大異其趣。乍見戴明時，一個人可能會認為教育工作者從他工業導向的思維，幾乎沒什麼可學的。然而，事實上，有很多人相信戴明品質的觀念與學校教育關係密切。

傳統上，產品製造者是從個別的部分來思考品質，最後當各部分集合在一起時，就成為汽車。品質的界定，是藉由建立各部分可以接受的限度。例如，假定一個零件應該是3公分長，假如檢查員發現事實上量得的結果是介於2.988公分到3.002公分之間，那麼它可能被認為是可以接受的。在1950年，世界上的許多工廠經常發生檢查員在零件離開生產線以後，檢查了一組已完成的零件，結果那些在可接受限度內的零件被接受了，其餘的則被拒絕。被拒絕的零件或者被送回去補修，或者被丟棄，這一直是

個很浪費的過程，也經常產生可疑的結果。因此，當各式各樣的零件在可被接受的偏差範圍內被製造出，並組合成為最後的產品，最終產生的是一部遠遠達不到消費者期望的汽車，但該製造廠卻認為「夠好了」。

戴明教給日本人一個不同的品質觀念，後來被稱為「全面品質」。其目標是使每個零件儘可能作對、第一次就作對，以及持續地追求完美而不是把東西作得「夠好了」。這似乎是一個夠簡單的概念、也是革命性的概念，但在1950年，美國的工業界卻真的沒有聽過。在1950和1960年代，當美國的購車者除了買依傳統標準製造的汽車外，幾乎別無選擇，那些汽車被認為是夠好了，而銷售得很好，但事實上是因為人們需要車。然而，到了1970年代，當日本汽車反映出全面品質的新觀念，而在美國市場上逐漸成為有力的競爭者時，美國的汽車製造公司發現他們自己處在競爭的劣勢，美國車的銷售狂跌而日本車的銷售卻大幅揚升。日本人賣的是高品質的汽車，而美國人仍然試著去賣認為「夠好了」的汽車。

但是，戴明很快認清這種在工業界的根本改變，是從來無法藉由傳統上對下、老闆對工人的管理而達成，傳統的管理首先產生了目前的制度。事實上，戴明瞭解重要的問題是製造產品的傳統方式；假如對全面品質管理概念的根本性變革是完全可能的話，那麼這些傳統的觀念必須被改變。這樣的認知導致其它相關觀念的發展，這些觀念將在下面加以描述。將這些觀念放在一起，就構成戴明全面品質管理方法的核心。

管理責任

戴明的整個方法建立在一個前提之上，也就是組織績效的缺失，其主要責任起因於管理行為，而並非因為粗心或笨拙的工人。這是因為管理人員控制作決定的方式以及人們如何工作在一

起。自從西方電器的研究結果被公布以來，雖然很多美國的組織顧問曾經效果有限地提出相同的爭議，但是戴明能藉由與他一起工作的日本組織的無可爭論的成功，展現出簡單的事實。

在美國的學校教育上，該爭論頗為人知。行政人員、校董會成員、與其他人，長期以來爭論著令人失望的教育表現，乃是沒有能力與草率教師們的錯誤。通常「整頓」的處方是提供教師在職訓練，幾乎向來狹隘地限制為教學技術；更嚴密地監督教師與規範他們的工作；要求他們使用「教師試驗過」（teacher proof）的課程與教材。教育就像在工業上一樣，行政人員很少想到他們的管理方法可能是問題的主要部分的可能性。

測試並非答案

戴明清楚地指出，在零件完成後才檢測品質的由來已久的作法，遠不如設計一套在一開始就產生較佳品質的過程。戴明忠告說，「停止依賴監督以達成高品質的作法。在多數的基礎上，藉由產品品質第一的建立，終止對監督的需求。」[62]當然，在學校教育上，類似的作法是靠著經常考試以評估教育過程的品質。

內在的動機是最好的

戴明主張徵募有意願的工作者，使其在第一次時能適當地做事，並提供他們適當的工具去工作，這在提昇組織績效上，遠比進行更多的考試或增加上級監督的嚴密度更為有效。對習慣於上對下的指揮與控制工人的傳統美國管理人員而言，這真是一個困難的觀念。他們在教育組織上的相對者，也同樣地發現該觀念令人混淆，雖然那個觀念已被組織專家倡導了數十年。

強調問題解決

戴明曾經爭論：工人具有很多專門技術與知識，但管理人員在處理組織效能的問題時，卻很少加以激發。因此，在解決相互

問題上，戴明主張管理人員與工人之間要有更大的合作。這必須去除工人通常對他們的上級所具有的畏懼與不信任，而以信任與開放加以取代，以合作的方式找出提昇組織績效的途徑。

停止績效的考核

對傳統的管理人員來說，更令人震驚與無法置信的戴明的忠告之一是，假如組織要有最高的品質，那麼將要停止產品的配額、績效的考核，以及與生產力結合的紅利。理由很簡單：品質是藉由合作而達成，而非競爭。這需要組織文化的發展，其中開放、信任、與眞誠地分享訊息與觀念受到讚揚，而被諸如每年實施的績效考核所傷害。戴明這樣說：

> 績效評鑑、功績考核、或每年的檢視培養了短期的績效，滅絕了長期的計畫，建立了恐懼，廢除了團隊合作，培養了競爭與政治。他使人們痛苦、被壓榨、被折磨、被砲轟、感到孤獨、喪氣、沮喪、感到自卑、甚至有點憂鬱……無法瞭解為什麼他們是卑微的。這是不公平的，就好像把人在團體中的差異，歸諸於可能完全是因為其工作的系統所造成。[63]

強調對顧客需求的敏感性

戴明相信組織績效的品質，主要是放在顧客的需求。此外，戴明說每個人——在各種組織中——都有一個顧客，或在組織內、或在組織外、或兩者兼而有之。有一些教育工作者，認爲這種說法是把教學污蔑爲只是商業活動而無法接受。然而，教師對於學校應敏於學生需求，並應努力達成的主張並沒有問題。而學校最常受到的批評之一，是它們實際上忽略了學生眞正的需要與期

望，並堅持致力於與傳統、風俗習慣、與各種觀眾的需求相互調和，而不是與其「顧客」的需求。從戴明的觀點來說，顧客的需求驅動了整個組織。

改善或是持續進步的原理

這是美國人從日本運用戴明觀念的經驗學得最多的地方。這也可能是戴明的研究中最受文化影響的部分。美國人特別喜歡從「銀彈」（silver bullet）的觀點來商討變革的問題：

◇我們找尋一個突破敵陣的發明，「銀彈」代表探討問題的全新取向。

◇我們非常努力工作於短暫爆發的活動，我們相信將會很快地「使事情轉向」（turn things around），所以我們藉由方案、計畫、與任務部隊來思考。

◇就像一場球賽，我們要一個清晰的開始到變革的過程，而清楚的最後結束訊號，使我們成為明白的勝利者。

學校改革本身，經常被以這種方式概念化：某些事情能被達成、實施，當我們在生活中轉向其它興趣時，仍在「運作」。在討論美國的教育時，「革新」（innovation）是一個經常重複的字。假如你將要諸如重新設立學校、重新建構學校、把由上而下的組織轉換成由下而上的組織，那麼有關學校改革的對話是用來檢證尋求明顯新概念、新革新的願望。我們喋喋不休於各種潛在「突破敵陣」的方案，諸如：磁性學校、學校選擇、私立化的學校、2000年學校、與學校本位管理等，看來似乎是無止境的排列，相反地，日本人把組織的進步想成是改善（kaizen），或是一個連續的過程：隨著時間，有耐心地一天一天、一週一週發現的過程，從不停止，也是採取小步驟使組織的運作漸入佳境的過

程。一個人想到龜兔賽跑的寓言。戴明稱之爲「目的的持久性」（constancy of purpose），它是戴明所認爲組織變革基礎14點中的第一點。[64]

雷拉（W. Lareau）說明了改善在日本、與革新（innovation）在美國之間的差異。[65]他告訴我們，改善的一項要素是在於美國（或西方）與日本對工作功能知覺的差異。在西方，員工通常被視爲具有兩種職責：

1. 維持：使事務能繼續運作與從事工作。
2. 革新：產生明顯地做事的新方式，諸如：新技術、新系統等等。

然而，在西方較少的專家具有革新的任務；大多數的員工被期望於奉獻體力，幾乎只爲了維持活動。

日本人對於工作目的的觀點有很大的不同。他們相信員工也有兩項工作目的，但它們是不同的目的：

1. 維持：就像在西方一樣，這是從事工作。
2. 增進：使過程更好。

雷拉解釋說有兩種進步：改善與革新。改善是指靠每位員工持續追求增進，並非一些明顯做事的新方法，諸如新技術。後面這一點，也就是每位員工被期待追求增進，是戴明教給日本人變革的方法，與西方傳統的上一下方法最主要的差別所在。

在實際上，改善使用較低的技術，也就是不貴、在合作的團體努力中包括每一個人、集中在小的進步、與使傳統知識得到最大的使用。每個人都是演員：行政人員扮演教練的角色而非老闆；焦點放在適應的、小的、低成本的進步；而員工都被高度尊

重為知識豐富與有幫助的伙伴。

　　另一方面，革新實際上強調新的、較高的技術，通常是昂貴的，而轉向機器與系統的使用；集中在一些英雄帶領方向的創造力；並設法開始用新材料。有一些往往獨自工作的專家創造了那種系統或技術；每個人的角色是去適應它，或多或少扮演機械人的角色。理想的目標是藉由使用新技術產生較稀有的大變動，以創造全新的系統。

　　改善與革新一項主要的差異是時間。那些實施改善的，必須有耐心、堅持、目的持久地使用戴明的箴言，並認清必須花費時間以完成團體本身擁有的願景。那些尋求革新者往往是沒有耐性、尋找強有力的一次機會、並希望立即看到明顯的結果。

結論

　　雖然有計畫、有管理的組織變革策略，已經設計出許多分類方法，但本章使用了琴的三分法類型學：

　　1.*經驗—理性的策略*是以下述的概念為基礎，即藉由系統地發明或發現更好的觀念，以促進改革，並使其以對學校有用的方式很容易地被採用。這種策略的支持者時常會因在「目標」學校中，在「設置」新措施的過程經常遇到的一些困難而困惑不已。典型的困難有：1.忽略新觀念，2.抵抗或拒絕新觀念，或3. 當付諸實施時，採用已經被大幅改變的方式去修改觀念與作法。

　　2.*權力—強制的策略*，其基礎是使用（或潛在的使用）制裁來迫使這個組織進行變革。例如，州教育廳可能要求每一個學區，根據特定的指導方針，提出並執行一項能力本位的教學計

畫。這可能伴隨著特定要求的時間表、報告格式，和監督順從的
的其他方法。這種策略經常遇到的難題，在於公立學校系統（當
然有時稱之爲「州立學校系統」）是──最多只是──由比較鬆
散聯結的成分構成的，透過它難以傳達精確的命令，由這些結構
中也難以發掘順從。正如我已經提過的，滿意（satisficing）在組
織的決定上是老生常談：也就是當面臨一連串彼此衝突的要求
時，對各種要求採取行得通的回應（足以避免制裁），但不尋求
最有效的回應。

3.規範─再教育的策略是以提昇組織解決問題的能力，而帶
來學校的變革爲基礎。這必須把學校文化（互動影響系統）的規
範性價值觀，從那些通常與層級的（官僚的、機械的、古典的）
組織相關聯的規範，轉變爲更有創造性、問題解決的規範。這種
過程被廣泛地稱爲組織的自我更新。造成組織自我更新的技術和
方法，把重點集中在各個學校教職員之間，發展有系統地研究和
診斷各自的組織問題，以及尋求解決這些問題的辦法等方面的技
能。組織發展這個術語，被廣泛地應用於增加學校自我更新能力
的這些方法上。

直到經驗──理性的與權力──強制的兩種策略之廣泛應用，
沒有達到理想的成功境界，而引起普遍的挫折和關心時，幫助學
校發展其內部自我更新能力的急迫重要性，才獲得廣泛的瞭解
（在組織行爲領域之外）。到了1980年代，關心教育而經過認眞思
考的人們才清楚，如果美國學校教育的改革想要向前發展，就必
須嚴肅地提出發展學校的自我更新這一長期被忽視的領域。由此
而增進學校的組織健全，似乎有可能使學校更加積極主動而不是
被動的，而且迅速反應地採用新觀念與實現變動中的社會目標。

雖然學校是組織，因而也有很多與其他組織共同的特徵，但

是應該記住，我們幾乎不瞭解學校明確的組織特徵。雖然有關學校組織特徵的研究不斷地增加，但是直到最近我們對學校組織的假設，大部分是得自於從其他種類組織（例如，公司行號、軍事組織、政府機構）的研究中。但是，學校確實具有特殊的屬性（不是所有的、必須的、獨一無二的），而可能影響到它們處理穩定性與變革課題的方式。

例如，一種普遍的評論是，學校大部分居住著非志願的顧客。弗倫、邁爾斯、和泰勒指出六點其他的特殊屬性，無疑地，這是在計畫變革時必須加以考慮的。[66]

1.他們的目標是散亂的，由於效能測量的困難和不確定，通常是用一般的甚至是抽象的專有名詞來陳述的。

2.他們的技術能力是低下的，以薄弱不明確的科學基礎構成教育實務的根基。

3.他們是鬆散連結的系統，而引起協調的問題：活動並非總是清楚地與目標相關聯的，控制（例如，績效責任制）是難以建立的。（回想第三章的討論，指出學校的這個組織特點並不必然是完全負面的：它也可能是彈性和可塑性的一個來源。）

4.邊界管理（boundary management）是困難的，因此「對於不滿意的相關他人（stakeholders）來說，組織的表皮似乎是太薄、太可滲透了。」[67]

5.學校是「順從的」組織，沒有競爭、生存在一個相對上受保護的環境中，幾乎沒有重大變革的誘因。

6.學校是受約束的、分權制度的一部分：美國15,000個學區，89,000座大樓，每一個名義上都是自治的，但是仍有許多全國性的約束（例如，國家教科書市場、認証和檢覆制

度的要求、各種法令規章和個案法）。

在這個組織的脈絡中，回溯到已經被戴明燦爛地編織成連貫的織錦畫的西方電器的研究，有一項研究與實際經驗的遺產，強調在學校中發展與增進以人為導向的變革策略的實際必要性。

建議讀物

Argyris, Chris, *Knowledge for Action: A Guide to Overcoming Barriers to Organizational Change*. San Francisco: Jossey-Bass, 1993.
是有關組織變遷最受敬重的學者之一，為提昇組織成員解決人類共事問題的能力提供實際的指導。對想要提昇協同行為，以及在工作上實施授權與能的教育領導者而言，是相當珍貴的。

Bonsting, John Jay, *Schools of Quality: An Introduction to Total Quality Management*. Washington, DC: Association for Supervision and Curriculum Development, 1992.
本書作者在1992年1月，參加一項戴明著名的四天研討會以後，就著手翻譯戴明的觀念，使其能明確地運用到學校。在將品質的概念應用到教育組織的蓬勃興趣中，這是一本較早的著作。

Deming, W. Edwards, *Out of the Crisis: Productivity and Competitive Position*. Cambridge: Cambridge University Press, 1982, 1986.
除了較笨拙的文筆之外，本書對教育人員而言是有問題的，因為它幾乎只限於討論工業組織。在本書寫完之後，戴明才開始思考

其他各種組織的問題，以及如何將有關變革的方法應用到那些組織。然而，因為對戴明有關的著作有很多的詮釋——包括我自己的——所以用功的學生將會發現閱讀大師的原典是值得的。

Halberstam, David, *The Reckoning*. New York: William Morrow and Company, 1986.

本書寫於美國面臨最高危機時，與戴明完成其作品同一年，當時正面臨日本在工商業世界上的成功，而擔心美國的將來，哈博斯坦試圖去除這種引人注目的遭遇。他作得很好，使讀者感覺到誰參與、及事實上發生什麼的原動力與詳細細節。他對於戴明參與日本有關事務的描寫是生動的與具有啓發性的，而本質上，讀這本書是夠理由的。

Maeroff, Gene I., *The Empowerment of Teachers: Overcoming the Crisis of Confidence*. New York: Teachers College Press, 1988.

由一位專業的作家所寫，它是卡內基基金會的高級人員，也曾是洛克斐勒基金會的顧問，在洛克斐勒基金會的贊助下，本書強烈地爭論教師授權與能之事，前述兩個基金會都支持對教師的授權與能。它包括對今天公立學校教師的專業環境進行犀利分析，以及指出如何藉由學校重建，提供教師較大的自主性，以使教師能被大大地改變。當然，馬洛弗相信這些改變將會導致學校績效的顯著提昇。

Schmidt, Warren H. and Jerome P. Finnegan, *The Race Without a Finish Line: Lessons from the Malcolm Baldridge Winners*. San Francisco: Jossey-Bass, 1992.

日本有戴明獎，是由戴明著作的版稅所贊助，藉以表揚改善產品與組織最具成效的公司。從1988年開始，為了同樣的目的，美國

設有Malcolm Baldridge 品質獎。本書描述何謂全面品質，以及在美國品質的革命如何展開，藉由詳細敘述Baldridge 品質獎得獎者的經驗，諸如：the Commercial Nuclear Fuel Division of the Westinghouse Electric Corporation, Motorola Inc., Xerox Corporation Business Products and Systems, Cadillac Motor Car Division of the General Motors Corporation, Federal Express Corporation, and IBM.

Schmuck, Richard A., Philip J. Runkel, Jane H. Arends, & Richard I. Arends, *The Second Handbook of Organization Development in Schools*. Palo Alto, CA: Mayfield Publishing Company, 1977.
這是一本名著，其第二版是想瞭解什麼是組織發展與組織更新的實務工作者必讀的經典。對於想要在學校或學校系統內，參與理論與概念實施的那些人，充滿了明確、實用、指引的幫助與忠告。非常強烈地推薦。

Walton, Mary, *Deming Management at Work: Six Successful Companies That Use the Quality Principles of the World-Famous W. Edwards Deming*. New York: Perigee Books, 1991.
對戴明的哲學觀與方法，以及它們如何被應用於改變美國六家公司有卓越的分析。例如，描述佛羅里達光電公司（Light & Power）如何花四年時間改變本身，直到從日本的科學家與工程師協會贏得聞名於世的戴明獎，這具有高度的啓示性，而能幫助教育人員從學校教育與企業組織之間，思考其中的一些相似性。華特生也描寫了一些非工業組織如何應用品質的概念，包括：田納西的三個城市（Kingsport, Johnson City, and Bristol），美國的醫院企業，以及美國海軍。

註釋

1. Matthew B. Miles, "Some Properties of Schools as Social Institutions," in *Change in School Systems*, ed. Goodwin Watson (Washington, DC: National Training Laboratories, NEA. 1967), p. 20.

2. National Commission on Excellence in Education, *A Nation at Risk* (Washington, DC: Government Printing Office, 1983).

3. Evans Clinchy, "Magnet Schools Matter," *Education Week*, December 8, 1993, p.28.

4. Seymour B. Sarason, *The Predictable Failure of Educational Reform: Can We Change Before It's Too Late?* (San Francisco: Jossey-Bass, 1990).

5. Ibid., p. 73.

6. Ibid., p. 72.

7. Ibid.

8. Paul R. Mort and Donald H. Ross, *Principles of School Administration* (New York: McGraw-Hill Book Company, 1957), p. 181.

9. Paul R. Mort, "Educational Adaptability," in *Administration for Adaptability*, ed. Donald H. Ross (New York: Metropolitan School Study Council, 1958), pp. 32-33.

10. "Kindergarten Education, 1967-68." *NEA Research Bulletin*, 47, no. 1 (March 1969), 10.

11. Paul R. Mort and Francis G. Cornell, *American Schools in Transition* (New York: Teachers College, Columbia University,

1941).

12. A. G. Grace and G. A. Moe, *State Aid and School Costs* (New York: McGraw-Hill Book Company, 1938), p. 324.

13. Austin D. Swanson, "The Cost-Quality Relationship," in *The Challenge of Change in School France*, Proceedings of the Tenth Annual Conference on School Finance (Washington, DC: Committee on Educational Finance, National Education Association, 1967), pp. 151-65.

14. Richard O. Carlson, *Adoption of Educational Innovations* (Eugene: Center for the Advanced Study of Educational Administration, University of Oregon, 1965).

15. For a full description of PSSC, see Paul E. March, "The Physical Science Study Committee : A Case History of Nationwide Curriculum Development" (unpublished doctoral dissertation, Graduate School of Education, Harvard University, 1963).

16. Two other taxonomies that are widely used are those developed by (a) Daniel Katz and Robert L. Kahn and (b) Ronald G. Havelock. There is substantial agreement among the three taxonomies. For a discussion, see Robert G. Owens and Carl R. Steinhoff, *Administrating Change in Schools* (Englewood Cliffs, NJ: Prentice-Hall, 1976). Chapter 4.

17. David L. Clark and Egon G. Guba, "An Examination of Potential Change Roles in Education," in *Rational Planning in Curriculum and Instruction*, ed. Ole Sand (Washington, DC: National Education Association, 1967).

18. Such as the Biological Sciences Curriculum Study (BSCS), the Physical Sciences Study Committee (PSSC), the Chemical Bond

Approach Project (Chem Bond or CBA), and the School Mathematics Study Group (SMSG).

19. Gerald Zaltman, David Florio, and Linda Sikorski, *Dynamic Educational Change: Models, Strategies, Tactics, and Management* (New York: The Free Press, 1977). p. 77.

20. Robert Chin, "Basic Strategies and Procedures in Effecting Change," in *Educational Organization and Administration Concepts, Practice and Issues*, ed. Edgar L. Morphet and others (Englewood Cliff, NJ: Prentice-Hall, 1967).

21. Homer Garner Barnett, *Innovation: The Basis of Cultural Chang* (New York: McGraw Hill Book Company, 1953).

22. Matthew B. Miles, *Innovation in Education* (New York: Columbia University Press, 1964), p. 14.

23. Robert Chin and Kenneth D. Benne, "General Strategies for Effecting Changes in Human Systems" in *The Planning of Change*, 2nd, ed., ed. Warren G. Bennis, Kenneth D. Benne, and Robert Chin (New York: Holt, Rinehart & Winston, 1969).

24. Group on School Capacity for Problem Solving, *Program Plan* (Washington, DC: National Institute of Education, June 1975), p. 1.

25. Paul Berman and Milbrey Wallin McLaughlin, *Federal Programs Supporting Educational Change, Volume VIII: Implementing and Sustaining Innovations* (Santa Monica, CA: Rand Corporation, May 1978), p. iii.

26. This study is fully reported in eight volumes under the general title, *Federal Programs Supporting Educational Change* (Santa Monica, CA: Rand Corporation).

Volume I: *A Model of Educational Change* by Paul Berman and Milbrey Wallin McLaughlin (1975).

Volume II: *Factors Affecting Change Agent Projects* by Paul Beman and Edward Pauley (1975).

Volume III: *The Process of Change* by Peter W. Greenwood, Dale Mann, and Milbrey Wallin McLaughlin (1975).

Volume IV: *The Findings in Reviews* by Paul Beman and Milbrey Wallin McLaughlin (1975).

Volume V: *Executive Summary* by Paul Berman, Peter W. Greenwood, Milbrey Wallin McLaughlin, and John Pincus (1975).

Volume VI: *Implementing and Sustaining Title VII Bilingual Projects* by Gerald Sumner and Gail Zellman (1977).

Volume VII: *Factors Affecting Implementation and Continuation* by Paul Beman and others (1977).

Volume VIII: *Implementing and Sustaining Innovations* by Paul Berman and Milbrey Wallin McLaughlin (1978).

27. Group on School Capacity for Problem-Solving, p. 1.

28. Ibid., p, 4.

29. Ibid., p, 5.

30. T. Barr Greenfield, "Organizations as Social Inventions: Rethinking Assumptions about Change," *Journal of Applied Behavioral Science*, 9, no. 5 (1973), 551-74.

31. Chris Argyris, *Integrating the Individual and the Organization* (New York: John Wiley & Sons, 1964), p. 123.

32. Matthew B. Miles, "Planned Change and Organizational Health: Figure and Ground," in Richard O. Carlson and others, *Change*

Processes in the Pubilc Schools (Eugene: Center for the Advanced Study of Educational Administration, University of Oregon, 1965), p. 17.

33. Adapted from Miles, "Planned Change," pp. 18-21.

34. Rensis Likert, *New Patterns of Management* (New York: McGraw-Hill Book Company, 1961).

35. Gordon L. Lippitt, *Organizational Renewal: Achieving Viability in a Changing World* (New York: Appleton-Century-Crofts, 1969).

36. Matthew B. Miles and Dale G. Lake, "Self-Renewal in School Systems: A Strategy for Planned Change," in *Concepts for Social Change,* ed. Goodwin Watson (Washington, DC: National Training Laboratories, NEA, 1967).

37. Far West Laboratory, "A Statement of Organizational Qualification for Documentation and Analysis of Organizational Strategies for Sustained Improvement of Urban Schools" (paper submitted to Program on Local Problem-Solving, National Institute of Education, San Francisco, 1974).

38. John I. Goodlad, *The Dynamics of Educational Change: Toward Responsive Schools* (New York: McGraw-Hill Book Company, 1975), p. 175.

39. Gerald Zaltman, David H. Florio, and Linda A. Sikorski, *Dynamic Educational Change : Models, Strategies, Tactics, and Management* (New York: The Free Press, 1977), p. 89.

40. Michael Fullan, Matthew B. Miles, and Gib Taylor, *OD in Schools : The State of the Art, Volume I: Introduction and Executive Summary.* Final report to the National Institute of

Education, Constract nos. 400-77-0051-0052 (Toronto: Ontario Institute for Studies in Education, August 1978), p. 14.

41.The following discussion of OD concepts and force-field analysis is from Robert G. Owens and Carl R. Steinhoff, *Administering Change in Schools* (Englewood Cliffs, NJ: Prentice-Hall, 1976), pp. 142-48.

42.See, for example, Spencer Wyant, *Organizational Development from the Inside:A Progress Report on the First Cadre of Organizational Specialists* (Eugene, Center for the Advanced Study of Educational Administration, University of Oregon 1972).

43.Jack R. Gibb, "TORI Theory: Consultantless Team-building," *Journal of Contemporary Business*, 1 (Summer 1972), 33-34.

44.The concepts of force-field analysis and the three-step cycle of organizational change are generally credited to Kurt Lewin, "Frontiers in Group Dynamics," *Human Relations*, 1 (1947), 5-41. The definitive work in this field by Lewin is *Field Theory in Social Science* (New York: Harper & Row, Publishers, 1951).

45.Lewin, "Frontiers in Group Dynamics," p. 35.

46.Paul Hersey and Kenneth H. Blanchard, *Management of Organizational Behavior: Utilizing Human Resources*, 3rd ed. (Englewood Cliffs, NJ: Prentice-Hall, 1977), p. 2.

47. Michael Fullan, Matthew B. Miles, and Gib Taylor, *OD in Schools: The State of the Art* (Toronto, Ontario: Ontario Institute for Educational Studies, 1978), 4 Volumes.

48.Philip J. Runkel and Richard A. Schmuck, *Findings from the Research and Development Program on Strategies of*

Organizational Change at CEPM-CASEA (Eugene, Center for the Advanced Study of Educational Administration, Center for Educational Policy and Management, University of Oregon, 1974), p. 34.

49. John I. Goodlad, *The Dynamics of Educational Change: Toward Responsive Schools* (New York: McGraw-Hill Book Company, 1975), p. xi.

50. Ibid., p. 113.

51. Ibid.

52. Ibid., p. 115.

53 Ibid., p. 135.

54. Ibid., pp. 139-40.

55. Mary Walton, *Deming Management at Work: Six Successful Companies that Use the Quality Principles of the World-Famous W. Edwards Deming* (New York: Perigee Books, 1991), p. 13.

56. Andrea Gabor, *The Man Who Discovered Quality: How W. Edwards Deming Brought the Quality Revolution to America-The Stories of Ford, Xerox, and GM* (New York: Times Books, Random House, 1990), p. 3.

57. Warren H. Schmidt and Jerome P. Finnegan, *The Race Without a Finish Line: American's Quest for Total Quality* (San Francisco: Jossey-Bass, 1992), p. 196.

58. Schmidt and Finnegan, *The Race*, p. 90.

59. Rafael Aguayo, *Dr. Deming: The American Who Taught the Japanese About Quality* (New York: Carol Publishing Group, A Lyle Stuart Book, 1990), p. 7.

60. Walter A. Shewart, *Statistical Method from the Viewpoint of*

Quality (New York: Van Nostrand, 1931).

61.Aguayo, *Dr. Deming*, p. 7.

62.W. Edwards Deming, *Out of the Crisis: Quality, Productivity and Competitive Position* (Cambridge: Cambridge University Press, 1982), p. 23.

63.Ibid., pp. 101-102.

64.Ibid., p. 23.

65.This section follows the ideas of William Lareau, *American Samurai: A Warrior for the Coming Dark Ages of American Business* (New York: Warner Books, 1991).

66.Fullan, Miles, and Taylor, *OD in Schools*, p. 2.

67.Ibid.

第10章

全面記述的必要性與質的研究

本章簡介

全面記述的必要性

　　◇新科學思想的重要性

描述與評估學校組織文化

　　◇系統化研究的兩個派典

　　◇判定一個自然主義的研究之適宜性

　　◇自然主義的研究計畫之特性

　　◇提高可信度的程序

　　◇自然主義的研究報告之特性

結論

建議讀物

註釋

本章簡介

曾經有一個時期，人們相信科學的思想要求我們必須從眞實的世界中抽離出現象（phenomena）來，再將它們分解成不同的組成部分，且經過詳細的檢視之後，再從概念上或實際上予以重組，以瞭解究竟事件是如何發生的。這是一種化約主義的思想（reductionist thinking），源自於一種合理性的思考模式（a rational model of thought）：亦即主張以下這樣的觀念，那就是相信圍繞在我們世界的明顯混亂與模稜兩可的情境中，存在有一些理性秩序與系統。更甚者，長久以來一直被認爲最有力的科學解釋是，那些能夠利用數學算則（mathematical algorithms），藉由實際測試證實（爲眞）的理論命題。[1]

全面記述的必要性

長期以來，研究組織行爲的學者們均深信上面的陳述。事實上，本書前幾章所描述的源自於傳統理性主義、化約主義的許多組織理論思想，都企圖產生數學上可證明（爲眞）的確定事務。然而，本書所描述的內容，有許多則來自於一個新的、不同種類的科學思想，目前正在興起之中，且貫穿所有的科學領域。

它被稱爲是「全面記述的必要性」（the holographic imperative），因爲它強調全面記述思考的必須性，要求「從三度空間、從許多不同細節層面，以及從每一角度方位來看問題。」[2] 此種新的思想大大地解釋了人們對於組織文化與組織氣氛漸增的興趣，以及它們（組織文化與組織氣氛）如何協助解釋組織中人

們的行為。經由文化的檢視以作為組織行為的解釋，我們可以更深一層地看待組織，將其視為是一個複雜的統合整體，而無法以單一的、簡單的解釋加以說明。當我們從不同觀點看待組織以及在組織中人們的行為時，我們就必須以不同的方式來加以瞭解。

新科學思想的重要性

此種較新的、全面記述種類的科學思想是根本必須、而且重要的。它是根本必須的，因為假如我們想要更瞭解組織理念中那些因為很難研究，以至於長久被忽視的明顯失序、模糊性，以及分離等現象（同時屬於物理空間及社會空間上的現象）。葛萊克（James Gleick）稱此種看似無法解釋，卻普遍存在於人類經驗的失序現象為「混沌狀態」（Chaos）。他在一九八七年一本相當暢銷的書籍中，描述這些所有學術領域科學家正在使用的新的思考方式，是處於「追求一個新科學」的過程。他解釋說，這些科學家藉由嘗試瞭解我們所存在世界的整體複雜性，以進行追求一個新科學的工作，而不是強調那些為了便於研究而可以輕易地從整體分離出來的細小部分。[3]

它是整體的思考方式（holistic thinking），而非傳統的化約主義的科學思想，而且它代表科學界的重要改變。「我們發現，存有強烈的證據證明我們所持有的一些基本信念的根基已受到挑戰」，歐加爾維和施瓦次（James Ogilvy and Peter Schwartz）這樣認為，「這種挑戰來自於一個多面向的革命，這種革命在人類文明歷史的過程中，僅有少數幾次的經驗而已，此革命開始於一個多世紀以前，且已累積像哥白尼革命（Copernican revolution）的改變，或像啟蒙運動（the Enlightenment）的出現一樣所涉及的強大動能。」[4]

我們不需要在此深入探究此種新的科學革命的實質內容；然而，我們必須察覺到，反應此種科學思想主要改變所產生之學校的新思考方式，已對組織及其成員行為的研究方式，產生極大的影響。近年來，有一種反應此種新的科學思考方式的組織研究取向，稱為自然主義的研究（naturalistic research），已快速地發展開來了，正挑戰著主宰教育組織研究幾個世紀的傳統研究取向。

自然主義的研究方法在取代傳統的理性思考方式的同時，事實上已使得教育組織行為重要新知識的發展成為可能。例如，組織文化的觀念已產生，且在現有的學校組織行為探究中成為主宰的地位，主要是因為化約主義的觀點已無法滿足於解釋教育組織內成員的行為，而人們乃尋找更有力的整體性與全面記述性的解釋。

儘管像這樣極為根本的思考方式的改變並不簡單，且不容易理解，但因為它的重要性極高，使得我們有需要瞭解它與被挑戰的舊的科學思考方式的主要差異。組織文化的研究正是利用此種思考方式以進行組織行為研究的一個典型的例子。

描述與評估學校組織文化

組織文化的研究替傳統的研究者帶來許多令人困擾的問題，主要是因為文化的重要元素是精細的、看不見的，且對組織內部的人而言是如此的熟悉，以至於被認為是不證自明的，且不值得討論。蒐集、區分，和摘取諸如組織重要的歷史事件，及其對現行行為的啟示、組織英雄對當代思想的影響，以及傳統和組織迷思的影響力等資訊，是一種與印刷問卷所具有的整齊性，和其答案的統計分析格格不入的工作。就像大內（Ouchi）、皮特斯與瓦

特門（Peters and Waterman）、康特爾（Kanter），以及迪爾與甘乃迪（Deal and Kennedy）的研究所展示的一樣，我們必須進入組織之內：與人們長談、找出他們認爲重要且必須加以討論的事、聽他們所使用的語言，以及發現那些能夠揭露他們的假定、信念，以及認同之價值的符號。由於這樣，因此組織文化的研究者傾向於利用田野調查研究的方法（field research methods），而不是傳統的問卷型式的研究方法。但當與教育研究者長久慣用的、較傳統的統計研究（實驗或準實驗型式）相對照時，有關於田野研究方法的知識論價值，在許多教育學派之間引起了極熱烈的討論。爲了瞭解教育組織文化的現有議題，我們必須理解其所涉及的研究問題。[5]

就像顧巴（Egon Guba）[6]曾指出的，事實上，存在有好幾個派典（paradigm）[7]可讓我們用以發現「眞實」（truth）或可用以進行「理解」（understanding）。舉例而言，有一種司法派典（a judicial paradigm），擁有完善的程序法則、證據法則、及判斷一個既定司法程序適當性的規準。此一司法派典提供法庭內、聽證會中行爲的方針，以及其他司法取向以發現「事實」、「眞實」和「理解」。直到目前爲止，這種司法派典雖仍很少被用於教育研究之中，但它卻已漸漸成爲一種被用於教育評鑑的研究取向。[8]

另一個廣被使用，以用以獲致理解或發現意義的派典是專家判斷（expert judgement）的派典。當然，這通常被用於教育機構的認證制度，在此制度中，訪視現場的小組被期望應行使專家判斷（以決定機構的聲望等）。此一取向在判斷運動表現和許多種類的藝術努力時，亦常被用到。[9]

系統化研究的兩個派典

目前在教育行政系統化的研究中，有另外兩個（截然不同）的派典在互為競爭其主宰的地位。這二個派典在1950年代所謂的教育行政理論運動（the theory movement in educational administration）中取得了優越性，在這理論運動中，一個主要的因素是承認社會與行為科學對於教育行政研究的貢獻卓著—不僅是這些科學的理論、觀念、與知識，而且也包括這些科學的研究傳統。社會與行為科學的歷史本身，在過去超過一個世紀中，已充滿著與「兩個思考模式」[10]有關的知識論議題，亦即「演繹探究」與「歸納探究」。

詹姆斯（William James）曾提及「溫和取向」與「強硬取向」；其他人則曾談過「理論的」與「實際的」。其他，例如，「硬的對軟的」、「自然的對社會的」、「科學對評論」、「精通數量者對善於描述者」，以及「嚴謹對直覺」等常用的詞語，通常被拿來用以描述行政與組織研究「兩個思考模式」的二分法。因此，若將這些詞語化約成簡單且嚴格的兩極化，且通常涉及像「好」或「壞」的道德判斷時，此二取向的「認知」、「理解」，以及（亦相當重要的）「思考」等議題的複雜性與細微差異，（很容易）就被模糊了。

有關術語的議題

另一方面，由於這兩個行政研究派典的基本特性，以及其對方法論的啟示缺乏精準與明確性，因此往往遮蔽、且混淆了適合用來判斷其方法論適當性的規準。這些派典應如何描述，且它們應如何被稱呼？這不是一個簡單的議題。事實上，近年來這已在教育行政研究者與研究方法論者之間產生了越來越多的爭論。[11]

在這個爭論中，那種傳統的、長期主宰的派典被稱為是理性

主義的（rationalistic）派典，它被概念化成為一個主要與演繹式的思考，和邏輯－實證主義者所主張的「認知」與「理解」社會與組織現象相關聯的派典（雖然它包括了一些研究技術）。行政研究的另一個主要派典被稱為是自然主義的派典（the naturalistic paradigm），它同樣亦包括若干研究技術，但它主要建基於歸納式的思考，而且與現象學觀點的「認知」及「理解」社會與組織現象的觀點有關。

在此，既不可能也不值得去檢視所有的「灰色地帶」（shades of gray），雖然此灰色地帶有可能描述那些可能存在於此二派典之間連續體的許多不同方法論觀點。事實上，極有可能的是，過度著重於模糊此二派典之間的根本差異，極容易造成更難建立完善的規準，無法用以評估研究方法論的適切性。因此，在本節以下的討論中，理性主義的與自然主義的兩個派典，是以一種相對較簡要的二分法——就像「原型」（prototypes）一樣，加以描述，有些像韋伯在其古典作品所描述的「理想型式的科層體制組織」（ideal bureaucratic organizations）的特徵一樣。

當然，我們知道在「真實世界」（real world）中，像這樣的原型是很少見的。事實上，我們可以很合理地推論出這樣的結果，那就是規範「理性主義的」行政研究之傳統「規則」很少被（嚴格地）遵守，以至於在教育行政領域中，常常會有有關研究品質（好與壞）的關切出現。在此所要表現的主要觀點是，除了傳統的（理性主義的）研究方式之外，另外存在有其他合法的方式可以用以從事行政研究，而利用這些替代的研究方式所從事的行政研究，並不會使研究結果變得較草率。

自然主義的與理性主義的派典都是系統化研究的合理模式，這是大家可以認同的。它們是不同的派典，起始於對社會現象的性質之不同知覺，亦源自於理解這些現象的方式之不同知覺。儘

管此二派典經常會相互競爭,爭取合法性與支持,但事實上,它們是互補的研究方法,均可用於研究教育行政重要知識產生的過程。

理性主義的派典

在這兩個研究派典中,理性主義的派典(the rationalistic paradigm)在教育行政中很明顯的是屬於主宰的取向。儘管,如稍後將看到的,它通常被稱為是量化的研究(quantitative research),但這是錯誤的名詞;它亦通常被認為是一種方法論,但事實並不是。然而,此派典在教育研究界中,比起任何其他取向而言,是出版較多、被教導、被接受、且被獎勵較多的派典,[12]且它已建立完善,成為學術研究的主要方法。

很明顯地,理性主義之派典的梗概是控制的實驗(the controlled experiment),例如,坎柏爾與史坦利(Donald Campbell and Julian Stanley)將其描述為是:

解決有關教育實際(educational practice)爭議的唯一方法;證明教育革新的唯一方式;以及建立一個可以累積傳統的唯一方法。在此過程中,革新可以被引入實施,但卻不必擔心古老的智慧會被追求時尚、追求低層次的新奇事物而被拋棄。[13]

然而,卻很少有行政的研究利用控制的實驗研究設計進行研究。

在理性主義的派典中,假如某些確保研究基本統整性的程序防範措施被適當地加以遵守時,那麼那些非實驗的研究方法被認為是比較低層次(雖仍可以被接受)的方法。基本而言,理性主義之派典的觀點認為,所有存在的事物都能夠從其環境加以外推

的（extrapolated），而且，因爲它存在，它以某些數量存在，因此，可以被量化。像「程序的防範措施」與「統整性」這些觀念所賴以建立的基本假定如下：

1. 當情境的某些部分被控制時，眞實世界中的特定部分〔被稱爲是「變項」（variables）〕，可能可以從實體中被挑選出來（按字義或透過統計操縱）加以研究或處理，因此，理想上，實驗室的實驗是此方法的縮影，因爲它給予研究者比較大的控制。

2. 研究者與被研究的受試者是（而且「必須」是）相互獨立的，這通常藉由在研究者與被研究的受試者之間引入「客觀的」資料蒐集工具而加以促成。

3. 情境中立的概括化（context-free generalizations）不僅有達成的可能，而且是研究的根本目的。

4. 量化的方法天生就比非量化的方法較受人歡迎——因此乃導致量化方法的觀念與理性主義派典本身之間的普遍混淆現象。

5. 先導理論（a priori theory）的利用，以及假設的—演繹的方法（通常是假設考驗），對研究設計與知識本身的累積而言，是相當重要的。

6. 一個預先訂定的設計（a preordinate design）應於事前明確界定每一個研究的步驟，從資料蒐集到資料分析都包括在內。[14]

在實際運作上，受理性主義的派典之信條所規範的研究，通常都開始於一個現存的理論，在研究之前可用以提出一個清晰的問題；下一步是將問題轉變成爲依變項與自變項；之後，研究者乃開始發展各種策略與工具，以企圖控制與揭露透過設計而自然

發生之變項之間彼此的關係。一旦研究所預先設計的步驟實施完成時，研究者乃回到（原先所依賴的）理論，以解釋其研究結果。[15]

在此，「理性主義的」這個名詞將被用來指涉下列的研究：

1. 利用正式的問卷或其他先導的分類技巧，以作為蒐集資料的主要基礎。
2. 轉化資料成為某種型式的數量表現。
3. 企圖以某些正式的方式將研究發現概括化到某些超越研究界限的群體上。

當然，我們知道上述這些並不是「理性主義的」研究派典特質的完整清單，但因為它們被認為是相當顯著的特徵，所以它們乃被當作是「理性主義的」研究派典的典型特質（modal characteristics）。

在系統化的研究中，理性主義的派典（以極驚人的比例）成為主要的、且基礎穩固的傳統，任何想要與其相互競爭的派典均必須與這一個現代科學研究之標準取向加以比較與對照。

自然主義的派典

科學研究的第二個派典是自然主義的派典（the naturalistic paradigm）。一向比較不被人清楚瞭解的是，自然主義的研究建基於二組概念，此二組觀念之結合，使它之所以成為一個研究派典有了一個強烈的立論基礎。[16]其中一組觀念是自然主義的—生態學的假設（naturalistic-ecological hypothesis），主張人的行為受到其發生情境的強烈影響，在這些情境中，規則通常比個體所展現的差異性，對行為的塑造更具影響力。從此觀點而言，學校成員的行為被視為是受到其行為發生之組織情境強而有力地影響著。

[17]因此，「假如有人想要將學校研究的發現概括化的話，那麼這位研究者最好在這些影響力維持原封不動的情況下進行研究。」[18]

自然主義的研究的另一組基本觀念是質的─現象學的假設（qualitative-phenomenological hypothesis）。基本上，此假設認為，在尚未瞭解被研究者解釋環境的架構（註：可想成是看事情的觀點）前，我們無法瞭解人的行為，而此架構可以透過對個體思考、感情、價值、知覺，與行動的瞭解而加以理解。

正如稍後即將解釋的，「自然主義的」是一個頗為適切的名詞，但首先我們應清楚地瞭解到，自然主義派典的「認知」（knowing）方式是不同於理性主義派典的。它從與先前討論過的六個假定截然不同的觀點加以出發。自然主義的假定認為：

1.在真實世界中，事件與現象無法從其嵌入的、無法擺脫的脈絡中抽離出來，而所謂的理解（understanding），涉及整體中所有許多部分的相互關係之理解。

2.假定研究者與受試者之間的互動有可能可以被排除是虛幻不真的。事實上，這種動態關係使得研究者本身（他或她），可以成為資料蒐集與處理的「轉換器」（transducer）。

3.概括化（generalization）充其量僅是可疑的而已，而知識無法避免地會與某一特定脈絡相關聯。

4.質的方法──同時強調在其世界中個人的內、外在知識──是較可取的（較好的）。就像費爾斯提德（William Filstead）所陳述的：「質的方法論允許研究者可以更接近資料，因此可以從資料本身發展出分析性的、概念性的，以及類別性的解釋。」[19]

5.理論可以從資料本身浮現出來，就某方面而言像是格萊舍和施特勞斯（Glaser and Strauss）所描述的「建基理論」

（grounded theory）一樣。[20]

6.自然主義的研究者追求多重實體的展現（透過研究者與回應者的互動，長久之後將同時改變回應者與研究者）及建基理論，他們堅持一種隨著時間（逐漸）開展的研究設計，長期研究，一直要到考量可投入的時間、資源、與其他邏輯等因素，必須下決定中止前，整個研究永不停止。[21]

「自然主義的」意指什麼？

當自然主義的派典要被應用於研究時，從明確的概念開始，瞭解自然主義的真正意義是很重要的。其之所以會如此，部分是因為這個名詞具有複雜的意義，但主要是因為它與已經建立相當良好的傳統研究觀點不一致，因此，嘗試以下列二種方式定義這個名詞是有助益的：1.它對研究者真正的意義（為何）；以及2.它與所謂的「理性主義的」研究有何不同。

「自然主義的」這個名詞表達其對實體之特性的一種觀點，它的觀點認為我們所面對的「外在」真實世界是一個動態系統，其所有的「部分」是如此地彼此關聯，以至於使得其中一部分不可避免地會影響其他部分。為了瞭解這真實世界的實體，我們必須接受這樣的觀念，那就是部分不可能一點一點地被分離，小心檢視，而不破壞研究者所正在研究的系統。部分必須儘可能地在其整體脈絡中被加以研究。基本上，這是一種對世界中之實體的現象主義的觀點——與邏輯—實證觀點不同。

一方面，以邏輯—實證取向瞭解此複雜世界時，強調必須在情境中找尋研究的不同「變項」，同時企圖控制其他變項；但另一方面，自然主義者認為這樣已經改變了（原來的）情境，會導致扭曲我們對實體的瞭解。因此，假如有人想要瞭解人類組織的實體，以及其成員之行為時，自然主義的觀點認為，（我們必須）

檢視這些組織成員的每日生活中，所有豐富的混亂現象。假如想要瞭解人的行為的話，它必須在「原處」（in situ）加以被研究。

在此，「自然主義的」這個名詞被用以指稱下列有關的研究：

1. 主要運用研究者與研究情境中之行動者的直接接觸作爲蒐集資料的工具。
2. 利用突發的策略（emergent strategies）以設計研究，而不是先前就已明確設計的。
3. 在資料蒐集之後，從資料的檢視本身發展資料類目。
4. 並不企圖將研究發現概括化至超越研究範圍的普遍範疇。

再次強調，我們知道當然尚有其他許多特徵可能可以與自然主義的研究相互關聯，但對我而言，上述這些特徵是自然主義之研究相當重要、且相當顯著的（故爲典型的）特質。

「自然主義的」與「質的」研究同義嗎？

在前面的敘述之後，現在可以轉而討論「質的」（qualitative）（研究）這個名詞。儘管「自然主義的」意指我們嘗試檢視實體的方式，而且這些方式強調眞實世界的整體性與現象的相互關聯性，但「質的」這個詞，則意指研究所追求之理解的特性（the nature of the understanding）。質的研究試圖從行動者本身的參考架構來瞭解人的行爲與人的經驗，而非從研究者的參考架構去瞭解。因此，自然主義的研究試圖闡明社會實體、人的知覺，以及組織的實體，且不受正式評量程序之介入而干擾，[22]亦不會重組情境以配合研究者先入爲主的觀念，其所導致這種對研究結果描述的質化性質，使研究者得以像那些被研究的人觀看「眞實世界」的方式，看到「眞實世界」。

因此，質的描述不一定就是自然主義的研究者所獨有的領域。實證主義者可以（而且確實也如此）在他們的研究中，利用質的方法進行研究。例如，透過紙筆測驗工具所蒐集的資料，可用以（而且通常用以）作爲團體規範或價值，或影響行爲之其他社會力量的指標。[23]然而，這兩個取向在揭露及描述這些規範之特性所用的技術（techniques）顯著不同。自然主義的研究多半會將受試者的姿勢、語言，和行爲型式視爲是重要的描述資料；但另一方面，實證主義者傾向於透過由受試者或他人所提供的資料，企圖尋求理解，而這些資料是利用像問卷或查核清單之標準化工具，或透過人口資料，或其他描述性資料之分析而得。然而，由此二取向所產生的描述品質之特性相當不同：一個產生貧乏而簡單的描述，而且少掉了產生資料的脈絡參考價值；另一則產生如吉爾茲（Clifford Geertz）所稱的「深度描述」（thick description）。[24]

深度描述爲眞實世界之人類行爲提供意義，它並以來自於所珍視之傳統和社區價值而產生的文化規範、深植的價值與動機之類的詞句達成提供意義的目的。「就像韋伯相信人是一種懸吊於自己吐絲所編織之意義網的動物一樣，」吉爾茲如此評論著，「我以文化作爲那些網，因此對它的分析不是一種追求法則的實驗科學，而是一種追求意義的解釋性科學。」[25]因此深度描述幾乎是在傳達與研究情境有關的相互聯結之脈絡因素的網路，深度描述並不止於僅是資訊或描述性資料而已：它傳達了文字的描述，這種描述象徵性地移轉讀者進入情境，且不僅對案例中之事實與事件，同時對情境中之脈絡、品質與權力等均具有一種洞見、理解和啓發的感覺，就像是情境參與者所經驗的感覺一樣。

研究的這種質的特性被庫席克（Philip Cusick）舉例說明得相當好，他曾花了六個月的時間在一個高中作爲一個參與觀察

者。例如，他指出此學校之教師規律地在40分鐘長的課堂中，利用10到15分鐘的時間，檢查（遲到的）藉口、證件，及其他行動，以企圖控制學生，[26]而且，當教師眞的開始注意到該堂課的課程時，一些學生的不專心，以及來自他人的干擾，大大地降低了投注於教與學活動的時間，因此，他估計平均每位學生每天花費不到一個半小時的時間，在心智上投入於學習的過程。[27]但是庫席克的觀察超越了客觀而量化之資訊所提供的告知，而以一種與深度描述相關聯的較豐富的意義呈現。

例如，他發現，教師與行政人員通常忽視學生之間的賭博與偷竊現象，但卻處罰那些蹺課或違反教室規律的學生。[28]學習不多的學生，只要極度地遵從教室規律及學校規則，就會在學術成績中得到高分。[29]

這種在學校生活中的質的描述曾在許多不同資料中被證實過許多次，例如，席爾博曼（Charles Silberman）在「追求溫順的教育」（Education for Docility）所引述的一樣。[30]這些描述「讓讀者如臨其境」（take the reader there），且傳達一種對學校內成員行爲的眞切洞見。它是質的、「深度的」，因爲它所傳達的被研究行爲與情境關聯的本質，是如此地具有意義。

判定一個自然主義的研究之適宜性

因爲建基於「理性主義的」與「自然主義的」研究之「領域假設」（domain assumptions）[31]在根本上並不同，且在本質上是兩極化的，因此用以判定代表這兩個領域之研究設計的適當性，及研究方法論的適切性之規準也極度不同。這樣的考量乃興起了「到底怎樣的標準，可以用以判定一個發表的（自然主義的）研究之適宜性比較恰當」之類的問題。

例如，在理性主義的研究中，研究者會試圖找尋「眞實世界」

[32]的些許部分，使其廣泛性大到可以概括化的程度。因此，在評估這種研究的研究設計時，我們會檢視其樣本的代表性，通常以一個隨機樣本或選擇的樣本加以確認。假如其回收率適當，就有可能將結果概括化到一個樣本所代表的較大母群體上，當然，這通常是被指為是外部效度（external validity）。

爲了將研究者方面的偏差降至最低，研究者會企圖排除主觀性，並將客觀性最大化。至少受試者與研究者之間會維持一個謹慎的社會距離──通常藉由在二者之間插入正式的資料蒐集工具（例如，紙筆填答的問卷）──以將由於彼此互動而產生的情感偏差（例如，同情）降至最低。通常的情況是，研究者與被研究情境之可接近性被降至最低，以確保公平超然的現象能最大化。

在理性主義的派典中，研究者試圖控制那些不知道（unknown）和不可知（unknowable）的變項。例如，隨機的過程通常被用來在研究的整個母群體中，選擇受試者的樣本，研究者可能甚至不知道這些樣本與他們試著要不篩選到的那些樣本的差異性如何：他們只須知道，跨越群體的隨機分配（random distribution）應該可避免任何差異性所造成的（研究）差異。[33]假如不可能隨機選擇母群體的樣本時，研究者可能會藉由以「相關變項」爲考量，將樣本配對，以加強對未知變項的控制。由於有了配對，那些被認爲不相關聯的其他變項，在研究的範圍中不再被認爲是具干擾性了。

在理性主義的研究中，研究者亦關心必須確保資料蒐集的工具可以產生一致性的結果（consistent results），假如測驗再重做，或假如訪談再次進行，其結果是否會相同呢？或者是不是有可能會有一些誤差導致令人困惑的解釋？[34]因此，研究者乃關心其資料蒐集過程的信度（reliability）問題，例如，研究工具的信度、項目之間的信度，以及評分者及／或訪問員之間的信度。

因此，「一個事前規劃好的研究設計」當然就成為理性主義的研究之精髓。應於開始進行研究之前，就明確指出每一個將用以蒐集資料及分析資料的步驟，以驗證假設或回答研究問題。在研究設計中，重要的項目包括研究者所用以處理外在效度、客觀性、內在效度，以及信度等的特定明確程序。當理性主義的派典事前規劃的研究設計被評鑑時，這一些都是重要的規準，以用以判定其適宜性。最後在研究的實施，以及所寫研究報告的評估方面，這些也是（或應該是）被列入考慮的重要議題。

　　因為自然主義的派典對實體之特性的假定，以及其瞭解實體所採取的方式，使得傳統對客觀性、效度，和信度的關心，對自然主義的研究而言並不中肯。史柯理分（Michael Scriven）之古典著作在主觀性與客觀性之主題有極大的貢獻，他指出傳統一直指稱的「客觀」與「主觀」通常與資料的量化相互混淆，且通常都掩蓋了主觀偏差的問題。[35]簡而言之，史柯理分清楚地表示，研究的量化性質（通常伴隨著對資料的統計操縱），已經與「客觀性」相互混淆了〔客觀性是理性主義的研究之必要條件（sine qua non）〕。

　　為了避免採用不可靠的、偏差的、或獨斷的資料，自然主義的研究者並不試圖追求透過方法論所帶來的一些「客觀性」，反倒是透過對現象的個人化與親密理解，強調「迫近」的觀察（close in observations），以獲致真實的、可靠的，以及可確信的資料。[36]雖然理性主義的方法論者可能會透過從許多受試者身上得到資料，加以使用，以追求確證，但自然主義的方法論者通常試圖透過對一小群，甚或僅對一個個體的徹底研究，以求確證。

　　追求概括化的努力已對理性主義的研究派典之準則產生重大影響。然而克朗巴哈（Lee Cronbach）曾很有智慧地認為，概括化無法持久：事實上，在所有的科學領域，例如，物理的、生物

的，以及社會科學等，概括化的現象在經年累月之後都會瓦解。[37]舉例而言，假如星星改變其運行軌道，那麼就會使得星際圖因而過時；當基因變形使蚊子能抵抗其化合物時，DDT就無法再控制蚊子；且當質子被發現已很明顯的退化時，顯然地，概括化的現象比起歷史更不具科學的眞實性。更且，我們當然可以合理地推論，認爲「硬科學」（hard science）（例如，物理學、生物學）發展概括化的過程，顯然與教育行政的例子不同。通常在物理與生物科學中，研究者根據一大堆需要間接觀察的相似事件，嘗試追求概括化，因此統計方法有益於助長解釋模式之建立。然而，相反的，在教育組織中，很少有事件可以被稱爲是「相似」（alike）的事件；而且，通常這些事件最好是能直接地加以觀察，才能眞正地瞭解所發生的眞實情況。

對現在的討論更恰當的議題是（已遠離了概括化），運用自然主義的（註：原文爲rationalistic inquity，但根據文中脈絡，譯者判斷應爲naturalistic inquiry之誤故改之）研究派典所進行的社會系統之研究顯示，「事實」通常都嵌入在被研究的脈絡中，這是一個無法避免的結論。這樣的觀念對教育行政與組織的研究而言相當重要，因爲就像顧巴與林肯（Lincoln）曾說過的：「事實上根本幾乎不可能想像說，存在有不受行爲發生情境影響的任何人類行爲。」[38]因此，想要在人的社會系統中發現情境中立的概括化概念，（這樣的企圖心）深深受到自然主義的研究派典強烈的質疑。

自然主義的研究計畫之特性

理性主義的派典之研究者認爲，研究設計是一系列受到既定時序限制的個別程序；而自然主義的研究者則將研究設計視爲是，替一個高度互動的資料蒐集與分析過程，提供一個突發因應

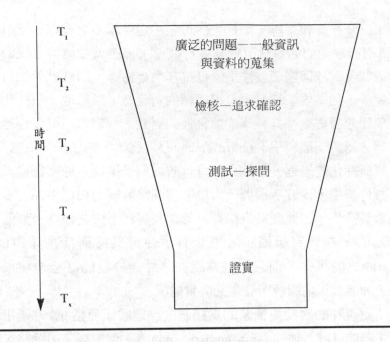

圖10.1 自然主義之研究計畫的一般綱要

而生的計畫。在此將其描述為是一個互動的過程，因為資料的蒐集與分析是同時進行的，亦即資料的分析（結果）可以建議研究者哪些資料必須加以檢視，何時可確認資料，以及如何擴展資料蒐集本身的範圍等，以給予資料蒐集的方向。為更明確加以說明，以下簡要討論通常在自然主義的研究計畫常見的三個要素：研究策略、資料蒐集的策略，以及審查的記錄。不管是自然主義的研究計畫、研究實施，或研究報告的階段，這些考慮都是適當的。

自然主義的研究策略

　　正常而言，研究策略剛開始將提供較廣泛的探究，而當資料蒐集進行時，它將同時伴隨著正確性的檢核、追求確認、測試、

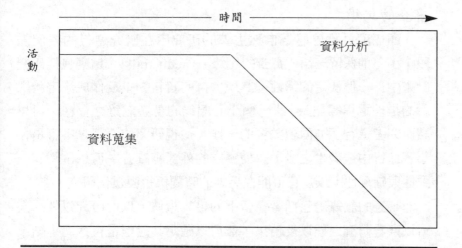

圖10.2 自然主義的研究資料蒐集與資料分析的典型型式

探問與證實等。通常在研究的早期階段，研究策略比較強調資料
的蒐集，而檢核、確認、測試、探問與證實等活動，將以一種漏
斗般的設計，在之後的研究階段中，逐漸減少資料的蒐集，同時
則增加資料的分析——檢核、確認與證實（如圖10.1所示）。

　　在自然主義的研究的早期階段中，可能有80％的時間與努力
將花在資料蒐集上，而20％將投入於分析活動；在之後的研究階
段中，這種現象可能會顛倒過來，成為80％的時間投注於分析活
動，而20％投入於資料蒐集（見圖10.2）。自然主義的研究設計一
個重要要素是，開始於較廣範圍的問題，而持續以一種概念性的
漏斗（a conceptual funnel）——終日與資料在一起，時常嘗試更
加瞭解資料所代表的意義——以決定當研究展開時，如何檢核，
以及如何確認。在這樣的研究設計中，相當重要的是，研究者應
充分地準備好，當他或她隨著時間的累積而更接近資料時，隨時
可以找到來自於資料的非預期知覺。

審查的記錄

顧巴與林肯曾建議自然主義的研究應在研究進行的整個階段,小心地保留一個「審查的紀錄」(audit trail)。這應包括研究計畫中每一個決定的特性、其所依據的資料,以及作成決定所採行的推理過程等記錄。[39]一個小心記錄的審查記錄之存在,可以讓研究者進行下列兩項重要的工作:檢視研究的過程,不管是在事實進行中或發生之後,以使獨立的外部審查者,可以確認其一致性與確實性;以及有可能在另外的時間再複製這個研究。

審查的記錄應包括審慎留下的足夠證據,以使研究以外的人可以察看研究過程以及結果,並可以確定其過程是否適切,結果是否合理及可信賴。審查記錄的一個基本要素是研究者的日誌(the investigator's log),在這個個人的日誌中,研究者不只是審慎詳細地記錄從開始到結束所發生的接觸,更記錄其他兩種重要的資訊:1.當研究展開時,達成每一決定的推理與邏輯;以及2.研究進行中,研究者所具有(或所產生)的直覺、猜測、情感,以及知覺等。

但是日誌並不(等於)是審查的紀錄,它最多充其量僅是審查紀錄的一個註解式的目錄而已。此審查的記錄本身將包括許多小心保留的研究記錄之文件,這些文件可能包括下列事物:

1.訪問與觀察的原始筆記。
2.訪問與觀察之後所編輯整理的摘要筆記。
3.有關研究的會議紀錄。
4.所有作爲資料來源的文件。
5.作爲文件內容分析的綱要與「法則」。
6.資料分類的決定法則。
7.訪問綱要。

8.作爲研究之一部分的完整文件。

　　顧巴曾主張（特別是針對評鑑研究的例子），必須僱請一位獨立的外部審查者，按照研究所使用的研究過程，針對研究發現之合理性，進行一個公平的審查與報導。

蒐集資料的策略

　　自然主義的研究設計必須要能提供多元的資料來源與資料的蒐集方法，以及描述當研究進行時，用以檢核與證實分析的一些技巧。用以執行這些策略的程序，在決定自然主義的研究之可信度而言，相當重要。與自然主義的研究有關的六個資料蒐集程序將於下一節予以敘述。

提高可信度的程序

　　當面對組織內相互關聯之人員、事件、與脈絡（所展現的）令人迷惑的、動態的型式時，研究者必須想辦法從混亂中「找出意義」（make sense）。同時，他們也必須證實其在找出意義的過程中，所採用的步驟能夠產生可信賴的解釋。舉例而言，利用自然主義的取向進行研究的研究者，如何整理出組織中行爲的複雜型式，使能確信「眞正」發生了什麼？以及，如此作之後，研究者如何說服他們自己與其他人，他們眞的瞭解「眞正」的情況，而不會因爲個人偏見的介入與不同來源的誤差而產生誤導？這樣的研究發現，如何能被接受爲是對實體的可靠解釋？對於像這類問題之答案，必須由自然主義的研究者加以回答，而且其答案必須與自然主義的派典之假設和諧一致──主張對實體的全盤（理解）取向、因果關係的多元因素、事實可能不是單一的、在一情境中可能有許多「事實」，以及堅持事實都是與情境關聯的確定

性。因此，像這樣的一個研究將利用一些技巧，以企圖增進其可信度。以下將簡要敘述六個被視爲是自然主義的研究設計的重要技術。

長期的現場資料蒐集

將時間——一個相當長期的時段——花在沈浸於情境中是相當重要的，它讓研究者可以進入情境、「學習其語言」、而且成爲可被接受、信任，到最後相對地被忽視的一員。時間允許研究者在情境中看到與廣泛趨勢背景不同的非典型事件，以使他或她可以在發生的事件中，找出重要的事物；時間亦允許研究者可以檢查他或她對所發生事件的深層知覺，並檢查他或她對研究情境所持有的偏見與態度。簡而言之，時間是讓研究者從先前的偏見（來自於早期的印象），轉換到有一個深層的理解之關鍵。在整個長期的資料蒐集時段中，研究者的日誌應記下其嘗試努力的過程史——亦即嘗試對研究情境更深度的描述、與更深入的洞見。

三角測量

研究者（會善加）利用許多資訊與資料來源，但這並不必非得要針對不同的事件而言，有可能是關於相同的事件。例如，當主題（themes）開始從訪問、文件、或觀察產生出來時，它們會被與其他資料交互檢核（cross-checked）以證實它們、檢查其資料的正確性，並檢測不同行動者對既定事件的知覺。假如有可能的話，研究者會利用多重的資料蒐集技術，包括：訪問、文件分析、自我報告、問卷、觀察，以及其他適當的方法。如此可以確保交互檢核與資料證實的可能性。

成員間的檢核

研究者持續的向被研究組織的相關人員確認資料、訊息、與知覺。他或她，可能會在日常生活中走向組織成員，並說：「有

些人說『如此如此』是這裡處理事情的獨特方式，你的看法如何？」成員間的檢核過程可能是自然主義的研究者建立一項研究之可信度最重要的一個方法。再次強調，研究者的日誌與審查記錄應包括成員間檢核的切實記錄，以及得自於他們的這些回饋如何被用於研究之中的詳細記錄。

參考的適當材料

只要有可能的話，研究者應從研究現場建立並維持一個與研究發現及解釋有關的材料檔案。這可以包括所有種類的相關文件（例如，手冊、便條紙，以及其他暫時性的資料），它亦可以包括：錄影帶、錄音帶、相片，以及影片。這些材料可在一段時間之後，協助保留那種被觀察情境的感覺，因而有助於事件的回憶。然而，研究者必須進行審慎的判斷（與抉擇），以設法平衡一方面想要擁有研究的一個完整的錄影記錄，一方面又不想要過度侵入研究的現場，因而改變其脈絡。

深度描述

在長期的觀察過程中，研究者將謹慎地進行三角測量、從事成員間的檢核、證實資訊、並蒐集可參考的適當材料等，其所有的目的都在發展深度的描述。深度描述需要以「讓讀者如臨其境」（take the reader there）的方式，綜合、統整，以及關聯所得到的觀察。這並不是一項簡單的工作，我將於底下的節次再予詳述。

同僚會商

研究者最好能從情境中脫離（特別針對長期的觀察研究而言）並與夠資格、且感興趣的同事，討論研究的進度與本身經驗的性質。[40]對研究生之研究者而言，此乃指與論文指導老師或論文委員會其他專長於自然主義的方法之委員進行討論。同僚會商可以在研究仍在進行的同時，讓研究者有機會檢視其思考、提出問題

與憂慮之處、並詳細談論研究者可能知道或未察覺的問題。再次強調，研究者的日誌應記錄同僚會商、註明所得到的回饋之性質，並顯示研究如何因此而重新改變方向等資料。

自然主義的研究報告之特性

在報導理性主義的研究時，語言（language）變成相當重要，而字句（words）則表達某種含意。例如，被研究的人通常都被指爲是「受試者」（subjects），語源學是來自拉丁字的*subjectus*，字義上代表將某人置於較低的地位、將某人擺在另一權威之下。[41]同樣的，形式（form）亦變成相當重要，且極度標準化。談到這一點，艾斯納（Eisner）曾說：

> 形式的標準化被認為是一種優點。從事理性主義的研究的任何人都需要針對問題加以定義、探討文獻、描述工具與母群體、報告實驗處理、呈現與討論結果，最後並指出其可能的啓示意涵。在這種格式中，假如研究者有任何個別性的感覺顯示時，它將會被中性化。這是藉由要求作者使用第三人稱單數，或第一人稱複數以取代「我的型式」（I form）的方式來達成。被研究的人則被指為是「受試者」或「S's」，而特定個體可能擁有的任何獨特性將被忽視。[42]

自然主義的研究報告的一個獨特性質是，它通常是以普通的語言加以敘寫。相對於理性主義的派典之研究報告，自然主義的研究者很少提及「受試者」，更不用說「S's」了。比較普遍的是他們常用「回應者」（respondents）──源自拉丁字的*respondens*，意指回應、回答。[43]此名詞與理性主義的派典所使用的「受試者」之差異並不是無關緊要的；後者清楚地顯示理性主義的研究者控

制受試者的企圖（或至少控制他們身上所發生的事物），這是不同於自然主義的研究者之意圖，自然主義的研究者是想要「理解」（understand）回應者所經驗、知道、相信、感受，或珍視的東西。

自然主義的研究報告的第二個特性是，它是值得信賴的（trustworthy）。它必須建基於可信賴的資料蒐集與分析程序，其中有一些已在前面討論過了。而研究報告本身則必須是真實的、謹慎記載的、且從多重來源提供證實。簡而言之，它是確實有根據的，意指它不僅是正確的，或依據業經充分證實的證據，同時它更提供豐富而深度的描述。在自然主義的報告中，其判斷與結論應該是可以證明其合理性的，意指它們與證據的關聯相當良好，而且有謹慎的審查紀錄加以支持。

第三，就像所有的報告所應具備的特性一樣，自然主義的研究報告應該是結構嚴謹的（well-organized）。報告的各個部分應彼此關聯，而且須輔以一個詳細的解釋設計。此報告應儘可能地少用專門術語，且必須是生動活潑，豐富與深度描述，以「讓讀者如臨其境」。

第四，這種報告應該是公平與合乎倫理的。報告所用之證據不應在虛偽造假的情形下取得，並在研究過程中，當涉及保密議題時，能明顯或隱含地嚴格遵守對保密（confidentiality）的協定。對於回應者權利的保障，當然就像在理性主義設計的研究對受試者權利的保障一樣重要。就像所有研究者所知悉的，定義與說明倫理行為的問題，已隨著時間而變得愈複雜了。

在自然主義的研究者之間，存在有一些爭論，探討有關研究者應向讀者解釋其所做觀察到何種程度的問題。有些學者，例如，巴可（Roger Barker）[44]主張事件與情境都應該加以描述，而讓讀者解釋其意義；其他人像史密斯和杰弗里（Louis Smith &

W. Geoffrey) [45]則主張應試圖提供深度描述,並輔以(研究者的)解釋。然而,自然主義的研究報告的一個基本目的是,「讓讀者如臨其境」——亦即提供一個能讓讀者產生對事件瞭解的豐富感覺,並對於其意義(比較有可能是多重意義)能有所見識的報告。因此,判定自然主義研究報告之適當性的一個重要因素是它的清晰度,據此,情境與研究發現的品質可以傳達給讀者。

關於這方面的討論,有許多古典的例子是具有教育意義的。例如,我們可以看到懷特(William Whyte)對於諾頓街(Norton Street)上幫派與其他少年幫派之間激烈鬥爭的描述。[46]在閱讀它時,我們可以瞭解其團體之間與團體內個人之間所展現的社會關係。藉著以謹慎的細節描述其激烈鬥爭,懷特使讀者能夠「看到」他曾在街坊其他情境看過的這一個事件描繪的行為。

以下以取自一個有關聽障小孩學校教育研究的一段引文,做為例子適當地加以說明。它是一個深度描述的例子,以「極普通的語言」、「生動活潑的方式加以描述」——二者都是判定一個自然主義的研究報告之適當性的重要規準。

「一個寧靜世界的聲音」

(Sounds in a Silent World)

耳聰的觀察者僅能對聾人的寧靜世界加以推論而已,但他無法全然瞭解它。它是外在於耳聰觀察者經驗的一個世界,有不同的語言,不同的習俗,及不同的價值。其居民依賴不同的感覺來解釋其經驗。在寧靜世界的居民以不同方式加以思考,他聯結來自於經驗的諸多觀念,而不是創造用以描述經驗的語言造句排列;他們追求與其相似之人的聯結,並從其友誼中得到喜樂。他們覺得很難與耳聰世

界之居民相處，因為這些人說著一口他們不熟悉的語言，持有與他們不相同的價值，加諸無法理解的需求在他們身上，而且當他們（耳聾者）想辦法要讓人們瞭解他們時，這些人通常也無法瞭解他們。

他們與其耳聰之親屬生活在兩個截然不同的文化。他們已同意於這些文化的名字，其中之一稱之為聾的世界（the deaf world），另一則叫做聽的世界（the hearing world）。造成這些約定俗成名詞的象徵主義並非意外。

有些時候，寧靜世界的親屬與教育工作者會極度地想要他們（聾者）能進入其世界，但他們的意願很小，成功的可能亦不大，他們反倒比較滿足（或安心）於維持與其聾者朋友的相處，且在其寧靜世界中追求滿足與實現。

耳聰之人想要進入寧靜世界者，在良好的情況下可能可以得到許可，且進入耳聾的世界，他有可能甚至學習其語言，一個相當陌生且不熟悉的語言，同樣亦要求使用一個完全不同的溝通系統，他不再能依賴說或寫，但必須學習一種新的字母，以及新的、以完全不同媒介（手勢）表達的觀念符號。他甚至有可能對此陌生語言與「口語」發展得相當精熟，但（不幸的是）這充其量亦僅是母語外的第二種語言而已，不是他的母語，他心裡必須有所準備，永遠停留在一種「外人」的狀態，他並未有能力去經驗聾者世界的實體，他僅能推論該實體，就如同他自己因文化差異所造成的殘障一樣。進入這個寧靜的世界，對他而言稱得上是一種文化的震撼。

令人驚訝的，寧靜的世界卻是一個相當吵雜的地方，與人們的預期相反，當進入寧靜世界時，他會立刻被其音量所驚嚇，但這些聲音並不是他們平常所面對、遭遇的。儘管

他們本身無法聽到其言辭，寧靜世界的居民已被教導，可以利用口語伴隨其手勢母語的使用。其結果是令人驚訝的，因為這是一種外來訪客事先未加準備的言辭。[47]

結論

長久以來，科學思想已被理性主義的、實證主義的（positivistic）、與化約主義的（reductionist）觀念所主宰，因此科學研究的傳統觀念——在方法論上以控制的實驗室實驗作為科學方法的精髓而聞名——已成為組織行為研究科學嚴格要求之標準。

然而，在本世紀內，有一個科學思考的新取向，不僅在社會與行為科學領域中，而且亦在所有的科學領域中被發展出來。這種新的科學思想強調對想要研究之現象採取一種「全面記述」觀點（a holographic view）的必要性，是一種全盤性的觀點，亦是一種同時檢視其脈絡與個別部分的觀點。當然，這種觀點同時也要求必須發展一些與新觀點相容的嚴謹研究方法。這其中的一些方法包括的是田野研究之質的研究，以及自然主義的研究方法。

質的、自然主義的研究方法——例如，人種誌（ethnography）——提供一個研究教育組織成員行為的方式，此種方式利用較新的、全面性的、全盤的取向進行科學的理解。大約從1980年代開始，使用這種方法研究教育組織的組織行為的風氣已逐漸上升。

本章所描述與討論的質的、自然主義的研究方法，已成為像研究組織文化領域的正當方法的選擇之一。質的、自然主義的研究被視為是一種追求組織「事實」或理解的方法，而這種追求事

實或理解的方式，不同於傳統科學家所概念化的「事實」與理解。它是一種替代的研究方法，相當適合於某些特定種類的研究問題，但不必然是優於或劣於其他種類的研究方法。

本章已在前面討論質的研究的重要理論，以及用以實施其理論之研究程序，而且它們亦被拿來與傳統的準實驗研究相互比較與對照，以清楚地區分出此二取向的假設與所用的適切程序。

建議讀物

Bogdan, Robert C., and Sari Knopp Bicklen, *Qualitative Research for Education: An Introduction to Theory and Methods*. Boston: Allyn and Bacon, 1982.

這是一本介紹質的研究理論與方法導論相當好的書。在總共252頁容易閱讀的書籍中，博格登與比克倫（Bogdan and Bicklen）提供一個具權威、但相當易懂的回顧，相當清楚地傳達了什麼是質的研究，以及爲何要進行質的研究的概念。對那些想要清楚掌握質的研究究竟是什麼，及那些想要計畫與進行質的研究的人，這是一本相當有用的書。

Fetterman, David M., *Ethnography Step by Step*. Newbury Park, CA: Sage Publications, 1989.

這一本小小的書完成了其書名所做的承諾。本書像大部分「如何做」的書籍一樣，僅僅顯示從事人種誌研究的一種方式，亦即文化的質的研究（the qualitative study of culture）。它是一本從事質的研究一個標準取向之基本概念可信賴的綱要。其所含7頁的參考文獻相當棒。

Marshall, Catherine, and Gretchen B. Rossman, *Designing Qualitative Research*. Newbury Park, CA: Sage Publications, 1989. 如其書名所示，本書著重於質的研究設計之議題與程序。本書除了提供研究過程一個很好的取向之外，它也是一個實用忠告與建議的寶庫。書中共10頁的參考文獻雖忽視了一些標準的書目，但仍為一良好的參考文獻書目。是一本為任何想要開始進行質的研究的人所寫的書。

註釋

1. 例如，見於一些古典作品如Daniel E. Griffiths, *Administrative Theory* (New York: Appleton-Centry-Crofts, 1959).
2. Richard F. Tucker, "'Holographic' Science to Meet Energy Needs," *Scientific American* (March 1990), 128.
3. James Gleick, *Chaos: Making a New Science* (New York: The Viking Press, 1987).
4. Peter Schwartz and James Ogilvy, *The Emergent Paradigm: Changing Patterns of Thoughts and Belief* (Menlo Park, CA: SRI International, 1979) p.1.
5. 以下部分擷取改編自Robert G. Owens, "Methodological Rigor In Naturalistic Inquiry: Some Issues and Answers," *Educational Administration Quarterly*, 18, no. 2 (Spring 1982), 1-21.
6. Egon G. Guba, "ERIC/ECTJ Annual Review Paper: Criteria for Assessing the Tustworthiness of Naturalistic Inquiries," *Educational Communication and Technology Journal*, 29

(Summer 1981), 75-91.

7. Thomas S. Kuhn, *The Structure of Scientific Revolutions*, vol. 2, no. 2, *International Encyclopedia of Unified Science*, 2nd ed. (Chicago: University of Chicago Press, 1970).

8. Robert L. Wolf, "The Use of Judicial Methods in the Formulation of Educational Policy," *Educational Evaluation and Policy Analysis*, 1 (January-February 1979), 19-28.

9. Elliot W. Eisner, "On the Differences between Scientific and Artistic Approaches to Qualitative Research." *Educational Researcher*, 10 (April 1981), 5-9.

10. James B. Conant, *Two Modes of Thought: My Encounters with Science and Education* (New York: Trident, 1964).

11. 例如,見於R. Lindgren and R. Kottkamp, "The Nature of Research: A Conference Report," *UCEA Review*, 22 (Winter 1981), 2-4; 及 A. L. Jefferson, "Qualitative Research: Implication for Educational Administration, a Conference Report," *UCEA Review*, 22(Winter 1981), 5-6.

12. Ray C. Rist, "On the Relations among Educational Research Paradigms: From Disdain to Detente," *Anthropology and Education*, 8, no. 2 (May 1997), 42-48.

13. Donald T. Campbell and Julian C. Stanley, *Experimental and Quasi-Experimental Designs for Research* (Chicago: Rand McNally & Company, 1963), p. 2.

14. Robert E. Stake, *Evaluating the Arts in Education* (Columbus, OH: Charles E. Merrill Publishing Company, 1975).

15. Francis A. J. Ianni, "Field Research and Educational Administration," *UCEA Review*, 17 (Febuary 1976).

16. Stephen Wilson, "The Use of Ethnographic Techniques in Educational Research," *Review of Educational Research*, 47, no. 1 (Winter 1977), 245-65.

17. 例如，見於Roger G. Barker, *Ecological Psychology* (Standford: California University Press, 1968); Dan C. Lortie, "Observations on Teaching as Work," in *Second Handbook on Research on Teaching*, R. M. Travers, ed. (Chicago: Rand McNally & Comanpy, 1973); James G. March, "American Public School Administration: A Short Analysis," *School Review*, 86, no. 2 (February 1978), 217-49; 及Seymour Sarason, *The Problem of Change and the Culture of the School* (Boston: Allyn and Bacon, 1971).

18. Wilson, "The Use of Ethnographic Techniques," p. 248.

19. William J. Filstead, *Qualitative Methodology* (Chicago: Markham, 1970), p. 6.

20. Barney G. Glaser and A. L. Strauss., *The Discovery of Grounded Theory* (Chicago: Aldine Publishing Co., 1967).

21. Guba, "ERIC/ECTJ Annual Review Paper," p. 8.

22. Robert L. Wolf and Barbara Tymitz, "Ethnography and Reading: Matching Inquiry Mode to Process," *Reading Research Quarterly*, 12 (1976-1977), 5-11.

23. Jack D. Douglas, ed., *Understanding Everyday Life: Toward Reconstruction of Sociological Knowledge* (Chicago: Aldine Publishing Co., 1970).

24. Clifford Geertz, "On the Nature of Anthropological Understanding," *American Scientist*, 63(January-February 1975), 47-53.

25. Clifford Geertz, *The Interpretation of Cultures* (New York: Basic Books, Publishers, 1973), p. 5.

26. Philip Cusick, *Inside High School* (New York: Holt, Rinehart & Winston, 1973), p. 29.

27. 同上註，頁42-68.

28. 同上註，頁160.

29. 同上註，頁61.

30. Charles E. Silberman, *Crisis in the Classroom* (New York: Random House, 1970).

31. Alvin W. Gouldner, *The Coming Crisis in Western Sociology* (New York: Basic Books, Publishers, 1970).

32. Kenneth Carlson, "Ways in Which Research Methodology Distorts Policy Issues," *Urban Review*, 11 (Spring 1979), 3-14.

33. 同上註，頁5.

34. Michael Q. Patton, *Alternative Evaluation Research Paradigm* (Grand Forks: University of North Dakota Press, 1975).

35. Michael Scriven, "Objectivity and Subjectivity in Educational Research," Chapter V, in *Philosophical Redirection of Educational Research*, 71st Yearbook, Part 1, National Society for the Study of Education, L. G. Thomas, ed.(Chicago: Universuty of Chicago Press, 1972).

36. Rist, "On the Relations," p. 46.

37. Lee J. Cronbach, "Beyond the Two Disciplines of Scientific Psychology," *American Psychologist*, 30 (February 1975), 116-27.

38. Egon G. Guba and Yvonna S. Lincoln, *Effective Evaluation* (San Francisco: Jossey-Bass, 1981), p. 62.

39.同上註，頁122.

40.Jack T. Murphy, *Getting the Facts* (Santa Monica, CA: Goodyear Publishing Co. 1980), pp. 71-72.

41.Robert L. Wolf. "An Overview of Conceptual and Methodological Issues in Naturalistic Evaluation," (paper presented at the annual meeting of the American Educational Research Association, Boston, April 1980), p. 4.

42.Eisner, "On the Differences," p. 7.

43.Wolf, "An Overview of Conceptual and Methodological Issues," p. 3.

44.Barker, *Ecological Psychology*.

45.Louis M. Smith and W. Geoffery, *The Complexities of an Urban Classroom* (New York: Holt, Rinehart & Winston, 1968).

46.William F. Whyte, *Street Corner Society*, 2nd ed. (Chicago: University of Chicago Press, 1955).

47.James R. Upchurch, "A Description of a School Culture by Teachers of Hearing Impaired Children" (unpublished doctoral dissertation, Indiana University, 1980), pp. 69-74.

A

Abbott, M. G. 亞伯特

Aburdene, P. 亞伯登

Adams, T. W. 亞當斯

Aguayo, R. 阿卦伊歐

Allen, V. L. 亞倫

Anderson, C. S. 安德森

Anderson, G. L. 安德森

Anderson, J. G. 安德森

Appel, M. 阿培爾

Arends, J. H. 阿倫德斯

Arends, R. I. 阿倫德斯

Argyris, C. 阿吉里斯

Aronowitz, S. 亞羅諾維茲

Aronson, E. 亞羅森

Atkinson, J. 阿特金森

Ayer, F. 艾爾

B

Baird, L. 貝爾德

Baldridge, J. V. 鮑德瑞茲（包爾瑞茲）

Baldwin, J. 鮑德溫（包爾文）

Bales, R. F. 貝爾斯

Barker, R. G. 巴可

Barnard, C. A. 巴納德

Barnett, H. G. 巴尼特

Barth, R. S. 巴特（巴斯）

Bass, B. M. 貝斯

Bates, M. 貝慈

Beck, E. T. 貝克

Becker, G. S. 貝克爾

Beckhard, R. 貝克哈德

Beckman, J. 貝克曼

Beecher, C. 比砌爾

Bell, C. H. Jr. 貝爾

Bell, C. 貝爾

Bem, S. L. 貝姆

Benfari, R. 班弗梨

Benne, K. 班尼

Bennett, W. J. 班內特

Bennis, W. 班尼斯

Berelson, B. 貝羅森

Berman, P. 伯門

Bernard, J. 貝爾納

Berrien, F. K. 貝瑞恩

Bettelheim, B. 貝特漢姆

Bicklen, S. K. 比克倫

Bidwell, C. 比德威爾

Bishop, L. 比夏普

Blackburn, T. R. 布萊克伯恩

Blake, R. R. 布雷克

Blanchard, K. H. 布朗查德

Blau, P. 布羅

Bloom, A. 布魯姆

Bloom, B. S. 布魯姆

Blumberg, A. 布魯姆勃格

Bogdan, R. C. 博格登

Boguslaw, R. 博格斯羅

Bolman, L. G. 波門

Bonney, M. E. 博尼

Bonstingl, J. J. 博斯丁爾

Boulding, K. 博耳登

Bowers, D. 鮑爾斯

Boyan, N. J. 博元

Boyer, E. 博依爾

Bradford, D. 布雷德福

Bridges, E. 布里奇斯

Briggs, K. 布里格斯

Brookover, W. 布魯克歐博

Brown, J. 布朗

Burke, W. W. 伯克

Burns, J. M. 伯恩斯

C

California, Business Roundtable 加州商業圓桌會議

Callahan, R. E. 柯拉漢

Campbell, D. T. 坎柏爾

Carlson, K. 卡爾森

Carlson, R. O. 卡爾森

Carnegie Forum on Education 卡內基教育論壇

Carroll, J. B. 卡羅爾

Cartright, D. 卡特萊特

Carver, F. 卡弗

Chapple, E. D. 查普爾

Chaes, R. B. 蔡斯

Chase, S. 蔡斯

Cherryholmes, C. H. 柴麗虹斯

Chin, R. 琴

Chira, S. 奇拉

Churchill, W. 邱吉爾

Clark, B. 克拉克

Clark, D. 克拉克

Clift, R. 克利夫

Clinchy, E. 克林齊

Clinton, B. 柯林頓

Cohen, A. R. 科恩

Coleman, J. S. 柯爾曼

Collins, R. 科林斯

Combs, A. 卡姆斯

Conant, J. B. 科南特

Conway, J. A. 康威

Conway, W. 康威

Coons, A. 柯恩斯

Cornell, F. 康乃爾

Corwin, R. G. 柯爾文

Covington, M. V. 柯文頓

Croft, D. 克羅夫特

Cronbach, L. 克朗巴哈

Crow, M. L. 克勞

Crowson, R. L. 克勞森

Cubberly, E. 克伯萊

Cummings, R. 卡明斯

Cunningham, L. L. 卡林芬

Cunningham, W. G. 卡林芬

Cusick, P. 庫席克

Cyr, J. 塞爾

D

Davis, K. 戴維斯

Deal, T. E. 迪爾

Deming, W. E. 戴明

DePree, M. 迪普離

Derr, C. B. 德爾

Deutsch, M. 多依奇

Dickson, W. J. 迪克森

Douglas, J. D. 道格拉斯

Dowling, W. 道林

Doyle, D. 道爾

Doyle, M. 道爾

Dreyfus, H. 德雷福斯

Drucker, P. F. 杜拉克

Dubin, R. 杜敏

Duncan, R. 鄧肯

Dunnette, M. D. 鄧尼特

Dunsing, R. J. 鄧信

E

Ebel, R. L. 埃貝爾

Edson, S. K. 埃德森

Educational Commission of the States 國家教育委員會

Eisner, E. W. 艾斯納

Elshof, A. T. 艾爾夏弗

Epstein, J. 愛玻斯坦

Etzioni, A. 艾齊厄尼

F

Fayol, H. 費堯

Fetterman, D. M. 費特曼

Fiedler, F. 費德勒

Filstead, W. 費爾斯提爾

Finnegan, J. P. 芬肯恩

Firestone, W. A. 費爾斯通

Fishel, A. 費希爾

Florio, D. 弗洛里奧

Follett, M. P. 福麗特

Forehand, G. 弗漢德

Foster, W. 福斯特

Foucault, M. 傅科

Frasher, J. M. 弗拉秀爾

Frasher, R. S. 弗拉秀爾

Frederickson, N. 弗烈德里克森

French, J. R. P. 弗倫奇

French, W. L. 弗倫奇

Frenkel-Brunswick, E. 弗倫柯—布倫斯威克

Freud, S. 弗洛伊德

Frost, C. R. 弗羅斯特

Fullan, M. 弗倫

Funkhouser, G. R方克豪塞

Furst, E. J. 弗斯特

G

Gabor, A. 蓋博

Gandhi, M. 甘地

Gephart, W. J. 加福特

Gardner, H. 加納

Gardner, J. W. 加納

Geertz, C. 吉爾兹

Geoffrey, W. 杰弗里

Getzels, J. W. 葛佐爾斯

Gibb, J. R. 吉佈

Gilligan, C. 吉利甘

Gilmer, B. V. H. 吉爾默

Giroux, H. A. 紀羅斯

Gittel, M. 吉特爾

Glaser, B. G. 格萊舍

Glatthorn, A. G. 葛拉頌

Gleick, J. 葛萊克

Glover, J. A. 格洛弗

Goffman, E. 葛弗曼

Goldberg, L. S. 戈德柏

Goodlad, J. 古德蘭

Gouldner, A. W. 古爾德納

Grace, A. G. 格雷斯

Greenfield, T. B. 格林費德

Greenwood, P. W. 格林馬德

Griffen, G. 格里芬

Griffiths, D. E. 格里斐斯

Gross, N. 格洛斯

Guba, E. 顧巴

Guditus, C. W. 加得迪斯

Guetzkow, H. 格茲柯

Gulick, L. 葛立克

Gump, P. 格姆普

H

Hack, W. 哈克

Haire, A. P. 哈瑞

Halberstam, D. 哈博斯坦

Hall, G. S. 霍爾

Hall, R. H. 霍爾

Halpin, A. 哈爾品

Hamachek, D. E 哈馬柴克.

Hanson, M. 漢森

Hartle, T. 哈托

Hartley, E. L. 哈特雷

Hatch, T. 哈齊

Havelock, R. G 哈弗洛克.

Helgesen, S. 海齊生

Heller, R. W. 海勒

Hellriegel, D. 海里哥

Hemphill, J. 漢姆費爾

Herry, N. B. 亨利

Herriott, R. E. 赫里歐特

Hesey, P. 何塞

Herzberg, F. 赫茲柏格

Hill, W. H. 希爾

Hoffman, N. 侯弗曼

Homans, G. C. 侯曼斯

Hoppe, F. 霍柏

Horner, M. 霍納爾

Hoslett, S. D. 霍斯列特

Houzes, J. M. 豪濟斯

Hoy, W. 霍依

Hughes, M. G. 休斯

Hurwitz, E. Jr. 霍威茲

I

Iannaccone, L. 艾那孔

Ianni, F. A. J. 艾尼

J

Jacobson, S. L. 傑可布森

James, W. 詹姆斯

Jefferson, A. L. 傑弗森

Jencks, C. 簡克斯

Johnston, G. S. 詹斯頓

Jennings, H. 珍妮斯

Jones, E. 瓊斯

Jung, C. 容格

K

Kahn, R. L. 卡恩

Kanter, R. M. 康特爾

Kast, F. E. 卡斯特

Katz, D. 蓋茲

Kerlinger, F. N. 可林哥爾

Keirsey, D. 可爾塞

Kennedy, A. 甘乃迪

Killian, R. A. 奇利恩

Kilmann, R. H. 奇爾門

King, M. L. Jr. 金

Klee, R. 克離

Knox, J. 諾克斯

Kohlberg, L. 柯柏格

Kottkamp, R. 科特坎普

Krathwohl, D. R. 克拉斯霍

Kuh, G. 裘依

Kuhn, D. G. 裘恩

Kuhn, T. S. 裘恩

L

Lake, D. 萊克

Lakomski, G. 萊克斯基

Lareau, W. 雷拉

Lawler, E. E. III. 羅洛

Lawrence, P. R. 羅倫斯

Leavitt, H. J. 利維特

Levine, S. L. 萊文

Levinson, D. J. 萊文森

Levinson, H. 萊文森

Lewin, K. 勒溫

Lewis, E. 劉易斯

Lieberman, A. 利伯爾曼

Likert, J. G. 賴克特

Likert, R. 賴克特

Lincoln, Y. 林肯

Lindgren, R. 林德葛蘭

Lindzey, G. 林德左

Lippitt, G. 利比特

Lippitt, R. 利比特

Litwin, G. H. 利特溫

Lonsdale, R. C. 隆斯得爾

Lorsch, J. W. 羅爾斯科

Lortie, D. 羅堤

Louis, M. R. 路易士

Lowe, B. 洛厄

Luthans, F. 路塞斯

Lutz, F. W. 拉滋

Lwoff, A. 羅福

Lyman, K. D. 萊門

M

MacArthur, D. 麥克阿瑟

Machiavelli, N. 馬基維利

Maehr, M. L. 馬爾

Maeroff, G. L. 馬洛弗

Mailer, N. 梅勒

Mann, D. 緬恩

March, J. G. 馬齊

March, P. E. 馬齊

Marrow, A. J. 梅洛

Marshall, C. 馬歇爾

Marshall, G. C. 馬歇爾

Marx, K. 馬克思

Maslow, A. 馬斯洛

Maughan, B. 毛姆

Mayer, J. P. 梅爾

Mayo, E. 梅由

McCarthy, M. M. 麥加錫

McClelland, D. C. 麥卡克利蘭

McGregor, D. 麥哥葛里格

McLaughlin, M. 麥克隆林

McNally, H. 麥克涅里

Metcalf, H. C. 麥可夫

Meyer, J. W. 梅耶

Meyer, M. W. 梅耶

Miles, M. 邁爾斯

Miller, J. Y. 米勒

Miller, V. 米勒

Mintzberg, H. 明茲博格

Miskel, C. 密斯科

Moberg, D. 墨博格

Moe, G. A. 墨

Montenegro, X. 蒙探尼哥羅

Moore, S. E. 摩爾

Moos, R. 摩斯

Moreno, J. L. 莫里諾

Morgan, G. 摩根

Morris, V. C. 莫里斯

Morphet, E. L. 摩飛特

Mort, P. 莫特

Mortimore, P. 莫特摩爾

Mouton, J. S. 墨頓

Murphy, J. T. 墨菲

Murray, H. A. 墨瑞

Myers, I. 麥爾斯

N

Nanus, B. 納勒斯

Naisbett, J. 奈史貝特

National Commission on Excellence in Education 美國卓越教育委員會

National Defense Research Committee 國防研究委員會

Newberg, N. A. 紐博格

Newcomb, T. M. 紐科姆

New York State Board of Regents 紐約州校務委員會

Nowell, I. 諾威爾

Nutt, P. C. 納特

Nystrand, R. O. 尼斯特德

O

Ogawa, R. 歐格瓦

Ogilvy, J. 歐加爾維

Oller, S. 歐勒

Ortiz, F. 歐提滋

Ott, J. S. 歐特

Ouchi, W. 大內

Ouston, J. 歐斯頓

Owens, R. G. 歐文恩

P

Parsons, T. 帕森斯

Patterson, K. J. 帕特森

Patton, M. Q. 巴頓

Pauley, E. 波利

Perrow, C. 佩洛

Peters, T. J. 彼特斯

Petersen, D. E. 皮特生

Peterson, K. D. 皮特森

Pfiffner, J. 費弗納

Piaget, J. 皮亞傑

Pincus, J. 品克斯

Pintrich, P. R. R. 品特瑞奇

Pitner, N. J. 彼特納

Pondy, L. 龐蒂

Porter, L. 波特

Porter-Gehrie, C. 波特-吉瑞.

Posner, B. Z. 帕斯納

Pottker, J. 帕特克

Powell, G. 鮑威爾

Presthus, R. V. 布雷斯賽斯

Purkey, S. C. 培齊

Q

Quinn, R. R. 昆恩

R

Rabinow, P. 拉賓諾

Raisingham, D. 雷新芬

Raven, B. 拉文

Redl, F. 雷多

Richards, F. 理查茲

Rist, R. C. 雷斯特

Ritti, R. R. 雷提

Robbins, S. 羅賓斯

Roethlisberger, F. 羅斯里斯博格

Rogers, C. 羅杰斯

Rokeach, M. 羅起

Ronning, R. R羅寧.

Rosener, J. B. 羅斯納

Rosenzweig, J. E. 羅森茲維格

Ross, D. H. 羅斯

Rossman, G. B. 羅斯曼

Rostetter, D. 羅斯提特

Rowan, B. 羅恩

Ruh, R. A. 魯

Runkel, P. 朗扣

Rutter, M. 羅特

Ryan, R. M.賴安

S

Sanford, R. N. 桑福德

Sarason, S. 薩拉森

Sarbin, T. R. 薩賓

Savage, R. 沙維奇

Saxton, M. J. 薩克斯頓

Sayles, L. R. 沙里斯

Scanlon, J. N. 史康嫩

Schacht, M. 謝克特

Schaef, A. W. 謝弗

Schein, E. H. 薛恩

Schindler-Rainman, E. 席恩德勒—羅恩曼

Schmidt, G. 施密特

Schmidt, W. H. 施密特

Schmuck, R. A. 席馬克

Schmuck, P. 席馬克

Schon, D. 雪恩

Schulz, T. W. 舒爾茨

Schwartzkopf, G. H. N. 施瓦茨科夫

Schwartz, P. 施瓦茨

Scott, W. R. 史卡特

Scriven, M. 史柯里分

Seashore, S. E. 席修爾

Selznick, P. 薛爾茲尼克

Sergiovanni, T. 薩傑歐瓦尼

Shakeshaft, C. 莎克雪弗特

Sheats, P. 席特斯

Shepard, H. A. 謝帕德

Sherif, C. W. 謝里夫

Sherif, M. 謝里夫

Serpa, R. 塞帕

Sherman, J. A. 謝爾曼

Shewart, W. A. 席握特

Sherwood, F. 修握德

Shils, E. A. 息爾斯

Siepert, A. F.席爾帕特

Sikorski, L. A.席扣斯基

Silberman, C. E. 席爾博曼

Silver, P. 席爾博

Simon, H. 賽蒙

Sizer, T. 塞色

Skinner, B. F. 斯金納

Slocum, J. W. 斯洛莫姆

Smith, A. 史密斯

Smith, C. 史密斯

Smith, D. E. 史密斯

Smith, L 史密斯

Smith, M. 史密斯

Smyth, J. 史密斯

Snoek, J. D. 史努克

Speizer, J. J. 史皮惹

Srivastva, S. 斯利菲斯特

Stake, R. E. 斯特克

Stanley, J. C. 史坦利

Staw, B. M. 史拓

Stedman, L. C. 史特曼

Steiner, G. A. 斯坦納

Steinhoff, C. R. 斯坦霍夫

Stent, A. 斯坦特

Stern, G. C. 史騰

Stiller, J. 斯地勒

Stockard, J. 史坦爾德

Strauss, A. L. 施特勞斯

Straus, D. 施特勞斯

Sumner, G. 薩姆納

Swanson, A. D. 史王森

T

Tack, M. W. 特克

Tagiuri, R. 特吉瑞

Tannenbaum, R. 譚尼榜

Tate, G. A. 泰特

Taylor, F. W. 泰勒

Taylor, G. 泰勒

Thelen, H. A 翟連.

Theoret, A. 習爾麗特

Thomas, K 湯馬士

Thomas, L. G. 湯馬士

Thompson, V. A. 湯普遜

Thurston, P. 塞斯頓

Toffler, A. 杜弗勒

Tomlinson, E. 湯姆林森

Travers, R. M. 崔博斯

Truman, H. S. 杜魯門

Tucker, R. F. 塔克

Tyack, D. B. 堤艾克

Tymitz, B. 堤米茲
U
Upchurch, J. R. 亞普邱吉
Urwick, L. 巫雅克
V
Van Manaan, J. 凡馬納
Villadsen, A. W. 維拉德森
Von Bertalanffy, L. 馮‧伯塔蘭非
Vroom, V. 伯倫姆
W
Wakeley, J. H. 威克利
Walton, M. 瓦耳頓
Warren, C. A. B. 沃倫
Waterman, R. H. Jr. 瓦特門
Watkins, P. 華特金斯
Watson, G. 華特森
Weber, M. 韋柏
Weick, K. 魏克
Weiner, B. 魏納
Welch, D. 威屈
Welch, J. 威屈
Welch, S. 威屈
Wells, A. S. 威爾斯
Whyte, W. F. 懷特
Wickstrom, R. 韋克斯壯
Wilkins, A. L. 威爾金斯
Wilson, B. L. 威爾森

Wilson, S. 威爾森

Wilson, W. 威爾森

Winer, B. J. 溫納

Wolcott, H. F. 臥卡特

Wolf, R. L. 沃爾夫

Wolfe, D. M. 烏爾夫

Wolman, B. 烏爾門

Wyant, S. 懷恩特

Wynn, R. 懷恩

Y

Yeakey, C. C. 耶啟

Yetton, P. 耶頓

Z

Zacharias, J. R. 札赤賴爾斯

Zaltman, G. 札特曼

Zellman, G. 塞爾曼

ways of thinking about	思考的方式
Right to Read Program	閱讀權利方案
Role Theory	角色理論
Scanlon Plan	斯肯蘭計畫
School reform, *See also* Reform	學校改革亦見於學校改革
of schools	
and school restructuring	與學校重組
School site management	以學校爲本位的管理
Schools as unique organizations	學校爲獨特的組織
Second Force Psychology.	第二勢力的心理學亦見於
See Psychology	理學
Sensation-Intuition	感覺—直覺
Social psychology. *See* Psychology	社會心理學見心理學
Social system theory. *See* Theory,	社會系統理論見社會系統理
social system	論
Sociological and psychological	社會學的與心理學取向的研
approaches to research	究
Sociology, organizational applied	社會學組織的運用於學校
to schools	
Structuralism in organizational	結構主義在組織思考
thought	
Systems theory	系統理論
general systems theory,	一般系統理論
social systems theory,	社會系統理論
Taylorism, defined and described	泰勒主義定義與描述
Taxonomies as structuralist thought	分類爲結構主義者思想
Temperament and organizational	性情與組織行爲

教育組織行爲

心理學叢書.31

著　　者☞ Robert G. Owens

譯　　者☞ 林明地　楊振昇　江芳盛

出 版 者☞ 揚智文化事業股份有限公司

發 行 人☞ 葉忠賢

總 編 輯☞ 孟　樊

責任編輯☞ 賴筱彌

登 記 證☞ 局版北市業字第 1117 號

地　　址☞ 台北市新生南路三段 88 號 5 樓之 6

電　　話☞ 886-2-23660309　886-2-23660313

傳　　真☞ 886-2-23660310

法律顧問☞ 北辰著作權事務所　蕭雄淋律師

印　　刷☞ 偉勵彩色印刷股份有限公司

初版二刷☞ 2001 年 8 月

I S B N ☞ 957-818-138-8

定　　價☞ 新台幣 650 元

網　　址☞ http://www.ycrc.com.tw

E-mail ☞ tn605541@ms6.tisnet.net.tw

本書如有缺頁、破損、裝訂錯誤，請寄回更換。

國家圖書館出版品預行編目資料

教育組織行為/Robert G. Owens 著；林明地，
楊振昇，江芳盛譯.--初版. -- 臺北市：
揚智文化，2000[民 89]
面；　公分 .—（心理學叢書；31）
含索引
譯自：Organizational behavior in education
ISBN　957-818-138-8（精裝）

　1. 教育-行政　2.組織(行政)

526　　　　　　　　　　　　89006162